Das waren Zeiten 2

Vom Mittelalter zum Ersten Weltkrieg

herausgegeben von
Dieter Brückner
und Harald Focke

W0241296

C.C.BUCHNER

Das waren Zeiten – Ausgabe Nordrhein-Westfalen

Unterrichtswerk für Geschichte an Gymnasien, Sekundarstufe I

Band 2 für die 7./8. Jahrgangsstufe

Herausgeber: Dieter Brückner und Harald Focke

Bearbeiter: Dieter Brückner, Harald Focke, Heinrich Hirschfelder, Detlev Kraack mit Beiträgen von Peter Adamski und Martina Tschirner

Berater: Achim Jaeger, Stephani Overhage und Bruno Reuter

Lektorat: Klaus Dieter Hein-Mooren

Gestaltung: Peter Lowin und Günter Sieling

Dieses Werk folgt der reformierten Rechtschreibung und Zeichensetzung. Ausnahmen bilden Texte, bei denen künstlerische, philologische und lizenzrechtliche Gründe einer Änderung entgegenstehen.

1. Auflage 3 2 1 2011 2010 2009
Die letzte Zahl bedeutet das Jahr dieses Druckes.
Alle Drucke dieser Auflage sind, weil untereinander unverändert, nebeneinander benutzbar.

© 2009 C. C. Buchners Verlag, Bamberg.
Das Werk und seine Teile sind urheberrechtlich geschützt. Jede Nutzung in anderen als den gesetzlich zugelassenen Fällen bedarf der vorherigen schriftlichen Einwilligung des Verlages. Das gilt insbesondere auch für Vervielfältigungen, Übersetzungen und Mikroverfilmungen. Hinweis zu § 52 a UrhG: Weder das Werk noch seine Teile dürfen ohne eine solche Einwilligung eingescannt und in ein Netzwerk eingestellt werden. Dies gilt auch für Intranets von Schulen und sonstigen Bildungseinrichtungen.

www.ccbuchner.de

Korrektorat: Kerstin Schulbert

Einband: Artbox Grafik & Satz GmbH, Bremen
(unter Verwendung eines Teils des Freskos *Die Folgen der guten Regierung* von Ambrogio Lorenzetti, Siena, Palazzo Pubblico, Sala dei Nove um 1337-1340)

Herstellung, Grafik und Karten: Artbox Grafik & Satz GmbH, Bremen

Druck- und Bindearbeiten: Pustet, Regensburg

ISBN 978-3-7661-**4792**-9

Inhalt

Von der Industrialisierung bis zum Ersten Weltkrieg

*Die Projekte und die mit * gekennzeichneten Themen gehen über die verbindlichen Unterrichtsinhalte des Kernlehrplans hinaus. Sie eröffnen weitere Perspektiven und dienen der methodischen Vertiefung.*

Mit diesem Buch erfolgreich lernen

Liebe Schülerinnen und Schüler,

im Unterricht habt ihr euch inzwischen auf vielfältige Weise mit der Geschichte der Menschen von den Anfängen, über die Antike bis zum Mittelalter beschäftigt. Lehrbuchtexte, Bild- und Textquellen sowie Schaubilder und Karten haben euch eine Vorstellung vom Leben und Herrschen in früheren Zeiten vermittelt. Im Unterricht konntet ihr Schritt für Schritt *historische Kompetenzen* erwerben, mit denen ihr Geschichte untersuchen, erklären, beurteilen und darstellen könnt (*lest dazu den Tipp zur „historischen Kompetenz" vorne im Buch*). Dieser Band setzt die Arbeit fort. Er enthält Themen vom Mittelalter bis zum Ersten Weltkrieg.
Wir haben das Buch so gestaltet, dass wir euch nur kurz erklären müssen, wie ihr mit ihm arbeiten könnt:

- Zu Beginn jedes großen Kapitels findet ihr ein Auftaktbild und unter der Überschrift „Geschichte erzählt" eine interessante Erzählung. Bild und Text sollen neugierig machen und euch einen ersten Eindruck in das folgende Thema geben – mehr nicht.
- In den von uns verfassten Texten (der Darstellung) fassen wir zusammen, was Wissenschaftler über die Geschichte erforscht haben und berichten über Entwicklungen in früheren Zeiten. Die gelb unterlegten Begriffe, Daten und Namen sind besonders wichtig. Hinzu kommen viele informative Abbildungen, Exkursionsvorschläge sowie Internet- und CD-ROM-Tipps.
- Auf den Seiten „Mit Material arbeiten" könnt ihr euch ein eigenes Bild über frühere Zeiten machen. Arbeitsvorschläge helfen euch dabei, ihr könnt aber auch selbst Fragen stellen und sie mit den vielfältigen „Materialien" beantworten.
- Wie ihr dabei am besten vorgeht, erklären euch unsere Lerntipps. Vorn und hinten im Buch geben wir allgemeine Informationen zu wichtigen Arbeitsweisen im Geschichtsunterricht. Auf weiteren Seiten findet ihr Beispiele, mit denen ihr die Grundfertigkeiten selbstständig üben könnt.
- Mit den Projekten machen wir euch interessante Angebote, die manchmal über den Schulstoff hinausgehen.
- Damit ihr nicht den Überblick verliert, findet ihr nach jedem Kapitel Seiten mit der Frage „Was war wichtig?". Dort könnt ihr die wichtigsten Inhalte, Daten, Begriffe und Namen wiederholen.
- Die Lesetipps am Schluss nennen unterhaltsame, spannende und informative Jugendbücher.

Viel Freude bei der Arbeit mit diesem Buch wünschen die Herausgeber von „Das waren Zeiten" im Namen aller, die daran mitgearbeitet haben,

Dieter Brückner und Harald Focke.

Was wussten die Menschen im Mittelalter voneinander?

„Elefantenstoff."
Gewebte Seide aus Persien, 7. – 9. Jh.
Zu sehen in St. Servatius, Siegburg.

Der Weg des Isaak von Bagdad nach Aachen:

Isaak und der weiße Elefant

Geblendet vom strahlenden Blau des Himmels schloss Isaak die Augen. Während er immer wieder vorsichtig in die Julisonne blinzelte, erwachte er nur allmählich aus seinem tiefen Schlaf und ordnete mühsam seine Gedanken. Im Traum war er wieder durch die Straßen von Bagdad geschlendert, gebannt vom Treiben der Handwerker, Händler und Passanten, betört von den fremden Gerüchen und bunten Farben und wie betäubt vom Sprachengewirr und vom Schmettern der Trompeten, die das Erscheinen des Kalifen ankündigten, des Herrschers über die reichste Stadt der Welt. Noch jetzt war Isaaks Erinnerung so stark und lebendig, dass er glaubte, dies alles greifbar vor sich zu haben und unmittelbar zu erleben. Er befand sich aber schon lange nicht mehr in Bagdad, sondern hatte vor wenigen Tagen den Ausgangspunkt seiner Reise erreicht: die Pfalz in Aachen.

Vor rund fünf Jahren hatte ihn Karl, der König der Franken, mit zwei Gesandten zu Harun al-Raschid nach Bagdad entsandt, um den Kalifen seiner Hochachtung zu versichern, ihm Geschenke zu überreichen und die Handelsbeziehungen zu verbessern. Wenn er zurückblickte, kam es ihm wie ein kleines Wunder vor, dass er die abenteuerliche Reise und ihre Strapazen so unbeschadet überstanden hatte. Seine Begleiter, die Gesandten Lantfried und Sigismund – Gott möge ihrer Seele gnädig sein! –, waren unterdessen gestorben. Und so hatte er, Isaak, die Führung der kleinen Schar übernommen, die vor vielen Monaten von Bagdad aufgebrochen war, um wieder in das Reich der Franken zurückzukehren und Abul Abbas nach Aachen zu bringen. Bei diesem Gedanken richtete Isaak sich rasch auf, drehte sich um und sah zu seiner Beruhigung, nur wenige Schritte von sich entfernt, den weißen Elefanten stehen. An einem seiner Hinterbeine angekettet, wackelte er wie immer leicht mit dem Kopf hin und her und schwenkte beinahe übermütig seinen Rüssel: Abul Abbas – benannt nach dem Gründer des Herrschergeschlechts der Abbasiden – war das wertvolle Geschenk des Kalifen an den fränkischen Herrscher, der, wie Isaak voller Bewunderung erfahren hatte, vor beinahe zwei Jahren in Rom zum Kaiser gekrönt worden war.

Nun wurde Isaak klar, was ihn geweckt hatte: Es waren nicht die Trompeten des Kalifen gewesen, die er im Traum gehört hatte, sondern es war das Trompeten seines vierbeinigen Begleiters. Abul Abbas war der lebende Beweis für all das Wunderbare, wovon er erzählen konnte: von der prächtigen Hauptstadt des Kalifen, die mit ihren vielen hunderttausend Einwohnern so viel größer war als das kleine Aachen, in dem vielleicht vierhundert Menschen lebten, von fremdartigen Gebräuchen der Menschen, den geschickten Handwerkern und Künstlern, von den Muslimen, Christen und Juden, die dort nebeneinander lebten, dem Wissen der Gelehrten, von unbekannten Pflanzen und Tieren, davon, dass die Straßen in Harun al-Raschids Reich gut ausgebaut und vor Räubergesindel sicher waren und dass es dort einen regelmäßigen Post- und Nachrichtendienst gab. Vor allem aber wollte er davon berichten, wie gastfreundlich und ohne Vorurteile man ihm dort begegnet war: ihm, dem jüdischen Fernhändler Isaak, der als Mitglied der Gesandtschaft eines christlichen Königs aus dem Abendland in das muslimische Morgenland gekommen war! War es also verwunderlich, wenn ihn bei aller Freude über die glückliche Rückkehr Wehmut überkam, sobald er an die hinter ihm liegenden Jahre seiner Reise dachte?

Dieter Brückner

Menschen begegnen sich

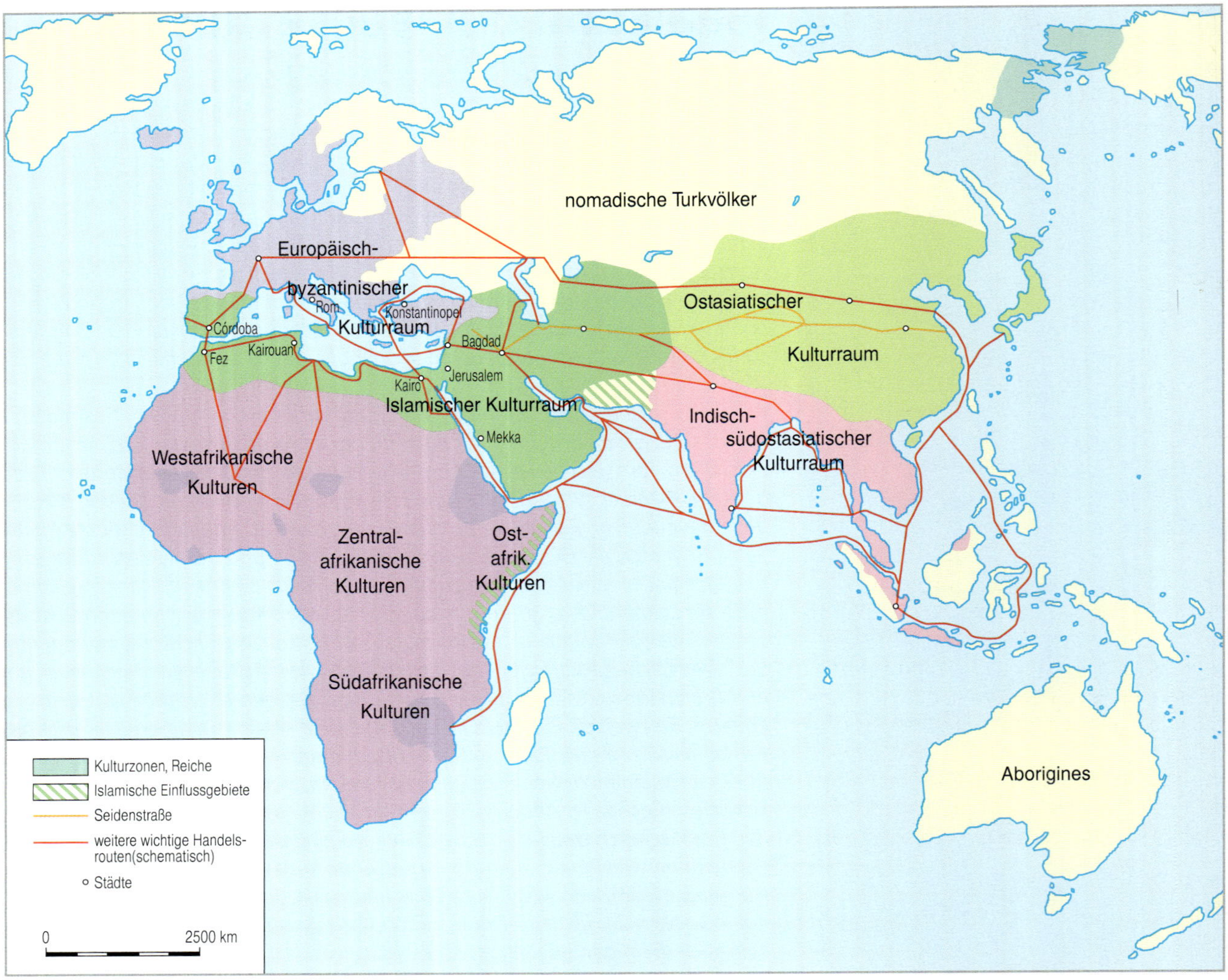

1 Die Welt im Jahre 1000.
Überlege, warum auf der Karte Nord- und Südamerika fehlen. Beachte dazu die Überschrift des gesamten Kapitels.

Lebensverhältnisse um 1000
Um 1000 prägten riesige Wälder, Sümpfe und Heidegebiete West- und Mitteleuropa. Die meisten Menschen lebten auf dem Lande, nur wenige in Städten, die auf den Ruinen ehemaliger Römerstädte neu erstanden waren. Mönche und Nonnen beteten und arbeiteten abgeschieden in Klöstern. Adlige verwalteten auf bescheidenen Burgen die geringen Erträge ihrer Bauern. Nur an den Höfen der mächtigen Herren des Landes, der Bischöfe, Herzöge, Könige und Kaiser, gab es einen gewissen Wohlstand.
Gegenüber West- und Mitteleuropa war Osteuropa noch unzugänglicher und menschenleer. Nordeuropa bot den Menschen kaum ausreichende Lebensgrundlagen, sodass ein Teil der Bewohner, die *Wikinger*, zur See fuhr und plündernd über die Siedlungsgebiete in West- und Mitteleuropa herfiel.

Die Menschen im Byzantinischen Reich, im Orient und auf der Iberischen Halbinsel lebten um diese Zeit ganz anders. Die landwirtschaftlichen Erträge waren dank guter Bewässerungstechniken verhältnismäßig hoch, Handwerk und Handel schon spezialisiert. Konstantinopel, Kairo, Damaskus, Bagdad und Córdoba hatten Hunderttausende Einwohner, breite Straßen, großartige Paläste und Gotteshäuser. Bäder, Schulen und Bibliotheken waren allen zugänglich.

Wer reiste in die Ferne?
Überall waren Frauen und Männer unterwegs. Herrscher zogen mit ihrem Gefolge umher, um ihr Reich zu verwalten und an Ort und Stelle Recht zu sprechen. Sie schickten Boten aus, um Nachrichten zu verbreiten, und Gesandte, um Kontakte zu fremden Herrschern zu knüpfen. Krieger und Ritter zogen in Kriege, um fremde Länder zu erobern oder fremde Heere abzuwehren.
Christen, Juden und Muslime unternahmen aus religiösen Gründen Wallfahrten*, um in Jerusalem, Rom oder Mekka an den für ihren Glauben heiligen Orten zu beten.
Fernhändler zogen durch Europa, Asien und Afrika. Sie handelten mit Bernstein, Edelsteinen, Korallen und Perlen, mit Porzellan, Seide oder Pelzen, Gewürzen, Weihrauch, Holz und Sklaven.
Kriege, Hunger und Katastrophen sorgten außerdem immer wieder dafür, dass Menschen ihre Heimat für immer verließen. Unter den Reisenden waren sicher auch Abenteurer, doch zum Vergnügen war kaum einer unterwegs.

Kein Vergnügen
Das Reisen und der Transport von Waren auf dem Land- und Seeweg waren im Mittelalter anstrengend, gefährlich und zeitaufwändig. Nur die wenigsten reisten auf Kamelen, mit Pferd oder Wagen oder auf einem Schiff. Die meisten gingen zu Fuß.
Es gab zwar viele Wege, aber sie waren meist unbefestigt und nach Regentagen oder Schneefall kaum zu benutzen. Sogenannte Königsstraßen, auf denen sich zwei Wagen begegnen konnten, gab es nur wenige. Auf Flüssen konnte man zwar reisen, aber längst nicht immer: Eis oder Hochwasser machten sie unpassierbar, und bei Niedrigwasser konnten nur kleine Kähne fahren. Flüsse waren ein Hindernis, weil es nur wenige Brücken gab. Abgesehen davon: Nur wenige Kilometer von der Heimat entfernt waren normale Reisende bereits Fremde, ohne Schutz und Recht.

Weitreichende Kontakte
Bereits um das Jahr 1000 bestanden vielfältige Kontakte zwischen Europa, Asien und Afrika. Zu den bedeutendsten Handelswegen der Zeit zählte die „Seidenstraße“. Sie bestand schon in der Antike und wurde im Mittelalter vor allem von den Arabern genutzt. Sie führte von den Küsten des Mittelmeeres und des Schwarzen Meeres durch Zentralasien bis nach China und umfasste ein ganzes Netz von Karawanenwegen.
Den Menschen im ländlich geprägten West- und Mitteleuropa, dem Abendland, brachten damals die Beziehungen zur arabischen Welt viele Vorteile. Vor allem jüdische Fernkaufleute versorgten sie mit kostbaren Waren aus Südeuropa, dem Nahen und dem Fernen Osten.
Wer weit reiste, lernte andere Kulturen kennen, verbreitete Wissen, religiöse Einstellungen, Waren, Erfindungen, Baustile und Moden. Doch die unzureichenden Kenntnisse anderer Sprachen und bestehende Vorurteile behinderten oft gründliche Kontakte.

__Wallfahrt__: von dem mittelhochdeutschen Wort „wallen“: pilgern

2 Reisegeschwindigkeiten.
Der Historiker Norbert Ohler macht folgende Angaben:

	Tagesleistung in km
Fußwanderer	20 – 40
Kuriere, mit Pferdewechsel	50 – 80
„Durchschnittsreisende“, wenig eilig, mit Gefolge und Gepäck, z. B. Kaufleute	30 – 45
Treidler, Schiffszieher	8 – 20
Rheinschiff, talwärts	60 – 100
Hochseegängiges Segelschiff	120 – 200

Nach: Norbert Ohler, Reisen im Mittelalter, Düsseldorf [4]2004, S. 111

Informiere dich über Reisewege des Mittelalters. Finde heraus, durch welche Orte Nordrhein-Westfalens der Jakobsweg führte (siehe www.jakobspilger.lvr.de/links.htm). Diskutiert die Bedeutung der Wallfahrten für Religion, Völkerverständigung und Wirtschaft.

3 Beladenes Kamel.
Tonfigur (37,7 x 32,5 cm) aus China, 5./6. Jh.

M 1 Ein Pilger berichtet aus Jerusalem

Über die Stadt Jerusalem, die durch die Leidensgeschichte Christi für das Christentum eine besondere Bedeutung besitzt, schreibt der Abt eines schottischen Klosters um 680:

Eine nahezu unzählbare Menge verschiedener Völkerschaften pflegt alljährlich am 12. September von überall her in Jerusalem zusammenzukommen, um Handel mit Wechselgeschäften, Verkäufen und Käufen zu treiben. Dabei muss es geschehen, dass sich während einiger Tage gewaltige Massen verschiedener Völker in dieser gastlichen Stadt aufhalten, deren überaus große Menge von Kamelen, Pferden und Eseln, auch Ochsen, die allerlei Dinge tragen, überall auf den Straßen der Stadt abscheulichen Kot hinterlässt, dessen Gestank den Einwohnern ziemliche Beschwernis bereitet und der auch das Umhergehen beträchtlich schwierig macht. Wunderbarerweise fällt nach dem oben erwähnten Tage, in der dem Abzug der verschiedenen Viehherden folgenden Nacht, eine gewaltige Fülle von Wolkenbruchregen auf die Straße herab, der allen abscheulichen Dreck von den Straßen beseitigt und sie (die Stadt) vom Schmutze sauber macht. [...]

Übrigens haben an dem berühmten Ort, wo vorzeiten der Tempel prächtig errichtet war, in der Nähe der östlichen Mauer gelegen, die Sarazenen* jetzt ein viereckiges Bethaus gebaut [...]; sie besuchen es fleißig, und das Haus kann – wie berichtet wird – etwa 3 000 Menschen fassen.**

Herbert Donner, Pilgerfahrt ins Heilige Land. Die ältesten Berichte christlicher Palästinapilger (4.-7. Jahrhundert), Stuttgart [2]2002, S. 315-317

***Sarazenen**: *Bezeichnung für Araber*

***Möglicherweise handelt es sich um eine Vorgänger der al-Aqsa-Moschee, eine der bedeutendsten Bethäuser der Muslime.*

M 2 Pilgerkanne mit Menora.

Das Gefäß misst 13 x 6,6 cm und stammt aus Palästina, 6./7. Jh.

Die Menora ist ein siebenarmiger Leuchter; er ist für die Juden das Sinnbild für das Ewige Licht im Tempel Salomons.

Solche Kannen wurden mit veränderten symbolischen Darstellungen für christliche Pilger in palästinensischen Glashütten hergestellt.

M 3 Ein arabischer Reisebericht

Ibrahim ibn Ya´qub, ein Jude oder Muslim jüdischer Herkunft, reist zwischen 961 und 966 als Gesandter des Kalifen von Córdoba durch das westliche und mittlere Europa. In seinem Reisebericht liefert er auch Informationen über deutsche Orte.

Soest ist ein Kastell im Lande der Slawen*. Dort gibt es eine salzige Quelle**, während es sonst durchaus kein Salz in jener Gegend gibt. Wenn die Leute Salz brauchen, nehmen sie von dem Wasser dieser Quelle, füllen damit die Siedepfannen, stellen sie in einen Ofen aus Steinen und zünden darunter ein großes Feuer an; so wird die Flüssigkeit dick und trübe. Dann lässt man sie, bis sie kalt wird, und man erhält festes weißes Salz. Auf diese Weise wird das weiße Salz in sämtlichen Ländern der Slawen hergestellt.

Paderborn ist ein festes Kastell im Land der Slawen*** in der Nähe von Soest. Dort gibt es eine wunderbare Wasserquelle, Honigquelle genannt.**** Sie befindet sich auf einem Berge in der Nähe eines Waldes. Ihr Wasser schmeckt anfangs nach Honig, dann aber hat es einen galligen Nachgeschmack, den es von den Bäumen, die ringsum stehen, angezogen hat. [...]

Schleswig ist eine sehr große Stadt am äußersten Ende des Weltmeeres. [...] Die Hauptnahrung ihrer Bewohner besteht aus Fischen, denn die sind dort zahlreich. [...] Das Recht der Scheidung steht bei ihnen den Frauen zu: Das Weib scheidet sich selbst, wenn es will. [...] Nie hörte ich hässlicheren Gesang als den Gesang der Schleswiger, und das ist ein Gebrumm, das aus ihren Kehlen herauskommt, gleich dem Gebell der Hunde, nur noch viehischer als dies.

Mainz ist eine sehr große Stadt*****, von der ein Teil bewohnt und der Rest besät ist. Sie liegt im Land der Franken an einem Fluss, der Rhein genannt wird, und ist reich an Weizen, Gerste, Dinkel, Weinbergen und Obst. [...] Seltsam ist auch, dass es dort Gewürze gibt, die nur im fernsten Morgenland vorkommen, während sie [die Stadt Mainz] im fernsten Abendland liegt, zum Beispiel Pfeffer, Ingwer, Gewürznelken, indischer Baldrian [...]. Sie werden aus Indien eingeführt, wo sie in Mengen vorkommen.

Peter Engels, Der Reisebericht des Ibrahim ibn Ya´qub (961/966), in: Anton von Euw und Peter Schreiner (Hrsg.), Kaiserin Theophanu. Begegnung des Ostens und Westens um die Wende des ersten Jahrtausends, Bd. 1, Köln 1991, S. 421-422 (vereinfacht)

**Das westfälische Soest gehörte damals zum Herzogtum Sachsen.*

***In Soest gab es keinen Salzbrunnen, aber in der Nähe in Bad Sassendorf und Werl.*

****Das westfälische Paderborn gehörte ebenfalls zum Herzogtum Sachsen.*

*****Gemeint ist wohl der Brunnen in Schmechten bei Bad Driburg.*

******Mainz hatte um 750 etwa 5 000 und um 1200 circa 10 000 Einwohner.*

1. *Stelle die Informationen des Pilgerberichts zusammen (M 1). Unterscheide zwischen Fakten und Vorstellungen.*
2. *Arbeite die Themen heraus, die Ibrahim interessiert haben (M 3). Überlege, warum.*

M 4 Ein arabischer Blick auf Ostafrika

Ein Gelehrter aus Bagdad berichtet Mitte des 10. Jh. über die Ostafrikaner:

Jene Menschen tragen als Kleidung die rötlichen Felle der Leoparden. Aus ihrem Land bringt man diese Felle, die die größten ihrer Art sind und sich am besten als Satteldecken eignen, in die islamischen Länder. [...] Aus ihrem Land bringt man auch das Schildpatt vom Rücken der Schildkröten, aus dem man, wie auch aus Horn, Kämme herstellt. Die meisten jener Tiere, die als Zarafa (Giraffen) bekannt sind, finden sich in ihrem Land [...]. [...] Aus ihrem Land kommen die Elfenbeinzähne, die jeweils ein Gewicht von 150 und mehr Kilogramm erreichen. Die meisten werden vom Land der Zandj* nach Oman** gebracht und gelangen von dort weiter nach China und Indien. Gäbe es den Handel mit China und Indien nicht, wäre in den islamischen Ländern reichlich Elfenbein vorhanden. [...]
Der Titel ihres Königs, Mfalme, bedeutet „Sohn des Großen Herrn“, weil Er ihn erwählt hat, um über sie mit Gerechtigkeit zu herrschen. Wenn ein König eine Willkürherrschaft errichtet und vom Recht abweicht, töten sie ihn und schließen auch seine Nachkommenschaft von der Königswürde aus. Denn, so behaupten sie, wenn er dies tut, ist er nicht länger der „Sohn des Herrn“, des Königs des Himmels und der Erde.

Gerhard Hoffmann (Hrsg.), Lust an der Geschichte: Die Blütezeit der islamischen Welt. Ein Lesebuch, München – Zürich 1994, S. 244 ff.

***Zandj**: das arabische Wort für „Schwarzer Mann“; gemeint ist wohl das heutige Sansibar*

****Oman**: wichtiger Handelsstützpunkt im Süden der arabischen Halbinsel.*

M 5 Ein orientalischer Blick auf Indien

Ein muslimischer Gelehrter nimmt um 1000 als Beobachter an Kriegszügen in Indien teil. Danach verfasst er ein bis heute wichtiges Werk über die Inder; darin heißt es:

Bevor wir zur Sache kommen, müssen wir uns die Umstände vergegenwärtigen, die das Erkennen der indischen Verhältnisse so schwierig machen. [...] Dazu gehört, dass sich dieses Volk von uns in all dem unterscheidet, was sonst den Völkern gemeinsam ist. Als erstes wäre die Sprache zu nennen, obwohl sich die Völker auch sonst voneinander unterscheiden. [...]
Hinzu kommt noch, dass sie in der Religion völlig von uns verschieden sind. Wir können nichts von dem billigen, was bei ihnen gilt, und sie nichts von dem, was bei uns gilt. [...] Außerdem unterscheiden sie sich in ihren Sitten und Gebräuchen derart von uns, dass sie uns mit unserer Kleidung und unserer äußeren Erscheinung fast zum Kinderschreck machen und uns für Geschöpfe des Teufels halten und unsere Sitten für das Gegenteil des Anständigen. [...]
Ferner gibt es noch Gründe, deren Erwähnung wie eine Schmähung klingt, jedoch liegen sie in ihrem Charakter und sind nicht zu übersehen. Und zwar ist die Dummheit eine Krankheit, für die es kein Heilmittel gibt. Sie meinen nämlich von der Erde, dass sie ihr Land sei, und von der Menschheit, dass sie ihr Geschlecht sei, und von den Königen, dass es nur ihre Fürsten gäbe, und von der Religion, dass sie nur ihr Glaube sei, und von der Wissenschaft, dass sie das sei, was sie davon besitzen. Sie sind überheblich, dünkelhaft, selbstzufrieden und dennoch ungebildet. Von Natur aus geizen sie dabei mit dem, was sie wissen. Sie haben eine übertriebene Neigung, es vor den Nichteingeweihten geheimzuhalten, und umso mehr vor den Ausländern, obwohl sie doch meinen, dass es auf der Erde nichts als ihren Landstrich gäbe und unter den Menschen niemanden als dessen Bewohner, und dass außer ihnen niemand Wissenschaft besäße. [...] Würden sie Reisen unternehmen und mit anderen Leuten zusammenkommen, so müssten sie von ihrer Meinung Abstand nehmen. [...]
Bei den Indern herrschen ähnliche Verhältnisse wie im Christentum, denn es gründet sich auf das Tun des Guten und die Unterlassung des Bösen, indem man überhaupt nicht töten soll, und dem, [...] der einem auf eine Backe schlägt, auch noch die andere hinhält, und in dem man dem Feind Gutes wünscht und für ihn betet. Das wäre fürwahr ein vortrefflicher Lebenswandel. Jedoch sind die Bewohner dieser Welt nicht alle Philosophen, sondern in ihrer Mehrheit so unwissend und verblendet, dass sie nur durch das Schwert und die Peitsche zurechtgewiesen werden können.

Al-Bīrūnī, In den Gärten der Wissenschaft. Ausgewählte Texte aus den Werken des muslimischen Universalgelehrten, übersetzt und erläutert von Gotthard Strohmaier, Leipzig [3]2002, S. 141-146 und S. 152

M 6 Glasfläschchen für Parfüm aus Syrien, 7. – 9. Jh.

Das Gefäß ist 8,5 cm hoch und hat einen Durchmesser von 10 cm.

1. *Liste die in M 4 genannten Handelsgüter auf.*
2. *Bestimme die Länder, mit denen gehandelt wurde (M 4). Suche sie auf einer Karte.*
3. *Stelle fest, was wir über den Herrscher der Zandj erfahren. Nimm dazu Stellung.*
4. *Erläutere die Einstellung des muslimischen Gelehrten gegenüber den Indern (M 5).*
5. *Überlege, was das Verständnis der indischen Verhältnisse „so schwierig“ machte (M 5).*
6. *Wie werden die Christen in M 5 beschrieben?*

Der Islam – eine neue Religion

1 Geburt des Propheten Mohammed.
Persische Miniatur, 15. Jh. Da der Islam die Darstellung heiliger Personen verbietet, ist das Gesicht des Propheten „leer“. Die gekrönten Häupter auf dem Bild erinnern an ein christliches Fest. – Kennst du es?

Mohammed – Prophet und Politiker

Nach arabischen Quellen aus dem 9. und 10. Jh. wurde Mohammed (arab. *Muhammad*) um 570 in Mekka geboren. Nachdem er früh seine Eltern verloren hatte, lebte er zunächst als Hirte und lernte weder schreiben noch lesen. Später unternahm er mit seinem Onkel Handelsreisen, wurde Kaufmann in Mekka und heiratete eine reiche Witwe.

Mit etwa 40 Jahren hatte Mohammed in einer Höhle bei Mekka eine göttliche Eingebung (*Offenbarung*): Ein Engel befahl ihm, Allahs Willen zu verkünden. Als Prophet lehrte er die Menschen, nur noch an Allah zu glauben. Die Gottesvorstellungen der Juden und Christen hielt er für unvollständig. Allah sei der einzige Gott. Mohammed wurde Gründer des Islam. Das Wort meint die völlige Hingabe an Allahs Willen. Nur wer sie zeigte, sollte als Muslim gelten.

In Mekka stieß Mohammed zunächst auf Ablehnung. Er und seine Anhänger wurden verspottet und verfolgt. Deshalb zog Mohammed 622 nach Medina, wo sich bereits einige Einwohner zum neuen Glauben bekannten. Mit dieser Auswanderung (arab: *Hedschra*) beginnt die islamische Zeitrechnung. In Medina ließ er die erste Moschee errichten. Mohammed war nicht nur Prophet, sondern auch weltlicher Herrscher. Die Verbindung von Religion und Staat kennzeichnet den Islam bis heute.

Die Religion des Islam

Nach der Lehre des Islam ist Allah Schöpfer des Himmels und der Erde. Er weiß alles und begleitet das Leben der Gläubigen. Er ist ihr Richter und verlangt nach ihrem Tod Rechenschaft über ihre Taten. Die Frommen kommen in die Gärten des Paradieses, die Sünder in die Hölle. Jeder Muslim beweist Allah seinen Gehorsam durch den Glauben und die Erfüllung der Regeln des Zusammenlebens, die ihm die Heilige Schrift der Muslime, der Koran, auferlegt. Der Koran besteht aus den Offenbarungen, die Mohammed empfangen und mündlich verkündet hatte. Die von seinen Zuhörern überlieferten Worte wurden aber erst nach dem Tod des Propheten zum Koran zusammengestellt.

Der Islam ist gespalten

Nach Mohammeds Tod spalteten sich die Muslime: Die *Schiiten* (von arab. *Schia*: Partei) erkannten nur die Nachkommen des 661 ermordeten *Ali* als Nachfolger des Propheten (*Kalifen*) an. Er war ein Vetter und Schwiegersohn Mohammeds. Die *Sunniten* machten neben dem Koran die *Sunna*, eine im 8. Jh. aufgezeichnete Sammlung aller von Mohammed überlieferten Aussprüche, Entscheidungen und Verhaltensweisen, zum Maßstab ihres Handelns. Sie bilden heute die Mehrheit der Muslime.

M 1 „Lob sei Gott, dem Herrn der Welten"

Der Koran enthält die göttlichen Offenbarungen an Mohammed, aufgeteilt in 114 Suren (Kapitel).
Ein gläubiger Muslim soll den Koran nur in Arabisch lesen, ganz gleich, welche Muttersprache er spricht.
Die erste Sure des Korans ist das wichtigste Gebet der Muslime.

Lob sei Gott, dem Herrn der Welten,
Dem Barmherzigen, dem Erbarmer,
Dem König des Gerichtstages.
Dich beten wir an, und zu Dir flehen wir um Hilfe,
Führe uns den geraden Weg,
Den Weg derer, denen Du gnädig bist,
Nicht derer, denen Du zürnst, und nicht der Irrenden.

Annemarie Schimmel, Der Islam. Eine Einführung, Stuttgart 1990, S. 29

M 2 Die fünf Säulen des Islam

Der Koran schreibt jedem Muslim folgende fünf Pflichten vor:

- Das Glaubensbekenntnis: „Ich bezeuge, dass es keine Gottheit außer Gott gibt und dass Mohammed der Gesandte Gottes ist."
- Die Pflichtgebete: Die täglichen Gebetszeiten sind die Stunde vor Sonnenaufgang, der Mittag, Nachmittag, nach Sonnenuntergang und bei Einbruch der Nacht.
- Das Almosengeben: eine genau geregelte Steuer, deren Erträge zu verwenden sind für Arme, Bedürftige, die steuereinziehenden Beamten und anderes mehr.
- Das Fasten: Während des ganzen Ramadan (der 9. Monat des islamischen Kalenders) darf von Morgengrauen bis Sonnenuntergang nicht gegessen, getrunken, geraucht, kein Wohlgeruch genossen und kein Geschlechtsverkehr gepflegt werden. Ausnahmen für Reisende, Schwangere, Kranke sind möglich.
- Eine Pilgerfahrt nach Mekka.

M 3 Hof der Großen Moschee in Mekka mit der Kaaba.

Foto, um 1980.
*Für die Araber war die **Kaaba** (dt. Würfel) schon vor dem Islam eine heilige Stätte verschiedener Götter gewesen. Mohammed machte sie zum Hauptheiligtum der Muslime. Noch heute betet jeder Muslim in Richtung der Kaaba nach Mekka.*
*Die **Moschee** (dt. „Ort, an dem man sich niederwirft") ist Gebets- und Versammlungsort der islamischen Gläubigen. Dort finden Gemeindeversammlungen statt, und es wird dort Religionsunterricht erteilt. Darüber hinaus war – und ist zum Teil noch heute – die Moschee der wichtigste Ort der politischen Information und Meinungsbildung.*
Ursprünglich rief der Muezzin (Künder, Ausrufer) vom Minarett, dem Turm der Moschee, fünfmal am Tage (in der Morgendämmerung, am Mittag, nachmittags, kurz nach Sonnenuntergang und zwei Stunden danach) in arabischer Sprache zum Gebet. Heute übernehmen oft Lautsprecher diese Aufgabe.

M 4 „O Belebender!"

In der islamischen Welt kommt der arabischen Schrift eine besondere Bedeutung zu, da mit ihr der Koran vermittelt wird. Die Gestaltung der Schriften gilt daher fast als religiöse Handlung und besondere Kunstform (Kalligrafie: Kunst des schönen Schreibens). Die vorliegende Fassung gilt als einer der 99 schönsten Namen Allahs.

1. *Vergleiche die erste Sure des Korans (M 1) mit dem christlichen Glaubensbekenntnis.*
2. *Welche Schwierigkeiten haben Muslime bei uns, ihre religiösen Pflichten zu erfüllen (M 2)?*

Der Islam breitet sich aus

1 **Die Mittelmeerwelt um 750.**

Die Mittelmeerwelt zerfällt
Mit Gewalt und dem neuen Glauben gründeten Mohammed und seine Nachfolger auf dem Boden des ehemaligen Römischen Reiches neue Herrschaftsbereiche. Die Einheit des Mittelmeerraumes gab es nicht mehr. Aus dem Oströmischen Reich war das Byzantinische Reich mit dem Zentrum Konstantinopel geworden. Dort war das Christentum Staatsreligion. Die byzantinischen Kaiser sahen sich als Vertreter Christi auf Erden und gaben ihren Kirchenführern (*Patriarchen*) Anweisungen zur Verkündung des rechtmäßigen (*orthodoxen*) Glaubens. Im Westen hatte sich nach dem Ende des Weströmischen Reiches (476) allmählich das Fränkische Reich gebildet. Seine Herrscher verbündeten sich mit den Päpsten in Rom. Sie verbreiteten und schützten den römisch-katholischen Glauben.

2 **Mann auf einem Kamel.**
Malerei aus Ägypten, 13. Jh.
Ein arabisches Sprichwort aus dem 6. Jh. gibt Auskunft über die Gliederung der Gesellschaft: „Dem untersten Stand gebührt die Feldarbeit, der Dienerschaft die Rinderzucht, während dem Adel das Kamel und dem Heldentum das Pferd gehört.“

Schnelle arabische Eroberungen
Mohammeds Nachfolger, die Kalifen, dehnten den muslimischen Herrschaftsbereich aus. Im Osten erreichten ihre Heere Nordindien und Zentralasien. Im Westen setzten sie nach der Eroberung Nordafrikas 710 auf die Iberische Halbinsel (Spanien) über. Arabische Krieger drangen bis ins Reich der Franken vor. In der *Schlacht bei Tours und Poitiers* wurden sie im Jahre 732 von fränkischen Truppen besiegt. Während die christlichen Geschichtsschreiber dies als Erfolg der „Europäer“ darstellten, hielten die arabischen Historiker die Schlacht für unbedeutend. Auch im Südosten wurde um 740 das Vordringen der Araber, die Konstantinopel schon zweimal belagert hatten, vorübergehend gestoppt. Im 9. Jahrhundert setzten die Muslime ihre Expansion fort, eroberten Sizilien und weitere Gebiete.
Das Zentrum der islamischen Herrschaft verlagerte sich. Unter dem Kalifengeschlecht der *Omaiyaden* (661 - 750) löste Damaskus die Städte Mekka und Medina ab. Die *Abbasiden* (749 - 1258) machten Bagdad zum Mittelpunkt ihrer Macht. Für die Einheit der muslimisch beherrschten Gebiete sorgten die arabische Schrift und Sprache, der Glaube und die engen Wirtschaftsbeziehungen.

Kein Frieden im „Haus des Friedens“
Die Motive für die arabische Ausdehnung wurden lange im Islam gesehen. Dabei wurde auf den Koran verwiesen, der jeden Muslim verpflichtet, sich für die Sache Gottes einzusetzen (arab. *Dschihad*). Darin heißt es ausdrücklich „Zwingt keinen zum Glauben“. Aber nicht die Mission war anfangs ausschlaggebend für die Eroberungen, sondern die Aussicht auf reiche Beute und der Wunsch, den arabischen Machtbereich auszudehnen.
Seit dem 9. Jahrhundert teilen muslimische Gelehrte die Welt in zwei Teile: Während das „Haus des Friedens“ alle islamisch beherrschten Gebiete umfasst, gehören die noch zu Ehren Allahs zu erobernden Regionen zum „Haus des Krieges“. Diese Zweiteilung folgt politischen Vorstellun-

gen. Sie gehen davon aus, dass die Muslime solange Krieg führen müssen, bis der Islam über die ganze Welt herrscht. Allerdings: Im „Haus des Friedens“ war es nie friedlich. Von Anfang an gab es Kriege um die rechtmäßige Nachfolge Mohammeds. Je größer der muslimische Herrschaftsbereich wurde, desto häufiger kam es zu Abspaltungen einzelner Gebiete. Außerdem: Wenn es die Herrschenden wollten, kämpften Christen und Muslime sogar gemeinsam gegen ihre jeweiligen Glaubensbrüder.

Muslime auf der Iberischen Halbinsel

Im Juli 710 landeten etwa 300 Fußsoldaten und 100 Reiter unter Führung eines muslimischen Berberführers auf der Iberischen Halbinsel, die später von den Arabern als *al-Andalus* bezeichnet wurde. Sie schwärmten aus, um Dörfer zu plündern. Ihre Beutezüge nannten sie „Ghassiya“ (span. *Razzia*). Ein Jahr später folgte Feldherr *Tarik* mit einem Heer von 7 000 Kriegern. Er und seine Leute gingen in Gibraltar (dt. „Felsen des Tarik“) an Land. Der Widerstand der westgotischen Führungsschicht, die sich zum Christentum bekannte, war gering. 714 stand fast die gesamte Halbinsel unter muslimischer Herrschaft. Nur im Norden regierten noch christliche Herzöge.

Jahrzehntelang stritten arabische Clans um die Vorherrschaft. Als Sieger ging 756 *Abd al-Rahman I.* hervor. Er gab sich den Titel „Emir“ (arab. *amir*: Befehlshaber) und rief das *Emirat Córdoba* aus. 170 Jahre später, im Jahre 929, erklärte sich *Abd al-Rahman III.* zum Kalifen. Er brach damit die arabische Tradition, wonach es immer nur einen Nachfolger Mohammeds geben durfte.

Die muslimische Herrschaft in Spanien dauerte fast 800 Jahre. Nur schrittweise wurden die Gebiete von den christlichen Fürsten bis 1492 zurückerobert (*Reconquista*).

Juden, Christen und Muslime

Gegenüber den Juden und Christen waren die muslimischen Eroberer nachsichtig, weil sie deren Religionen als Vorläufer des Islam ansahen. Sie mussten zwar die neue Herrschaft anerkennen, durften aber ihren Glauben behalten. Dafür hatten sie besondere Steuern zu zahlen und Verhaltensauflagen zu befolgen.

Die Juden wurden den Christen gleichgestellt. Das brachte ihnen mehr Freiheiten und Rechte. Unter den Westgoten hatten sie weder christliche Frauen heiraten noch öffentliche Ämter annehmen dürfen. Die Juden lebten zumeist in den Städten in eigenen Wohnvierteln, arbeiteten als Ärzte, Händler und Handwerker und hatten Ämter im Münz-, Steuer- und Zollwesen inne.

3 Betsaal der Moschee von Córdoba.
Foto, um 1990.
785 wurde mit dem Bau einer Moschee an der Stelle einer christlichen Kirche begonnen. Sie wurde mehrfach erweitert. Im 13. Jh. wandelte man sie in eine christliche Kirche um. Der hier zu sehende „Säulenwald“ des Betsaals stammt aus dem 10. Jahrhundert.

Das entspannte Verhältnis zwischen Muslimen, Juden und Christen änderte sich im 11. Jh. mit der Reconquista. Innere Probleme veränderten zeitweise das Zusammenleben. Im Königreich Granada ließ sich das einfache Volk 1066 von antijüdischen Äußerungen herrschsüchtiger Muslime zu einer Judenverfolgung hinreißen, der 1500 Menschen zum Opfer fielen.

Die reiche Kultur Córdobas

Als die muslimische Herrschaft begann, soll es auf der Iberischen Halbinsel – nach arabischer Aussagen – nur drei Pflanzen gegeben haben: den Olivenbaum, den Feigenbaum und den Rebstock. Die Muslime ergänzten diesen Bestand durch viele Nahrungs- und Nutzpflanzen wie Baumwolle, Reis, Zuckerrohr, Artischocken, Aprikosen, Orangen, Datteln und Spargel. Ihr Anbau wurde erst durch ein aus Persien übernommenes und weiterentwickeltes Bewässerungssystem möglich.

Die Eroberer bauten die alten römischen Straßen und Brücken aus, verbesserten die Trinkwasserversorgung in den Städten und die Bewässerung der Äcker. Sie ließen Gold, Silber, Eisenerze, Zinn, Kupfer und Blei fördern sowie Glas und Keramik, Papier, Lederwaren und Stahlklingen herstellen und auch in fremde Länder verkaufen.

Im 10. Jahrhundert war Córdoba eine der reichsten Städte auf dem Kontinent. Hier lebten etwa eine halbe Million Menschen. Es gab 300 Moscheen, 50 Krankenhäuser, 900 öffentliche Badehäuser, zahlreiche Schulen und Bibliotheken. Gelehrte und Künstler schufen in Andalusien eine eigene jüdisch-arabische Kultur. Ihre Anregungen kamen aus Persien über Bagdad nach Andalusien, Sizilien und Unteritalien. Von dort gelangte die weiterentwickelte Kultur allmählich auch ins Abendland.*

**Zu den Kulturkontakten lies auch das Kapitel „Zwischen Abendland und Morgenland“, Seite 22*

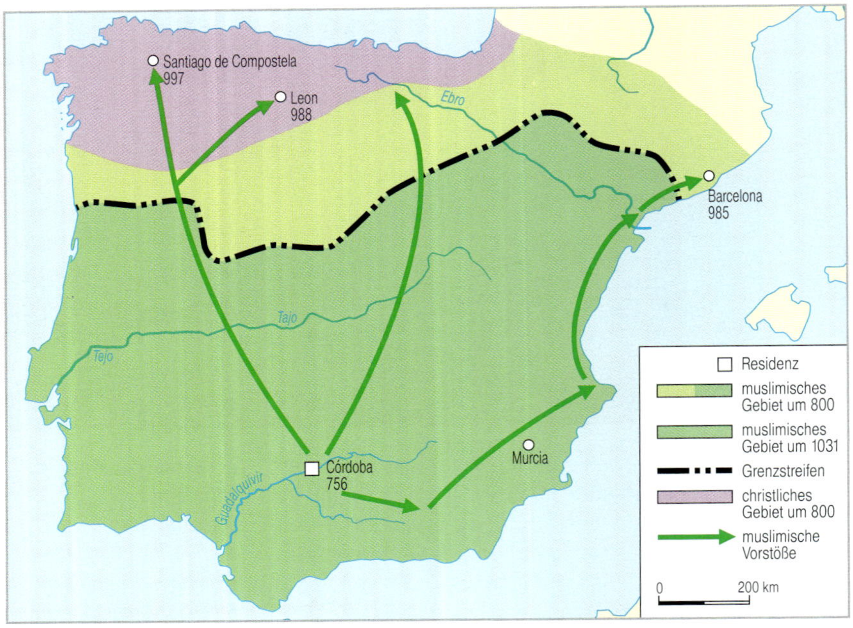

M 1 Emirat/Kalifat Córdoba 756 - 1031.

Nach: Günter Kettermann, Atlas zur Geschichte des Islam, Darmstadt 2001, S. 63 (verändert)

M 2 Ein Friedensvertrag

Die muslimischen Eroberer schließen im April 713 mit Teudemir, dem christlichen König von Murcia, einen Vertrag, in dem sie ihm folgendes zusichern:

1. Weder für ihn noch für einen seiner Leute werden Änderungen seines jetzigen Status zu seinen Gunsten oder Ungunsten verfügt.
2. Er wird nicht enteignet.
3. Er und seine Leute werden weder getötet noch versklavt, weder von ihren Frauen und Kindern getrennt, noch wegen ihrer Religion behelligt.
4. Ihre Kirchen werden nicht verbrannt, Devotionalien* nicht daraus geraubt.

Das gilt, solange er [Teudemir] sich an unsere Vereinbarungen hält.
Er genießt den Vertragsschutz:

1. Gegen Überlassung von sieben Städten.** [...]
2. Er darf keinen, der vor uns flieht, aufnehmen, er darf keinen Gegner von uns aufnehmen, er darf keinen Schützling von uns bedrohen.
3. Er darf keine Nachrichten unserer Feinde, die ihm zur Kenntnis gelangen, verheimlichen.
4. Er und seine Leute müssen alljährlich folgende Abgaben entrichten: einen Dinar***, vier Zentner Weizen, vier Zentner Gerste, vier Fässer Most, vier Fässer Essig, zwei Fässer Honig und zwei Fässer Öl. Sklaven entrichten von alledem die Hälfte.

Wilhelm Hoenerbach, Islamische Geschichte Spaniens, Zürich und Stuttgart 1970, S. 54 f. (vereinfacht)

***Devotionalien**: *dem Glauben dienende Gegenstände*
***Es folgen die Namen der Orte.*

*****Dinar**: *Silbermünze; die Kopfsteuer*

M 3 Über die „Toleranz“ der Araber

Arnold Hottinger über die arabische Kultur in Spanien:

Nach der später endgültig formulierten allgemeinen Regel waren Christen und Juden als Angehörige einer „Religion des Buches“ berechtigt, ihre Religion weiter auszuüben und ein normales Zivilleben zu führen, solange sie eine Kopfsteuer entrichteten und sich an gewisse Vorschriften hielten, die bezweckten, die Überlegenheit des Islams und seiner Gläubigen als Staatsvolk gegenüber den beschützten Religionen, den sogenannten Dhimmi, zu gewährleisten und zu dokumentieren.
Dies waren: kein Neubau von Kirchen und Synagogen, nur ihre Instandhaltung; kein Militärdienst für die Dhimmi; keine Pferde als Reittiere; keine allzu prächtigen Gewänder; keine Regierungsposten etc. Auch die Heirat muslimischer Frauen war dem Dhimmi untersagt, weil diese dadurch den Ungläubigen untertan geworden wären. Das Umgekehrte, die Heirat einer Jüdin oder Christin durch einen Muslim, war möglich. Doch wenn eine Stadt durch Waffengewalt eingenommen wurde, ohne dass ihre Bewohner sich vor deren endgültigem Sieg den Muslimen unterworfen hätten, galt es als zulässig, die Männer zu töten und die Frauen und Kinder zu versklaven.

Arnold Hottinger, Die Mauren. Arabische Kultur in Spanien, Zürich 1995, S. 46

M 4 „Welche ein Schmerz!“

Ein adliger Christ aus Córdoba schreibt um 856:

Vergiftet durch die arabische Beredsamkeit beachten alle unsere jungen Christen [...] die Bücher der Muslime mit höchster Aufmerksamkeit, lesen sie mit größter Spannung und diskutieren über sie höchst interessiert. Sie sammeln sie mit größter Sorgfalt und werben für sie [...], während sie die Schönheit der kirchlichen Literatur nicht beachten und auf den Reichtum der Kirche, der direkt aus dem Paradies stammt, herabsehen, als wäre er die schändlichste Sache der Welt. Welch ein Schmerz! Die Christen sind ihrer eigenen Sprache nicht mächtig, [...] und unter Tausenden findet man kaum einen, der einen einfachen Brief an einen Freund in gutem Latein schreiben könnte.

Hagen Schulze und Ina Ulrike Paul (Hrsg.), Europäische Geschichte. Quellen und Materialien, München 1994, S. 41

1. *Überlege, warum die Muslime kaum an der Missionierung der Eroberten interessiert waren (M 2).*
2. *Erörtert, ob die Araber gegenüber Christen und Juden „tolerant“ waren (M 2 und M 3).*
3. *Erläutere M 4. Was sagt die Quelle über das Verhältnis zwischen Muslimen und Christen aus?*

Jerusalem: „Heilige Stadt“ der Juden, Christen und Muslime

M 1 „Eine Stadt – drei Städte“

Heike Nelsen-Minkenberg schreibt über Jerusalem in einem Ausstellungsführer:

Eine Stadt – drei Städte, so präsentiert sich der allen drei monotheistischen* Weltreligionen heilige Ort dem Betrachter. Einige Stätten, wie der Felsendom, sind allen drei Religionen heilig, birgt er doch den Stein, auf dem Abraham seinen Sohn Isaak nicht opfern musste. Dadurch, dass Mohammed von eben diesem Stein seine Himmelsreise angetreten haben soll, wird er den Muslimen ebenso heilig wie der benachbarte Ort des zerstörten Tempels den Juden. Für die nach Jerusalem pilgernden Christen steht die Grabeskirche als erste heilige Stätte im Mittelpunkt. An keinem anderen Ort begegnen Judentum, Christentum und Islam sich auf so gedrängtem Raum, kein anderer Ort ist konfliktträchtiger, aber auch geeigneter, zwischen allen Unterschieden eine gemeinsame Zukunft zu entwickeln.

Ex oriente. Isaak und der weiße Elefant. Bagdad – Jerusalem – Aachen. Eine Reise durch drei Kulturen um 800 und heute, hrsg. von Wolfgang Dreßen u. a., Mainz 2003, S. 207 (leicht vereinfacht)

***Monotheismus** (griech. monos: allein; theos: Gott): Glaube an einen einzigen Gott.*

M 2 Der Tempelberg in Jerusalem.
Foto, um 2000.
Schon im 4. Jt. v. Chr. war das Gebiet um Jerusalem besiedelt. Um 1000 v. Chr. eroberte David die Stadt und erklärte sie zur Hauptstadt seines Reiches. Laut Bibel ließ König Salomon dort einen Tempel bauen. Nach seiner Zerstörung durch die Babylonier wurde er im 6. Jh. v. Chr. wieder aufgebaut. Beide Gebäude sind archäologisch bisher nicht nachgewiesen. König Herodes (37-4 v. Chr.) veranlasste den Bau des zweiten Tempels. Die auf dem Foto zu sehende Umfassungsmauer stammt teilweise aus dieser Zeit. Dieser Tempel wurde 70 n. Chr. von den Römern zerstört und durfte nicht wieder aufgebaut werden. Auf den Trümmern Jerusalems entstand im 2. Jh. eine römische Stadt. Juden durften sie nicht betreten.
Seit dem 4. Jh. pilgerten Christen zu den Stätten des Lebens und Sterbens Jesu in Jerusalem. Im 7. Jh. eroberten Muslime die Stadt und errichteten den Felsendom. Er ist der älteste erhaltene muslimische Sakralbau. Die Muslime erlaubten den Juden, sich wieder in der Stadt niederzulassen.*
Heute ist Jerusalem die Hauptstadt Israels und einer der wichtigsten Wallfahrtsorte der drei großen Religionen.

***Sakralbau**: ein religiösen Zwecken dienendes Bauwerk*

M 3 Die „Klagemauer“ in Jerusalem.
Foto, um 1990.
Die „Klagemauer“, die von den Juden „Westmauer“ genannt wird, ist der einzige Überrest des 70 n. Chr. von den Römern zerstörten Tempels. Sie ist Ort der Klage und Stätte des Gebets.

1. *Legt eine Zeittafel zur Geschichte Jerusalems von den Anfängen bis zum 8. Jh. n. Chr. an.*
2. *Informiert euch über die Gründe, die heute das Zusammenleben der Juden, Muslime und Christen in Jerusalem belasten.*

Kreuzzüge – Wallfahrten in Waffen

1 Christus als Anführer der Kreuzzugsteilnehmer.
Miniatur, vermutlich Anfang des 14. Jh.
Überlege, was das Bild dem Betrachter mitteilen will.

Hilferuf aus Konstantinopel

Mitte des 11. Jahrhunderts eroberten muslimische Seldschuken Syrien und Palästina und nahmen Jerusalem ein. In der *Schlacht von Manzikert* (1071) besiegten sie die Byzantiner und verdrängten sie nach und nach aus Kleinasien. In dieser Zeit wurden die Pilgerwege nach Jerusalem unterbrochen, unbewaffnete Wallfahrer überfallen und ausgeraubt. Im März 1095 wandte sich der byzantinische Kaiser *Alexios I.* an Papst *Urban II.* mit der Bitte um Militärhilfe. Das ist bemerkenswert, weil sich die griechisch-orthodoxe Kirche 1054 von der römisch-katholischen Kirche im Streit getrennt hatte und der Papst selbst über keine Truppen verfügte.
Die römisch-katholische Kirche befand sich in einem großen Reformprozess, der im 10. Jh. von dem burgundischen Kloster Cluny ausgegangen war. Das Ziel der Reformen war es, den Menschen die Botschaft von Christus näher zu bringen, die Kirche noch straffer zu organisieren und frei von den weltlichen Herrschern zu machen. Die Päpste verlangten von diesen, sich ihnen unterzuordnen. Sie stritten sich deshalb auch mit den Kaisern und Königen darum, wer die Bischöfe einsetzen durfte (*Investiturstreit*). Im 11. Jh. riefen die Päpste daher nicht die mächtigen Kaiser und Könige, sondern die Herzöge, Grafen und Bischöfe um Hilfe. Der byzantinische Herrscher hoffte also, dass der Papst seinen Wunsch nach Militärhilfe am besten verbreiten konnte.

„Gott will es!"

Im November 1095 machte Papst Urban II. den Hilferuf aus Konstantinopel zum Thema einer großen Kirchenversammlung im französischen Clermont. Am letzten Tag des Konzils rief er vor 300 Bischöfen und Äbten sowie einigen Rittern zur bewaffneten Wallfahrt gegen die Feinde des christlichen Glaubens und zur Befreiung Jerusalems auf. Dazu stellte der Papst allen Teilnehmern einen Ablass in Aussicht, einen Nachlass der Strafen für ihre Sünden. Seine Rede beeindruckte die Zuhörer. Sie unterbrachen sie immer wieder mit dem Zuruf „Deus lo vult!" („Gott will es!").
Nach der Ansprache gelobten zahlreiche Konzilsteilnehmer, sich dem Kriegszug anzuschließen. Als Zeichen ihres Versprechens hefteten sie sich Kreuze aus Stoff auf ihre Kleidung. Sie folgten damit dem Bibelwort: „Und wer nicht sein Kreuz auf sich nimmt und mir nachfolgt, ist meiner nicht würdig." Bischöfe und Wanderprediger verbreiteten den Aufruf. Arme und Reiche folgten ihm.

Was ist ein Kreuzzug?

Der Begriff „Kreuzzug" wurde Ende des 12. Jh. erstmals verwendet. Er steht für einen vom Papst ausgerufenen Krieg gegen die Feinde des Glaubens und der Kirche. Der religiöse Sinn einer Pilgerreise – Buße für die begangenen Sünden zu tun – war mit dem Gedanken vom „gerechten Krieg" gegen ungerechtfertigte Herrschaft verknüpft worden.

Der Erste Kreuzzug

Religiöser Eifer und der versprochene Nachlass der Sündenstrafen veranlassten Christen, den Aufrufen zu folgen. Abenteuerlust und Geldgier spielten dabei kaum eine Rolle. Nur wenige gingen mit, um im Heiligen Land zu siedeln.
Unter der Führung von Herzögen, Grafen und Bischöfen zogen 1096 etwa 90 000 Menschen in fünf großen Heeren aus Westeuropa in den Orient. Nicht einmal jeder Zehnte war ein Adliger oder Ritter, ein Drittel der Teilnehmer war unbewaffnet. Die Muslime und Byzantiner nannten sie alle „Franken".
Während des Zuges kam es zu den ersten großen Ausschreitungen gegen die Juden nördlich der Alpen, besonders im Rheinland, in Frankreich und in Böhmen. Sie wurden als die ersten und wahren Feinde Christi verschrien, ausgeraubt, zur Taufe gezwungen oder umgebracht. Ganze Judengemeinden wurden vernichtet. Die Zahl der Opfer wird auf 5 000 geschätzt.

2 Erste Kreuzzüge im 11. und 12. Jahrhundert.
Finde heraus, zu welchen Staaten die Gebiete der Kreuzfahrerstaaten heute gehören.

Zwischen Spätherbst 1096 und Mitte Mai 1097 kamen mehrere Heere unter verschiedenen Anführern in Konstantinopel an. Sie unterstellten sich nicht – wie bei der Ankunft durch einen Treueeid versprochen – dauerhaft dem byzantinischen Kaiser, sondern verfolgten eigene Interessen.

In Kleinasien nahmen die Truppen im Juni 1097 Nicäa ein, dann belagerten sie sieben Monate Antiochia. Die Kreuzfahrer erlebten eine neue Welt: Das Klima, das Gelände, die Ernährung und die Kampfweise der Seldschuken mit Pfeil und Bogen waren ihnen fremd. Entsprechend groß waren die Verluste. Nur etwa 20 000 erreichten im Juni 1099 Jerusalem. Sie belagerten die Stadt fünf Wochen, erstürmten und plünderten sie und richteten ein Blutbad unter Muslimen, Juden und orientalischen Christen an. Aus der Wallfahrt war ein Angriffs- und Eroberungskrieg geworden.

Die „Befreiung" Jerusalems sahen viele Christen als Erfolg, der mit Gottes Hilfe erreicht worden war. Ihre Toten galten von nun an als Zeugen des Glaubens (*Märtyrer*). Daher strömten bald weitere „Pilger" in den Orient.

Rückzug nach 200 Jahren

Während die meisten Kreuzzugsteilnehmer heimkehrten, richteten einige Fürsten in den eroberten Gebieten an der Mittelmeerküste vier unabhängige christliche „Kreuzfahrerstaaten" ein: das Königreich Jerusalem, das Fürstentum Antiochia und die Grafschaften Edessa und Tripolis. Dort ließen sich bis Ende des 12. Jh. etwa 100 000 „Lateiner" nieder. Sie blieben gegenüber den Muslimen in der Minderheit.

Die Einigung der Muslime und Konflikte in den Kreuzfahrerstaaten ermöglichten es Sultan *Saladin*, Jerusalem 1187 zurückzuerobern. Christen durften aber bald wieder die Wallfahrtsorte besuchen und Juden war es erlaubt, eigene Gemeinden zu gründen.

Im 12. und 13. Jh. konnten die mächtigen Päpste auch die französischen, englischen, ungarischen und deutschen Könige und Kaiser für Kreuzzüge gewinnen. Dass es dabei nicht nur um die Verteidigung der Kreuzfahrerstaaten ging, machte der Kreuzzug von 1202 bis 1204 deutlich: Venedig überredete die Kreuzritter vor dem Zug ins Heilige Land dazu, Byzanz, seinen wirtschaftlich und politisch mächtigsten Gegner, anzugreifen. Die christlichen Abendländer zerstörten und plünderten Konstantinopel, die reichste Stadt der Christenheit. Sie stürzten den byzantinischen Kaiser und errichteten ein Lateinisches Kaiserreich von Konstantinopel. Auch wenn dieses Reich 1261 schon wieder zerbrach: Byzanz blieb dauerhaft geschwächt und vertraute dem lateinischen Westen nicht mehr.

1291 fiel das letzte Bollwerk der Kreuzritter in Palästina: *Akkon* wurde von islamischen Heeren erobert und die Herrschaft der „Kreuzfahrer" beendet.

M 1 „Ihr Leute!"

969 besetzen byzantinische Soldaten islamische Gebiete im Norden Syriens und Mesopotamiens. Daraufhin ruft der 23-jährige arabische Dichter und Prediger Ibn Nubata seine Landsleute zum Kampf („Dschihad"; siehe dazu Seite 14) auf:

Ihr Leute! Wie lange noch wollt ihr die Mahnung hören und sie nicht beachten? Wie lange noch wollt ihr mit Tadel geschlagen werden und euch nicht ändern? [...] Eure Feinde verüben in euren Siedlungen Untaten und erreichen ihrer Hoffnung Ziel, weil ihr euch des heiligen Kampfes enthaltet. [...] Wo ist der Eifer im Glauben? Wo ist die Scharfsicht der Überzeugung? Wo ist die Furcht vor den Flammen der Hölle? Wo ist das Vertrauen auf Gottes Garantie? Hat Er der Allmächtige doch in der Offenbarung gesagt: „Ja, wenn ihr standhaft und gottesfürchtig seid und sie über euch kommen in wilder Hast, wird euer Herr euch helfen mit 5000 gezeichneten Engeln. Das hat Gott allein zu seiner Freudenbotschaft für euch gemacht. Eure Herzen sollen dessen sicher sein. Der Sieg kommt allein von Gott dem Mächtigen und Weisen."
Er hat Euch Gottvertrauen und Geduld übertragen und euch Hilfe und Beistand garantiert. Wollt ihr denn Seiner Garantie misstrauen oder an Seiner Güte und Gerechtigkeit Zweifel hegen? Eilt also mit Gottes Gnade zum Dschihad mit reinen Herzen und stolzen Seelen, mit gefälligen Taten und strahlendem Gesicht! Fasset den Entschluss, euch zu rüsten, und entblößt eure Köpfe in der Schande des Verzögerns! Schenkt euer Leben dem, der es zuerst besitzt! Seid ohne Furcht, denn sie kann den Tod von euch nicht fernhalten! [...]
Auf zum Dschihad, auf, ihr, die ihr gewiss seid! Auf zum Sieg, auf, ihr, die ihr standhaft seid! Auf zum Paradies, auf, die ihr voll Streben seid! Auf zum Höllenfeuer, auf, ihr, die ihr auf der Flucht seid! Der Dschihad ist die feste Grundlage des Glaubens, das weiteste Tor der göttlichen Gunst und der höchste Grad des Paradieses. Wer es darin treu mit Gott meint, kann zwischen zwei Wegen suchen und wählen: zwischen Glück und dem Sieg in Bälde und dem Triumph durch die Märtyrerschaft in Zukunft.

Franz-Josef Brüggemeier und Gerhard Hoffmann (Hrsg.), Menschen im Jahr 1000, Freiburg – Basel – Wien 1999, S. 119-121 (leicht verändert)

M 2 Papst Urban II. ruft 1095 zum Kreuzzug auf.
Holzschnitt von 1482.
Auf dem Spruchband in der Mitte des Bildes steht „Gott will es!".

M 3 „Vielgeliebte Brüder!"

Der 1059 geborene französische Geistliche Fulcher von Chartres nimmt am Ersten Kreuzzug teil. Er bleibt in Jerusalem und verfasst dort um 1100 eine Chronik des Kreuzzuges. In dem Werk überliefert er die Rede, die Papst Urban II. am 27. November 1095 zur Befreiung Jerusalems in Clermont in der Auvergne gehalten haben soll.

Vielgeliebte Brüder! [...] Es ist unabweislich, unseren Brüdern im Orient eiligst die so oft versprochene und so dringend notwendige Hilfe zu bringen. Die Türken haben sie angegriffen und sind in das Gebiet des Byzantinischen Reiches bis zum Bosporus vorgestoßen. Sie haben die Christen bereits siebenmal besiegt, eine große Anzahl von ihnen getötet und gefangengenommen, die Kirchen zerstört und das Land verwüstet. Wenn ihr ihnen jetzt keinen Widerstand entgegensetzt, so werden die treuen Diener Gottes im Orient ihrem Ansturm nicht länger gewachsen sein.
Deshalb bitte und ermahne ich euch, ihr Armen und ihr Reichen, im Namen Gottes, beeilt euch, dieses gemeine Gezücht aus den von euern Brüdern bewohnten Gebieten zu verjagen und den Christen rasche Hilfe zu bringen. Ich richte mich an die Anwesenden und verkünde es auch jenen, die abwesend sind: Christus befiehlt es.
Wenn diejenigen, die dort hinunterziehen, ihr Leben verlieren, auf der Fahrt, zu Lande oder zu Wasser oder in der Schlacht gegen die Ungläubigen, so werden ihnen in jener Stunde ihre Sünden vergeben. Dies gewähre ich kraft der Vollmacht, die Gott mir verliehen hat. [...]
Mögen diejenigen, die vorher gegen Brüder und Verwandte kämpften, sich mit den Ungläubigen schlagen; mögen diejenigen, die bis jetzt Räuber waren, zu Streitern Christi werden – für eine doppelte Belohnung. Auf der einen Seite werden die Elenden sein, auf der anderen die wahrhaft Reichen; hier die Feinde Gottes, dort Seine Freunde. Verpflichtet euch ohne zu zögern; mögen die Krieger ihre Angelegenheiten ordnen und aufbringen, was nötig ist, um ihre Ausgaben bestreiten zu können; wenn der Winter endet und der Frühling kommt, sollen sie fröhlich sich auf den Weg machen unter der Führung des Herrn.

Régine Pernoud (Hrsg.), Die Kreuzzüge in Augenzeugenberichten, München ^{5}1980, S. 21 f. (überarbeitet)

1. *Arbeite aus dem Text heraus, wie Ibn Nubata den Kriegszug begründet und welche Vorstellungen vom „Dschihad" dabei deutlich werden (M 1).*
2. *Entspricht die Darstellung auf dem Bild (M 2) den überlieferten Vorgaben? Lies dazu die Darstellung genau.*
3. *Vergleiche die beiden Aufrufe (M 1 und M 3). Untersuche die sprachlichen Mittel der Redner. Lässt sich deiner Meinung nach die Haltung der Zeitgenossen heute rechtfertigen?*

M4 Ein Kreuzzugsteilnehmer berichtet

In den um 1100 verfassten „Gesta Francorum" („Taten der Franken") heißt es über die Eroberung Jerusalems:

Am Freitag aber griffen wir in aller Frühe die Stadt von allen Seiten an, aber wir konnten ihr keinen Schaden zufügen, und wir waren alle darüber erstaunt und in großer Furcht. Als aber die Stunde kam, da unser Herr Jesus Christus es nicht verschmähte, für uns am Holz des Kreuzes zu leiden, kämpften unsere Ritter [...] mit vermehrter Kraft auf dem Belagerungsturm. Dann gelang es einem unserer Ritter [...] auf die Mauer der Stadt zu steigen. Alsbald flohen alle Verteidiger der Stadt über die Mauern und durch die Stadt, und die Unseren setzten ihnen sofort nach, sie tötend und verstümmelnd, bis zum Tempel Salomos; dort fand ein so großes Morden statt, dass die Unseren mit ihren Füßen bis zu den Knöcheln in Blut wateten. [...] Alsbald liefen sie [die Kreuzzugsteilnehmer] durch die ganze Stadt und brachten Gold und Silber, Pferde und Maultiere und ganze Häuser mit allen Gütern an sich. Danach aber kamen alle Unsrigen jubelnd und vor übergroßer Freude weinend zum Grab unseres Erlösers Jesus, um zu beten, und kamen so ihm gegenüber ihrer eigentlichen [Pilger-]Pflicht nach. Am Morgen danach stiegen die Unseren vorsichtig auf das Dach des Tempels, überfielen die Sarazenen, Männer und Frauen, und enthaupteten sie mit blanken Schwertern; andere aber stürzten sich vom Tempel. Als Tankred* das sah, wurde er sehr zornig.

Peter Thorau, Die Kreuzzüge, München ^{3}2007, S 9 f.

* *Tankred von Tiberias (1072-1112) führte die italienischen Normannen an; er wurde nach dem Ersten Kreuzzug Herrscher des Fürstentums Antiochia.*

M5 Aus einem arabischen Geschichtsbuch

Der arabische Geschichtsschreiber Ibn al-Atir ist 39 Jahre alt, als Jerusalem fällt; später berichtet er:

Die Franken wandten sich also gegen Jerusalem [...] und hielten es [...] mehr als vierzig Tage lang eingeschlossen. Sie errichteten zwei Türme, einen davon auf der Seite Zions. Aber die Muslime verbrannten ihn und töteten alle, die in ihm waren. Kaum hatten sie ihn verbrannt, als ein Bote mit einem Hilferuf kam: die Stadt sei von der anderen Seite her genommen.

Die Franken nahmen sie [die Stadt] tatsächlich von der Nordseite, morgens am Freitag, dem 15. Juli 1099. Die Einwohner wurden ans Schwert geliefert, und die Franken blieben eine Woche in der Stadt, während der sie die Einwohner mordeten. Eine Gruppe von diesen suchte Schutz in Davids Bethaus*, verschanzte sich dort und leistete einige Tage Widerstand. Nachdem die Franken ihnen das Leben zugesichert hatten, ergaben sie sich; die Franken hielten den Vertrag, und sie zogen des Nachts in Richtung Askalon und setzten sich dort fest. In der al-Aqsa Moschee** dagegen töteten die Franken mehr als siebzigtausend Muslime, unter ihnen viele Imame***, Religionsgelehrte, Fromme und Asketen, die ihr Land verlassen hatten, um in frommer Zurückgezogenheit an diesem heiligen Ort zu leben. Aus dem Felsendom**** raubten die Franken mehr als vierzig Silberleuchter [...], einen großen Silberleuchter [...], außerdem von den kleineren Leuchtern einhundertundfünfzig silberne und mehr als zwanzig goldene, und andere unermessliche Beute. [...]

* *Davidsturm*
** *Moschee auf dem Tempelberg*
*** **Imam**: *Vorbeter*
**** *auf dem Tempelberg; von dem Felsen aus ist nach dem Glauben der Muslime Mohammed zum Himmel aufgestiegen*

Die Flüchtlinge erreichten Bagdad [...]. Am Freitag kamen sie in die Hauptmoschee und flehten um Hilfe; sie waren in Tränen und rührten zu Tränen bei der Erzählung, was die Muslime in dieser erhabenen heiligen Stadt erlitten hatten: die Männer getötet, Frauen und Kinder gefangen, alle Habe geplündert. Wegen der Schwere des Unglückes, das sie erduldet hatten, brachen sie sogar das Fasten.
[...] Die verschiedenen muslimischen Fürsten lagen untereinander im Streit [...], so konnten die Franken das Land besetzen.

Francesco Gabrieli, Die Kreuzzüge aus arabischer Sicht, München ^{2}1976, S. 49 f. (vereinfacht)

M6 Krak des Chevaliers in Syrien.
Foto von 2002.
Diese Kreuzritterburg kam 1142 in den Besitz des Johanniter-Ordens. Er ließ sie nach 1170 ausbauen. Die Besatzung bestand aus rund 2000 Mann. 1271 eroberten muslimische Truppen die Festungsanlage.

1. *Vergleiche die Beschreibungen der Eroberung Jerusalems (M4 und M5). Arbeite heraus, wann und wie die Autoren das Ereignis bewerten.*
2. *Informiere dich über die Johanniter. Was haben sie mit den Kreuzzügen zu tun (M6)? Informationen findest du unter www.johanniter.de.*
3. *Stelle Ziele und Ergebnisse der Kreuzzüge gegenüber. Verfasse dazu eine historisch begründete Stellungnahme.*
4. *Wie werden die Kreuzzüge heute beurteilt? Suche dazu Sachbücher in der Schülerbücherei oder einer öffentlichen Bibliothek.* Lerntipp

Zwischen Abendland und Morgenland

1 Kreuzfahrer und Kaufleute.
Buchillustration, um 1350.

Kreuzzüge und Handel

Schon vor dem 11. Jh. waren Händler aus Venedig, Genua und anderen italienischen Seestädten in den Orient gefahren, um Gewürze wie Nelken, Muskat, Safran und Zimt, Färbemittel wie Indigo und Ultramarin sowie Weihrauch, Elfenbein, Baumwolle zu kaufen und Rohstoffe wie Felle, Holz, Getreide, Pferde und Waffen zu verkaufen.
Während der Kreuzzüge und nach Gründung der Kreuzfahrerstaaten ging der Handel zwischen Christen und Muslimen weiter, selbst dann, als die Päpste ihn im 12. Jh. einzuschränken versuchten. Sie hatten die Christen aufgefordert, den Muslimen keine kriegswichtigen Waren zu verkaufen.
Die italienischen Kaufleute verdienten am Transport der Pilger und Kreuzfahrer ins Heilige Land und konnten den Arabern Anfang des 13. Jh. die Herrschaft in Teilen des Mittelmeers streitig machen.

Neues aus dem Orient

Mit den Kreuzzügen nahm zwar die Zahl der Christen zu, die die Lebensweise der Muslime kennenlernten, doch ein erstes kulturelles Miteinander fand nur in den von Muslimen seit Jahrhunderten bewohnten Gebieten in Spanien, Sizilien und Unteritalien sowie den Kreuzfahrerstaaten statt. Dort lernte man voneinander, übernahm Nahrungsmittel und Rezepte. Bei den Christen wurden beispielsweise orientalische Zuckerwaren beliebt. Auch in der Metall-, Textil-, Keramik- und Lederverarbeitung, der Papierherstellung sowie bei der Errichtung von Krankenhäusern (*Hospitälern*) machte sich bald arabischer Einfluss bemerkbar. Im Gegenzug übernahmen Muslime von den Christen Anregungen zum Bau von Festungen, zur Belagerungstechnik und zur Ausrüstung der Reiter.

Von Arabern lernen

Die Araber hatten bereits im 9./10. Jahrhundert – oft mit jüdischer Unterstützung – begonnen, altgriechische, persische und indische Texte in die eigene Sprache zu übertragen und zu kommentieren. Sie sicherten damit der Nachwelt viele antike Werke, die sonst endgültig verloren gegangen wären.
Seit dem Ende des 10. Jh. zogen christliche Gelehrte ins muslimische Spanien, um naturwissenschaftliche, mathematische, medizinische und philosophische Studien zu betreiben und arabische Werke ins Lateinische zu übersetzen. Sie übernahmen von den Arabern das Rechnen mit Buchstaben (*Algebra*), erfuhren mehr über die Sterne und Planeten, lernten viel über den Kreislauf des Blutes im menschlichen Körper und über die Heilwirkung vieler Pflanzen. Auch das heutige Zahlensystem übernahmen die Europäer von den Arabern, die es selbst einst von den Indern übernommen hatten.

Erste Koran- und Bibelübersetzungen

Der Koran wurde erstmals 1134 ins Lateinische übersetzt. Dies geschah allerdings einzig aus dem Wunsch heraus, seine Aussagen zu widerlegen. Eine vollständige Bibelübersetzung für muslimische Gelehrte gab es bis dahin noch nicht. Lediglich Teile des Alten und Neuen Testaments wie die Psalmen und Evangelien waren zwischen dem 6. und 9. Jh. von Arabern aus dem Griechischen übertragen worden. Darüber hinaus hatte der jüdische Gelehrte *Saadia Gaon* im 10. Jh. das gesamte Alte Testament für die Arabisch sprechenden Juden übersetzt.

M 1 Christ und Muslim spielen Schach.
Buchmalerei aus Spanien, 13. Jh.
Das Schachspiel stammt wohl aus Indien. Es war im arabischen und abendländischen Kulturraum verbreitet und galt als königliches bzw. ritterliches Strategiespiel.
Nach den ersten Kreuzzügen fanden sich in den Kreuzfahrerstaaten Muslime und Christen aller Stände zusammen, um Schach zu spielen.

M 2 Keine „Abendländer“ mehr

Fulcher von Chartres (siehe M 3, Seite 20) blieb nach dem Ersten Kreuzzug in Palästina; er schreibt:

Wir, die wir vorher Abendländer waren, sind nun Orientalen, wer ein Römer oder Franke war, ist hier ein Galiläer oder Palästinenser geworden, wer sich als Einwohner von Reims oder Chartres fühlte, empfindet sich jetzt als Tyrenser oder Antiochener. Schon haben wir die Orte unserer Geburt vergessen [...]. Andere [Lateiner] sind verheiratet, nicht nur mit Frauen aus der früheren Heimat, sondern auch mit Syrerinnen und Armenierinnen, ja selbst mit Musliminnen, jedoch selbstverständlich nur mit getauften.

Nikolas Jaspert, Die Kreuzzüge, Darmstadt [4]2008, S. 97

M 3 Heilmethoden

Über die unterschiedliche Behandlung zweier Patienten durch einen orientalisch geprägten und einen abendländischen („fränkischen“) Arzt berichtet im 12. Jh. ein Araber:

Sie führten mir einen Ritter vor, der einen Abszess* am Bein hatte, und eine Frau, die an Auszehrung** litt. Dem Ritter machte ich ein erweichendes Pflaster, und der Abszess öffnete und besserte sich; der Frau verschrieb ich eine Diät [...].
Da kam ein fränkischer Arzt daher und sagte: „Der weiß doch überhaupt nicht, wie sie zu behandeln sind!“, wandte sich an den Ritter und fragte ihn: „Was willst du lieber: mit einem Bein leben oder mit beiden Beinen tot sein?“ Der antwortete: „Lieber mit einem Bein leben!“ Da sagte er: „Holt mir einen kräftigen Ritter und ein scharfes Beil!“ Ritter und Beil kamen, ich stand dabei. Er legte das Bein auf einen Holzblock und sagte zu dem Ritter: „Gib dem Bein einen tüchtigen Hieb, der es abtrennt.“ Er schlug, unter meinen Augen, einmal zu, und da das Bein nicht abgetrennt war, ein zweites Mal: Das Mark des Beines spritzte weg, und der Ritter starb sofort. Hierauf untersuchte er die Frau und sagte: „Die da hat einen Dämon im Kopf, der sich in sie verliebt hat. Schert ihr die Haare.“ Sie schoren sie, und sie aß wieder von ihren gewohnten Speisen, Knoblauch und Senf, wodurch die Auszehrung sich verschlimmerte. „Der Teufel steckt in ihrem Kopf“, urteilte er, nahm ein Rasiermesser und schnitt ihr kreuzförmig über den Kopf, entfernte die Haut in der Mitte, bis der Schädelknochen frei lag, und rieb ihn mit Salz ein: Die Frau starb augenblicklich.
Da fragte ich: „Habt ihr mich noch nötig?“ Sie verneinten, und ich ging weg, nachdem ich von ihrer Heilkunde gelernt hatte, was ich vorher nicht wusste.

Francesco Gabrieli, Die Kreuzzüge aus arabischer Sicht, a. a. O., S. 118 f. (vereinfacht)

***Abszess**: *gefährliche Eiterbeule*
****Auszehrung**: *Abmagerung infolge einer Krankheit wie Tuberkulose oder Krebs*

M 4 Arabisches im deutschen Wortschatz

Viele Wörter in unserer Sprache stammen aus dem Arabischen oder – durch die Araber vermittelt – aus dem Persischen und Indischen; solche Worte sind z. B.:

Algebra, Alkali, Alkohol, Aprikose, Azur, Baldachin, Benzin, Chemie, Damast, Diwan, Droge, Drogerie, Gamasche, Gaze, Ingwer, Jacke, Kaffee, Kandis, Karaffe, Kattun, Kümmel, Lack, Laute, Limonade, Magazin, Marzipan, Matratze, Muskat, Musselin, Orange, Rose, Safran, Sandale, Satin, Schal, Sirup, Sofa, Spinat, Tabak, Taft, Zenit, Ziffer, Zimt, Zucker.

Nabil Osman, Kleines Lexikon deutscher Wörter arabischer Herkunft, München [7]2003

1. *Untersuche Fulchers Aussage und beurteile die dargestellte Entwicklung (M 2).*
2. *Die Historiker überliefern in erster Linie die Konflikte und Kriege zwischen den Muslimen und Christen. Auf das Zusammenleben gingen sie selten ein. Überlege, warum das so ist.*
3. *Vergleiche das Vorgehen der Ärzte (M 3). Welche Krankheitsursachen werden genannt?*
4. *Erörtert, ob der Bericht (M 3) glaubwürdig ist.*
5. *Ordne die Lehnwörter nach Sachgebieten (M 4). Schlage diejenigen nach, die du nicht kennst.*

Aufbruch nach Osten

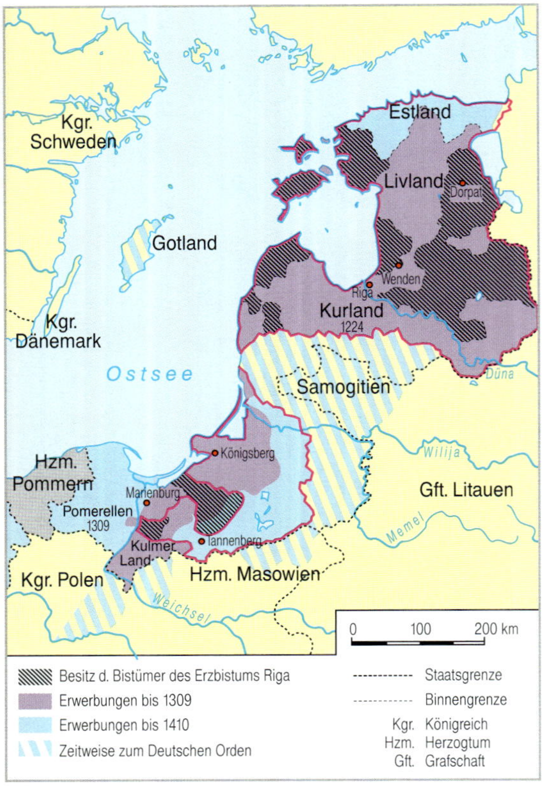

1 Der Staat des Deutschen Ordens.
Finde heraus, in welchen heutigen Staaten die Gebiete des Deutschen Ordens liegen.

Jenseits der Elbe
Die Bevölkerung West- und Mitteleuropas war ständig gewachsen und das Ackerland zu knapp, um die Menschen ausreichend zu ernähren. Seit dem 11. Jh. waren immer mehr Menschen bereit, in weiter entfernte Gegenden zu ziehen, um sich dort eine neue Existenz aufzubauen. Siedler zogen aus Flandern, Friesland, dem Rheinland und Westfalen in das Gebiet östlich von Elbe und Oder. Sie folgten den Aufrufen weltlicher und geistlicher Fürsten. Die Ostsiedlung vollzog sich schrittweise. Sie wurde begleitet von regelrechten Feldzügen. Im *Wendenkreuzzug* von 1147 unterwarfen beispielsweise sächsische Fürsten gemeinsam mit polnischen und dänischen Adligen slawische (wendische) Stämme an der Ostseeküste. Sie nahmen ihnen das Land und zwangen sie, den christlichen Glauben zu übernehmen.

Wer war zuständig?
Für die Lösung der praktischen Probleme bei der Ansiedlung waren *Lokatoren* (Siedlungsunternehmer) zuständig. Im Auftrag der weltlichen und geistlichen Herren des Landes verteilten sie die Grundstücke. Sie berieten die Siedler bei der Einrichtung von Bauernhöfen und der Anlage von Dörfern. Den Lokatoren wurde dafür von den Herren oftmals das Amt des Dorfrichters und Bürgermeisters (*Schulzen*) übertragen.
Neben Dörfern entstanden auch zahlreiche Städte wie Lübeck, Kiel, Schwerin, Rostock, Wismar, Stettin (heute Szczecin) und Breslau (heute Wroclaw). Der Handel zwischen West- und Ostmitteleuropa wuchs. In den gebirgigen Gegenden Sachsens, der Slowakei und Siebenbürgens wurden Bergleute angesiedelt, um Gold, Silber und Kupfer zu fördern.

→***Internettipp:*** *Informationen über den noch bestehenden „Deutschen Orden" siehe unter www.deutscher-orden.de*

Neue Volksstämme entstehen
Die Siedler brachten ihre Bräuche und Traditionen mit in die neue Heimat. Manche ließen sich ihre alten und neuen Rechte von ihren Herren bestätigen. Neusiedler und Slawen wohnten anfangs noch nebeneinander in eigenen Dörfern. Namenszusätze wie „Groß" und „Klein" oder „Wendisch" weisen bis heute darauf hin. Die beiden Gruppen verschmolzen später zu einheitlichen neuen Volksstämmen wie Brandenburgern, Mecklenburgern, Pommern und Schlesiern.

Der Deutsche Orden
Während der Kreuzzüge wurde im Heiligen Land im 12. Jh. der *Deutsche Orden* gegründet. Er entwickelte sich von einem Hospitalsorden zur Pflege von Kranken und Pilgern zu einem geistlichen Ritterorden. Er war dem Papst direkt unterstellt und verpflichtete sich zum Schutz von Christen und zum Kampf gegen Ungläubige. An seiner Spitze stand ein auf Lebenszeit gewählter Hochmeister.
Durch Schenkungen erhielt der Deutsche Orden reiche Besitzungen in ganz Europa.
Im Jahre 1225/26 bat der polnische Herzog *Konrad von Masowien* den Orden um Hilfe gegen die heidnischen Pruzzen. Dafür bot er ihm das Kulmer Land an. Hochmeister *Hermann von Salza* sah dies als Gelegenheit zum Aufbau einer eigenen Landesherrschaft an. Von Papst und Kaiser ließ er sich seine Gebiets- und Herrschaftsansprüche bestätigen.
Zwischen 1231 und 1280 führten die Ordensritter einen Eroberungskrieg gegen die Pruzzen. Der Eroberung folgten die Besiedlung, der Ausbau einer Verwaltung und die allmähliche Verschmelzung von Siedlern und einheimischen Pruzzen. Im Herrschaftsgebiet des Ordens wurden über 1400 Dörfer angelegt und 90 Städte gegründet. Zentrum der Ordensherrschaft wurde 1309 die Marienburg, eine der größten Burgen im mittelalterlichen Europa.

Höhepunkt und Verfall der Ordensmacht
Die Herrschaft des Ordens erreichte um die Mitte des 14. Jahrhunderts ihren Höhepunkt. Die Residenz des Hochmeisters in der Marienburg war ein in ganz Europa bewunderter Fürstenhof, den zahlreiche Gäste besuchten. Adlige aus ganz Westeuropa beteiligten sich an den Kriegszügen gegen die bis 1386 heidnischen Litauer. Auseinandersetzungen mit den polnisch-litauischen Herrschern schwächten die Ordensmacht. Nach der Niederlage in der *Schlacht bei Tannenberg* 1410 beschleunigte sich der Niedergang. Hundert Jahre später ging der Ordensstaat im Herzogtum Preußen auf.

M 1 „Seid die Ersten ..."

Der Geistliche Helmold von Bosau schildert in seiner um 1163 begonnenen „Slawenchronik", wie das bis dahin slawische Wagrien (der östliche Teil von Holstein) ab 1143 besiedelt wurde.

Da das Land verlassen war, schickte Adolf* Boten in alle Lande, nämlich nach Flandern und Holland, Utrecht, Westfalen und Friesland, dass jeder, der zu wenig Land hätte, mit seiner Familie kommen sollte, um den schönsten, geräumigsten, fruchtbarsten, an Fisch und Fleisch überreichen Acker nebst günstigen Weidegründen zu erhalten. Den Holsteinern und Stormarnern ließ er sagen: „Habt ihr euch nicht das Land der Slawen unterworfen und es mit dem Blute eurer Brüder und Väter bezahlt? Warum wollt ihr als Letzte kommen, um es in Besitz zu nehmen? Seid die Ersten, wandert in das liebliche Land ein, bewohnt es und genießt seine Gaben, denn euch gebührt das Beste davon, die ihr es der Feindeshand entrissen habt." Daraufhin brach eine zahllose Menge aus verschiedenen Stämmen auf, nahm Familien und Habe mit und kam zu Graf Adolf II. nach Wagrien, um das versprochene Land in Besitz zu nehmen. Und zwar erhielten zuerst die Holsteiner Wohnsitze in dem am besten beschützten Gebiet westlich von Segeberg [...]. Das Darguner Land besiedelten die Westfalen, das Eutiner die Holländer und Süsel die Friesen. Das Plöner Land aber blieb noch unbewohnt. Oldenburg und Lütjenburg sowie die anderen Küstengegenden ließ er von den Slawen besiedeln, und sie wurden ihm zinspflichtig.

Heinz Stoob (Hrsg.), Helmold von Bosau, Slawenchronik, Darmstadt [7]2008, S. 211 f.

**Graf Adolf II. von Holstein*

M 4 Die Marienburg am Ufer der Nogat (heute Malbork).
Foto, um 1990.
Die Ordensburg im heutigen Polen war von 1309 bis 1457 Sitz des Hochmeisters des Deutschen Ordens. Benannt ist sie nach der Schutzheiligen des Ordens.

M 2 Das Versprechen von Rimini

Kaiser Friedrich II. verspricht in einer im März 1226 in Rimini ausgestellten Urkunde dem Deutschen Orden:

Dass sie das Land, das sie vom Herzog Konrad [von Masowien] nach dessen Versprechen erhalten werden, ferner jedes Gebiet, das ihnen dieser vielleicht sonst überlässt, schließlich was sie mit Gottes Gnade im Land der Pruzzen erobern werden, in Freiheit ohne Dienstleistungen und Steuerpflicht, ohne irgendwelche üblichen Lasten innehaben und keinem für ihr Land Rechenschaft schuldig sind. Es soll ihnen ferner zum Vorteil ihres Hauses gestattet sein, Weg- und andere Zollstätten zu errichten, Messen und Märkte zu bestimmen, Geld zu schlagen, Steuern und andere Abgaben zu erheben [...]. Außerdem verleihen wir ihnen das Recht, Richter und Verwaltungsbeamte einzusetzen, die das ihnen untertänige Volk, die zum Glauben Bekehrten, [...] gerecht regieren und leiten.

Walther Hubatsch (Hrsg.), Quellen zur Geschichte des Deutschen Ordens, Göttingen 1954, S. 46 f. (vereinfacht)

M 3 Die Samogiten klagen

1399 wenden sich die Samogiten mit folgendem Aufruf an ihre Nachbarn.

Unterdrückt und durch Qualen erschöpft bitten wir Euch, ihr geistlichen und weltlichen Fürsten, uns anzuhören. Der Deutsche Orden will nicht unsere Seelen für Gott, sondern unsere Felder für sich selbst gewinnen. Er hat uns dazu gebracht, dass wir entweder Bettler oder Räuber werden müssen, um unser Leben zu erhalten, und wie wagten sie es nach alledem, sich unsere Brüder zu nennen und uns zu taufen? Wer andere waschen will, sollte selber sauber sein. Alle Früchte unseres Landes haben uns die Ritter genommen. Sie gestatteten uns weder zu jagen noch zu fischen, noch mit den Nachbarn Handel zu treiben. Jedes Jahr führten sie unsere Kinder als Geiseln weg, unsere Ältesten haben sie nach Preußen verschleppt, andere samt ihren Familien durch Feuer ausgerottet, unsere Schwestern und Töchter haben sie mit Gewalt weggeführt – und da tragen sie noch das heilige Kreuz auf ihrem Mantel! Habt Erbarmen mit uns! Von ganzem Herzen wollen wir Christen werden, aber wir wollen mit Wasser, nicht mit Blut getauft werden.

Valentin Gitermann, Geschichte Russlands, Bd. 1, Frankfurt a. M. 1987, S. 396

1. *Lest M 1 und diskutiert, ob ihr euch als Neusiedler anwerben lassen würdet. Begründet eure Entscheidung.*
2. *Überlege, welche Vorteile sich für den Orden und für Neusiedler mit der Urkunde M 2 ergaben.*
3. *Stelle die Vorwürfe der Samogiten gegenüber dem Deutschen Orden zusammen (M 3).*
4. *Erörtert die Aussagen der Darstellung und der Quellen über die „Begegnungen" zwischen den Kulturen in den neu besiedelten Gebieten.*

Lerntipp

Karte und Weltbild

M 1 Die Ebstorfer Weltkarte.
Diese Karte entstand um 1300 in dem Kloster Ebstorf bei Lüneburg (Niedersachsen). Sie hat einen Durchmesser von 350 cm und gilt als die größte Weltkarte (lat. Mappa mundi) des Mittelalters. Zu sehen sind rund 1500 lateinische Texteinträge, 500 Gebäudedarstellungen, 160 Gewässer, 60 Inseln oder Gebirge, 45 Menschen- oder Fabelwesen und ungefähr 60 Tiere. Das Original war auf Pergament gemalt. Es verbrannte 1943. Nachbildungen befinden sich heute im Kloster Ebstorf, im Museum in Lüneburg und auf der Plassenburg bei Kulmbach.

M 2 Weltkarte nach Isidor von Sevilla.
Kartenschema (Ø 6,5 cm) aus einem Buch von 1472.
Die Vorlage dafür tauchte erstmals um 600 in einer Schrift von Isidor von Sevilla auf. Es teilt die Erde nach dem T-O-Schema (terra und oceanus) in drei Weltteile, die von der mittelalterlichen Kirche den drei Söhnen Noahs (Sem, Japhet und Cham) zugeordnet wurden.

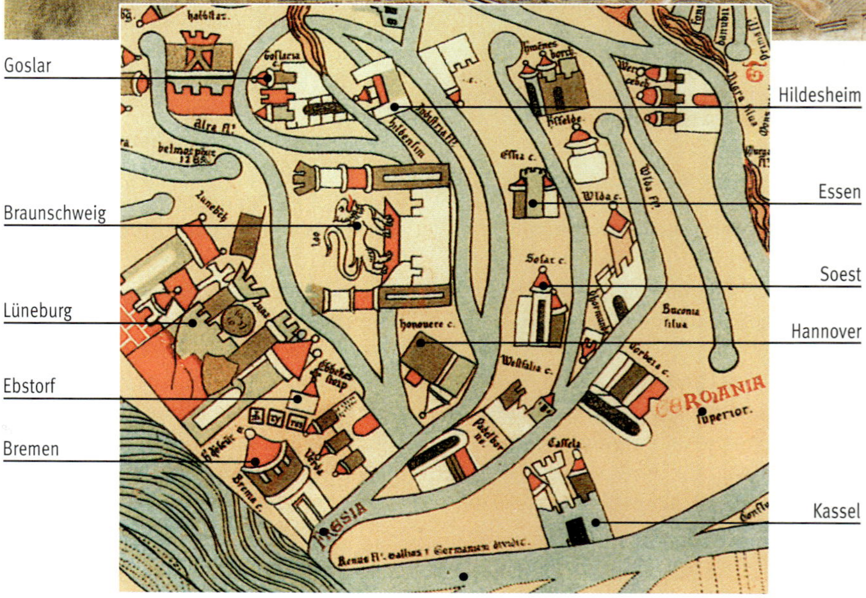

M 3 Nord- und westdeutsche Gebiete auf der Ebstorfer Weltkarte.

M 4 Wozu diente diese mittelalterliche Karte?

Einer der unbekannt gebliebenen Zeichner schreibt über ihre Funktion:

Mappa heißt Abbild, daher Mappa mundi so viel wie Abbild der Welt. Dieses hat zuerst Julius Caesar erarbeitet mithilfe von Kundschaftern, die er über die ganze Erde aussandte. Regionen, Provinzen, Inseln, Städte, Küsten, Sümpfe, Meeresflächen, Gebirge, Flüsse: alles hat er zu einer Gesamtübersicht auf einem Blatt zusammengestellt. Den Betrachtern bringt das einen nicht geringen Nutzen, den Reisenden gibt es die Richtung und eine anschauliche Vorstellung von den Dingen am Wege.

Ute Schneider, Die Macht der Karten. Eine Geschichte der Kartographie vom Mittelalter bis heute, Darmstadt 2004, S. 26

→***Internettipps:*** *Eine Fassung der Ebstorfer Weltkarte mit Suchfunktionen befindet sich unter http://weblab.uni-lueneburg.de/kulturinformatik/projekte/ebskart/content/start.html;*
weitere Informationen findest du unter www.landschaftsmuseum.de/Seiten/Museen/Ebstorf3.htm

M 5 Eine arabische Karte.

Kopie der Weltkarte des arabischen Gelehrten al-Idrisi von 1456; Durchmesser ca. 23 cm.
Vorlage dieser Karte war eine 350 x 150 cm große, auf einer Silberplatte gravierte Weltkarte, die al-Idrisi im Jahre 1154 für den König Roger II. von Sizilien in Palermo angefertigt hatte, die aber verloren ging. Die Karte ist gesüdet und durch Breitengrade in Zonen geteilt. Der heiße Süden und der kalte Norden sind entsprechend antiker Überlieferungen unbewohnt.

Lerntipp

Eine Karte als Wissensspeicher

Die Ebstorfer Karte ist eine Art „Geschichtsgemälde". Sie enthält eine Fülle biblischer, geschichtlicher, literarischer (mythologischer) und naturkundlicher Eintragungen. Welche Informationen von dem Kartografen aufgenommen wurden und welche Orte er wo eintrug, hing nicht allein von der geografischen Lage ab, sondern von der Bedeutung, die eine Information oder ein Ort für das vergangene und gegenwärtige Weltgeschehen hatte.
Die religiöse Prägung dieses Gemäldes zeigt schon ihre Form: Der Leib Christi ist die kreisrunde Karte. Sie lässt an eine Oblate denken, die als Hostie für den Leib Christi steht.
Auf die Herkunft der Karte aus dem Herrschaftsgebiet der Welfen deuten die Hervorhebungen der Städte Lüneburg und Braunschweig sowie die Nennung des Klosters Ebstorf.
Die Ebstorfer Karte ist damit nicht nur ein bedeutendes Zeugnis des christlich-mittelalterlichen Weltwissens, sondern auch ein einzigartiger „Wissensspeicher".

1. *Suche in einem Atlas eine Weltkarte und stelle fest, worin sich die Ebstorfer Karte von ihr unterscheidet.*
2. *Das Format der Karte (M 1) sagt etwas über ihre besondere Aufgabe aus. Wozu diente sie sicher nicht?*
3. *Vergleiche die Lage der Kontinente in M 1 und M 5.*
4. *Finde heraus, wie die Karte M 1 „ausgerichtet" ist, d. h. welche Himmelsrichtung oben ist. Siehe dazu M 2 und M 5. Tipp: Die Herkunft des Wortes „orientieren" kann dir helfen.*
5. *Der Zeichner spricht vom Nutzen der Karte (M 4). Nimm Stellung!*
6. *Im Mittelpunkt der Karte liegt Jerusalem. Im Inneren der quadratisch gezeichneten Stadt ist ein geöffnetes Grab mit zwei Grabwächtern zu sehen. Finde heraus, was das zu bedeuten hat. Berücksichtige M 2, Seite 17.*

Reisen von und nach Fernost

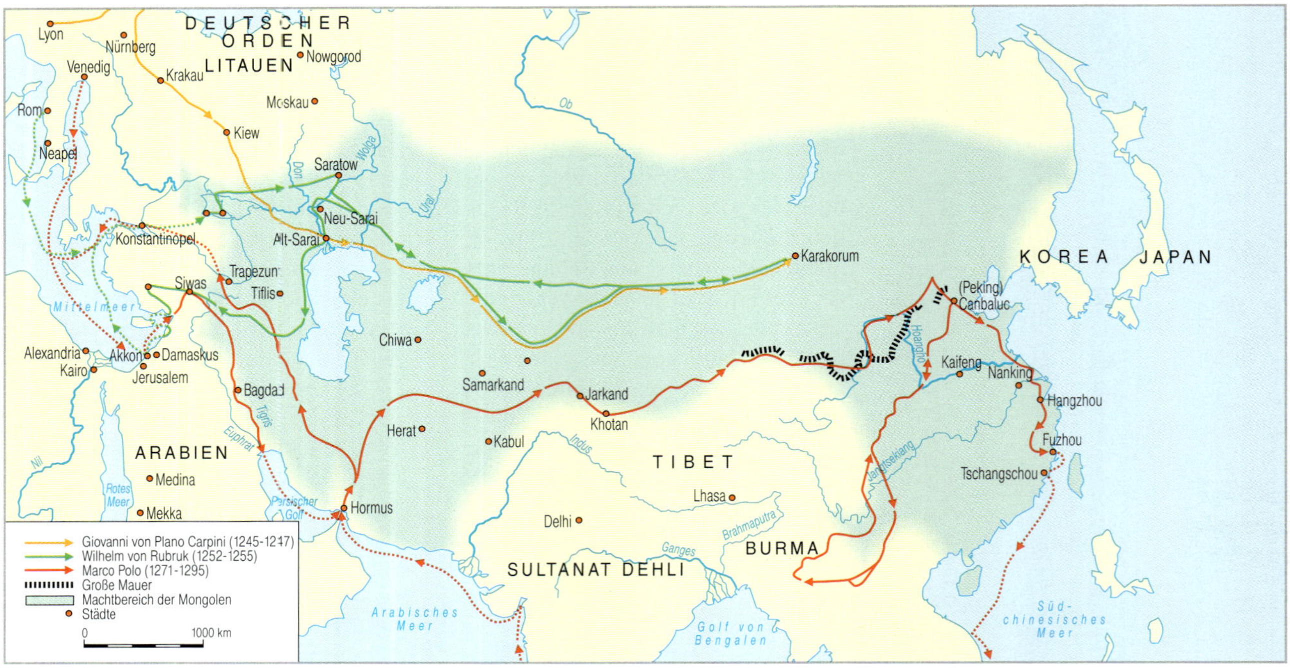

1 Vermutliche Reisewege von Johannes von Plano Carpini, Wilhelm von Rubruk und Marco Polo.

Herausforderungen

Die Kreuzzüge ins Heilige Land verstärkten den Austausch zwischen Orient und Okzident. In West- und Mitteleuropa wussten die Menschen nun mehr über das Byzantinische Reich und die heiligen Stätten Palästinas. Von den Reichen des Fernen Ostens hatten sie keine genauen Kenntnisse. Seit der Antike galten Indien und China als reich und gelehrt. Die Menschen des Mittelalters verknüpften ihre ansonsten ungenauen Vorstellungen mit Aussagen der Bibel. Auf der um 1300 entstandenen Ebstorfer Weltkarte* findet sich das Paradies mit Adam und Eva ebenso wie der Turm von Babylon, die Weltwunder der Antike und Jerusalem. Man glaubte, dies sei die von Gott geschaffene Welt.

Unbekanntes und Neues irritierte und ängstigte die Menschen. Beim Einfall der Mongolen nach Mitteleuropa gerieten sie in Panik, da sie nicht wussten, woher diese so anders aussehenden Menschen auf ihren schnellen Pferden kamen. 1241 hatten die Mongolen christliche Ritterheere bei Liegnitz in Schlesien und an der Theiß in Ungarn vernichtet, sich aber wieder zurückgezogen, als ihr oberster Anführer (*Khan*) starb. Der Rückzug ersparte Europa das, was China, Russland und viele andere Länder im Nahen und Fernen Osten erleiden mussten: die Unterwerfung unter die mongolische Herrschaft.

Im Auftrag der Päpste und Könige

Die Menschen glaubten, mit der neuen Bedrohung sei das Ende aller Zeiten gekommen. Gleichzeitig stellten sie sich der Herausforderung – allerdings nicht mit Gewalt, denn dazu wären sie gar nicht in der Lage gewesen. Der Papst entsandte den Mönch *Johannes von Plano Carpini*. Er sollte die Ziele der Mongolen herausfinden, ihre Stärken und Schwächen auskundschaften und bei deren Herrscher die Möglichkeiten der christlichen Mission erkunden. Carpini brach 1245 von Lyon aus auf und gelangte bis in die Nähe der mongolischen Hauptstadt Karakorum. Nach zwei Jahren kehrte er zurück. Als Gesandter hatte er nichts erreicht, dafür aber verfasste er einen genauen Bericht über das Reich der Mongolen, seine Lage, das Klima, die Bewohner, ihre Sitten und Bräuche, ihre Waffen und über ihre Herrschaft und Kriegsführung.

Fünf Jahre nach Carpinis Rückkehr machte sich der Mönch *Wilhelm von Rubruk* im Auftrag des französischen Königs und des Papstes auf den Weg ins Reich der Mongolen. Der eine suchte Bündnispartner gegen die Muslime im Heiligen Land, der andere die Erlaubnis zur Mission. Rubruk gelangte 1254 an den Hof des Großkhans. Auch er erreichte beim mongolischen Herrscher nichts. Dafür lieferte er ebenfalls einen informativen Bericht über die Völker- und Religionsvielfalt sowie die Kultur der Mongolen.

Siehe die Seiten 26 und 27.

Marco Polo

Zwischen Asien und Europa bestanden im 13. Jh. viele Handelsbeziehungen. Venezianische und genuesische Fernhändler reisten seit langem in das Innere des Mongolenreiches. Die meisten hinterließen aber keine Spuren. Eine Ausnahme bildet *Marco Polo*. Er wurde zum bekanntesten Reisenden des christlichen Mittelalters. Bereits sein Vater Niccolò und sein Onkel Matteo sollen 1260 als Kaufleute bis an den Hof des Großkhans gereist sein. Dieser hätte sie freundlich aufgenommen und in einem Brief an den Papst beauftragt, ihm hundert Gelehrte zu schicken, um die Mongolen von der christlichen Religion zu überzeugen.

Die Polos kehrten angeblich erst 1269 nach Venedig zurück. Zwei Jahre später sollen sie ohne die Gelehrten, aber in Begleitung des 17-jährigen Marco wieder an den Hof des Großkhans gereist sein. In dessen Auftrag soll Marco Polo siebzehn Jahre lang ganz Ostasien bereist haben. Erst 1295 kehrten er, sein Vater und sein Onkel zurück nach Venedig.

Drei Jahre danach ließ Marco Polo seine abenteuerlichen Erfahrungen von einem Schriftsteller aufzeichnen. Zeitgenossen nannten den Bericht das „Buch der Wunder“. Sie staunten über die geschilderten Erlebnisse und Reichtümer des Ostens oder hielten sie für erfunden. Marco Polos Werk regte weitere Reisen nach Fernost an. Im 15. Jh. ließ sich *Christoph Kolumbus* von ihm ermuntern, die Reichtümer Asiens zu suchen.* Bis heute ist Marco Polos Bericht eine spannende Zeitreise ins ferne Mittelalter.

Jenseits von Mekka

Zwischen dem Nahen und dem Fernen Osten bestanden im Mittelalter enge Kontakte. Der arabische Kaufmann, Gelehrte und Abenteurer *Ibn Battuta* aus Marokko berichtete über seine Reisen. 1325, im Alter von 21 Jahren, zog er als Pilger nach Mekka, reiste durch den Vorderen Orient, besuchte Spanien, Sardinien und Konstantinopel, kam bis nach Indien und China und durchquerte schließlich die Sahara. Insgesamt legte er bis 1353 etwa 120 000 Kilometer zurück.

Von China nach Westen

China sah sich selbst seit jeher als das Reich der Mitte. Seine Kultur und der Reichtum seiner Städte stellten alle anderen Regionen der damals bekannten Welt weit in den Schatten. Nach dem Ende der mongolischen Fremdherrschaft war die Bereitschaft gering, sich mit fremden Kulturen zu beschäftigen. Das änderte sich erst am Anfang des 15. Jahrhunderts. Im Auftrag des Kaisers unternahm Admiral *Zheng He* zwischen 1405 und 1433 sieben Reisen über den Indischen Ozean in Richtung Westen. Dabei unterstanden ihm bis zu 30 000 Mann. Seine Flotte bestand aus etwa 300 Schiffen, darunter allein 60 gewaltigen „Schatzschiffen“. Sie übertrafen von der Größe und Bewaffnung her alles, was bis weit in die Neuzeit hinein die Meere befuhr. Über Sumatra, Indien und Sri Lanka gelangten sie bis an die Ostküste Afrikas.

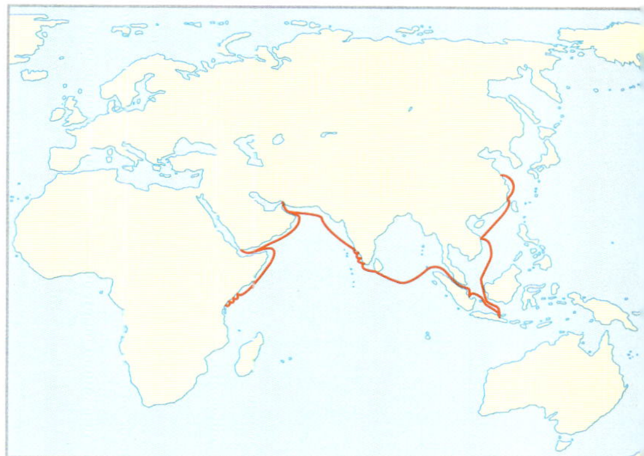

2 Seereisen der Hauptflotte Admirals Zheng He.

Keine Entdeckungen, keine Eroberungen

Zheng He wollte und sollte keine neuen Erdteile finden, sondern im Auftrag seines Kaisers die Macht auf den asiatischen Meeren sichern und Handel treiben. Die Frachträume seiner Schiffe waren bei der Abreise mit Seide und Porzellan gefüllt. Sie wurden gegen exotische Gewürze, Edelsteine, Textilien, Tiere (vor allem Pferde) und andere Kostbarkeiten eingetauscht. Auch arabische und afrikanische Gesandte befanden sich auf den Heimreisen an Bord. Sie mussten die Oberhoheit des Kaisers von China anerkennen und Abgaben zahlen.

1435 endete Chinas Herrschaft über die asiatischen Meere. Eine neue Regierung unter einem neuen Kaiser sah keinen Nutzen mehr in den großen Reisen. Gleichzeitig wurde der Handel mit dem Ausland verboten. Die Geschichte Europas und der Welt wäre anders verlaufen, wenn sich China damals dem Westen zugewandt hätte.

3 Das Schatzschiff des Zheng He.
Rekonstruktionsversuch. Es war etwa 120 m lang und 50 m breit. Zum Vergleich ein europäisches Schiff vom Anfang des 16. Jahrhunderts; es maß 23 m Länge und 5 m Breite.

*Zu den Entdeckungsfahrten lies Seite 60 ff.

M 1 Über die Mongolen

1245 beginnt Johannes von Plano Carpini seine Reise in das Reich der Mongolen; er schreibt:

Man muss wissen, dass sie mit keinem Menschen Frieden schließen, der sich ihnen nicht unterworfen hat, weil sie von Dschingis Khan* den besagten Auftrag haben, wenn irgend möglich alle Völker zu unterwerfen. Von den Unterworfenen verlangen sie, dass diese in ihrem Heer gegen jeden Menschen mitziehen, wann immer es den Tartaren** gefällt, und dass sie ihnen einen Zehnt von allem, Menschen wie Sachen, abtreten. [...]

Wenn sie die Unterworfenen aber erst einmal vollständig in ihrer Hand haben, dann halten sie ihnen gegenüber keine Versprechungen ein, sondern finden, wann immer sie irgend können, Gelegenheit, ihnen etwas anzutun. [...] Die Absicht der Tartaren ist es, sich die ganze Welt zu unterwerfen, wenn sie nur irgend können [...]. Deshalb beginnt ihr Kaiser folgendermaßen seine Briefe: „Gottes Kraft, Kaiser aller Menschen", und in der Umschrift seines Siegels steht zu lesen: „Gott im Himmel und Güyük Khan*** auf Erden, Gottes Kraft, Siegel des Kaisers aller Menschen". Deshalb schließen sie wie gesagt mit keinem Menschen Frieden, außer wenn er sich in ihre Hände begibt. Und weil es – außer der Christenheit – kein Land auf der Welt gibt, das sie fürchten, deshalb rüsten sie zum Kampf gegen uns.

Johannes von Plano Carpini übergibt dem Papst nach seiner Rückkehr ein Schreiben des mongolischen Großkhans Güyük vom November 1246:

Er wisse nicht, warum er sich taufen lassen soll. Er sei nicht geneigt, sich von den eroberten Gebieten zurückzuziehen. Er vertraue wenig dem Willen des Papstes von Rom, friedliche Beziehungen zwischen den beiden Mächten zu pflegen, solange nicht Innozenz IV. selbst und die christlichen Fürsten an seinem Hof erschienen seien, um ihm die gebührende Ehre zu erweisen.

Erster Text: Johannes von Plano Carpini, Kunde von den Mongolen 1245-1247. Übersetzt, eingeleitet und erläutert von Felicitas Schmieder, Sigmaringen 1997, S. 84 und 90 (vereinfacht).
Zweiter Text: http://asv.vatican.va/de/doc/1246.htm (vereinfacht)

***Dschingis Khan** *regierte von 1206 bis 1227; er einigte die mongolischen Völker zu einem Großreich und eroberte Gebiete im Westen bis zum Kaspischen und im Osten bis zum Japanischen Meer.*
****Tartaren**: *Die Mongolen wurden im christlichen Europa „Tartaren" genannt. In der griechischen Mythologie steht „Tartaros" für die Unterwelt, in der Bibel für „Abgrund".*
*****Güyük Khan** *regierte von 1246 bis 1248.*

M 2 Jurten in der Mongolei mit Transportwagen.
Foto von 2003.
Johannes von Plano Carpini (siehe M 1) berichtet: „Sie haben runde, zeltartige Behausungen, aus Ruten und dünnen Stäben zusammengefügt. Ganz oben in der Mitte öffnet sich ein rundes Fenster, durch das Licht eindringt und der Rauch abziehen kann, denn sie unterhalten in der Mitte stets ein Feuer. Die Wände aber und Dächer sind mit Filz bedeckt, auch die Türen sind aus Filz gefertigt. [...] An Tieren sind sie sehr reich, an Kamelen, Rindern, Schafen, Ziegen; Pferde und Rinder haben sie in einer Menge, die vermutlich auf der ganzen Welt ihresgleichen sucht; Schweine und andere Tiere haben sie nur wenige. [...] Der Kaiser, die Anführer und andere Große haben reichen Überfluss an Gold, Silber, Seide, Edelsteinen und Juwelen."

M 3 Die Hauptstadt des Mongolenreiches

Der Mönch Wilhelm von Rubruk erreicht 1254 Karakorum, die Hauptstadt des von Dschingis Khan (siehe M 1) gegründeten Reiches; er berichtet:

Was die Stadt Karakorum betrifft, so mögt Ihr wissen, dass sie, vom Palast des Khans abgesehen, nicht einmal so stattlich wie der Marktflecken St. Denis [bei Paris] ist. Und das Kloster St. Denis ist wohl zehnmal bedeutender als dieser Palast. Es gibt zwei Stadtviertel, einmal das der Sarazenen*, wo die Märkte stattfinden und viele Kaufleute der Nähe des Hofes wegen zusammenkommen, aber auch in Anbetracht der Gesandten, die sich hier aufhalten. Und dann gibt es das Viertel der Cathai**, die in der Hauptsache Handwerker sind. Außerhalb dieser Viertel liegen die großen Häuser, die den bei Hof angestellten Sekretären gehören. Die verschiedenen Völkerschaften haben zwölf Götzentempel, zwei Moscheen, in denen die Lehre Mohammeds verkündet wird, und am äußersten Ende der Stadt eine christliche Kirche. Das gesamte Stadtgebiet ist von einem Lehmwall umschlossen und besitzt vier Tore. Am Osttor werden Hirse und anderes Getreide, das allerdings nur recht selten hier eingeführt wird, verkauft. Am Westeingang werden Schafe und Ziegen angeboten, am Südeingang Ochsen und Wagen und am Nordeingang Pferde.

Wilhelm von Rubruk, Beim Großkhan der Mongolen 1253-1255, hrsg. von Hans Dieter Leicht, Lenningen 2003, S. 170

***Sarazenen**: *abwertende mittelalterliche Bezeichnung für die islamischen Völker*
****Cathai**: *Nordchinese*

Fasse zusammen, wie die Fremden wahrgenommen wurden (M 1 und M 3). Wie beurteilst du die Äußerungen?

M 4 Marco Polo über Japan und Ceylon

Der 1254 geborene venezianische Kaufmannssohn Marco Polo ist nach eigenen Angaben von 1271 bis 1295 in Asien. Er liefert die ersten Informationen über Japan nach Europa:

Sapangu [Japan] ist eine große Insel mitten im Meer, fünftausend Meilen östlich des Festlandes gelegen. Die Menschen hier sind hellhäutig und wohlgebildet. Sie sind Götzendiener. Man erzählt, dass sie auf ihrer Insel unendlich viel Gold zusammenraffen. Die Insel ist so weit vom Festland entfernt, dass kaum ein Kaufmann dorthin fährt. Deshalb gibt es dort Gold in solchem Übermaß. Wenden wir uns jetzt einem großen Wunder zu, nämlich dem Palast des Herrschers von Sapangu. Das Dach dieses weitläufigen Palastes ist über und über mit feinstem Gold überzogen, ganz wie unsere Kirchen mit Blei gedeckt sind. Dies ist von unschätzbarem Wert. Der Boden, die Wände der Zimmer und die Fenster sind aus Goldsteinen geschnitten, die mindestens zwei Finger stark sind. Der Reichtum dieses Palastes ist ganz und gar unvorstellbar. Man züchtet hier eine Menge roter Hühner, die äußerst köstlich sind. Auch gewinnt man hier unzählige Edelsteine. Angesichts solcher Reichtümer beschloss Kublai Khan*, diese zu erobern.

Über Ceylon:

Die Einwohner werden von einem König regiert, den sie Sendeinam nennen. Sie zahlen an niemanden Tribut und leben in beinahe völliger Nacktheit. Sie erzeugen kein Getreide, jedoch Reis und Sesam, aus dem sie Breie kochen. Auch Fleisch, Milch und der Wein von den Bäumen zählen zu ihren Nahrungsmitteln. [...] Aber lassen wir das und wenden uns dem Wertvollsten zu, was es auf der ganzen Welt gibt. Hier und nur hier sind Rubine zu finden. Man findet auch Saphire, Topase, Amethyste und allerlei andere Edelsteine. Hier findet sich der größte und prächtigste Rubin der Welt. Und so sieht er aus. Er ist eine Spanne** lang und armdick. Er ist von so hohem Glanz wie kein anderer und völlig makellos. Er ist feuerrot. [...]
Die Einwohner von Ceylon sind keine Soldaten. Sie sind klein und eher schwach. Wenn sie Krieger brauchen, lassen sie sie von woandersher kommen.

Marco Polo, Das Buch der Wunder. Aus „Le Livre des Merveilles du Monde“, Ms. fr. 2810 der Bibliothèque Nationale de France, Paris. Übersetzung der Handschrift Marie-Hélène Tesnière, Wiesbaden o. J. [1999], S. 148 und 158

***Kublai Khan** *herrschte von 1271 bis zu seinem Tode 1294 als Kaiser von China.*

****Spanne**: *altes Längenmaß; der Abstand zwischen Daumen und Kleinfingerspitze in der gespreizten Hand*

M 5 Die Bewohner der Andamanen-Inseln.

Miniatur aus einer französischen Handschrift, um 1412 (Ausschnitt).
Die Inseln liegen im Golf von Bengalen zwischen Birma und Indien und gehören zu Indien. Marco Polo schreibt über die Bewohner, sie „haben einen bösen Hundskopf, mit Augen und Zähnen wie Hunde. Sie ernten allerlei Gewürze. Sie sind äußerst wilde Menschen, die alle verschlingen, die nicht zu ihnen gehören“.
Erörtert die Aussage Marco Polos. Überlegt, ob man sie auch anders als auf dem Bild hätte darstellen können.

M 6 Steuereinnahmen des Kaisers von China.

Miniatur aus einer französischen Handschrift, um 1412.
Der Handel mit Salz, Reis, Zucker, Kohle und anderen Waren stellte eine wichtige Einnahmequelle des Staates dar. Marco Polo berichtet über die Einkünfte, die der Kaiser von China jährlich aus seiner Hauptstadt Quinsai (heute: Hangzhou) und den dazugehörenden Ländereien bezog. Auf dem Bild übergeben die Händler den Steuereintreibern ihre Abgaben. Hinter der Theke füllt ein Beamter eine Quittung aus, ein zweiter leert einen Sack mit Goldstücken aus und ein dritter zählt die Goldstücke.
Beschreibe die drei Männer vor der Theke.

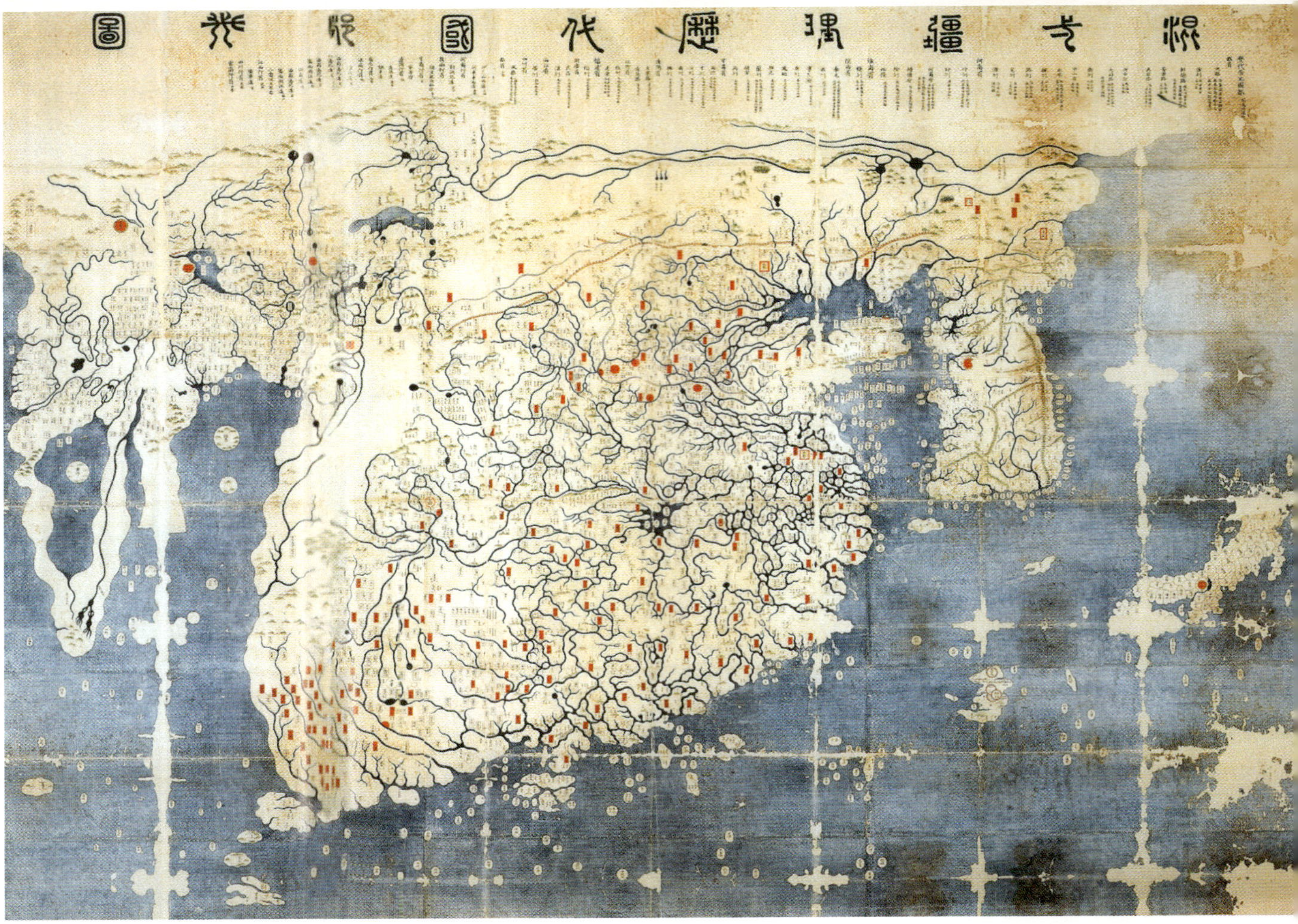

M 7 Ein Araber berichtet über China

Der 1304 geborene Ibn Battuta berichtet über China:

China ist ein Land von großer Ausdehnung, reich an Gütern, Obst, Getreidesorten, Gold und Silber. Kein Land der Welt kann sich mit ihm vergleichen. […] Das Land ist überreich an Weizen; ich sah keinen besseren als den chinesischen. Dies gilt auch für Linsen und Kichererbsen.

Die Chinesen sind Heiden, die Götzenbilder verehren und ihre Toten verbrennen, wie es auch die Inder tun. […] Seide gibt es in Massen; denn die Würmer, die sie hervorbringen, halten sich an bestimmten Früchten, ernähren sich von ihnen und brauchen keine besondere Pflege. Deshalb gibt es ungewöhnlich viel Seide, mit der sich sogar die Armen und Notleidenden des Landes bekleiden. Gäbe es keine Kaufleute, so hätte die Seide nicht den geringsten Wert. So wird in China ein einziges Baumwollkleid für viele Seidenstoffe verkauft. […] Bei ihren Handelsgeschäften bedienen sich die Chinesen untereinander nicht der Gold- und Silbermünzen. Bei ihren Käufen und Verkäufen werden Papierstücke als Zahlungsmittel verwendet, die ungefähr die Größe der Handfläche haben und den Stempel des Herrschers tragen. […] Hat jemand zerrissene Papierstücke im Besitz, so bringt er sie in ein Haus, das unserem Münzhaus entspricht, liefert die zerrissenen Zettel ab und erhält dafür neue, ohne dafür eine Abgabe oder sonst etwas entrichten zu müssen, da die mit dieser Arbeit beauftragten Leute vom Herrscher ein festes Gehalt beziehen. […] Geht ein Mensch mit einem Silber- oder Goldstück auf den Markt, um etwas zu kaufen, so wird das Geldstück nicht angenommen. Erst wenn er es gegen Papiergeld eingewechselt hat, kann er seinen Einkauf tätigen.

Ibn Battuta, Reisen ans Ende der Welt. Das größte Abenteuer des Mittelalters 1325-1353. Neu herausgegeben von Hans D. Leicht, Tübingen und Basel 1974, S. 243-244 und 246

M 8 Das geografische Wissen der Chinesen.

Karte (220 x 280 cm) mit Angabe von Städten und Entfernungen. Korea, um 1470. Die Karte beruht auf zwei Arbeiten aus der Mitte des 14. Jh. Sie zeigt das riesige mongolische Reich und dessen Einflussgebiet. Europa ist schwer zu erkennen, da das Mittelmeer nicht eingefärbt wurde. Am äußersten linken Rand konnten die Städtenamen Marseille und Sevilla erkannt werden. Auch Afrika ist erkennbar. Hier findet sich die erste Darstellung des Kaps der Guten Hoffnung.

1. *Bestimme die Themen, über die Plano Carpini, Wilhelm von Rubruk, Marco Polo und Ibn Battuta berichten (M 1 bis M 7). Nenne Gemeinsamkeiten und Unterschiede.*
2. *Bestimme auf der Karte M 8 Europa, Afrika, China, Korea und Japan.*
3. *Überlege, was aus der Karte M 8 über das geografische Wissen der Asiaten über Europa zu erkennen ist.* Lerntipp
4. *Angenommen, im 15. Jh. wäre es den Chinesen gelungen, Europa zu erobern. Überlegt, inwiefern Europas Entwicklung anders verlaufen wäre.*

Was war wichtig ?

Daten

622	*Mohammed zieht von Mekka nach Medina; Beginn der muslimischen Zeitrechnung.*
8. bis 15. Jh.	*Muslime herrschen auf der Iberischen Halbinsel.*
1095	*Papst Urban II. ruft im französischen Clermont zur Befreiung Jerusalems von den Muslimen auf; 1099 erobern Kreuzfahrer die Stadt.*
Mitte des 13. Jh.	*Mongolen bedrohen Europa; westliche Gesandte und Händler reisen in den Fernen Osten.*
Anfang des 15. Jh.	*Der chinesische Admiral Zheng He kommt mit seinen „Schatzschiffen“ bis an die Ostküste Afrikas.*

Begriffe

Islam: von Mohammed Anfang des 7. Jh. gegründete Religion. Das arabische Wort „Islam“ bedeutet die bedingungslose Hingabe der gläubigen Muslime an ihren Gott Allah. Nur wer ihm sein Leben widmet, gilt als Muslim.

Kreuzzüge: von den Päpsten ausgerufene Kriege gegen die Feinde des Glaubens und der Kirche. Den Teilnehmern wurde ein Nachlass (Ablass) ihrer Sündenstrafe versprochen. Die Kreuzzüge begannen mit dem Aufruf zur Befreiung Jerusalems 1095 und endeten im Orient 1291 nach der Rückeroberung Akkons durch die Muslime.

Ostsiedlung: die Vergrößerung und Missionierung des deutschen Siedlungsraumes zwischen dem 11. und 14. Jh. über Elbe und Saale hinaus nach Osten. Der „Deutsche Orden“ schuf dort einen funktionierenden Ordensstaat.

Name

Mohammed (um 570-632): Gründer des Islam. Mohammed (arab. „der Gepriesene“) lernte als junger Mann die Lehren der Juden und Christen kennen. Mit etwa 40 Jahren fühlte er sich zum Gesandten Gottes (*Allahs*) berufen. Mit seiner Auswanderung (arab. *Hedschra*) von Mekka nach Medina 622 beginnt die arabische Zeitrechnung. Mohammed war nicht nur Religionsstifter, sondern auch Herrscher über weite Teile Arabiens. Für ihn und seine Nachfolger waren und sind Religion und Staat eine Einheit.

Zusammenfassung

Reisen war im Mittelalter anstrengend und gefährlich. Trotzdem zogen Herrscher, Missionare, Mönche, Pilger, Kaufleute, Studenten und Handwerker quer durch Europa. Auch zwischen Asien, Afrika und Europa bestanden Verbindungen. Wer reiste, lernte andere Kulturen kennen, verbreitete Wissen, religiöse Einstellungen, Waren und Erfindungen. Fehlende Sprachkenntnisse, Vorurteile und Herrschaftsinteressen behinderten vertiefte Kontakte.
Anfang des 7. Jahrhunderts verkündete Mohammed auf der arabischen Halbinsel eine neue Religion, den → *Islam*. Seine Nachfolger (Kalifen) verbreiteten den Islam über Arabien hinaus. Sie errichteten ein Weltreich, das sich von Spanien bis Indien erstreckte. Die einmal von den Römern beherrschte Mittelmeerwelt zerfiel in drei Teile: den römisch-katholischen Westen (Abendland), den griechisch-orthodoxen Osten (Byzanz) und das muslimische Morgenland. Die muslimische Herrschaft in Spanien dauerte vom 8. bis 15. Jahrhundert. Gegenüber den Juden und Christen waren die muslimischen Herrscher nachsichtig. Ihre Gelehrten und Künstler schufen eine reiche Kultur.
Die Bedrohung der Heiligen Stätten in Palästina durch die Muslime veranlasste die Päpste zu → *Kreuzzügen*. Nach dem ersten Kreuzzug entstanden im Vorderen Orient Kreuzfahrerstaaten, die Ende des 13. Jahrhunderts wieder aufgegeben werden mussten.
In den von Muslimen, Christen und Juden seit dem 8./9. Jahrhundert bewohnten Gebieten in Spanien, Sizilien, Unteritalien sowie in den Kreuzfahrerstaaten lernten die Menschen voneinander. Vor allem die abendländische Philosophie, die Medizin und Mathematik profitierten von den Kontakten mit der arabischen Welt.
Seit dem 11. Jh. folgten zahlreiche Menschen den Aufrufen geistlicher und weltlicher Fürsten, im Osten zu siedeln (→ *Ostsiedlung*). Der Deutsche Orden eroberte und missionierte seit dem 13. Jh. weite Gebiete östlich der Weichsel und errichtete dort seine Herrschaft, die er zu Beginn des 15. Jahrhunderts schrittweise wieder verlor.
Als die Mongolen im 13. Jahrhundert Westeuropa bedrohten, wollten Päpste und Könige mehr über die Menschen im Fernen Osten wissen. Westliche Gesandte erkundeten das Reich der Mongolen und berichteten darüber.
Venezianische und genuesische Fernhändler reisten nach Fernost, um den seit langem bestehenden Handel auszuweiten. Einer der bekanntesten Reisenden des Mittelalters war Marco Polo.
Anfang des 15. Jh. herrschte China, das „Reich der Mitte“, über die asiatischen Meere. Die von Admiral Zheng He mit seiner Flotte bereisten Gebiete belegen den großen Einflussbereich. Als die chinesische Regierung in den Auslandsreisen keinen Nutzen mehr sah und den Handel mit fremden Ländern verbot, endete das Interesse an neuen Ländern und einer Ausdehnung der Herrschaft.

→***Lesetipp:*** *Buchempfehlungen zu den Themen des Kapitels findest du auf Seite 246.*

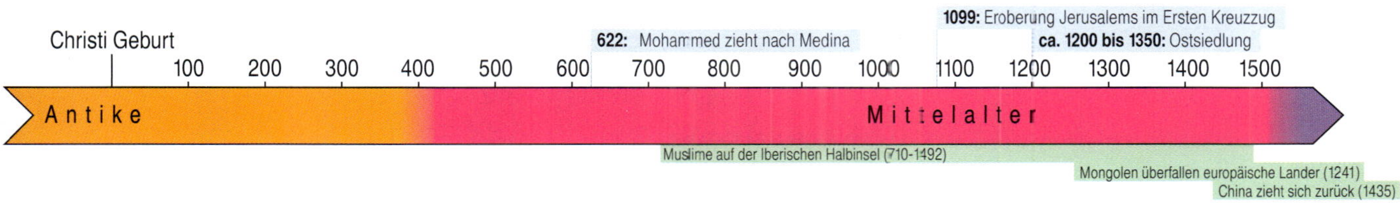

Neue Horizonte und neue Welten

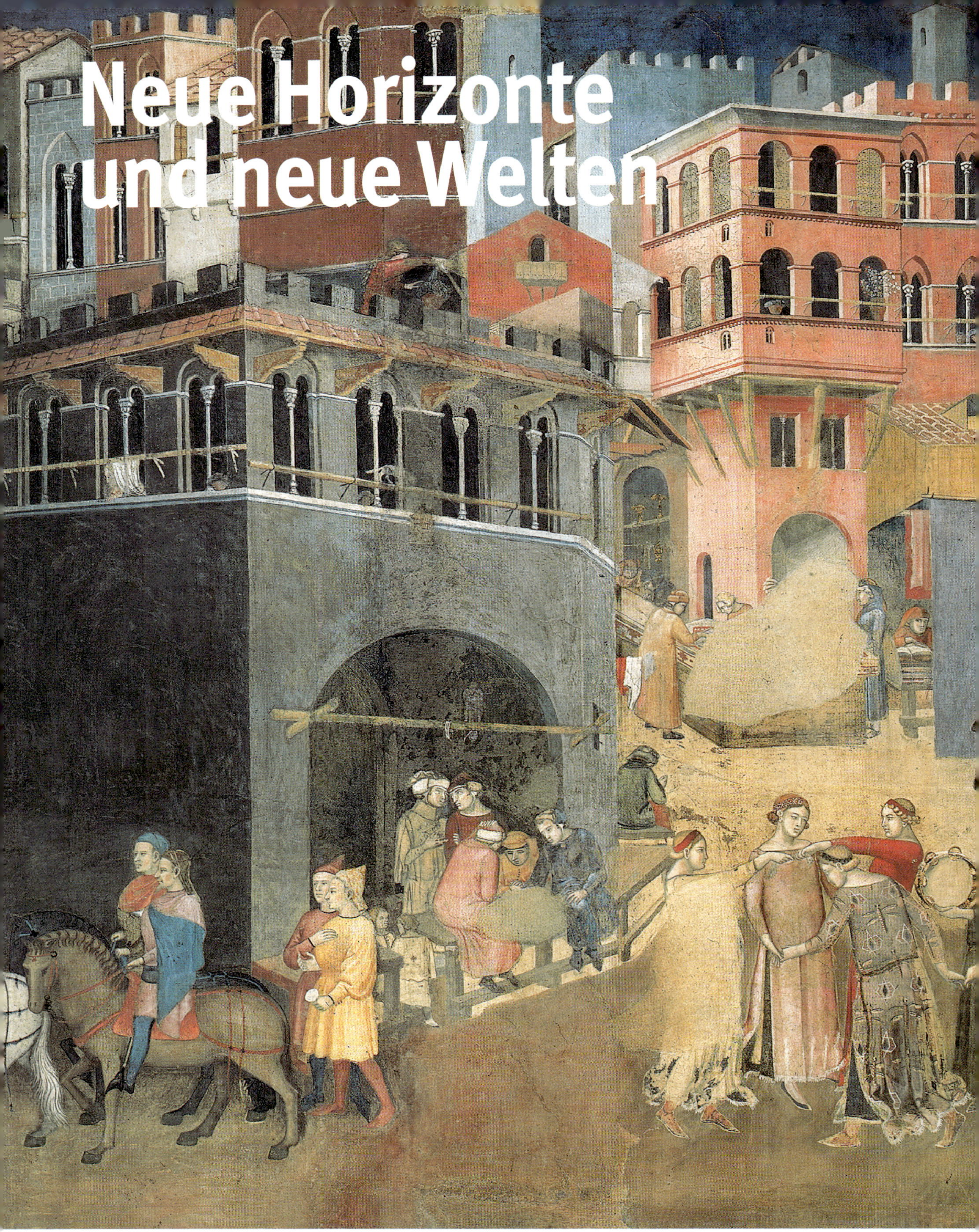

„Das Leben in der Stadt."
Aus dem Wandgemälde „Die Folgen der Guten Regierung" von Ambrogio Lorenzetti, Siena, Palazzo Pubblico, um 1337-1340.

Geschichte erzählt

Sie wissen, was Eindruck macht

„Nun, was sagst du dazu?" Francesco fasste Giovanni leicht am Arm, denn diesem hatte es offensichtlich die Sprache verschlagen. Es dauerte einige Augenblicke, bis er seine Eindrücke verarbeitet hatte und antwortete: „So etwas habe ich bisher nur in Kirchen gesehen. Diese Wandbilder sind doch mindestens 12 Fuß breit und 6 Fuß hoch. So etwas haben wir in unserem Rathaus nicht." „Ganz richtig", bestätigte Francesco. „Das waren auch meine Gedanken, als ich diese Fresken zum ersten Mal gesehen habe." Francesco deutete mit einer weit ausholenden Geste auf das Wandbild, das rund zehn Fuß über dem Boden begann und die gesamte Breite des Friedenssaales einnahm. „Sieh nur genau hin, wie sie ihre Stadt in den schönsten Farben haben darstellen lassen. Den Menschen, die zu sehen sind, scheint ihre Arbeit überhaupt keine Mühe zu machen. All ihr Tun gelingt ihnen beinahe wie von selbst, und es trägt reiche Früchte. Die stolzen Paläste und hoch aufragenden Türme künden vom Wohlstand der Bürger und die singenden, tanzenden und musizierenden Mädchen vom Glück und vom Frieden. Das ist das Paradies auf Erden!" „Du redest dich ja richtig in Rage", unterbrach ihn Giovanni mit einem Lächeln, um ihn zu beruhigen. „Ich weiß ja, dass du die Sieneser nicht leiden kannst, aber was regst du dich denn so auf? Sei doch mal ehrlich: Erzählen wir den Florentinern und unseren Nachbarstädten nicht auch immer dasselbe, nämlich, dass es niemandem auf Erden so gut geht, wie den Bürgern von Florenz unter der weisen und gerechten Herrschaft unserer Stadtregierung? Wir hatten nur noch nicht die Idee, das alles in so beeindruckenden Bildern festhalten zu lassen. Da ist uns Siena voraus. Eines muss man den Leuten hier doch lassen, sie haben Geschmack, und sie wissen, was Eindruck macht. Wir sollten es ihnen einfach nachmachen."
Doch Francesco wollte sich nicht beruhigen lassen und polterte weiter: „Dann ist dir sicherlich auch klar, warum sie uns hier empfangen wollen und warum sie uns noch etwas warten lassen, damit wir den Lobpreis ihrer ‚guten Regierung' gebührend bewundern. Das ganze Rathaus ist ein Selbstlob der Stadtherren und eine Warnung für andere Städte." „Da ist was dran", entgegnete Giovanni. „Wir müssen uns wohl auf harte Verhandlungen gefasst machen. Die hier in Siena sind selbstbewusst, das sieht man ja. Sie lieben ihre Unabhängigkeit und werden unser Angebot, sich dem Schutz von Florenz zu unterstellen, nicht einfach annehmen. Klein beigeben werden sie schon gar nicht." „Warten wir's ab. Aber wenn Worte allein nicht helfen, haben wir ja immer noch unsere Söldner." Diese letzten Worte flüsterte Francesco nur noch hastig, denn soeben waren im Nebenraum Schritte zu hören. Sie kündigten die Ankunft der Ratsherren an. Es war also höchste Zeit, ein möglichst gelassenes Gesicht zu machen.

Dieter Brückner

Die Stadt im Wandel

Alte und neue Städte

Die mittelalterliche Stadt knüpfte an antike Vorbilder an. Ausgangspunkt war natürlich Italien. Dort gelang es beispielsweise Mailand, Genua, Venedig oder Florenz, weite Gebiete ihres Umlandes zu beherrschen. Damit entstanden Stadtstaaten.*

Nördlich der Alpen mussten sich die Städte nach der Völkerwanderungszeit erst wieder neu entwickeln: Zunächst geschah dies

- in ehemaligen römischen Siedlungen wie Köln, Mainz, Trier, Augsburg und Regensburg, die Bischofssitze waren oder wurden;
- in Marktorten oder an Messeplätzen wie Paris, die an alten römischen Heer- und Handelsstraßen lagen;
- in Kaufmannssiedlungen an Fernstraßen, Flüssen und Küsten, zum Beispiel Haithabu bei Schleswig oder Bergen in Norwegen.

Die meisten Städte nördlich der Alpen gingen aus befestigten Plätzen um Kirchen, Klöster, Burgen und Pfalzen hervor. Ihre Einwohnerzahl stieg, als Landwirtschaft und Handwerk immer mehr herstellten und der Handel zunahm. In Oberitalien und in Flandern im heutigen Belgien entwickelten sich Städtelandschaften. Zu Beginn des 12. Jh. gab es im Deutschen Reich etwa 50, Ende des 15. Jh. waren es um 3 000 Städte. Rund 90 % davon hatten weniger als 2 000 Einwohner.

** Lies dazu das Kapitel „Italienische Verhältnisse“,* *Seite 46.*

1 Blick in eine Stadt des 13. Jahrhunderts.
Rekonstruktionszeichnung von Jörg Müller, um 1985.
Bestimme die Materialien, die beim Bau der Stadtbefestigung und der Häuser verwendet wurden.

2 **Rathaus von Lübeck.**
Foto, um 1990.
Mit dem Bau wurde um 1230 begonnen, die ältesten Teile sieht man nicht mehr.
Die Rathäuser dienten vielen Zwecken. Zwischen den Pfeilern oder Säulen des Erdgeschosses wurden oft Waren verkauft. Hier saßen der Steuereinnehmer und die Marktaufsicht (mit Waage und den für den Ort verbindlichen Maßen und Gewichten).
Im Obergeschoss tagte der Rat, dort befanden sich meist Säle für Empfänge und Festessen. In den Gewölbekellern lagerten Wein und Bier, andere Räume dienten zur Aufbewahrung von Waffen. Rathäuser waren auch Gerichtsstätten, in ihnen gab es Gefängnisse, und davor standen zur öffentlichen Schaustellung von Straftätern oft Schandpfähle bzw. Pranger.

Sonderrechte und Freiheiten

Könige, Fürsten, Grafen und Bischöfe förderten die Städte. Als Stadtherren richteten sie Märkte ein, schützten die Kaufleute bei der An- und Abreise, ließen Maße und Gewichte kontrollieren sowie Münzen prägen. Für diese Leistungen erhoben sie Zölle, Marktgebühren und andere Abgaben.
Um die Städte zu stärken, versprachen die Stadtherren den Kaufleuten Sonderrechte (*Privilegien*) und befreiten sie teilweise von Diensten und Abgaben. Darüber hinaus gewährten sie Menschen aus den umliegenden Dörfern und Grundherrschaften, die genug Geld hatten, sich in ihrer Stadt niederzulassen, ihren Schutz – und Freiheit von Frondiensten. Ein Grundherr verlor in der Regel „binnen Jahr und Tag“ seine Ansprüche an einen Hörigen, der in die Stadt zog. Der erst im 19. Jh. entstandene Spruch „Stadtluft macht frei“ drückt dieses besondere Stadtrecht anschaulich aus. Stadt und Land entwickelten sich zu zwei unterschiedlichen Rechtsbereichen. Sichtbare Trennungslinien waren die Stadtmauern.

Gemeinsam sind wir stark

Die städtischen Kaufleute schlossen sich in Gilden, die Handwerker in Zünften zusammen, um ihre jeweiligen Rechte und Interessen gegenüber der Konkurrenz fremder Städte, aber auch gegenüber dem Rat der eigenen Stadt besser vertreten zu können. Gilden und Zünfte stellten auch die Männer für die Verteidigung der Stadt und die Feuerwehr, sie hielten die Stadtmauern in Stand, spendeten Geld für die Kirchen und feierten gemeinsame Feste. Schließlich unterstützten sie erkrankte und verarmte Mitglieder sowie deren Witwen und Waisen.

Im Handwerk ging es zünftig zu

Wie die Gilden achteten die Zünfte nicht nur auf die Preise für die Waren, sondern sie kontrollierten auch deren Qualität. Wer schlecht arbeitete, dem wurde „das Handwerk gelegt“: Er musste seinen Betrieb schließen. Die Zunft überwachte auch die Lehrlinge. Nur wer eine vier- bis zwölfjährige Ausbildung hinter sich brachte, konnte Geselle werden und später vielleicht die Meisterprüfung ablegen.
Den Frauen war das Handwerk in der Regel verboten. Aber es gab Ausnahmen: In Köln konnten die Garnmacherinnen nach 1370, die Goldspinnerinnen ab 1397 und die Seidenmacherinnen 1437 eigene Zünfte bilden.
In den Städten durften nur noch Zunftmitglieder Handwerksmeister sein. Dieser Zunftzwang begrenzte die Zahl der Betriebe und verhinderte ortsfremde Konkurrenz. Er nahm aber auch vielen Gesellen die Möglichkeit, sich selbstständig zu machen und so in die Bürgerschaft aufzusteigen. Ihre Unzufriedenheit führte immer wieder zu Aufständen gegen Zünfte und Stadtregierungen.

3 **„Bäckerfenster.“**
Buntglasfenster im Freiburger Münster, um 1320.
Das Geld für die teuren Fenster in den Kirchen stifteten nicht nur reiche Patrizierfamilien, sondern oft auch die Zünfte und Gilden.

4 **Marktkreuz in Trier.**
Foto, um 1990.
Zeichen für Marktrecht und Marktfrieden aus dem 10. Jh.

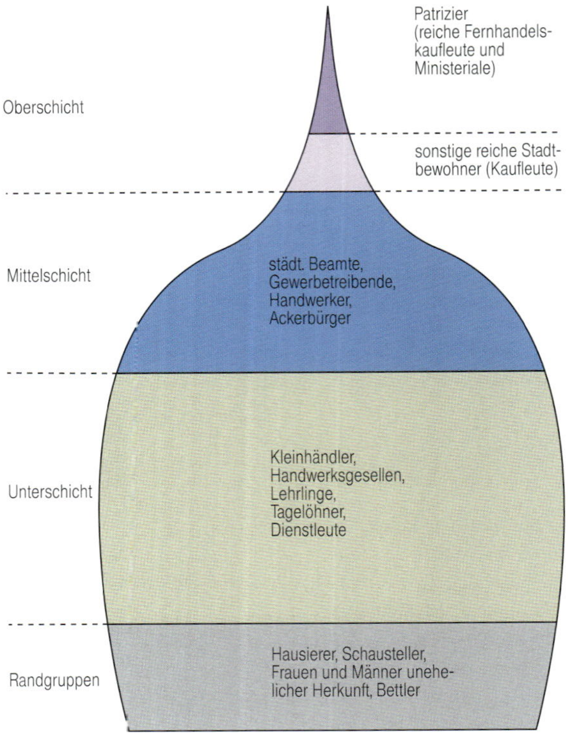

5 Die städtische Bevölkerung.
Was ein Schaubild leisten kann, zeigt dieses Beispiel. Es informiert auf einen Blick darüber, wer in der mittelalterlichen Stadt lebte und welche Anteile die jeweiligen Gruppen/Schichten an der Bevölkerung insgesamt hatten. Aber es ist ungenau. So bleiben in dieser Grafik z. B. die Juden, die Geistlichen und Mitglieder der Orden unberücksichtigt. In einigen Städten war aber im 15. Jh. etwa jeder zehnte Bewohner Geistlicher.

Lerntipp

Randgruppen

Zwischen 40 und 60 % der Bewohner hatten keinen städtischen Grundbesitz. Sie besaßen damit auch keine Bürgerrechte und keinen vollen Rechtsschutz. Das galt für die Unterschichten und die „unehrlichen Leute“ wie Bettler, Gaukler, Schausteller, Hausierer, Dirnen, Henker und Totengräber. Angehörige dieser Randgruppen konnten jederzeit aus der Stadt ausgewiesen werden.

Die jüdische Minderheit

Im 11. Jh. lebten etwa 20 000 bis 25 000 Juden im Deutschen Reich. Könige und Bischöfe hatten sie in ihre Städte geholt und unter ihren Schutz gestellt. Sie arbeiteten als Fernhändler, Ärzte und Handwerker (z. B. Seidenweber, Glasbläser und Färber) oder Vieh- und Pferdezüchter. Oft wohnten sie nahe der Kirche oder in bestimmten Straßen (Judengassen) und es bestanden gute nachbarschaftliche Beziehungen zwischen ihnen und den Christen. Juden übernahmen Bürgerpflichten wie den Schutz der Stadtmauer, sodass man von einer „weitreichenden rechtlichen Gleichstellung der Juden mit den christlichen Bürgern“ (*Alfred Haverkamp*) sprechen kann, auch wenn sie kein volles Bürgerrecht besaßen.

Mit der wachsenden Volksfrömmigkeit im 11. Jh. änderte sich ihre Lage. Juden wurden immer öfter als „Feinde Christi“ dargestellt. Religiöse Fanatiker forderten sie zu Beginn des Ersten Kreuzzuges 1096 auf, sich taufen zu lassen, plünderten und zerstörten ihre Häuser, vertrieben und töteten sie. Allein in Mainz kamen 1200 um.* Ihre Schutzherren protestierten, doch sie hatten nicht die Mittel, die Juden wirksam zu schützen.

In den folgenden Jahrhunderten verschlechterte sich die Stellung der Juden. Gilden und Zünfte nahmen sie nicht auf, da sie sich als „christliche Gemeinschaften“ verstanden. Vom Lehnswesen blieben sie ebenfalls ausgeschlossen, da sie den mit der Lehnsnahme verbundenen christlichen Eid nicht leisten konnten. Juden wurden Rechte entzogen sowie der Besitz von Boden (z. B. von Weinbergen) weiter eingeschränkt. Das päpstliche Verbot, anderen Christen Geld gegen Zins zu borgen, wurde kaum beachtet. Christliche Geldverleiher nahmen mitunter höhere Zinsen als die jüdische Konkurrenz. 1215 ordnete die Kirche an, Juden und Muslime müssten schon an ihrer Kleidung erkennbar sein, doch daran hielt sich lange Zeit kaum jemand.

Gerüchte über angebliche Brunnenvergiftungen oder ähnliche Gräueltaten lösten immer wieder Verfolgungen der jüdischen Minderheit aus. Einen blutigen Höhepunkt erreichte diese Judenfeindschaft während der Pest um 1350.** Erst im 15. Jh. entstanden dann Ghettos – abgetrennte Wohnviertel, in denen die jüdische Bevölkerung wohnen musste.

** Pogrome (dt. Verwüstungen) gab es in Metz, Worms, Speyer, Mainz, Köln und Xanten, später auch in Regensburg, Prag und in anderen Orten.*
*** Zur Pest lies Seite 44 f.*

6 Gottesdienst in einer Synagoge.
Abbildung aus einem jüdischen Gebetsbuch, um 1320. Der Vorbeter (hebräisch.: Chasan) steht, in einen Gebetsschal eingehüllt, vor einem Lesepult mit der Thora. Sie enthält die fünf Bücher Mose aus dem Alten Testament.

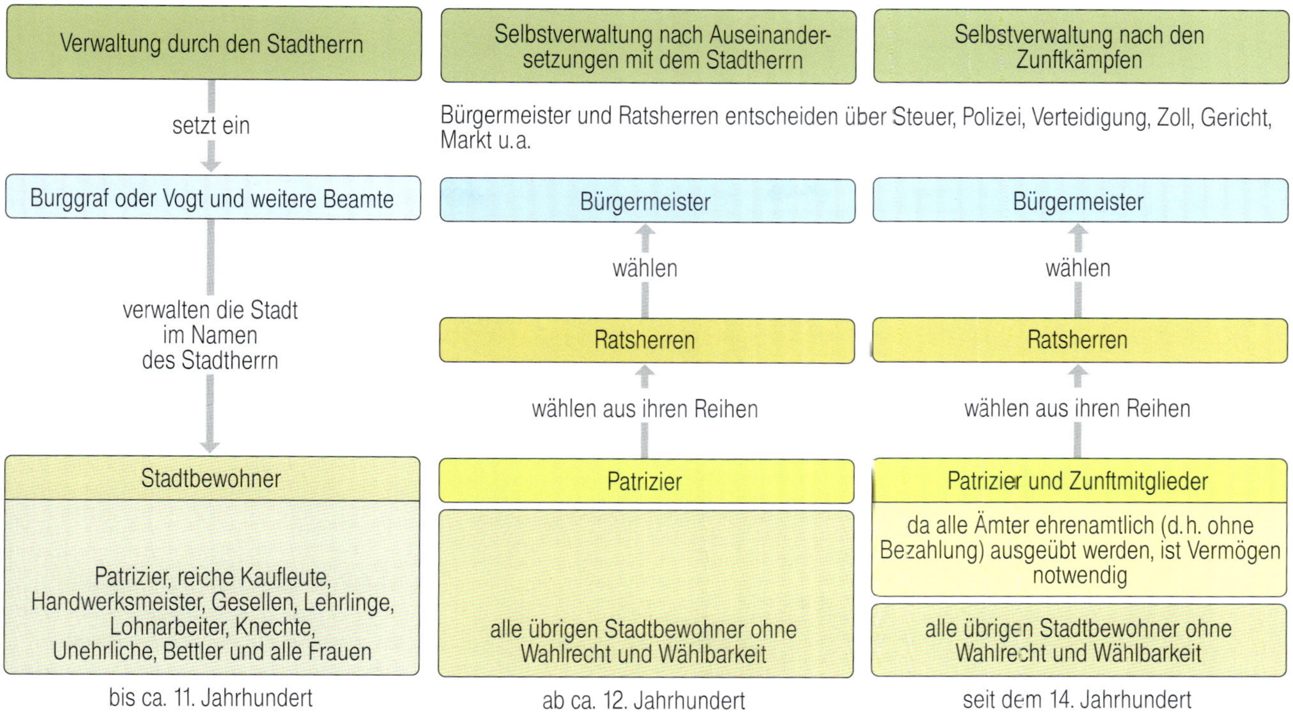

7 Entstehung der städtischen Selbstverwaltung.
Die Entwicklung der städtischen Selbstverwaltung seit dem 14. Jh. war uneinheitlich. Nicht in allen Städten regierten (wie in der Grafik angegeben) Patrizier und Zunftmitglieder gemeinsam. In einigen Städten konnten sich die Zünfte nicht gegen die führende Rolle der Patrizier durchsetzen, in anderen übernahmen sie allein die Führung.
Aus: Ernst Bruckmüller und Peter Claus Hartmann (Hrsg.), Putzger. Historischer Weltatlas, Berlin 103 2001, S. 69

Kampf um die Selbstverwaltung
Die Stadtherren setzten zunächst Burggrafen und Stadtvögte für die Verwaltung ein. Sie waren für die Zölle, die Münzen, das Marktgeschehen und die Maße und Gewichte zuständig. Sie mussten auch dafür sorgen, dass ihre Stadt im Kriegsfall die geforderte Zahl von Soldaten stellte.
Ihre Arbeit führte zu Konflikten. Vor allem die angesehenen Kaufmannsfamilien, die Patrizier, forderten mehr Freiheiten und Rechte. Nach italienischem Vorbild setzten sie im Laufe des 12. und 13. Jahrhunderts die eigenen Gerichte und die Selbstverwaltung der Städte durch, allerdings nicht ohne Gegenleistungen. Oft kauften die in Gemeinschaften zusammengeschlossenen Patrizier den Fürsten die neuen Rechte ab. Manchmal erkämpften sie sich die Selbstverwaltung auch mit Gewalt. So wurden aus ehemaligen Königsstädten „Reichsstädte“ und aus Bischofsstädten „Freie Städte“.
Im 14. Jh. wollten immer mehr Orte „Freie Reichsstädte“ werden. Sie unterstellten sich allein dem Rechtsschutz des Kaisers und zahlten dafür eine Reichssteuer. Damit waren sie in ihren Mauern weitgehend unabhängig vom bisherigen Stadtherrn.

Wer regiert die Stadt?
Sobald die Patrizier ihre Städte selbst verwalten durften, gaben sie sich eine Ratsverfassung, die das Zusammenleben regelte. Zunächst waren nur die alteingesessenen Patrizier ratsfähig. Aus ihrer Mitte wählten sie Ratsherren und Bürgermeister. Gemeinsam kontrollierten sie den Handel, vereinbarten gegenseitige Zollfreiheiten mit anderen Städten, sorgten für Bau und Unterhalt der Stadtmauer, kümmerten sich um Schulen, Kirchen und Krankenhäuser und sprachen Recht. Gegen die alleinige Macht der Patrizier wehrten sich die in Zünften zusammengeschlossenen Handwerker. Sie hatten erheblichen Anteil am Aufschwung der Städte und forderten deshalb eine Beteiligung an der Regierung. Ihre Forderungen konnten sie oft erst nach sogenannten *Zunftkämpfen* durchsetzen.

M 1 Dortmunds älteste Stadtansicht.
Ausschnitt aus einem Altarbild der Propsteikirche von Derick Baegert, um 1470.

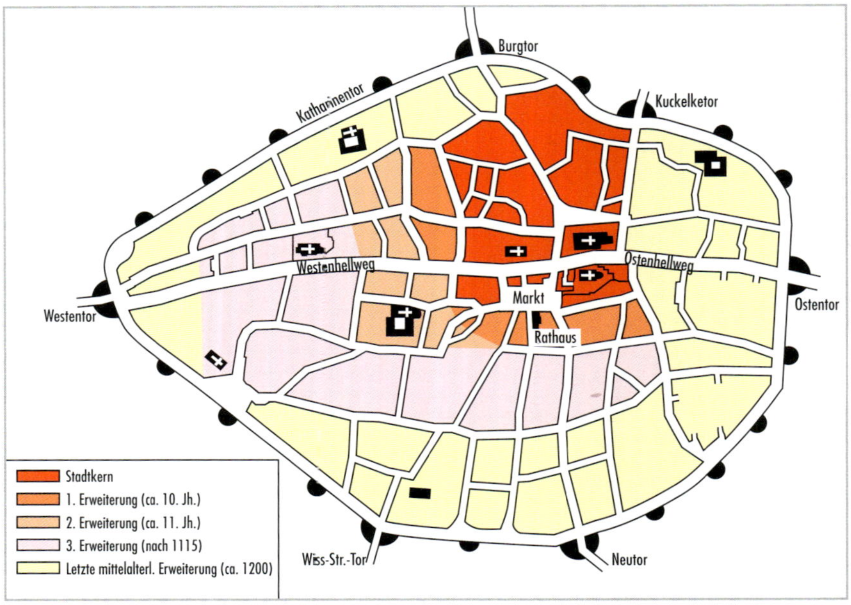

M 2 Entwicklung der Stadt Dortmund bis 1200.

Nach: Luise von Winterfeld, Geschichte der freien Reichs- und Hansestadt Dortmund, Dortmund [6]1977

M 3 Siegel auf einer Urkunde von 1255.
Die Umschrift lautet übertragen: Siegel der Stadt Dortmund in Westfalen.

M 4 Privilegien der Dortmunder

Kaiser Friedrich II. erneuert im Mai 1236 das durch Brand vernichtete Privileg vom 1. Mai 1220, mit der er der Gemeinschaft der Dortmunder Bürger alle Privilegien bestätigt hatte, die ihnen zuvor schon verliehen worden waren, nämlich:

1) Dortmunder Bürger dürfen von niemandem vor ein fremdes Gericht gezogen werden; zuständig ist allein das städtische Gericht in Gegenwart des Grafen oder des Stadtrichters.
2) Dortmunder Bürger dürfen aus unrechtem Grund von niemanden zum Duell gefordert werden.
3) Im gesamten Reich haben Dortmunder Zollfreiheit, niemand darf Dortmunder Bürger in ihren Rechten beeinträchtigen oder ihnen anderweitig Schaden zufügen.

Zit. nach: Ferdinand Seibt u.a. (Hrsg.), Vergessene Zeiten. Mittelalter im Ruhrgebiet, Bd. 1, Essen 1990, S. 202

*→**Internettipp:** Zur Stadtgeschichte Dortmunds siehe http://stadtgeschichte.dortmund.de*

1. *Finde heraus, was für die Entwicklung Dortmunds wichtig war (M 1-M 4).*
2. *Erläutere die in M 4 genannten Vorteile für die Bürger.*
3. *Informiert euch über die Anfänge eures Wohn- oder Schulortes.*

Lerntipp

Eine alte Stadt erkunden

Wenn wir in eine für uns unbekannte Stadt reisen, haben wir meist einen aktuellen Stadtplan in der Tasche, um uns zu orientieren. Mit ihm finden wir den Weg vom Bahnhof in die City oder zur Jugendherberge.
Der hier abgedruckte Plan von Köln hat einen anderen Zweck. Er will auf die Entwicklung Kölns aufmerksam machen. Auch die beiden anderen Abbildungen liefern Hinweise auf Veränderungen der Stadt. Allerdings müssen wir schon genau hinsehen.

M1 Kölner Rathaus.
Foto, um 2000.
Der Bau des Rathauses begann im 12. Jh. Eine Urkunde von 1149 hält fest, dass das Rathaus im Judenviertel errichtet wurde. Der älteste, noch heute erhaltene Teil ist der „Lange Saal", er entstand Anfang des 14. Jh. Zu Beginn des 15. Jh. wurde der Turm errichtet. Der Vorbau, die sogenannte Laube, stammt aus dem 16. Jh.

→ ***Internettipps:*** *Zur Stadtgeschichte Kölns siehe*
- *www.cologneweb.com/chronik.htm*
- *www.koelnmuseum.de/museumswelt.php?site=infobox_18.php*
- *www.guenter-lehnen-koeln.de/Kunststadt_Bauwerke.html*

M2 Eine mittelalterliche Ansicht von Köln.
Ölgemälde (60 x 179 cm), um 1411 (Ausschnitt).
Das Bild gibt eine ziemlich genaue Ansicht der Stadt, es befindet sich heute im Wallraf-Richartz-Museum in Köln.

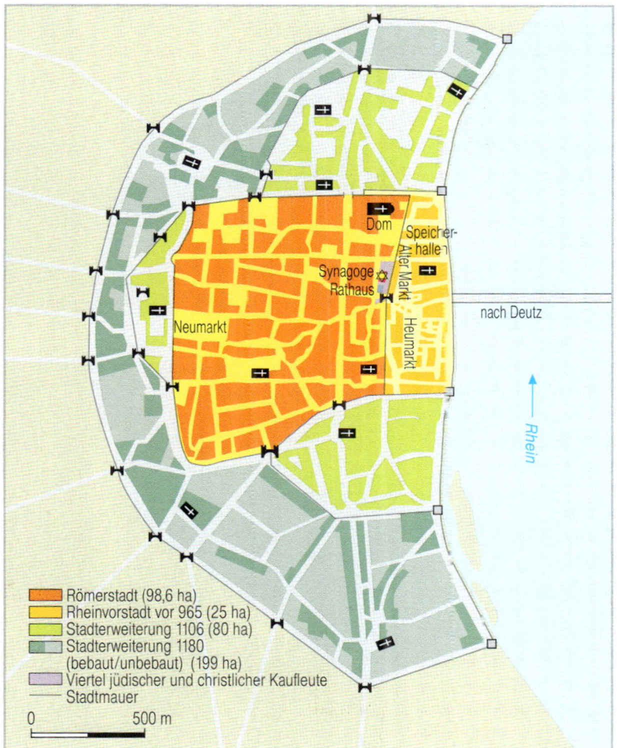

M3 Köln bis Ende des 12. Jahrhunderts.
Damals lebten etwa 20 000 Menschen in der Stadt.

→ ***Internettipp:*** *www.historische-stadt-ortskerne-nrw.de*

→ ***Exkursionstipps:*** *Kölnisches Stadtmuseum, Schnütgen-Museum, Wallraf-Richartz-Museum, Erbischöfliches Diözesan-Museum, Historisches Rathaus*

1. *Bestimmt, wann das alte Markt- und Gewerbeviertel am Rheinufer in die Stadtbefestigung einbezogen wurde (M3).*
2. *Köln war Bischofsstadt. Welches Bauwerk deutet in der Karte M3 darauf hin? Sucht es auf dem Bild M2.*
3. *Prüfe, welche Hinweise die Karte M3 über die Bewohner der Stadt liefert.*
4. *Informiert euch über die Gründung eures Wohn- oder Schulortes.*
5. *Falls es in eurem Wohn- oder Schulort Bauten aus der Zeit zwischen 1000 und 1500 gibt,*
- *markiert sie in einem kopierten Stadtplan,*
- *macht einen Stadtrundgang und besucht ein Stadt- oder Heimatmuseum unter fachkundiger Führung,*
- *bereitet mit Bildern und Fotos eine kleine Ausstellung mit dem Titel „Unsere alte Stadt" vor.*

6. *Lasst euch Prospekte verschiedener Städte schicken, die wie Aachen, Kempen, Soest, Trier, Lübeck oder Quedlinburg noch heute ein mittelalterliches Erscheinungsbild haben. Gestaltet aus dem Material eine Ausstellung.*

Projekt

So bauten sie die Kathedralen

Bilder des Himmels
Großartige Zeugnisse der mittelalterlichen Baukunst sind die Kirchen. Mit ihren gewaltigen Steinmassen und großen Türmen ragten sie hoch über die Häuser und Hütten der Menschen hinaus. Sie sollten dem Volk die Größe Gottes vor Augen führen und das göttliche Reich – das Himmlische Jerusalem – schon auf Erden sichtbar machen. Insofern dienten die Kirchen vor allem

- zum Lob und Preis des Schöpfers,
- zur Darstellung der christlichen Botschaft sowie
- als Zeichen der Macht und des Stolzes derer, die sie errichten ließen.

Stile verschiedener Epochen
Die Bezeichnung *Romanik* stammt aus dem Anfang des 19. Jh. Sie wird heute für die gesamte europäische Kunst und Kultur etwa vom Jahre 1000 bis zum Beginn der Gotik (in Frankreich um 1140, im Deutschen Reich erst um 1230) benutzt und betont deren Nähe zur römischen Kunst.
Die Bezeichnung *Gotik* wurde im 16. Jh. in Italien geprägt. Sie ist ursprünglich abwertend von den „barbarischen“ Goten hergeleitet, denen die Zerstörung des Römischen Reiches während der Völkerwanderungszeit vorgeworfen wurde.
Bis ins 14. Jh. verschmolzen bei ein- und demselben Bauwerk häufig gotische Stilelemente mit älteren romanischen Vorgaben. Beide Stile beeinflussten nicht nur Bauwerke, sondern die Kunst ihrer Epoche – vom Altargemälde bis zum Goldgeschmeide.

1. *Informiert euch in einem Lexikon über die unterschiedlichen Stilmerkmale romanischer und gotischer Kirchenbauten.*
2. *Erarbeitet eine Definition des Begriffes „Gotik“.*

M 1 Dom zu Speyer.
Foto, um 1990. Ansicht von Osten. Baubeginn um 1030. Das 1061 geweihte Gotteshaus ist 133 Meter lang und der größte romanische Kirchenbau in Deutschland.

M 2 Kölner Dom.
Luftaufnahme von Arnold Wolff, um 2005. Baubeginn 1248. Das 144 Meter lange fünfschiffige Gotteshaus mit den 158 Meter hohen Türmen ist eines der schönsten gotischen Bauwerke Europas. Die Einweihung des Chores fand 1322 statt. 1561 wurden die Bauarbeiten wegen Geldmangels für rund 300 Jahre eingestellt. 1880 konnte der Bau fertiggestellt werden.

M 3 Bauarbeiten im Mittelalter.
Rechts: Nachzeichnung aus der „Weltchronik“ des Rudolf von Ems, um 1340.

M 4 Bauhütte.
Nachzeichnung aus Jansen Enikels „Weltchronik“, um 1380.
Alle an einem Kirchenbau beteiligten Bauleute, besonders die Steinmetze und Maurer, schlossen sich zu einer Bruderschaft, der sogenannten Bauhütte, *zusammen.*
Sie sollte die Einheitlichkeit der Architektur und der Kunstwerke sicherstellen.

M 5 Arbeit mit Stechzirkel und Winkel.
Nachzeichnung aus einer italienischen Handschrift des 15. Jh.
Die Baumeister übertrugen ihre Entwürfe von einer kleinen Zeichnung in natürlicher Größe auf Stein. Der Handwerker links hält eine Messlatte.

→***Internettipps:*** *www.koelner-dom.de und www.nrw2000.de/mittelalter/koeln.htm*

→***Lesetipp:*** *David Macaulay, Sie bauten eine Kathedrale, Düsseldorf [14]2006*

M 6 Wer macht was?
Der Journalist Wolf Schneider schreibt über den Bau des Kölner Doms:

Und so schleppten sie und werkelten sie für ihren Dom: Hunderte von Steinmetzen, Maurern und Zimmerleuten; Dutzende von Knechten in Treträdern und an Seilwinden, um die tonnenschweren Werkstücke bis in die schwindelnde Höhe der Gewölbe zu befördern; dazu Schmiede und Glasbläser, Bleigießer und Dachdecker, Seiler, Maler und Vergolder. Und dann im Steinbruch die Steinbrecher und wieder Steinmetzen, Zimmerleute und Schmiede; im Wald die Holzknechte, denn die Schalungen der Gewölbe, die gewaltigen Gerüste und das hölzerne Hebezeug verschlangen Baumstämme zu Tausenden; dazu Hunderte von Fuhrknechten oder Bauern und Bürgern, die Hand- und Spanndienste leisten mussten, um mit Ochsen, Pferd und Wagen den Stein heranzukarren, auch das Holz nebst Blei und Eisen [...].

Wolf Schneider, Der Kölner Dom. Wie die Deutschen zu ihrem Weltwunder kamen, Hamburg 1991, S. 25

M 7 Was für Männer!
Wolf Schneider über die Dombaumeister:

Was für Männer, diese Dombaumeister! Architekten ohne Studium. Statiker ohne Mathematik.* Bauzeichner auf Pergament [...]. Dem Domkapitel** haftete [der Baumeister] für die sparsame Verwendung der Gelder; den Nachschub an Stein, Holz, Glas, Blei und Eisen organisierte er; die Künstler suchte er aus und gab ihnen die Stilrichtung vor; gegenüber allen Bauleuten hatte er richterähnliche Befugnisse zur Wahrung der Arbeitsdisziplin [...].

Wolf Schneider, a. a. O., S. 83

**Aber auf Reisen und aus Büchern hatten sie von den Griechen, Römern und Arabern viel gelernt.*
******Domkapitel****: oberste Herren der Domkirche*

1. *Du bist Steinmetz beim Bau eines Domes und berichtest nach Hause, welche Arbeiten auf deiner Baustelle verrichtet werden und welche Gefahren es für dich und die anderen Arbeiter gibt (M 3 bis M 7). Schreibe diesen Brief.*
2. *Informiert euch über gotische und romanische Kirchen in eurer Gegend. Wählt eine Kirche aus und stellt sie auf einem Poster vor.*

Krisen

1 Massenbestattung.
Buchmalerei aus Tournai im heutigen Belgien, um 1352/53.
Während anfangs die Pesttoten noch in Särgen bestattet wurden, verscharrte man sie später in Massengräbern.

Eine Katastrophe nach der anderen
Die Menschen litten im späten Mittelalter nicht nur unter Kriegen. Auch Erdbeben, Heuschreckenplagen, Missernten und Hungersnöte machten ihnen das Leben schwer.
Eine der größten Katastrophen der europäischen Geschichte war die Pest. Sie wurde aus Asien eingeschleppt und wütete besonders grausam zwischen 1347 und 1351. Seit dem 17. Jh. wird sie auch *Schwarzer Tod* genannt. Die Krankheitserreger der Pest wurden entweder wie Schnupfen und Grippe durch eine Tröpfcheninfektion oder durch den Biss des Rattenflohs verbreitet.
Wo die Seuche auftrat, waren alle gesellschaftlichen Schichten betroffen. Besonders hoch waren die Verluste der ärmeren Bevölkerung, die in den Städten und Dörfern unter unsauberen Wohnverhältnissen lebten. Rund ein Drittel der europäischen Bevölkerung starb an der Pest. Die Zahl der Toten in den einzelnen Ländern und Städten war unterschiedlich. In Florenz sank die Einwohnerzahl von über 100 000 auf etwa 50 000; Prag und Nürnberg blieben dagegen von der Pestwelle verschont.

Gewalt
Da die Menschen die Ursache für die Katastrophen nicht kannten, verstanden viele sie als Strafe Gottes. Zahlreiche Gläubige schlossen sich daher zusammen und zogen singend und sich selbst schlagend (*geißelnd*) durch die Städte. Die Geißler wollten sich damit von den Sünden befreien und Gott gnädig stimmen.
Die fürchterlichste Begleiterscheinung der Pest war die Verfolgung und Ermordung von Juden. Da sie scheinbar weniger oft erkrankten als andere, beschuldigte man an vielen Orten Juden, die Pest durch Vergiftung von Brunnen und Quellen verursacht zu haben, ohne es jedoch beweisen zu können.

Weitreichende Veränderungen
Naturkatastrophen, Kriege, Pest und Hungerkrisen ließen nicht nur die Bevölkerung insgesamt schrumpfen. Immer mehr Menschen verließen ihre Dörfer und zogen hinter schützende Stadtmauern. In den Städten waren sie willkommen, denn nach der Pest war man dort auf den Zuzug von Arbeitskräften angewiesen.
Eine Krise in der Landwirtschaft beschleunigte diese Wanderungsbewegung (Migration). Immer mehr Grundherren und Bauern gaben ihre Höfe auf, weil ihr Einkommen nicht zum Überleben ausreichte.
Ganze Dörfer und Landstriche verfielen. Bis zum Ende des 15. Jh. lag der Anteil der *Wüstungen*, so die Bezeichnung für die aufgegebenen Siedlungen und landwirtschaftlich nicht mehr genutzten Flächen, in den deutschen Ländern bei durchschnittlich 25 %, in einigen Regionen sogar bei 50 %.
Aber es gab nicht nur Verlierer in dieser krisenreichen Zeit. So hatte die Pest zwar Menschen, aber nicht deren Besitz vernichtet, und einigen Überlebenden war ein reiches Erbe in den Schoß gefallen.

→ *Internettipp:*
Zur Pest im heutigen NRW siehe www.nrw2000.de/mittelalter/pest.htm

M 1 Katastrophenmeldungen

Kaiser Karl IV. erzählt aus dem Jahre 1338:

Bei Sonnenaufgang weckte uns ein Ritter aus dem Schlaf mit den Worten: „Herr, steht auf, der Jüngste Tag bricht an, denn alle Welt ist voll Heuschrecken."* Wir erhoben uns und stiegen zu Pferd und ritten eilends, um ihr Ende zu sehen, bis nach Pulkau sieben Meilen weit.** Erst dort war das Ende ihres Zuges. Seine Breite konnten wir nicht überschauen. Ihr Surren glich einem lärmenden Geräusch. [...] Sie schwirrten so dichtgedrängt wie Schneeflocken. Heftiger Gestank strömte von ihnen aus. Sie verteilten sich: Die einen zogen nach Bayern, andere nach Franken, andere in die Lombardei, andere hierhin und dorthin über die ganze Erde.***

Am 25. Januar 1348 bebt die Erde. Das Zentrum des Erdbebens ist Villach in Kärnten, der Durchmesser des erschütterten Gebietes beträgt über 600 Kilometer. Etwa 10 000 Menschen sterben. Ein Augenzeuge berichtet:

Die Stadt Villach, die Burgmauer, das Kloster, die Kirchen und alle Mauern und Türme bis auf elf Zinnen fielen zu Boden. [...] Mitten in der Stadt zerspaltete sich das Erdreich und es lief Wasser heraus, ganz wie Schwefel, und floss wieder in die Löcher im Erdreich.

Erster Text: Kaiser Karl IV. Selbstbiographie, übers. und eingel. von Ottokar Menzel, Berlin 1943, S. 62 f.
Zweiter Text: A. Borst, Das Erdbeben von 1348, in: Historische Zeitschrift, Bd. 233 (1981), S. 534 f.

Siehe dazu M 4.

**etwa 50 Kilometer; Historiker haben nachgerechnet, dass er an dem Tag höchstens 25 Kilometer weit geritten sein kann.*

***Andere Quellen bestätigen die Heuschreckeneinfälle. Sie führten zu großen Schäden an den Früchten; erst ein früher Schneeeinbruch Mitte Oktober 1338 stoppte sie.*

M 2 Die Pest breitet sich aus

Gabriele de Mussis, ein junger Notar aus Piacenza, der 1346 in Caffa am Schwarzen Meer lebte, berichtet:

So gelangte man aus [...] Caffa mit einigen Schiffen, welche von zwar noch lebenden, aber bereits mit der Seuche infizierten* Seeleuten gesteuert wurden, nach Genua, mit anderen nach Venedig, mit wieder anderen in weitere Regionen der Christenheit. Es klingt unglaublich: Kaum gingen die Matrosen irgendwo an Land – die krankmachenden Ausdünstungen begleiteten sie ja – und kamen dort mit den Menschen in Berührung, starben diese. Aufgrund des pestbringenden Ansteckungsstoffs ereilte in jeder Stadt, jedem Ort und jedem Land die Bewohner beiderlei Geschlechts ein rascher Tod. Wenn jemand erkrankte, brach er bald darauf zusammen und starb.

Klaus Bergdolt, Der Schwarze Tod in Europa. Die Große Pest und das Ende des Mittelalters, München 1994, S. 39 (vereinfacht)

* **infizieren**: *Krankheitserreger übertragen*

M 3 Auswirkungen der Pest

Der Schriftsteller Giovanni Boccaccio erlebt die Pest in Florenz. Über die Folgen schreibt er 1350:

Und fast alle hatten nur ein grausames Ziel vor Augen: die Kranken und ihre Sachen zu meiden und zu fliehen. [...] Bei einer so schrecklichen und elenden Verfassung unserer Stadt war das ehrwürdige Ansehen der Gesetze, der göttlichen und menschlichen, fast völlig gesunken und vernichtet [...]. Durch diese Heimsuchung hatte die Herzen der Männer und Frauen eine solche Angst befallen, dass ein Bruder den anderen verließ, der Onkel den Neffen, die Schwester den Bruder und [...] die Frau ihren Mann, und was [...] fast unglaublich ist, Väter und Mütter scheuten sich, zu ihren Kindern zu gehen und sie zu pflegen, als ob sie nicht die ihren gewesen wären. [...]

Klaus Bergdolt (Hrsg.), Die Pest 1348 in Italien, Heidelberg 1989, S. 43 f.

M 4 Was die Bibel vorhersagt ...

In der Offenbarung des Johannes, dem letzten Buch des Neuen Testaments, wird das Ende der Welt verkündet; dort steht:

Denn es ist gekommen der große Tag seines [Gottes] Zorns, und wer kann bestehen? [...]
Und er [der fünfte Engel] tat den Brunnen des Abgrunds auf; und es ging auf ein Rauch aus dem Brunnen wie ein Rauch eines großen Ofens, und es ward verfinstert die Sonne und die Luft von dem Rauch des Brunnens. Und aus dem Rauch kamen Heuschrecken auf die Erde; und ihnen ward Macht gegeben, wie die Skorpione auf Erden Macht haben.

Offenbarung 6,17 und 9,2-3

	1340	1440
in Millionen		
Iberische Halbinsel	9	7
Frankreich	19	12
Italien	9,3	7,5
Britische Inseln	5	3
Deutsches Reich und Skandinavien	11,6	7,5
Insgesamt	53,9	37,0

M 5 Bevölkerung in Europa.

Schätzungen.

Nach: Josiah C. Russel, Artikel „Bevölkerung", in: Lexikon des Mittelalters, Bd. 2, München – Zürich 1983, Sp. 14

1. *Überlege, welche Stimmung aufgrund der Katastrophen in weiten Teilen Europas herrschte (M 1 und M 4).*
2. *Beschreibe, wie sich das Verhalten der Menschen in den Pestzeiten veränderte (M 2 und M 3). Finde für dieses Verhalten ein charakteristisches Wort.*
3. *Boccaccio nennt das Verhalten der Menschen „unglaublich" (M 3). Lies M 2 und erkläre, weshalb sie sich so verhielten.*
4. *Nenne die Gründe für die Bevölkerungsentwicklung (M 5).*

Italienische Verhältnisse

Ein Land mit vielen Städten

Während der Kreuzzüge übernahmen die Italiener die führende Rolle im Mittelmeerhandel. Kaufleute aus Venedig, Genua und anderen Hafenstädten wickelten fast den gesamten Warenverkehr mit dem Byzantinischen Reich, dem Nahen und Fernen Osten sowie mit den Ländern nördlich der Alpen ab. Die Fernkaufleute erzielten hohe Gewinne. Die Zahl der Gewerbebetriebe wuchs.
In den Städten entwickelte sich ein einflussreiches Bürgertum. Die Ständeschranken der mittelalterlichen Gesellschaftsordnung verloren an Bedeutung. Persönliche Leistungen verhalfen den Bürgern zu öffentlicher Anerkennung und Einfluss.

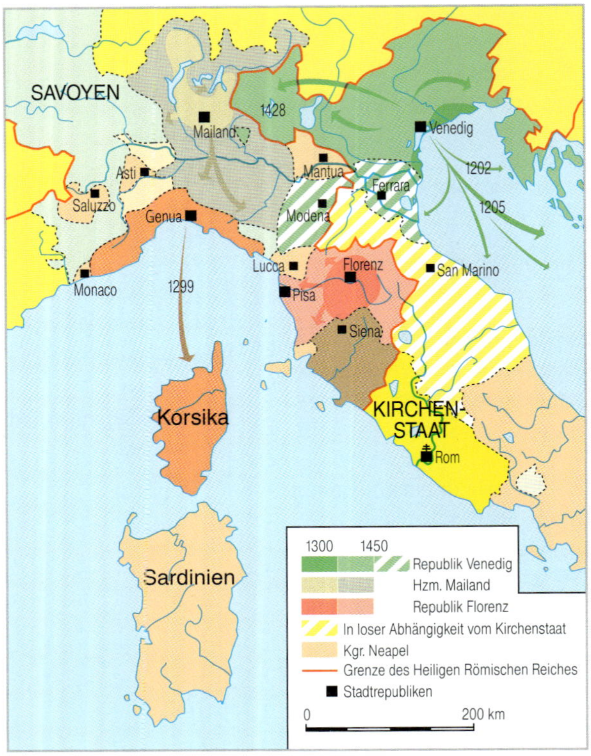

1 Italienische Fürstentümer und Stadtstaaten im 14./15. Jh.

Die „großen Fünf“

In Nord- und Mittelitalien bestanden im 12. und 13. Jh. rund 70 Stadtrepubliken, in denen Adel oder Bürger regierten. Bis zum 15. Jh. verloren die meisten von ihnen ihre Selbstständigkeit: Sie wurden von ihren aufstrebenden Nachbarn „geschluckt“. In dem rücksichtslosen Kampf um Land, Geld und Macht setzten sich schließlich Florenz, Venedig, Mailand, Rom und Neapel durch. Venedig und Florenz blieben Stadtrepubliken, die anderen regierte ein Herzog, ein König oder der Papst.

Wer herrscht in Florenz?

Florenz war im 15. Jh. eine der wichtigsten Gewerbe- und Handelsstädte Italiens. Hier wurden Tuche hergestellt, Seide gewebt, Möbel getischlert und Gold und Silber geschmiedet.
Die Tuchherstellung hatte die Familie *Medici* reich gemacht. Später vergrößerten Handelsunternehmen, Landgüter und Geldgeschäfte ihr Vermögen. Ihre Bank war im 15. Jh. wohl die größte Europas. Die Kredite der Medici finanzierten Unternehmen und Kriege. Sie liehen Fürsten, Päpsten und Städten Geld für Bau- und Kunstwerke ebenso wie für Waffen und Söldner. Ihr Reichtum öffnete ihnen den Weg zur politischen Macht. Ohne ihre Zustimmung war Florenz lange Zeit nicht zu regieren. Die Medicis stellten darüber hinaus die Großherzöge der Toskana. Zwei französische Königinnen stammten ebenso aus dieser Familie wie einige Päpste.

Größer, schöner, moderner

Der Konkurrenzkampf zwischen Stadtrepubliken, Fürstenhöfen und Kirchenstaat ließ eine prachtvolle Kunst und Kultur entstehen. Handwerker und Künstler erhielten von Fürsten, Päpsten, Stadtregierungen, Zünften und Privatleuten Aufträge für Befestigungsanlagen, Rathäuser, Paläste, Kirchen, Klöster und Wohnhäuser sowie für Skulpturen, Gemälde, Fresken und Möbel. Für Feste, Umzüge und Empfänge wurden glanzvolle Kulissen errichtet. Größer, schöner, moderner war das Motto der Zeit.

M 1 „Lorenzo der Prächtige.“
Büste, 15. Jh.
Lorenzo de Medici (1449-1492) galt als kluger Kaufmann und Politiker. Er war mit Gelehrten befreundet, trat als Dichter hervor und förderte zahlreiche Künstler.

M 3 Florenz um 1500.
Die sogenannte „Carta della Catena“, um 1482/92 (Ausschnitt).

M 2 Ein väterlicher Rat
Der Schriftsteller Thomas Mann veröffentlichte 1905 ein Schauspiel, das uns einen Einblick in die Gedankenwelt des 15. Jh. gibt.
Im folgenden Auszug teilt der im Sterben liegende Lorenzo de Medici seinem Sohn Piero sein „politisches Vermächtnis“ mit:

LORENZO: Wir sind nicht Könige, nicht Fürsten in Florenz. Kein Pergament verbrieft uns unsere Größe. Wir herrschen ohne Krone [...]. Wir wurden groß in uns, durch Fleiß, durch Kampf, durch Zucht [...]. Doch solche Herrschaft, mein Sohn, will täglich neu errungen sein. Ruhm und Liebe, die Dienstbarkeit der Seelen, sind treulos und falsch. Denkst du zu ruhen und tatenlos zu glänzen, ist dir Florenz verloren [...]. Bewahre dir die schmerzliche Verachtung der trägen Jubler. Du stehst für dich, du ganz allein für dich – begreifst du! Bleib streng mit dir! Lässt du vom Ruhm dich weich und sorglos machen, ist Florenz verloren. Begreifst du?

PIERO: Ja, Vater.

LORENZO: Achte den äußeren Schein der Macht für nichts [...]. Sei kein Narr! Nimm dich in Acht! Scharfe Augen und eine lose Zunge hat Florenz. Halt dich zurück und herrsche [...]. Bedenk auch, dass wir aus dem Bürgerstande, nicht aus dem Adel hervorgegangen; dass wir nur von Volkes wegen sind, was wir sind; dass nur, wer uns des Volkes Seele abwendig zu machen trachtet, unser Feind und Nebenbuhler wäre [...]. Begreifst du?

Thomas Mann, Fiorenza, in: Ders., Frühe Erzählungen, Frankfurt a. M. 1981, S. 461 f.

1. *Wie wird die Figur des Lorenzo in M 2 dargestellt? Erkläre, warum Lorenzo seinem Sohn gerade diese Ratschläge erteilt.*
2. *Beschreibe Lage und Aussehen der Stadt Florenz (M 3).*

Eine neue Zeit

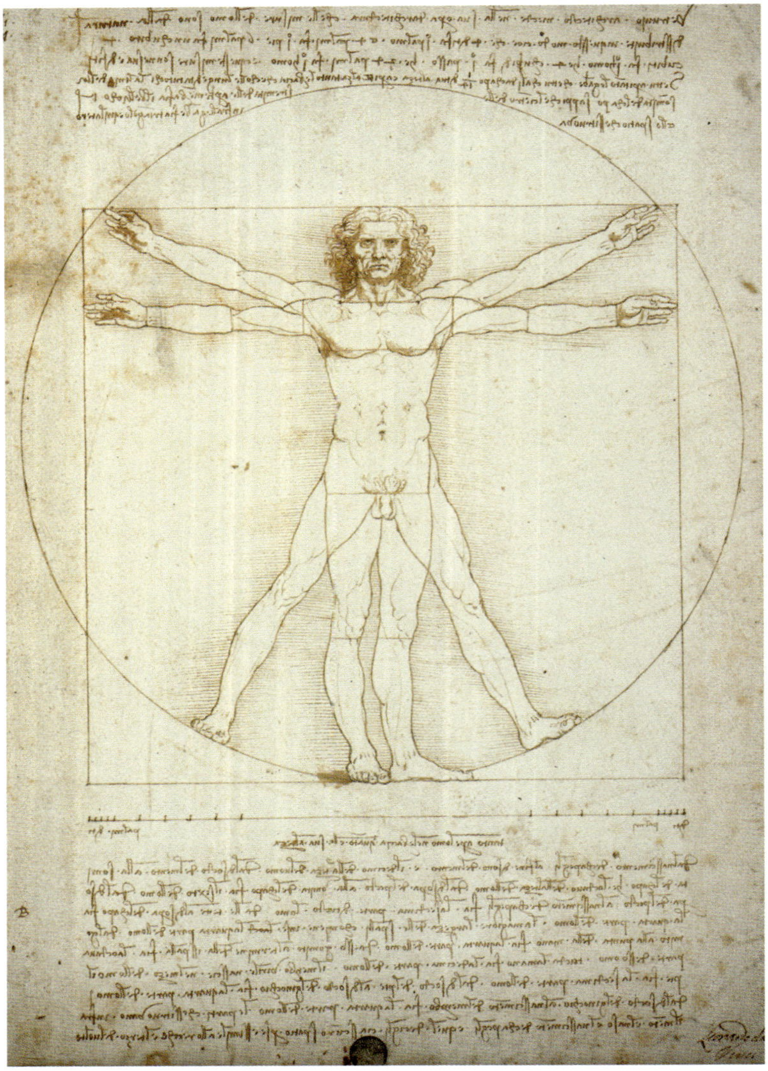

1 Der menschliche Körper als Ausdruck der Harmonie.
Skizze (34,4 x 24,5 cm) von Leonardo da Vinci, um 1485-90.
Kreis und Quadrat sind Grundformen der Harmonie, sie bestimmen die Größenverhältnisse (Proportionen) des menschlichen Körpers. Nebenbei: Den Text auf dem Blatt schrieb der Linkshänder Leonardo in Spiegelschrift.

Die Antike wird wiederentdeckt

In den italienischen Stadtstaaten wurde offen über Politik, Religion und Kunst nachgedacht, wohl auch deshalb, weil die Führungsschichten durch Kriege und Handel mit fremden Kulturen, beispielsweise dem griechisch-orthodoxen Byzantinischen Reich und dem muslimischen Orient, in Kontakt gekommen waren.
Italienische Dichter, Gelehrte und Staatsmänner beklagten die Machtlosigkeit und Zerrissenheit ihrer Heimat. Seit dem Ende des 13. Jahrhunderts interessierten sie sich für die untergegangene Macht des Römischen Reiches und für seine fast vergessene Kultur.

Humanismus und Renaissance

In den Schriften des römischen Schriftstellers und Politikers *Cicero* aus dem 1. Jh. v. Chr. fanden sie den Begriff „studia humanitatis“. Er bedeutete so viel wie „Fähigkeiten, die jeder braucht, um sich zum wirklichen Menschen auszubilden“. Dazu zählten Kenntnisse der Grammatik, der Redelehre (Rhetorik), der Geschichte, der Dichtkunst und der Morallehre (Philosophie). Wer sich damit beschäftigte, wurde „Humanist“ genannt.
Erst viel später bezeichnete man die geistige Bewegung als Humanismus oder Renaissance, also als „Wiedergeburt“ der Antike. Für einige Historiker beginnt mit Humanismus und Renaissance eine andere Epoche: die Neuzeit.

Ein neues Menschenbild

Die Humanisten entwickelten ein neues Bild vom Menschen. Sie machten das Individuum zum Mittelpunkt der von Gott geschaffenen Welt. Jeder war für sich selbst verantwortlich, für sein Glück und sein Leid. Sie war davon überzeugt, dass die Menschen alles könnten, wenn sie nur wollten.
Der „ideale“ Mensch sollte klug, höflich und weltoffen sein, sich als Krieger oder Staatsmann, Gelehrter und Künstler betätigen. Er sollte ein angenehmer und wortgewandter Gesprächspartner sein sowie gut tanzen und fechten können. Geburt und Standesgrenzen sollten keine Rolle mehr spielen, dafür umso mehr die Bildung: Die Humanisten sahen oft hochmütig auf die Ungebildeten herab.

1. *Stelle in einer Tabelle dem mittelalterlichen Menschenbild die Kennzeichen des „neuen Menschen“ gegenüber.*
2. *Recherchiert, welche Werke Michelangelo und Leonardo hinterlassen haben. Diskutiert, ob sie typische „Renaissance-Menschen“ waren. Klärt vorab den Begriff!*
3. *Erkläre, weshalb es für die meisten Menschen schwierig war, dem Ideal des „neuen Menschen“ zu entsprechen.*
4. *Manche Humanisten sprachen abschätzig vom „Finsteren Mittelalter“. Überprüft ihr Urteil.*

M 1 Die Erschaffung Adams.
Ausschnitt aus dem Deckenfresko der Sixtinischen Kapelle in Rom von Michelangelo, 1508-12. Vor Michelangelo hatte kein Maler gewagt, diesen Augenblick der Vollendung der biblischen Schöpfungsgeschichte so zu gestalten.

M 2 Was wäre die Welt ohne sie?

Der Gesandte und Geschichtsschreiber Gianozzo Manetti schreibt 1452:

Die Welt ist wohl von Gott geschaffen, aber der Mensch hat sie verwandelt und verbessert. Denn alles, was uns umgibt, ist unser eigenes Werk, das Werk des Menschen; alle Wohnstätten, alle Schlösser, alle Gebäude auf der ganzen Welt [...]. Von uns sind die Gemälde, die Skulpturen; von uns kommen der Handel, die Wissenschaften und philosophischen Systeme. Von uns kommen alle Erfindungen und alle Arten von Sprachen und Literaturen.

John R. Hale, Fürsten, Künstler, Humanisten, Reinbek 1973, S. 26

M 3 Ein einzigartiges Geschöpf

Der italienische Gelehrte Giovanni Pico della Mirandola verfasst im Jahre 1486 eine Rede „Über die Würde des Menschen", die er nie gehalten hat und die erst nach seinem Tod veröffentlicht wurde. Pico lässt darin Gott zu Adam sagen:

Keinen bestimmten Platz habe ich dir zugewiesen, auch keine bestimmte äußere Erscheinung und auch nicht irgendeine besondere Gabe habe ich dir verliehen, Adam, damit du den Platz, das Aussehen und alle die Gaben, die du dir selber wünschst, nach deinem eigenen Willen und Entschluss erhalten und besitzen kannst. Die festumrissene Natur der übrigen Geschöpfe entfaltet sich nur innerhalb der von mir vorgeschriebenen Gesetze. Du wirst von allen Einschränkungen frei nach deinem eigenen freien Willen, dem ich dich überlassen habe, dir selbst deine Natur bestimmen. In die Mitte der Welt habe ich dich gestellt, damit du von da aus bequemer alles ringsum betrachten kannst, was es auf der Welt gibt.

Giovanni Pico della Mirandola, Oratio de hominis dignitate/Rede über die Würde des Menschen, hrsg. und übers. von Gerd von der Gönna, Stuttgart 1997, S. 9

1. *Beschreibe, wie Michelangelo die Schöpfungsgeschichte darstellt (M 1). Vergleiche mit der Bibel.*
2. *Stelle zusammen, welche Leistungen Manetti und Pico della Mirandola dem Menschen zuschreiben (M 2 und M 3).*
3. *Überlege, welche Chancen und Gefahren darin liegen, dass der Mensch die Welt nach seinem „eigenen freien Willen" verändern kann (M 3).*

1 Die ideale Stadt.
Gemälde eines unbekannten Florentiner Künstlers des späten 15. Jh. Das Bild zeigt in zentralperspektivischer Malweise eine Stadtarchitektur, die so nie verwirklicht wurde.*

Zentralperspektive: Beim räumlichen Sehen bezieht sich das Auge auf einen zentralen Punkt, zu dem alle wichtigen Linien eines Bildes führen.*

Die Kunst der Renaissance

Anregungen aus der Antike

Das Interesse an der Antike erfasste auch Maler, Bildhauer und Baumeister. Sie arbeiteten bald überall „nach der Art der Alten". Die Kunst des Mittelalters lehnten sie ab, vor allem die Gotik, die sich in Italien ohnehin nie hatte durchsetzen können.

Die Künstler der Renaissance studierten die antiken Ruinen und Kunstwerke sowie die Äußerungen antiker Schriftsteller über Kunst und Architektur. Sie ahmten sie nicht nach, sondern ließen sich von ihnen anregen.

2 „Selbstbildnis im Pelzrock."
Ölgemälde (67 x 49 cm) von Albrecht Dürer, 1500. Die hier kaum lesbare lateinische Inschrift auf der rechten Seite des Bildes lautet übersetzt: „So malte ich, Albrecht Dürer aus Nürnberg, mich selbst mit meinen eigenen Farben im Alter von 28 Jahren."

Aufschwung für die Künste

Vom 4. bis zum 17. Jh. gab die Kirche den Künstlern die meisten Aufträge. Kaiser, Könige und Fürsten nahmen erst den zweiten Rang ein. Im 12. Jh. erweiterte sich der Kreis der Auftraggeber um Stadtregierungen, Zünfte, Gilden und reiche Privatleute. In Florenz war es die Zunft der Tuchmacher, die den Auftrag für den Bau des Doms gab. Päpste, Fürsten und Bankiers wetteiferten miteinander, Förderer der Künste (*Mäzene*) zu werden. Sie hofften, sich durch Kunstwerke nach ihrem Geschmack ein Denkmal zu setzen.

Wer als Künstler das Glück hatte, gefördert zu werden, kam zu hohem Ansehen. Maler, Bildhauer und Baumeister galten nicht mehr als einfache Handwerker, sondern als schöpferisch tätige, ja geniale Menschen. Einer der berühmtesten war *Leonardo da Vinci*, der von 1452 bis 1519 lebte. Er dichtete und musizierte, forschte und experimentierte, malte und entwarf Standbilder, Gebäude sowie Befestigungsanlagen.

Die Renaissance bei uns

Die Kunst der Renaissance breitete sich von Italien über ganz Europa aus. In den deutschen Gebieten setzte sie sich am Ende des 15. Jh. durch. Den Einfluss auf die Architektur kann man heute noch an vielen Gebäuden erkennen, beispielsweise am Kölner Rathaus*, dem Hamelner Hochzeitshaus oder dem Heidelberger Schloss. Der bedeutendste deutsche Renaissancekünstler war *Albrecht Dürer*. Er lebte von 1471 bis 1528 und holte sich viele Anregungen auf Reisen.

*Siehe M 3, Seite 41.

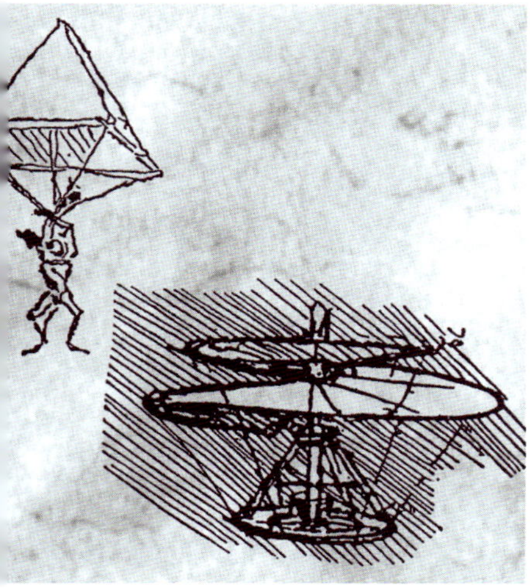

M 1 Technische Zeichnungen von Leonardo da Vinci.

Aus den Skizzenbüchern. Oben: Fallschirm. Rechts: Luftschraube oder Luftkreisel – eine Art Hubschrauber.

Beschreibe, wie die Erfindungen funktionierten. Wieso wurden sie damals nicht verwirklicht?

M 2 Leonardo – mehr als ein Künstler

Leonardo stellt etwa um 1482 dem Herzog von Mailand in einem Schreiben seine Fähigkeiten vor.

1. Ich habe Pläne für sehr leichte, aber dabei starke Brücken, die sich ganz leicht befördern lassen und mit denen man den Feind verfolgen und manchmal auch fliehen kann, und solche für andere, feste Brücken, die weder durch Feuer noch im Kampf zerstört und leicht und bequem abgebrochen und errichtet werden können, und auch Pläne, um die des Feindes zu verbrennen und zu zerstören.
2. Ich kann bei der Belagerung eines Platzes das Wasser aus den Gräben ableiten und zahlreiche Brücken, Rammböcke, Sturmleitern und andere zu einem solchen Unternehmen gehörende Geräte machen [...].
4. Ferner habe ich Pläne für Bombarden*, die sich sehr bequem und leicht befördern lassen, mit denen man kleine Steine schleudern kann, fast so, als ob es hagle, und deren Rauch dem Feind gewaltigen Schrecken einjagt [...].
6. Ferner werde ich sichere und unangreifbare gedeckte Wagen bauen, die mit ihren Geschützen durch die Reihen des Feindes fahren und jeden noch so großen Haufen von Bewaffneten zersprengen werden [...].
10. In Friedenszeiten kann ich mich wohl mit jedem anderen in der Baukunst messen, sei es bei der Errichtung öffentlicher und privater Gebäude oder bei der Leitung des Wassers von einem Ort zum anderen.
Ferner werde ich bei der Bearbeitung von Marmor, Erz und Ton sowie in der Malerei wohl etwas leisten, was sich vor jedem anderen, wer immer es sei, sehen lassen kann.

Leonardo da Vinci, Tagebücher und Aufzeichnungen, hrsg. v. Theodor Lücke, München [2]1952, S. 889 f.

***Bombarden**: *große Kanonen*

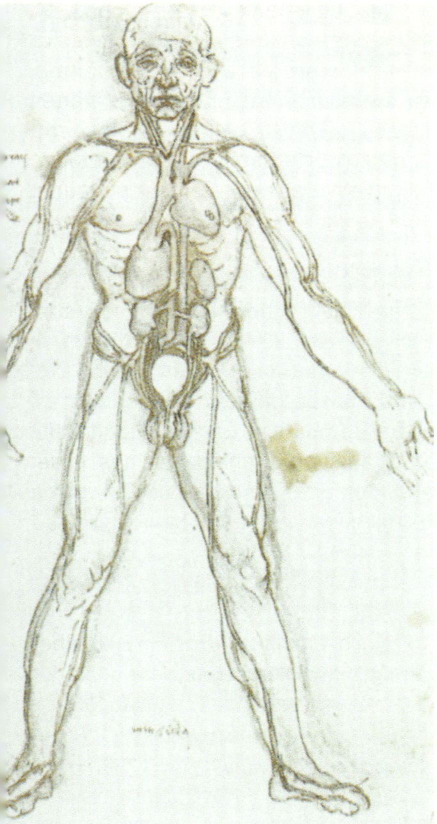

M 3 Natur, Kunst und Wissenschaft

Der Sekretär des Herzogs von Aragón berichtet über einen Besuch bei Leonardo am 10. Oktober 1517:

Dieser Herr hat eine besondere Abhandlung über den Körperbau zusammengestellt, mit Illustrationen nicht nur der Glieder, sondern auch der Muskeln, Nerven, Adern, Gelenke, Eingeweide und allem, was an den Körpern der Männer wie auch der Frauen studiert werden kann, so wie noch kein anderer Mensch es jemals getan hat. All das haben wir mit unseren eigenen Augen gesehen; und er sagte, er hätte bereits mehr als dreißig Leichen zerlegt, Männer wie Frauen jeden Alters. Er hat auch über die Natur des Wassers geschrieben, und über verschiedene Maschinen und andere Dinge, die er in einer endlosen Zahl von Bänden niedergeschrieben hat, und all das in Umgangssprache.

Kenneth Clark, Leonardo da Vinci, Reinbek 1989, S. 167 f.

M 4 Figur mit Herz, Lunge und Hauptschlagadern.

Zeichnung von Leonardo da Vinci, um 1490.
Vergleiche mit Abb. 1 auf Seite 48.

1. *Stelle zusammen, für welche Arbeiten sich Leonardo in dem Brief anbietet (M 2).*
2. *Der Sekretär des Herzogs von Aragón betont, dass Leonardo die Ergebnisse seiner wissenschaftlichen Arbeiten in der „Umgangssprache" schrieb. Nenne einen Grund für diesen Hinweis (M 3).*
3. *Überlege, welche Kenntnisse für die Skizze notwendig waren (M 4). Berücksichtige M 3.*

Geld und Macht

1 In der Schalterhalle einer italienischen Bank. *Wandgemälde, um 1500. In den italienischen Städten wurden schon im 14./15. Jh. die Gehälter der Angestellten und Arbeiter auf Bankkonten überwiesen.*

Gewinn geht über alles

Während der Renaissance setzte sich eine neue Auffassung von Arbeit und Einkommen durch: Ziel der Unternehmer war nicht mehr ein zum Leben ausreichendes Auskommen, sondern ein hoher Gewinn. Clevere Unternehmer verarbeiteten Rohstoffe nicht mehr selbst, sondern wurden zu Verlegern: Sie „legten“ Handwerkern und Heimarbeitern ihre Rohmaterialien zur Bearbeitung „vor“. Da zur Tuchherstellung beispielsweise mehr als 20 Arbeitsgänge notwendig waren, förderten die Verleger die Arbeitsteilung und verteilten ihre Aufträge auf mehrere Betriebe. Häufig verliehen sie die erforderlichen Arbeitsmittel, beispielsweise Webstühle. Die Verleger, die den meist auf dem Lande lebenden Heimarbeitern und Handwerkern nur einen kargen Lohn bezahlten, konnten Waren billiger und schneller liefern als das „zünftige“ Handwerk. Zugleich versuchten sie, einziger Anbieter eines Produktes oder Rohstoffes zu werden. Hatten die Unternehmer das erreicht, konnten sie die Preise erhöhen und die Löhne senken, um noch mehr zu verdienen.

Fernhändler und Bankiers

Für die Fernhändler war es gefährlich, ihre Einnahmen als Münzen bei sich zu tragen. In den italienischen Handelsstädten wurden deshalb im 13. Jh. aus Geldwechslern Bankiers, die Zahlungen ohne Bargeld ermöglichten: Sie übernahmen Geld, stellten Wechsel* aus und lösten Zahlungsanweisungen (Schecks) ein. Außerdem verliehen sie Geld, für das sie Zinsen verlangten. Die Bankiers finanzierten auch riskante Entdeckungsreisen, aufwändige Hofhaltungen und teure Kriege. Päpste, Kaiser und Landesherren waren auf das Geld der Banken angewiesen. Sie überließen ihnen dafür oft neben Steuern und Zöllen die Rechte, Bodenschätze zu heben.

Schätze aus dem Boden

Der Abbau von Silber, Kupfer und Blei versprach höchste Gewinne. Da immer mehr Metall gebraucht wurde, stiegen die Preise ständig. Um Bergleute anzuwerben und die komplizierten Förderanlagen zu errichten, benötigte der Unternehmer viel Geld im Voraus. Bergwerke warfen nur Gewinne ab, wenn sie die teure Grubenentwässerung nutzten, die den Erzabbau in großen Tiefen ermöglichte. Das neue Schmelzverfahren löste mehr Metall aus dem Gestein als bisher.

Frühkapitalistische Unternehmer

Um das erforderliche Kapital zusammenzubekommen, wurden Gesellschaften gegründet, in denen mehrere Eigentümer ihr Geld sowie Produktions- und Transportmittel zusammenlegten. Die erfolgreichsten Unternehmer wie die Familien Medici und Fugger betrieben gleichzeitig Verlage, Fernhandel, Bankgeschäfte und Bergbau. Diese Wirtschaftsform heißt Frühkapitalismus.

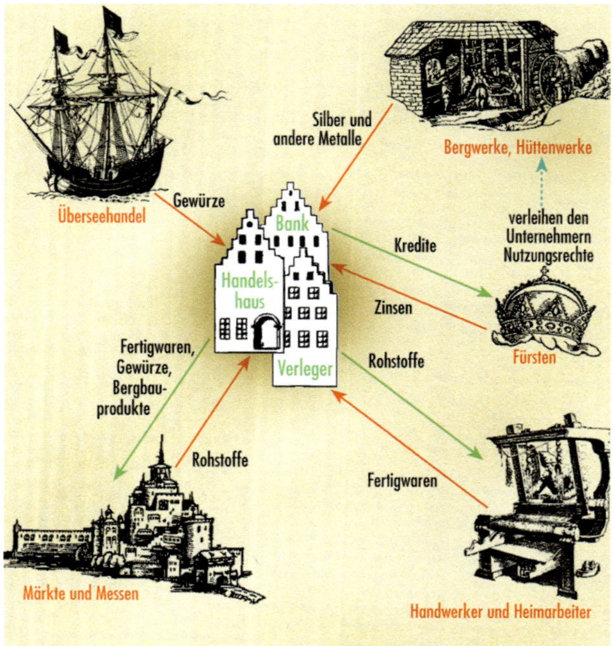

Wechsel: schriftliche Verpflichtung zur Zahlung in einem bestimmten Zeitraum*

2 Eine Handelsgesellschaft um 1500.

Erläutere die Begriffe „Bilanz“, „Bank“, „Giro“, „Konto“, „Netto“ und „Saldo“. Erkläre, warum sie alle aus dem Italienischen stammen.

M 1 Im Fuggerkontor.

Miniatur (etwa 16 x 10 cm) aus dem Trachtenbuch des Matthäus Schwarz, nach 1520. Das Bild zeigt Jakob Fugger (rechts) und Matthäus Schwarz. Schwarz arbeitete seit 1516 für die Fugger und war Chefbuchhalter der Firma. Das Buch auf dem Tisch zeigt – hier nicht lesbar – die Seitenüberschriften „uns soll" (links) und „wir sollen" (rechts). Dahinter verbirgt sich das System der doppelten Buchführung, mit dessen Hilfe genau bekannt war, welche Waren gekauft und bezahlt oder welche verkauft und bezahlt worden waren.

M 3 Der Aufstieg der Fugger

1367	Der Weber Hans Fugger lässt sich in Augsburg nieder.
1370	Hans Fugger wird durch Heirat einer Zunftmeistertochter Augsburger Bürger.
vor 1450	Die Fugger betätigen sich neben der Weberei zunehmend im Handel und erwerben Grundbesitz in Augsburg und im Umland.
1454	Jakob I., Stammvater der erfolgreichsten Linie der Fuggerfamilie, wird Mitglied im Großen Rat Augsburgs.
1467	Jakob I. nimmt Platz 7 unter den reichsten Bürgern Augsburgs ein.
um 1470	Erste Kontakte zum päpstlichen Hof: Übernahme des Verkaufs von kirchlichen Ämtern, Rechten und Ablässen* gegen Gebühren.
ab 1480	Die Fugger investieren in Bergwerke: Abbau von Gold, Silber, Kupfer in Salzburg und Tirol; der Textilhandel wird erweitert um den Metallhandel und das Prägen von Münzen.
nach 1490	Jakob II. errichtet ein Kupfermonopol in Europa, indem er zahlreiche Kupferbergwerke erwirbt; die Kaiser und Landesherren unterstützen die Fugger dabei, sie erhalten für die Schürfrechte umfangreiche Kredite.
um 1500	Die Fugger sind Bankiers der Kaiser, Päpste und zahlreicher Landesherren.
1510	Jakob II. leitet die Geschäfte der Familie Fugger allein; für ihn bürgert sich der Beiname „der Reiche" ein.
um 1510	Der Bau der „Fuggerei", einer Siedlung für unverschuldet in Not geratene Bürger, wird in Augsburg begonnen.
1514	Die Fugger kontrollieren die europäische Blei-, Silber- und Kupferproduktion und erwerben auch noch das Quecksilbermonopol**.
1514	Jakob II. wird von Kaiser Maximilian I. in den Reichsgrafenstand erhoben.
1519	Jakob II. finanziert mehr als die Hälfte der Kosten für die Wahl des Habsburgers Karl I. von Spanien zum Kaiser (Karl V.)***.
1525	Jakob II. stirbt; der Kaiser schuldet der Firma Fugger über 1 Mio. Gulden****.

** Über den Ablasshandel erfährst du mehr auf S. 66.*

*** Quecksilber war für die Silberaufbereitung unersetzlich.*

**** Über Karl V. erfährst du auf Seite 69 ff. mehr.*

***** Das Jahreseinkommen eines Tagelöhners lag Anfang des 16. Jh. bei etwa 20, das eines hohen städtischen Beamten zwischen 150 und 250 Gulden.*

M 2 Die Fugger zu Beginn des 16. Jh. in Europa.

Die Fugger beteiligten sich auch an der Finanzierung von Entdeckungsfahrten. Sie waren auch in Südamerika aktiv und machten beim Sklavenhandel mit.

1. *Im Hintergrund der Abbildung M 1 sind die Aktenfächer einzelner Kontore zu sehen. Kannst du die Namen der Städte entziffern (Ofen = Budapest und Antorff = Antwerpen)? Worüber mögen die beiden gerade sprechen? Verfasse einen Dialog.*
2. *In welchen heutigen Staaten befanden sich Niederlassungen der Fugger (M 2)?*
3. *Welche Unternehmungen der Fugger gehen aus der Karte M 2 nicht hervor (M 3)?*
4. *Stelle Vermutungen darüber an, was die Fugger im Vergleich zu den früheren Kaufleuten anders gemacht haben und warum sie so erfolgreich waren.*

1 Hafenszene.
Miniatur (32,5 x 24 cm) aus dem Hamburger Stadtrecht von 1497; sie entstand zwischen 1503 und 1511.
Der Originaluntertitel lautet: „Van schiprechte" (dt. „Vom Schiffsrecht").
Am Kai liegen Boote und kleine Schiffe. Sie bringen Fracht zu den weiter draußen vor Anker liegenden Seeschiffen.
Rechts stehen Reeder, Seeleute und Kaufleute. Die drei Personen in dem Haus hinter dem Tisch bilden vermutlich ein Gericht, vor dem ein Streit verhandelt wird.
Worüber unterhalten sich wohl die vier vornehm gekleideten Personen im Bildvordergrund rechts? Erfinde einen Dialog.

Koggen und Kontore

Einträglich, aber gefährlich
Pech und Pelze aus Russland, Getreide, Wachs und Honig aus Polen und dem Baltikum, Heringe aus der Ost- und Nordsee, Wolle, Tuche und Leinen aus Flandern, England oder Frankreich waren begehrte Güter. Fernhändler sorgten für ein großes Angebot auf den Märkten.
Um den Gefahren des Fernhandels gemeinsam zu begegnen, schlossen sich Kaufleute in der Fremde zu *Hansen* zusammen. Das Wort „Hanse" bedeutet Schar oder Gemeinschaft.
Aus einer Gemeinschaft, die zunächst im Ost- und dann auch im Nordseeraum tätig war, entstand Mitte des 13. Jh. die deutsche Hanse. Ihr Aufstieg hängt zusammen mit der Gründung Lübecks und der Ostsiedlung*.

„Über See und Sand"
In Lübeck hatten sich seefahrende Händler aus Schleswig mit Kaufleuten aus Westfalen zusammengeschlossen. Mit ihren Schiffen, den Koggen, fuhren sie zu den Ostseehäfen. Dort handelten sie mit Rohstoffen und Fertigprodukten. Die Herrscher im Ost- und Nordseeraum unterstützten die Kaufleute. Sie vereinbarten Zollbefreiungen und gewährten der Hanse Handelsvorteile. Um bereits beim Einkauf den Absatz in den eigenen Städten einschätzen zu können, schlossen die Kaufleute mit ihren Kunden im Binnenland Verträge. Dieser Handel „über See und Sand" war außerordentlich erfolgreich. Aus kleinen Kaufmannssiedlungen wurden angesehene Städte wie Lübeck, Wismar und Stralsund. Die Hanse unterhielt bald Niederlassungen in allen bedeutenden Handelsstädten. Eigene Kontore, Speicher und Kaianlagen mit Kränen hatte sie in Bergen, London, Brügge und Nowgorod.

Kaufleute machen Politik
Seit 1356 trafen sich die zusammengeschlossenen Städte auf Hansetagen. Meist führte Lübeck den Vorsitz, der Hansestädte – um 1450 waren es etwa 70.
Die Hanse vereinbarte gegenseitige Zoll- und Handelsfreiheiten, bekämpfte Seeräuber, wehrten Konkurrenten ab oder verhinderten den Handel mit Ländern, die ihnen keine Vorteile gewährten. Sie führte auch Kriege, um ihre wirtschaftlichen Interessen durchzusetzen. Manchmal griff sie auch in innerstädtische Unruhen ihrer Mitglieder ein.
Ende des 15. Jh. verlor die Hanse ihre beherrschende Stellung. Immer mehr Landesherren hoben ihre Sonderrechte zugunsten der eigenen Landsleute auf. Zugleich wuchs die Konkurrenz aus England, Holland und Süddeutschland. 1669 fand der letzte Hansetag statt.

**Zur Ostsiedlung lies Seite 24.*

M 1 Wirtschaftsraum der Hanse.
Dargestellt sind die Handelswege, nicht die Fahrtrouten der Schiffe.

M 2 Ein Fälschungsvorwurf

Der Rat der Stadt Eisenach schreibt um 1300 nach Lübeck:

Von mehreren Seiten wird nämlich Klage erhoben, von den Unsrigen wie auch von Fremden, dass die Heringe, die von Euch ausgeführt werden, oben und unten in den Fässern gut und frisch und in der Mitte wertlos und faul sind. Wir bitten Euch, künftig einer solchen Fälschung vorzubeugen, und wir werden dann für Euch immer alles tun, was in Eurem Interesse steht […].

Philippe Dollinger, Die Hanse, Stuttgart [5]1998, S. 557 f.

M 3 Beschwerden

Der norwegische König Hakon VI. stellt 1370 fest:

Ebenso haben sie [die Hansestädte] sodann unter sich beschlossen, dass die Güter und Waren unserer Untertanen oder Untergebenen nicht in die Schiffe verfrachtet werden, in denen sie selbst ihre Güter haben, zu dem Zwecke, dass die Unseren keinen Handelsgewinn haben sollen.
Ferner: Wo immer sie [die Kaufleute der Hanse] in unseren Häfen angelegt haben, verkaufen und kaufen sie, was sie wollen, entgegen dem Recht des Königreiches, und sie verkaufen auch in unseren Städten und Dörfern ihr Tuch nach Ellen und ihre anderen Waren pfennigweise, was ihnen früher nicht erlaubt war und auch keinem von ihnen von unseren Vorgängern oder uns […] bewilligt wurde. […]
Ferner haben die Kaufleute in Bergen unsere Münze abgelehnt […].. Sie erkennen nur auswärtiges Geld, wie das von Lübeck und Stralsund, für vollwertig an. Es ist offensichtlich, dass wir dadurch viel Unrecht und Schaden erlitten haben.

Philippe Dollinger, Die Hanse, a. a. O., S. 520 f.

→ ***Internettipps:*** *Informationen über die Hanse findest du unter www.hanse.org und http://hanse.wisis.de*

1. *Nenne die Waren, die die Hanse aus Nord- und Osteuropa im Deutschen Reich anbot (M 1)*
2. *Verfasse ein Antwortschreiben auf den Vorwurf (M 2). „Teile dem Rat der Stadt mit, was du zu tun beabsichtigst (M 2).*
3. *Erläutere die Folgen, die der Handel der Hanse für Norwegen hatte (M 3).*

1 Buchdruckerwerkstatt.
Nachträglich kolorierter Kupferstich von Matthäus Merian d. Ä., 1632.

Die Schwarze Kunst

Bücher sind gefragt
Bis ins 15. Jh. wurden in Europa Bücher handschriftlich auf Pergament, eine dünne Tierhaut, geschrieben. Mönche und Nonnen, die seit dem Mittelalter die meisten Schreibarbeiten leisteten, konnten den wachsenden Bedarf nicht mehr decken. Handschriftenhändler beteiligten sich daher seit dem 14. Jh. daran. Sie beschäftigten Lohnschreiber und -schreiberinnen und verkauften die Handschriften.
Zwei chinesische Erfindungen, die über den Orient nach Europa gekommen waren, beeinflussten die Entwicklung der Bücher: die Papierherstellung und die Technik, von einer Holzplatte mit einem spiegelverkehrten Relief Schriftzeichen herzustellen. Papier machte Bücher billiger. Denn im 15. Jh. kostete Pergament viermal so viel wie Papier.

Gutenberg hat eine Idee
Vielleicht mag der große Bedarf an Schriften den um 1400 geborenen Johannes Gutenberg angetrieben haben, nach neuen Wegen zu suchen, sie anders als bisher herzustellen. Um 1450 erfand er in Mainz das Drucken mit beweglichen Metallbuchstaben. Der erste wichtige Schritt war, eine Metallmischung für haltbare Lettern (Schriftzeichen) zu finden. Der zweite war ein Gießgerät, mit dem Gutenberg beliebig viele solcher Lettern mit demselben Schriftbild und gleichen Maßen herstellen konnte. Gutenberg verbesserte auch das Zusammensetzen der Lettern, das Einfärben der Druckvorlage mit der Druckerschwärze aus Leinöl und Ruß sowie das Pressen der Vorlagen. Eine Bibel war 1456 das erste mit dieser Technik gedruckte Buch. Es dauerte drei Jahre, bis sie fertig war. Die Kosten waren hoch: Gutenberg musste sich 800 Gulden leihen. Dafür hätte er in Mainz mehrere Häuser kaufen können! Gewinn brachten die ersten gedruckten Bibeln nicht, dafür aber der Druck von Schulbüchern und Kalendern. Gutenberg musste 1457 seine Druckerei aufgeben, um seine Schulden bezahlen zu können. 1468 starb er in Mainz.

Das Medienzeitalter beginnt
Eine breite Wirkung erzielte der Buchdruck erst, als mehr Menschen lesen lernten. Während um die Mitte des 16. Jh. in den großen Städten wie Nürnberg, Augsburg, Straßburg und Köln 25 bis 30 Prozent der Bevölkerung lesen konnten, waren es auf dem Lande viel weniger. Das gedruckte Wort verbesserte die Wissensvermittlung und schuf eine neue Öffentlichkeit. Das Medienzeitalter begann. Es veränderte das kulturelle und politische Leben.

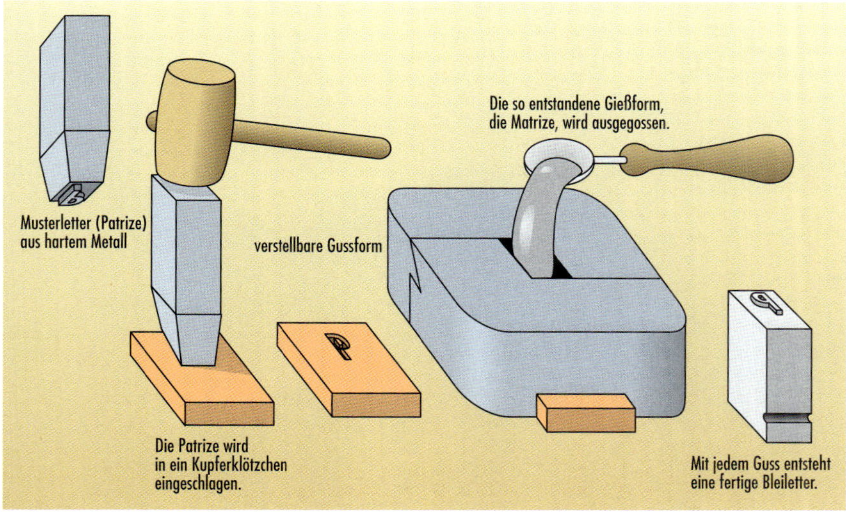

M 1 Die Herstellung von beweglichen Lettern.

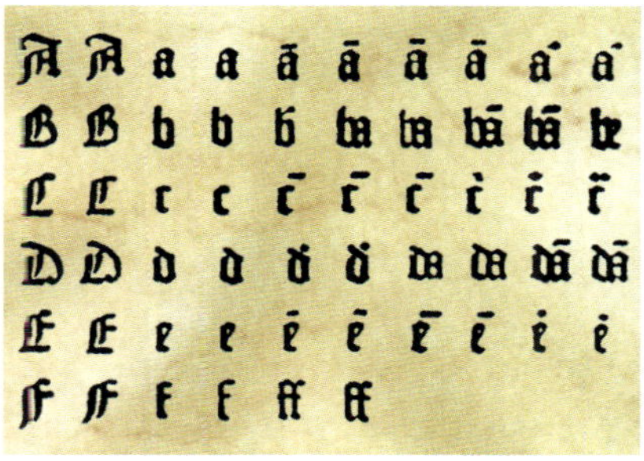

M 4 Buchstabenentwürfe.
Gutenberg entwarf für die großen und kleinen Buchstaben des Alphabets nicht nur je eine Type, sondern mehrere verschiedene sowie Buchstabenverbindungen.

M 2 „Wie bekommt man das so hin?"
In einem Jugendbuch lässt Wiebke von Thadden einen Gesellen beschreiben, wie Buchstaben hergestellt wurden:

„Wenn man solche Lettern herstellen will, die beim Drucken Buchstaben ergeben sollen", begann der Geselle, „dann schreibt man als Erstes den Buchstaben – oder besser das ganze Alphabet – in der Schriftart, in der man es haben möchte, sauber auf ein Blatt Pergament. Dann paust man jeden Buchstaben einzeln seitenverkehrt auf eine Platte aus hartem Metall und schneidet die Buchstaben als kleine Stempel aus ihr heraus. Diese Stempel nennt man Patrizen. Die seitenverkehrte Patrize eines Buchstabens schlägt man in eine Form aus weicherem Metall und erhält so eine Vertiefung, eine seitenrichtige Matrize. Und diese Matrize legt man als Verschluss unten in eine Handgießform und gießt sie mit einer Legierung aus Blei und anderen Metallen aus. Damit erhält man eine seitenverkehrte Letter [...] und die druckt dir dann einen seitenrichtigen Buchstaben aus. Du musst dir einmal vorstellen, dass man aus einer einzigen Patrize unzählig viele gleiche Matrizen und aus einer einzigen Matrize unzählig viele gleiche Lettern herstellen kann. Mit einer Letter lassen sich dann wieder unzählig viele Buchstaben drucken. Das ist das Geheimnis unserer Druckerkunst, die man auch die Schwarze Kunst nennt – und nicht nur wegen der Druckerschwärze, mit der wir die Lettern einfärben."

Wiebke von Thadden, Thomas und die schwarze Kunst. Ein Roman aus der Frühzeit des Buchdrucks, Hamburg [2]1997, S. 49 f.

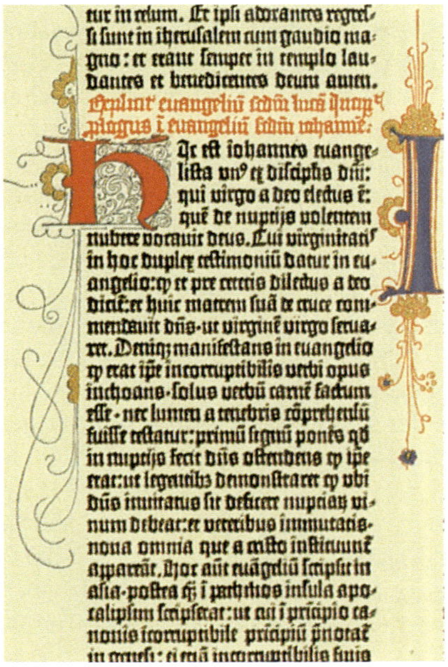

M 3 Ausschnitt aus einer Seite der Gutenberg-Bibel von 1456.
Die verzierten Anfangsbuchstaben wurden nach dem Druck mit der Hand eingefügt.

→ **Internettipps:** *Unter www.gutenberg.de und www.gutenbergdigital.de findest du weitere Informationen über Gutenberg und den Buchdruck.*

→ **Exkursionstipp:** *Besucht eine beliebige Zeitungsredaktion und Druckerei.*

→ **Lesetipps:** *Stephan Füssel, Johannes Gutenberg, Reinbek [3]2003; Wiebke von Thadden, Thomas und die schwarze Kunst. Ein Roman aus der Frühzeit des Buchdrucks, Hamburg [2]1997.*

1. *Beschreibe die in M 1 zu sehenden Arbeitsschritte. Finde heraus, welche wichtige Arbeit hier nicht dargestellt ist.*
2. *Inzwischen gibt es eine große Anzahl von Schriftarten. Druckt Beispiele mit dem PC aus (Groß- und Kleinbuchstaben). Macht Vergrößerungen von den Typen und beschreibt die Unterschiede. Bereitet ein Lernplakat zum Thema neue und alte „Schriften" vor.* Lern-tipp
3. *Entwirf selbst Buchstaben.*
4. *Erläutere den Ausdruck „Schwarze Kunst" für das Druckerhandwerk.*
5. *Erkläre die besondere Bedeutung der Buchdruckerkunst und überlege, wie sie Gesellschaft und Politik veränderte.*

2 Der Mittelmeerraum im 16. Jahrhundert.

Ist das Abendland in Gefahr?

Osmanen erobern Konstantinopel

Nach der allmählichen Auflösung des türkischen Seldschukenreiches entstand in der heutigen Türkei das *Osmanische Reich*. Es wird benannt nach *Osman I.*, der sich 1299 zum Sultan machte. Seinen Nachfolgern gelang es im 14. und 15. Jh. schrittweise, Teile Südosteuropas zu erobern.

Im Mai 1453 nahmen die Truppen des osmanischen Herrschers *Mehmed II.* Konstantinopel ein, die Hauptstadt des Byzantinischen Reiches. Der siegreiche Herrscher sah sich als Nachfolger des byzantinischen Kaisers und bestimmte die alte und bedeutende Kaiserstadt zum Zentrum des Osmanischen Reiches. Konstantinopel hieß nun Istanbul.

1 Sultan Mehmed II. Fatih, „Der Eroberer“.

Gemälde (70 x 52 cm) von Gentile Bellini, 1480.

Der Sultan hatte die Regierung von Venedig 1479 um die Übersendung einiger Künstler nach Konstantinopel gebeten. Sie schickte Gentile Bellini an den türkischen Hof. Das Gemälde entstand wenige Monate vor Mehmeds Tod.

Die Reaktion des christlichen Europa

Gegen die muslimische Gefahr forderte der Papst den Zusammenschluss des christlichen Europas – ohne Erfolg. Die italienischen Stadtrepubliken brauchten ein gutes Verhältnis zum Osmanischen Reich, um ihren Handel mit dem Orient zu sichern. Die französischen Könige unterstützten sogar die Osmanen auf dem Balkan. Sie wollten die Macht der *Habsburger* schwächen, die sowohl auf der Iberischen Halbinsel als auch im Südwesten des deutschen Reiches herrschten. Nur das katholische Spanien setzte nun alles daran, die Muslime von der Iberischen Halbinsel endgültig zu vertreiben. Darüber hinaus wiesen sie 1492 auch alle Juden aus dem Land, die sich nicht zum Christentum bekehren lassen wollten. Die Osmanen nutzten die Uneinigkeit der christlichen Staaten: 1526 eroberten sie große Teile Ungarns und 1529 belagerten sie erstmals Wien. Die „Türkenkriege“ flackerten bis zum Beginn des 18. Jahrhunderts immer wieder auf.

M 1 Das belagerte Konstantinopel im Jahre 1453.
Französische Buchmalerei von 1455. Die Hauptstadt des Byzantinischen Reiches lag schon vor der Eroberung in dem von Osmanen beherrschten Gebiet.

M 2 Europa in Gefahr?

Die Gefahr, die man mit der Eroberung Konstantinopels verband, stellt der im Dienste des habsburgischen Kaisers stehende Enea Silvio Piccolomini 1454 in einer Rede auf dem Frankfurter Reichstag eindringlich dar; er ruft zum „Kreuzzug" gegen die Osmanen auf.

Der Verlust Konstantinopels, erlauchteste Väter, ruhmvollste Fürsten und ihr übrigen Männer, die ihr nach Herkunft und Gelehrsamkeit ausgezeichnet seid, der einen großen Sieg der Türken, den endgültigen Untergang der Griechen, die größte Schande für die Lateiner bedeutet, ängstigt und schmerzt einen jeden von euch umso mehr, wie ich meine, je vornehmer und je edler er ist [...]. Wenn wir die Wahrheit gestehen wollen, hat die Christenheit seit vielen Jahrhunderten keine größere Schmach erlebt als jetzt.
Denn in früheren Zeiten sind wir nur in Asien und Afrika, also in fremden Ländern, geschlagen worden, jetzt aber wurden wir in Europa, also in unserem Vaterland, in unserem eigenen Haus, an unserem eigenen Wohnsitz, aufs Schwerste getroffen.

Rolf Hellmut Foerster (Hrsg.), Die Idee Europa 1300-1946. Quellen zur Geschichte der politischen Einigung, München 1963, S. 40

M 3 Das Ende naht

In einem Brief aus derselben Zeit wie der Aufruf M 2 schreibt Enea:

Abgeschnitten ist der Fluss allen Wissens [...]. Jetzt ist die Dichtung, jetzt die Philosophie gewissermaßen zu Grabe getragen worden. Ich will nicht leugnen, dass es im lateinischen Westen vielerorts blühende Universitäten gibt: in Rom, Paris, Bologna, Padua, Siena, Perugia, Köln, Wien, Salamanca, Oxford, Pavia, Leipzig oder Erfurt. Sie alle sind jedoch aus griechischen Quellen abgeleitete Bächlein. Trenne den Bach von seiner Quelle – er trocknet sofort aus.

Manfred Fuhrmann, Europa. Zur Geschichte einer kulturellen und politischen Idee, Konstanz 1981, S. 17

1. *Stelle die Argumente zusammen, mit denen Enea die Mitglieder des Reichstags für einen „Kreuzzug" gewinnen will (M 2 und M 3). Bewerte den Begriff „Kreuzzug" auf der Basis deines Fachwissens.*
2. *Erkläre, warum das Osmanische Reich im 16. Jh. die europäische Politik beeinflussen konnte.*
3. *Stelle Vermutungen darüber an, was gewesen wäre, wenn die Osmanen im Laufe des 17. Jh. weitere Teile Westeuropas erobert hätten.*

Die Europäer entdecken die Welt

1 Die Schiffe Niña, Pinta und Santa Maria. *Originalgetreue Nachbauten. Foto von 1990. Am 3. August 1492 stach Christoph Kolumbus mit 87 Männern auf drei Schiffen von der spanischen Hafenstadt Palos aus in See. Die erste Etappe führte zu den Kanarischen Inseln. Von dort segelte man Anfang September weiter und erreichte Mitte Oktober eine Insel der Bahamas. Der gläubige Entdecker nannte sie „San Salvador" (Heiliger Erlöser).*

Der reiche Osten

Von Asien versprachen sich die Europäer im 14./15. Jh. großen Reichtum. Mit wagemutigen Seefahrern suchten Kaufleute einen direkten Seeweg in den Fernen Osten. Sie verstärkten ihre Anstrengungen, nachdem die Osmanen 1453 Konstantinopel erobert hatten und damit die Handelsstraßen nach Asien noch stärker kontrollierten. Zu den wirtschaftlichen Motiven kamen religiöse: Der Einfluss der Muslime sollte zurückgedrängt werden.

Die beiden christlichen Seefahrernationen Portugal und Spanien übernahmen die Führung. Ihre Atlantikhäfen wurden mithilfe der großen Handels- und Bankhäuser zum Ausgangspunkt von Entdeckungsreisen und Eroberungen.

Im Westen den Osten suchen

Am Ende des 15. Jh. wetteiferten Portugal und Spanien darum, wer zuerst den Seeweg nach Indien fand. Der Portugiese *Bartolomeu Dias* segelte 1488 entlang der Küsten bis zur Südspitze Afrikas. Damit war der Weg in den Indischen Ozean offen.

Um bei dem „Wettlauf" vorn zu liegen, unterstützten die Könige Spaniens den seit 1477 in Lissabon lebenden *Christoph Kolumbus* aus Genua. Er hielt es für möglich, nach dem östlich von Europa gelegenen Asien zu gelangen, indem er auf dem Nordatlantik nach Westen fuhr. Kolumbus setzte voraus, dass die Erde eine Kugel sei. Ihren Umfang und damit die genaue Entfernung von Europa nach Asien kannte bis dahin niemand. Kolumbus' Berechnungen galten als unsicher. Portugiesische Experten lehnten seine Pläne als „Geschwätz" ab. Auch in Spanien stießen seine Ideen zunächst auf Widerstand.

Ein genialer Irrtum

Kolumbus und seine Mannschaft hatten Glück, als sie 1492 auf dem Weg nach Indien einen neuen Kontinent entdeckten – Amerika. Sie wären verhungert oder verdurstet, wenn sie den Weg bis an ihr eigentliches Ziel ohne Aufenthalt hätten zurücklegen müssen.

Im Frühjahr 1493 kehrte Kolumbus nach Spanien zurück. Das Königspaar bereitete ihm in Barcelona einen prunkvollen Empfang und machte ihn – wie vor der Reise vereinbart – zum Generalgouverneur und Vizekönig der entdeckten Gebiete.

Kolumbus unternahm noch drei Fahrten über den Atlantik. Dabei fand er weitere Inseln. Das Festland von Mittel- und Südamerika betrat er nicht. Nach wie vor glaubte er, den westlichen Seeweg nach Indien gefunden zu haben. Die Bewohner des Landes nannte er deshalb Indios.

→Filmtipp:
„1492 – Die Eroberung des Paradieses." Historienfilm; Regie: Ridley Scott, 1992.

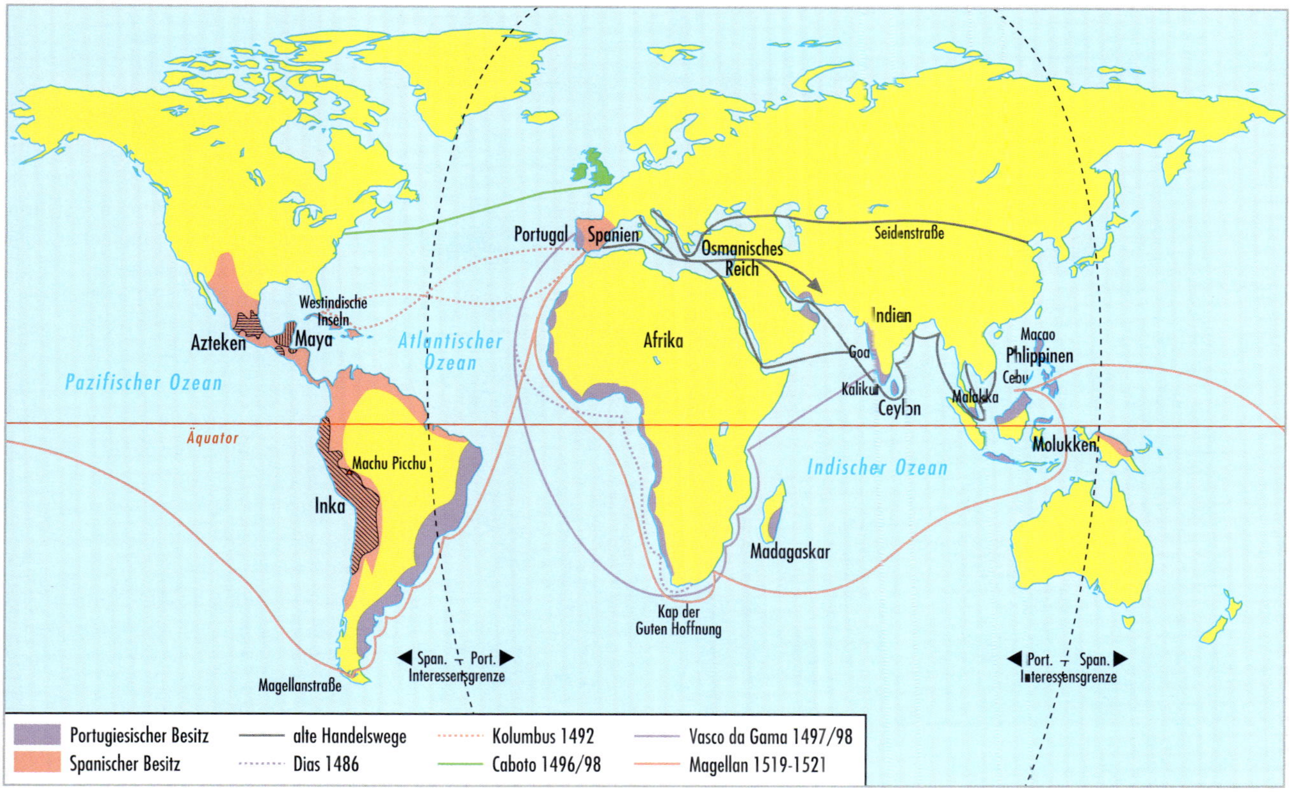

2 **Entdeckungsfahrten bis 1522.**

Die „Neue Welt"

Der von Kolumbus entdeckte Kontinent wurde nicht nach ihm, sondern nach dem Italiener Amerigo Vespucci benannt. Dieser hatte im Auftrag des Florentiner Bankhauses der Medici und des portugiesischen Königs zwei Forschungsreisen nach Mittel- und Südamerika unternommen. Er erkannte, dass Kolumbus nicht in Indien gelandet war, sondern einen neuen Erdteil entdeckt hatte. Seine 1502 gedruckte Beschreibung der „Neuen Welt" fand eine größere Verbreitung als Kolumbus' Berichte.

So ist zu erklären, dass der elsässische Humanist *Matthias Ringmann* 1507 dem aus Freiburg im Breisgau stammenden Kartografen *Martin Waldseemüller* vorschlug, auf einer Karte die „Neue Welt" nach Amerigo Vespucci „Amerika" zu nennen.

Auch Kolumbus hat den neuen Kontinent nicht entdeckt. Schon um 1000 waren Wikinger an der Ostküste Nordamerikas gelandet. Doch ihre Fahrten hinterließen keine weitreichenden Spuren.

Immer weiter

1498 umsegelte der Portugiese *Vasco da Gama* Afrika und erreichte mit einem arabischen Lotsen auf dem kürzesten Seeweg Indien. Sein Landsmann Ferdinand Magellan versuchte 1519 im Auftrag der spanischen Krone erneut, auf dem westlichen Seeweg nach Indien zu kommen. Er starb 1521 im Kampf gegen die Bewohner der Philippinen-Insel Mactan. Von 265 Männern, mit denen er die Reise begonnen hatte, kehrten nach drei Jahren nur etwa 30 zurück. Sie hatten erstmals die Welt umsegelt.

Nicht nur Portugal und Spanien beteiligten sich an den Entdeckungsreisen. Der unter britischer Flagge segelnde Italiener *Giovanni Caboto* entdeckte 1497 die Küste Nordamerikas. Doch die Engländer zeigten an den Gebieten kein Interesse, da sie dort weder Gold noch Silber fanden.

„Für Gott die Seelen, das Land dem König"

Spanien und Portugal stritten sich um die entdeckten Gebiete. Ein Schiedsspruch des Papstes setzte 1494 im Vertrag von Tordesillas der Grundsatz „Für Gott die Seelen, das Land dem König" durch. Er teilte den westlichen Ozean und die entdeckten Länder in einen spanischen und einen portugiesischen Bereich. Die übrigen europäischen Seefahrerstaaten erkannten den Vertrag nicht an. Sie wollten sich nicht vom Atlantikhandel und von den Reichtümern der entdeckten Gebiete ausschließen lassen. Dies führte im 16./17. Jh. zu zahlreichen Seekriegen.

1. *Lege eine Tabelle der wichtigsten Entdeckungsfahrten an (Abb. 2).*
2. *Begründe, warum um 1500 ein „Wettlauf nach Indien" stattfand.*
3. *Erkläre das Motto „Für Gott die Seelen, das Land dem König".*

M1 „Kolumbus, als er in India erstlich angekommen, wird von den Einwohnern aufgenommen und mit großem Geschenk verehrt und begabet."

Nachträglich kolorierter Kupferstich (16,4 x 19,3 cm) aus dem 4. Band der „Sammlung von Reisen in das westliche Indien (America)" von 1594. Herausgeber dieses umfangreichen Werkes, dessen erster Band in vier Sprachen (französisch, deutsch, englisch und lateinisch) und dessen weitere 13 Bände in deutscher und lateinischer Sprache erschienen, war der Frankfurter Verleger, Kunsthändler und Kupferstecher Theodor de Bry (1528-1598).

Lerntipp *Da es keine zeitgenössischen Bildvorlagen des Ereignisses gibt, ist diese Illustration nur das Fantasiebild eines Europäers, der sich von den veröffentlichten Briefen und Berichten der Entdecker anregen ließ. Woran lässt sich das erkennen?*

M2 Die Ankunft

Das Bordbuch des Kolumbus enthält die täglichen Eindrücke des Entdeckers. Die Eintragungen sind nur durch Überlieferung eines Zeitgenossen bekannt. Das Original ist verlorengegangen.

Freitag, den 12. Oktober 1492
Der Admiral rief die beiden Kapitäne und die anderen, die an Land gegangen waren, zu sich [...] und sagte, sie sollten bestätigen und rechtlich bezeugen, dass er vor aller Augen von der Insel Besitz ergriff, wie er es dann auch im Namen des Königs und der Königin, seiner Herren, tat [...]. Das Folgende sind wörtliche Äußerungen des Admirals in seinem Buch über die erste Fahrt und die Entdeckung [...].
„Da ich ihre Freundschaft gewinnen wollte und bemerkte, dass es Leute waren, die sich eher durch Liebe für unseren heiligen Glauben gewinnen und zu ihm bekehren ließen, gab ich einigen von ihnen ein paar bunte Mützen und einige Ketten aus Glasperlen und andere Dinge von geringem Wert, an denen sie großes Vergnügen fanden. Sie waren uns derart zugetan, dass es ein wahres Wunder war. Hernach kamen sie zu den Booten geschwommen, in denen wir uns befanden, und brachten uns Papageien und Knäuel von Baumwollfäden, Wurfspieße und viele andere Dinge und tauschten sie gegen Dinge ein, die wir ihnen gaben, wie kleine Glasperlen und Glöckchen. Kurz gesagt, sie nahmen einfach alles und gaben bereitwillig von allem, was sie besaßen. Aber mir schien es, als seien sie in jeder Hinsicht außerordentlich arme Leute. Sie gehen allesamt nackt herum, wie sie ihre Mutter zur Welt gebracht hat, auch die Frauen [...]. Sie tragen keine Waffen [...]. Sie sind sicher hervorragende Arbeitskräfte; sie haben einen aufgeweckten Verstand, denn ich sehe, dass sie sehr schnell alles nachsagen können, was man ihnen vorspricht. Außerdem glaube ich, dass man sie leicht zum Christentum bekehren könne, denn es scheint mir, dass sie noch keine Religion haben."

Eberhard Schmitt (Hrsg.), Dokumente zur Geschichte der europäischen Expansion, Bd. 2, München 1984, S. 112 ff. (vereinfacht)

M3 Über das Gold der Indios

Einen Monat nach seiner Ankunft notiert Kolumbus in seinem Schiffstagebuch:

Montag, den 12. November
Die Indios sind fest davon überzeugt, dass [...] wir vom Himmel gekommen sind [...]. Zweifellos gibt es in diesen Gebieten riesige Mengen Gold, und nicht ohne Grund sagen die Indios, die ich mitführe, dass es auf diesen Inseln Orte gibt, wo man das Gold aus der Erde gräbt und die Leute es als dicke Ringe am Hals, an den Ohren, den Armen und Beinen tragen. Außerdem gibt es Edelsteine und Perlen und unendlich viele Gewürze.

Eberhard Schmitt (Hrsg.), Dokumente zur Geschichte der europäischen Expansion, Bd. 2, a.a.O., S. 119 f.

1. *Überprüfe, wo Bild (M1) und Quelle (M2) übereinstimmen und wo nicht.*
2. *Untersuche, was Kolumbus an den Menschen interessierte (M2 und M3).*

Europäer zerstören die indianischen Kulturen

Die indianischen Hochkulturen

Die Entdecker lernten die Heimat der einst mächtigen Hochkulturen der Inka, Maya und Azteken* kennen. An der Spitze der einheimischen (indigenen) Völker standen Herrscher, die wie Götter verehrt wurden. Die Städte hatten gepflasterte Straßen, prächtige Tempel und große Paläste. Ihre Kunstwerke aus Keramik, Textilien, Gold und Silber sind Teile einer großartigen Kultur. Die Völker* Alt-Amerikas kannten aber weder Pferde noch Wagen. Auch Eisen war ihnen fremd.

Entdeckt, erobert und zerstört

Der Entdeckung folgte die Eroberung. Die spanischen und portugiesischen Anführer der Expeditionen, die *Konquistadoren*, schätzten die Kultur der Inka, Maya und Azteken nicht. Sie suchten Gold, Silber und Perlen. Nichts hielt die Eindringlinge auf, weder die Unkenntnis der riesigen Länder noch Urwald und Hochgebirge, Kälte, Hitze oder Hunger.
In knapp 15 Jahren eroberten die Europäer die mittel- und südamerikanischen Reiche. Sie siegten, weil sie mit ihren Pferden, Bluthunden, modernen Waffen und Rüstungen den Einheimischen überlegen waren und weil sie sich mit List und Gewalt in innere Machtkämpfe einmischten. Außerdem wirkten sich die von den Europäern eingeschleppten ansteckenden Krankheiten wie Pocken, Masern und Grippe verheerend aus.

„Sind Indios keine Menschen?“

Die Kolonisten sahen sich als Herren der einheimischen Völker. Sie zwangen sie, in den Gold- und Silberbergwerken oder auf Plantagen zu arbeiten. Kinderarbeit war üblich. Viele vertrugen die ungewohnte Arbeit nicht und starben.
Einer der wenigen Europäer, der sich für die Einheimischen einsetzte, war der spanische Pater *Bartolomé de Las Casas*. Er prangerte die Unterdrückung, Ausbeutung und Ausrottung der Indios an und empfahl dem spanischen König, Afrikaner in die „Neue Welt“ zu holen, da sie kräftiger seien als die Indios. Später bereute er seine Empfehlung.

**Wo die Reiche der Inka, Maya und Azteken lagen, kannst du auf der Karte auf Seite 61 sehen.*

Zwischen Europa und Amerika

Die Spanier errichteten zunächst Handelsstationen an der Küste. Später bauten sie Befestigungen und Städte, um von dort aus das eroberte Land zu verwalten, die Natur- und Bodenschätze auszubeuten und Plantagen anzulegen. Mit den ersten Kolonien in der „Neue Welt“ begann die Europäisierung der Welt.
Die Europäer brachten ihre Kultur, Lebens- und Arbeitsweise, ihre Sprache und Religion nach Amerika. Sie führten Zuckerrohr, Weizen, Gerste, Hafer, Hopfen, Baumwolle und Kaffee sowie Rinder, Schafe, Schweine und Pferde ein. Während sie den Indios ihre Kultur aufzwangen, lernten sie von ihnen Kartoffeln, Mais, Erdnüsse, Kakao, Tomaten, Paprika, Vanille und Tabak kennen. Diese Nahrungs- und Genussmittel wurden bald auch in Europa angebaut.

1 Goldschmuck aus Südamerika, vor 1500.
Da die Eroberer fast alle Goldfunde einschmelzen ließen, ist von den Schmuckarbeiten der früheren amerikanischen Kulturen wenig erhalten.

Sucht Informationen über die Inka, Maya und Azteken. Stellt die Merkmale ihrer Kultur in Kurzreferaten vor.

Lerntipp

Perspektiven wechseln: Spanier oder Indios

Wie könnt ihr mit Quellen und Darstellungen umgehen, die voneinander abweichen oder sich sogar widersprechen? Zunächst müsst ihr überhaupt erkennen, dass ein Geschehen oder eine Entwicklung aus einer bestimmten Perspektive (Sicht) beschrieben wird, dass der Verfasser des Textes einen eigenen Standpunkt einnimmt. Achtet dazu auf die Sprache, besonders auf wertende Substantive, Verben und Adjektive.
Prüft beim Vergleich von Texten, was der eine erwähnt, der andere aber vielleicht weglässt.
Um die Quelle auf ihre Glaubwürdigkeit hin zu überprüfen, ist es auch wichtig zu wissen, wer der Autor des Textes ist, wann, wo und in wessen Auftrag er den Text verfasst hat.
Was ihr außerdem berücksichtigen solltet, erfahrt ihr im Lerntipp „Meinungen vergleichen" (siehe im Buch vorne).

M 1 Die Spanier kommen!

Wie die Inkas auf die spanischen Seefahrer reagierten, schildert folgender Bericht, den ein Geistlicher Anfang des 17. Jh. überliefert hat:

Huayna Capac* erholte sich gerade in seinen Palästen [...], da erfuhr er von der Ankunft der Spanier an den Küsten und in der Stadt von Tumbes [...]. Die Boten brachten diese Nachricht vor den Inka [...]; sie erzählten, am Strande von Tumbes seien sonderbare Fremdlinge, wie man sie nie vorher gesehen habe, gelandet; sie hätten neue Lehren und Gesetze gepredigt; sie seien so tapfere Männer, dass sie keine Gefahr fürchteten; sie gingen in Kleider gehüllt von Kopf bis Fuß, seien weiß, hätten Bärte und ein wildes Aussehen. Sie sprachen noch von vielen anderen Dingen, die den Inka erstaunten, und als er sie fragte, von welchem Teile der Welt die Männer gekommen seien, antworteten sie, sie wüssten nicht mehr, als dass jene in großen hölzernen Häusern übers Meer führen, diese lenken und wenden und damit hin und her fahren könnten und kommen und verschwinden, wohin sie wollten; bei Nacht begäben sie sich aufs Meer und schliefen in ihren Häusern, und bei Tag gingen sie wieder an Land [...].
Der Inka war sprachlos über das Gehörte, und ihn überkam eine solche Bestürzung und Wehmut, dass er sich allein in sein Gemach zurückzog und nicht mehr herauskam bis zum Anbruch der Nacht. Da kamen weitere Boten von der Küste und ließen ihn wissen, jene Leute seien in ihre Häuser und königlichen Paläste eingedrungen, hätten sie geplündert und alle Schätze mitgenommen.

Eberhard Schmitt (Hrsg.), Dokumente zur Geschichte der europäischen Expansion, 2. Bd., a.a.O., S. 387 f. (vereinfacht)

***Huayna Capac**: Name des Inka-Herrschers*

M 2 Maya-Zeichnung, Anfang des 16. Jh.

Beschreibe, wie die Personen dargestellt sind. Wodurch wird sichtbar, dass ein Maya die Zeichnung angefertigt hat?

M 3 Gier nach Gold

Ein Dokument altmexikanischer Kultur ist uns durch den Franziskaner Fray Bernardino de Sahagún überliefert worden, der aztekische Erzählungen, Traditionen und Berichte gesammelt und um 1558 aufgeschrieben hat. Er überliefert folgenden aztekischen Augenzeugenbericht aus dem Jahre 1518:

Sie [die Azteken] schenkten den Göttern [den Spaniern] goldene Banner und Fahnen aus Quetzalfedern* und goldene Halsketten. Als sie das Gold in ihren Händen hatten, brach Lachen aus den Gesichtern der Spanier hervor, ihre Augen funkelten vor Vergnügen, sie waren entzückt. Wie Affen griffen sie nach dem Gold und befingerten es, sie waren hingerissen vor Freude, auch ihre Herzen waren angesteckt von den Strahlen des Goldes.
Nur nach Gold hungerten und dürsteten sie, es ist wahr! Sie schwollen an vor Gier und Verlangen nach Gold. Gefräßig wurden sie in ihrem Hunger nach Gold, sie wühlten wie hungrige Schweine nach Gold. Sie rissen die goldenen Banner an sich, prüften sie Zoll für Zoll, schwenkten sie hin und her, und auf das unverständliche fremde Rauschen im Wind antworteten sie mit ihren wilden, barbarischen Reden.

Miguel León-Portilla und Renate Heuer (Hrsg.), Rückkehr der Götter. Die Aufzeichnungen der Azteken über den Untergang ihres Reiches, Frankfurt am Main 1986, S. 43

***Quetzalfedern**: die Schwanzfedern des Vogels Quetzal; sie waren bei den Azteken als Schmuck sehr geschätzt und in erster Linie den Fürsten vorbehalten.*

M 6 „Wie die Indianer das Gold aus den Bergen graben."

Kupferstich aus dem 9. Band der „Sammlung von Reisen in das westliche Indien (America)" von 1601 (siehe dazu auch die Informationen in M 1, Seite 62). Die Darstellung des Bergwerkes ist frei erfunden.
Die Gold- und Silberminen von Potosi (im heutigen Bolivien) wurden 1545 entdeckt. Der im selben Jahr gegründete Ort entwickelte sich zu einer der größten Städte der damaligen Welt. 1585 lebten dort auf rund 4 000 m Höhe etwa 120 000 Menschen.

M 4 Die Spanier auf Kuba

1511 kommen die Spanier auf die Insel Kuba. Bartolomé de Las Casas berichtet:

Ein königlicher Beamter, der [...] dreihundert Indios zugeteilt bekam, hatte nach drei Monaten durch die Arbeiten in den Gruben zweihundertsiebzig davon zu Tode gebracht, sodass ihm von allen nur dreißig blieben; das ist nur der zehnte Teil. Danach gab man ihm wiederum dieselbe Zahl und noch mehr; doch er brachte sie wiederum um, und je mehr man ihm gab, desto mehr mordete er, bis er selbst starb und der Teufel seine Seele nahm.
In drei oder vier Monaten starben in meinem Beisein mehr als siebentausend Kinder, weil ihre Väter und Mütter sie in die Gruben schickten. Und ich sah noch weitere gräuliche Dinge. Daraufhin beschlossen die Spanier, auf die Jagd nach den Indios zu gehen, die sich in den Bergen aufhielten. Dort richteten sie absonderliche Verheerungen an, und so verwüsteten und entvölkerten sie die ganze Insel.

Christoph Strosetzki (Hrsg.), Der Griff nach der Neuen Welt. Der Untergang der indianischen Kulturen im Spiegel zeitgenössischer Texte, Frankfurt a. M. 1990, S. 274

M 5 „Denn das ist die natürliche Ordnung"

Der spanische Theologe und königliche Geschichtsschreiber Juan Ginés de Sepúlveda begründet um 1545 das Vorgehen der Spanier gegen die Indios:

Da die Indianer ihrer Natur nach Sklaven, Barbaren, rohe und grausame Gestalten sind, lehnen sie die Herrschaft der Klugen, Mächtigen und Vortrefflichen ab, anstatt sie zu ihrem eigenen Besten zuzulassen, wie es einer natürlichen Gerechtigkeit entspricht.
Denn der Körper muss der Seele, die Begierde der Vernunft, die rohen Tiere dem Menschen, das heißt also das Unvollkommene dem Vollkommenen, das Schlechte dem Besseren unterworfen sein. Denn das ist die natürliche Ordnung.

Richard Konetzke, Lateinamerika seit 1492, Stuttgart 1970, S. 8

M 7 Amerika und Europa.

Karikatur aus Südamerika von 1992.
Der Text auf dem Schild heißt übersetzt: „1492: Die amerikanischen Ureinwohner entdecken die Neue Welt ..." Der Zeichner legt dem Indianer folgende Worte in den Mund: „Hey! Das wird ein großartiger Ort sein, sobald wir diese Leute beseitigt, sie um ihr Land beraubt und ihre Kultur zerstört haben werden!"

1. *Wie nehmen sich Indios und Spanier wahr? Nenne Textstellen, wo verschiedene Sichtweisen erkennbar sind (M 1 bis M 6 sowie M 1 bis M 3 von Seite 62). Erkläre!*
2. *Worin besteht der Perspektivenwechsel in der Karikatur (M 7)? Führt ein Streitgespräch über das Bild. Berücksichtigt dabei Materialien und Darstellung.*
3. *„Entdeckungsfahrten – Fluch oder Segen?" Diskutiert aus der heutigen Sicht der Europäer und der Südamerikaner über das Thema.*
4. *Gestaltet ein Rollenspiel über die Begegnung von Spaniern und Indios. Berücksichtigt die Sprachprobleme.* Lerntipp

Die Reformation beginnt

1 Höllenqualen und Erlösung.
Teil eines Altarbildes (113,2 x 64,7 cm), um 1480.
Erkläre einige Bildszenen.

Kritik an der Kirche

Der tschechische Kirchenkritiker Johannes Hus wurde während des Konzils von Konstanz 1415 verurteilt und verbrannt. Er hatte gelehrt, nicht Priester und Mönche öffneten den Christen den Weg zu Gott, sondern allein die „Heilige Schrift". Außerdem hatte er den Reichtum der Klöster und hohen Geistlichen beanstandet.
Von den Zeitgenossen wurde die geringe Bildung der meisten Priester beanstandet. Einige konnten nicht einmal die lateinische Bibel lesen. Immer wieder wurde der Ruf nach einer umfassenden Reform der Kirche laut.

Auf der Suche nach Gott

Die Gläubigen suchten Antwort auf die Frage: Wie rechtfertige ich mein sündhaftes Leben vor Gott, um das ewige Leben zu erlangen? Die Menschen stellten sich Gott als einen strengen Richter vor. Das Bild vom Jüngsten Gericht, von den Qualen des Sünders im Fegefeuer und seiner ewigen Pein in der Hölle war jedem Christen vertraut.
Die Gläubigen meinten, sie müssten mehr tun, als regelmäßig zu beten und die Heilige Messe zu besuchen, um Gott gnädig zu stimmen. Deshalb unternahmen sie Wallfahrten, um die verehrten Heiligen als Fürsprecher zu gewinnen. Wer es sich leisten konnte, stiftete einen Altar. Andere stellten einen Geistlichen an, der für das Seelenheil der eigenen Familie die Messe las.

Der Ablass lockt

Seit dem 11. Jh. gab die Kirche den Gläubigen die Möglichkeit, einen Ablass (Nachlass) der zeitlichen Sündenstrafen im Fegefeuer zu bekommen. Dafür hatten die Christen Leistungen wie Stiftungen, Wallfahrten, Kreuzzüge oder Spenden zum Bau einer Kirche aufzubringen. Zuvor mussten die Sünder bereuen und beichten. Ein Priester musste sie freisprechen.
Ab dem 15. Jh. wurde der Ablass gegen Geld immer häufiger. Der Ablasshandel lag im Interesse des Papstes, der Bischöfe und der weltlichen Landesherren, denn sie konnten damit ihre Einkünfte steigern. Die Fürsten erhielten bis zur Hälfte der Einnahmen, wenn sie Ablassverkäufe genehmigten. Als der Papst 1476 den Verkauf von Ablässen für die Seelen bereits Verstorbener zuließ, bemängelten dies sogar kirchentreue Gläubige.

„Sobald das Geld im Kasten klingt …“

Der Ablasshandel stieß in den deutschen Ländern nach 1514 auf wachsende Ablehnung. Das lag vor allem an *Albrecht von Brandenburg*. Mit 23 Jahren war er Erzbischof von Magdeburg und Bischof von Halberstadt, ein Jahr später auch Erzbischof von Mainz. Seine Ämterhäufung widersprach dem Kirchenrecht. Doch Albrecht hatte die Zustimmung des Papstes teuer erkauft. Das Geld hatte ihm das Augsburger Bankhaus Fugger geliehen. Damit er es zurückzahlen konnte, erlaubte der Papst Albrecht den Ablasshandel. Eine Hälfte der Einnahmen bekam der Erzbischof, die andere der Papst für die neue Peterskirche in Rom.

In dem Leipziger Mönch *Johannes Tetzel* fand Albrecht einen Ablassprediger, dem die Menschen „wie Verrückte“ (*Luther*) zuliefen. Ihm wurde vorgeworfen, beim Ablass mehr aufs Geld als auf Beichte und Reue zu setzen und die Gläubigen mit dem Versprechen „sobald das Geld im Kasten klingt, die Seele aus dem Feuer springt“ zu verführen.

Martin Luther protestiert

Für diese Ablasspraxis hatte der 1483 in Eisleben in Thüringen geborene Mönch *Martin Luther* kein Verständnis. Seit 1512 war er Professor für Bibelauslegung und Prediger in Wittenberg. Am 31. Oktober 1517, am Abend vor Allerheiligen, schrieb er seinen Vorgesetzten einen Brief, in dem er den Ablass kritisierte. Wie unter Gelehrten üblich, legte er ein in lateinischer Sprache geschriebenes Papier mit *95 Thesen** bei und forderte seine Kollegen zu einer Diskussion auf. Obwohl nur für Kirchenobere und Professoren bestimmt, wurden seine Thesen in deutscher Übersetzung gedruckt und auf Flugblättern im ganzen Reich verteilt. Die Reformation begann. Zur Erinnerung an die Veröffentlichung der Thesen feiern die evangelischen Christen alljährlich am 31. Oktober das Reformationsfest.

Wie sich vor Gott rechtfertigen?

Luther hatte ein neues Glaubensverständnis entwickelt. Die Fragen, wie der Mensch seine Sünden überwinden und sich vor Gott rechtfertigen könne, beantwortete er so:

- Gott verlangt vom Menschen, seine Gebote zu befolgen, also nicht zu sündigen. Seine Gnade verspricht er aber auch dem sündigen Menschen.
- Zum Beweis seiner Gnade hat Gott seinen Sohn Jesus Christus geopfert.
- Um die Gnade zu erlangen, muss der Mensch bereit sein, an Gottes Versprechen zu glauben.
- Vor allem im Evangelium, der frohen Botschaft von Jesus, findet sich Gottes Wille.

Die Kirche wehrt sich

Erzbischof Albrecht verurteilte Luthers Lehren und meldete sie dem Papst. Im Frühjahr 1518 klagte ihn auch Tetzels Orden wegen Ketzerei an. Als Luther zum Verhör nach Rom gerufen wurde, wandte er sich an seinen Landesherrn, *Kurfürst Friedrich III. (den Weisen) von Sachsen*. Dieser erreichte beim Papst, dass die Anhörung 1518 auf dem Augsburger Reichstag stattfand. Als Luther seine Lehre widerrufen sollte, lehnte er ab.

***Thesen**: Behauptungen, die noch bewiesen werden müssen.*

2 Martin Luther als Mönch.
Gemälde (43,4 x 29,5 cm) von Lucas Cranach dem Älteren, um 1522.

***→Internettipps:** Über Luthers Leben und Lehre siehe www.luther.de und www.martinluther.de*

***→Filmtipp:** „Luther und die Nation.“ ZDF-Reihe „Die Deutschen“ von 2008, Folge 4 (http://diedeutschen.zdf.de/)*

M 3 „Eyn Frag an eynen Müntzer …“

Holzschnitt (18,9 x 27,3 cm) von Jörg Breu dem Älteren, um 1530. Der Holzschnitt ist Teil eines Flugblattes. Über und unter dem Holzschnitt befinden sich auf dem Flugblatt Textzeilen, die obere beginnt so: „Eyn Frag an eynen Müntzer/ wahin doch sovil Geltz kumme das man alltag müntzet …“ Ein Kardinal betrachtet von seinem Pferd aus das Treiben. Am Kreuz hängt ein übergroßer Ablassbrief. In der Mitte des Bildes prägt ein Münzer Siegel für die Ablasszettel, links sitzt ein Geldverleiher.

M 1 Gnädiger Gott gesucht

Martin Luther sucht eine neue Antwort auf die Frage: Wie finde ich einen gnädigen Gott? Er findet 1520 folgende Lösung:

Also hilft es der Seele nichts, ob der Leib heilige Kleider anlegt, wie die Priester und Geistlichen tun, auch nicht, ob er in den Kirchen und heiligen Stätten sei. Auch nicht, ob er mit heiligen Dingen umgeben ist. Auch nicht, ob er bete, faste, wallfahre und viele gute Werke tue […]. Es muss noch etwas anderes sein, das die Seele fromm und frei macht. Denn alle guten Werke und Verhaltensweisen kann auch ein an sich böser Mensch ausüben […].
Sicher ist nur, dass die Seele auf das Wort Gottes nicht verzichten kann […]. Gott spricht: „[…] glaube an Christus, und ich gebe dir alle Gnade, Gerechtigkeit, Friede und Freiheit; glaubst du, so hast du; glaubst du nicht, so hast du nicht. Denn was dir unmöglich ist mit allen Werken, das wird dir leicht und kurz durch den Glauben […].“
Hieraus ist leicht zu erkennen, warum der Glaube so viel vermag und dass keine guten Werke ihm gleich sein mögen. Denn kein gutes Werk hängt an dem göttlichen Wort wie der Glaube […]. Gute, fromme Werke machen nimmermehr einen guten, frommen Mann, sondern ein guter Mann macht gute fromme Werke.

Martin Luther, Werke, Bd. 7, Weimar 1897, S. 21 f., 24 und 32 (stark vereinfacht)

M 2 Allgemeines Priestertum

In seiner Schrift „An den christlichen Adel deutscher Nation“ erklärt Luther 1520:

Papst, Bischöfe, Priester und Klostervolk wird der geistliche Stand genannt, Fürsten, Herren, Handwerks- und Ackerleute der weltliche Stand […]. Niemand soll darüber schüchtern werden und das von Herzensgrund. Denn alle Christen sind in Wahrheit geistlichen Standes, unter ihnen ist kein Unterschied, es sei denn des Amtes halben allein […]. Das rührt alles daher, dass wir eine Taufe, ein Evangelium, einen Glauben haben und gleiche Christen sind […]. Demnach werden wir also allesamt durch die Taufe zu Priestern geweiht […]. Denn was aus der Taufe gekrochen ist, das kann sich rühmen, dass es schon zum Priester, Bischof und Papst geweihet sei, obwohl nicht einem jeglichen ziemt, solches Amt zu üben […]. Ein Schuster, ein Schmied, ein Bauer, ein jeglicher hat seines Handwerks Amt und Werk, und dennoch sind sie alle gleich geweihte Priester und Bischöfe, und ein jeglicher soll mit seinem Amt oder Werk den anderen nützlich und dienstlich sein […]. Wird ein Priester erschlagen, so liegt ein Land im Interdikt*; warum nicht auch, wenn ein Bauer erschlagen wird? Wo kommt solch großer Unterschied unter den gleichen Christen her? Allein aus menschlichen Gesetzen und Erdichtungen.

Martin Luther, An den christlichen Adel deutscher Nation …, hrsg. v. Ernst Kähler, Stuttgart 1962, S. 14-19 (stark gekürzt und vereinfacht)

***Interdikt**: *Kirchenstrafe; vom Papst oder Bischof angeordnetes Verbot, an kirchlichen Feierlichkeiten (Gottesdienst, Wallfahrt) oder Handlungen (Abendmahl) teilzunehmen*

1. *Erkläre, wodurch nach Luther der Mensch Gottes Gnade erreichen kann (M 1).*
2. *Versetze dich in die Lage eines Bauern oder Handwerkers, der seinem Grundherrn oder Stadtrat mitteilt, wie er Luthers Schrift versteht (M 2).* Lerntipp
3. *Bestimme den im Flugblatt (M 3) vertretenen Standpunkt.*

Die neue Lehre setzt sich durch

1 Luther spricht vor Kaiser Karl V. am 18. April 1521 in Worms.
Historiengemälde (66 x 125 cm) von Anton von Werner, um 1877.
Das Bild ist die Nachbildung eines 3,50 x 7,00 m großen Wandbildes, das Anton von Werner 1870 für die Aula der Kieler Gelehrtenschule gemalt hat. Die Originalunterschrift lautet: „Hier stehe ich, ich kann nicht anders, Gott helfe mir, Amen."
Das Bild vermittelt eine bestimmte Deutung der Person und Lehre Luthers. Beschreibe sie. Erkläre, auf wessen Seite der Maler steht.
Inwiefern stellt das Bild ein „Schlüsselereignis" der Reformation dar? Lerntipp

Nur die „Heilige Schrift" zählt
In einem Streitgespräch mit dem Theologen *Johannes Eck* behauptete Luther 1519, nicht nur der Papst könne irren, sondern auch ein Konzil. Christen sollten sich nur an die Bibel halten.
Nach Luther brauchte ein getaufter Christ niemanden, der zwischen ihm und Gott vermittelte – keinen Priester, Bischof oder Papst, auch keine Heiligen oder Reliquien. Jeder Christ war für sein Handeln gegenüber Gott selbst verantwortlich.

Der Bruch
Die römisch-katholische Kirche missbilligte Luthers Lehre. Sie forderte deren Widerruf und drohte mit dem Kirchenbann. Aber Luther widerrief nicht, sondern brach öffentlich mit der Kirche. Daraufhin verhängte der Papst am 5. Januar 1521 den Bann über ihn.
Mit dem Kirchenbann wurde Luthers Lehre zum Fall für die Fürsten. Denn auf den Bann musste die Reichsacht folgen: Wer geächtet war, war vogelfrei, also rechtlos. Jeder durfte ihn verfolgen. Doch Luthers Landesherr Friedrich der Weise erreichte, dass ein Schiedsgericht beim Reichstag in Worms über den Kirchenkritiker urteilen sollte.
Der erst 19 Jahre alte, seit 1519 regierende Kaiser *Karl V.* wollte die Einheit der katholischen Kirche erhalten. Doch Luther verweigerte erneut den geforderten Widerruf. Im Streit verließ er Worms. Zu seinem Schutz ließ ihn Friedrich der Weise scheinbar überfallen und auf die Wartburg in Sicherheit bringen. Der Kaiser verhängte daraufhin über Luther und seine Anhänger mit dem Wormser Edikt die Reichsacht.
Nicht alle Teilnehmer des Reichstags hatten dafür gestimmt. Einige kritisierten Kirche und Kaiser und setzten sich für Luther ein. Der Kaiser musste den Zerfall des Reiches und des Glaubens fürchten.

Folgen in Stadt und Land

Schon vor dem Wormser Reichstag, erst recht aber danach begannen Luthers Anhänger mit einer Reformation „von unten": Einige Gemeinden wählten ihre Geistlichen, stellten die Predigt des Evangeliums ins Zentrum des Gottesdienstes und feierten nur noch Taufe und Abendmahl. Sie lösten Klöster auf und vertrieben Geistliche, die am katholischen Glauben festhielten. Einige radikale Anhänger der reformatorischen Vorstellungen, sogenannte „Bilderstürmer", zerstörten Kircheneinrichtungen. In den Heiligendarstellungen sahen sie nur „Götzenbilder".

Viele Priester, Mönche und Nonnen gründeten Familien. Auch der 41-jährige Luther heiratete am 13. Juni 1525 die 26-jährige ehemalige Nonne Katharina von Bora, mit der er bereits seit zwei Jahren zusammengelebt hatte.

*→**Internettipp:***
Über Katharina von Bora erfährst du mehr unter: www.lutherin.de

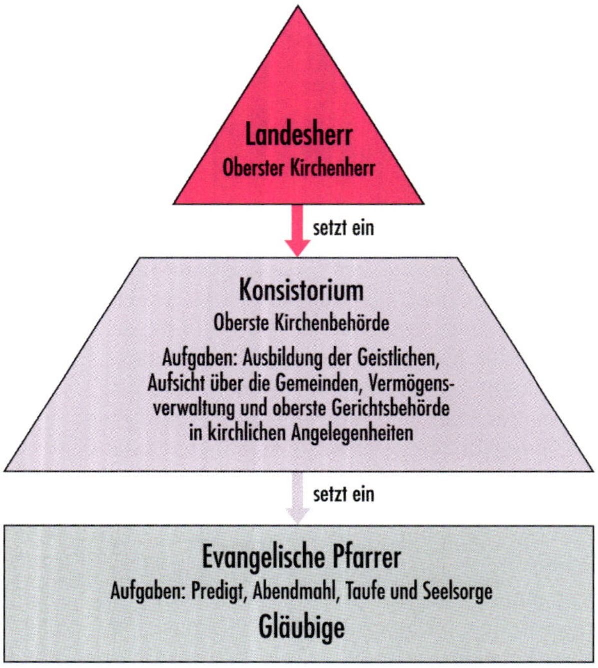

2 Aufbau einer evangelisch-lutherischen Landeskirche.

Wo bleibt das Gewissen?

Einige Landesherren und Vertreter der Reichsstädte nutzten nach 1525 die Uneinigkeit im Reich, um ihre Eigenständigkeit gegenüber Kaiser und Reich auszubauen. Sie führten eigenmächtig und zum Teil über die Köpfe der Einwohner hinweg den neuen Glauben ein.

Das widersprach Luthers ursprünglicher Auffassung: Er hatte auf das Gewissen des einzelnen Christen vertraut. Jede Gemeinde sollte selbst entscheiden.

Mit dem Bauernkrieg* änderte Luther aber seine Einstellung: Um die „rechte Zucht" zu gewährleisten, billigte er den wachsenden Einfluss der Obrigkeit auf die Reformation. Die Landesherren regierten nun in alle Bereiche der neuen Konfession (Glaubenbekenntnis, -gemeinschaft; von lat. *confessio*: ich bekenne) hinein. Sie bestimmten die Kirchen- und Gemeindeordnung, sorgten für Ausbildung und Anstellung der Geistlichen und Lehrer, beaufsichtigten Kirchen, Schulen, Universitäten, Kranken- und Armenhäuser sowie andere öffentliche Einrichtungen und bezahlten diese aus dem Kirchenvermögen oder der Landes- oder Stadtkasse.

Luther unterstützte diese Veränderungen. Um seine Lehre zu festigen, schrieb er zahlreiche Abhandlungen für Pfarrer und Prediger, Kirchenlieder und Lehrbücher.

**Lies dazu Seite 74.*

*→**Internettipps:** Zur Reformation am Niederrhein und in Westfalen lies www.nrw2000.de/reformation/reformation.htm; weitere Informationen findest du auch unter www.historicum.net/themen/reformation/*

Informiert euch über die Reformation in eurer Region.
- *Wenn ihr in einer überwiegend evangelischen Gegend lebt: Wann und von wem wurde die Reformation eingeführt? Was geschah mit den Klöstern? Gab es Widerstände?*
- *Wenn ihr in einer überwiegend katholischen Region lebt: Hat es in eurer Heimat im 16. Jh. reformatorische Bestrebungen gegeben? Warum haben sie sich nicht durchgesetzt?*
- *Befragt einen Experten, um Genaues zu erfahren.*

Lern-tipp

M1 Luther und Karl V. in Worms

Als Luther am 18. April 1521 auf dem Reichstag aufgefordert wird, seine Lehren zu widerrufen, begründet er seine Ablehnung angeblich so:

Wenn ich aber nicht mit Zeugnissen der Schrift oder mit offenbaren Vernunftgründen besiegt werde, so bleibe ich von den Schriftstellen besiegt, die ich angeführt habe, und mein Gewissen bleibt gefangen in Gottes Wort. Denn ich glaube weder dem Papst noch den Konzilien, allein, weil es offenkundig ist, dass sie öfters geirrt und sich selbst widersprochen haben. Widerrufen kann und will ich nicht, weil es weder sicher noch geraten ist, etwas gegen sein Gewissen zu tun.
Gott helfe mir. Amen.

Auf Luther antwortete Kaiser Karl V.:

Ihr wisst, dass ich von den allerchristlichsten Kaisern der edlen deutschen Nation, den katholischen Königen von Spanien, den Erzherzögen von Österreich und den Herzögen von Burgund abstamme, die alle bis zu ihrem Tod treue Söhne der katholischen Kirche gewesen sind [...]. Deshalb bin ich entschlossen, alles zu halten, was meine Vorgänger und ich bis zum gegenwärtigen Augenblick gehalten haben [...]. Denn es ist sicher, dass ein einzelner Bruder in seiner Meinung irrt, wenn diese gegen die der ganzen Christenheit, wie sie seit mehr als tausend Jahren und heute gelehrt wird, steht, denn sonst hätte ja die ganze Christenheit heute und immer geirrt.

Erster Text: Martin Luther, Werke, Bd. 7, Weimar 1897, S. 837 f. (vereinfacht).
Zweiter Text: Fritz Dickmann (Bearb.), Renaissance, Glaubenskämpfe, Absolutismus, München ²1976, S. 126

M2 Die Reformation „von unten“

In Wittenberg beginnen die Anhänger Luthers 1521, die neuen Vorstellungen umzusetzen.

Der Propst* zu Wittenberg hat Erich Saltes Tochter zu Ehe genommen. Ein Barfüßermönch ist ein Schuster geworden und hat eines Bürgers Tochter genommen. Ein anderer Barfüßer ist ein Bäcker geworden und hat eine Frau genommen. Ein Augustiner ist ein Schreiner geworden und hat eine Frau genommen. Dr. Feldkirch hat seine Köchin genommen. Der Rat zu Wittenberg hat den Barfüßern und Augustinern gesagt, sie sollen ihre Klöster räumen, und hat alle Wertsachen in den Klöstern aufgezeichnet. Der Rat hat 14 Männer eingesetzt und verordnet, dass alle armen Leute erfasst werden sollen. Sie seien von den eingezogenen geistlichen Gütern zu versorgen. Die Pfarrkirche steht alle Tage zu; nur am Sonntag hält man eine deutsche Messe darin und predigt, und das Volk geht eifrig zum hochwürdigen Sakrament und nimmt es selbst auf dem Altar. Allenthalben lassen die Mönche und Pfaffen ihre Kopfhaare wachsen und nehmen sich Eheweiber.

Karl Kaulfuß-Diesch (Hrsg.), Das Buch der Reformation, Leipzig ²1917, S. 287 f. (vereinfacht)

***Propst**: Vorsteher, Aufseher einer kirchlichen Einrichtung*

M4 Die Reformation „von oben“

Der Landgraf Philipp von Hessen notiert sich im Januar 1527 auf einem „Merkzettel“, worauf er im Zusammenhang mit der Einführung der Reformation achten will.

Ferner ist in Marburg eine Ordnung zu erstellen, die Messe und Zeremonien betreffend.
Ferner ist zu berücksichtigen, dass man der Armen gedenke und zu diesem Zweck die Bruderschaften, Spitäler und Stiftungen heranziehe.
Ferner ist es nötig, mit dem Rat der Richter Aufsichtsbeamte einzusetzen, die überall gute Prediger einsetzen und die schlechten absetzen.
Ferner ist an die Spitäler zu gedenken.
Ferner ist hier in Marburg eine Universität zu errichten.
Ferner haben die Aufsichtsbeamten überall Schulen einzurichten und sie mit frommen und gelehrten Lehrern auszustatten und für deren Versorgung zu sorgen.
Ferner soll man das Silbergeschirr aus den Klöstern holen, das ich noch nicht eingezogen habe.

Zit. nach: Margret Suchier, Das landesherrliche Kirchenregiment Philipps von Hessen, in: Praxis Geschichte H. 3/1990, S. 48

M3 Bildersturm.

Holzschnitt von Erhard Schön, um 1530.
Überschrift des Bildes: „Klagerede der armen verfolgten Götzen vnd Tempelpilder über so vngleich vrtayl vnd straffe.“
Zum Bild oben rechts: Einem gutgekleideten Mann ragt ein gewaltiger Balken aus dem Auge, entsprechend dem Wort des Evangelisten Matthäus: „Was siehst du aber den Splitter in deines Bruders Auge und wirst nicht gewahr des Balkens in deinem Auge?“

1. *Vergleiche Luthers Standpunkt mit dem des Kaisers (M1).*
2. *Zähle auf, wer von der Reformation betroffen war und was sich durch sie änderte (M2 und M4).*
3. *Übertrage die Bildüberschrift in heutiges Deutsch und erkläre die dargestellten Handlungen (M3). Was sagt das Bild aus?*

Lerntipp

Bild als Waffe

Kurz vor und dann vor allem während der Reformation erschienen erstmals im Reich zahlreiche Spottbilder. Sie wandten sich an eine oft noch leseunkundige Öffentlichkeit. Wie giftige Pfeile wurden die Bilder zwischen den Lagern der Reformwilligen und ihren Gegnern hin und her geschossen. Zentrale Gestalten des Bilderkampfes waren Luther und die Päpste.
Die meisten Spottbilder erschienen als Flugblätter, oft ohne den Zeichner zu nennen. Es ist bekannt, dass auch namhafte Künstler solche Bilder zeichneten, allen voran *Lucas Cranach der Ältere*. Er arbeitete mit Luther zusammen. Nach Luthers Tod endete der erste „Bilderkampf" der deutschen Geschichte.

M 1 „Ich bin der Papst."
Holzschnitt, um 1500.
Flugblatt gegen Papst Alexander VI., der von 1492 bis 1503 die Kirche führte.

M 2 Wendekopf.
Holzschnitt (26,5 x 16,0 cm) um 1520/22 (Ausschnitt).
Die einführenden lateinischen Verse auf diesem Flugblatt lauten übersetzt:
Wenn Du, Leser, fragst,
was für ein ungeheuerliches Bild hier vorliegt/
Aus ihm kannst Du
die Lehre Luthers erfahren/
Denn wie Dir beim ersten Anblick der verehrte Prediger erscheint/
Erscheint umgewendet in Wahrheit
nichts anderes als ein Narr/
Aufs Beste verkünden so
die Prediger glänzende Worte/
die doch nichts als Narrheiten enthalten.

1. *Beschreibe die Gestalt auf dem Holzschnitt M 1 und schreibe einen Begleittext.*
2. *Erkläre, wie der Holzschnitt M 2 benutzt werden muss, und fasse seine Aussage in einem Satz zusammen: „Luther ist ..."*
3. *Überlege, aus welchen religiösen Lagern die beiden Holzschnitte stammten.*
4. *Bis heute nutzen Zeichner die Möglichkeit, mit Bildern ihre Meinung zu aktuellen Themen auszudrücken. Welche Abbildungen sind gemeint? Ihr findet sie vor allem in überregionalen Zeitungen. Sammelt Beispiele und ordnet sie nach Themen und Personen. Sprecht über die mit den Zeichnungen verbundenen Absichten.*

Projekt

Legenden um Luther

M 1 Luther (Joseph Fiennes) schlägt die 95 Thesen am Tor der Schlosskirche in Wittenberg an.
Szenenbild aus dem Film „Luther“, 2003.

M 2 „Es ist ein Spielfilm ...“

Auf den Hinweis, dass der Film-Reformator nur teilweise dem historischen Luther entspräche, sagt Mandy Müller von der Thüringen-Tourismus:

Der echte Luther war eher beleibt. Im Film aber ist er rank, schlank, mit braunen Mandelaugen. Das Kino mag nun mal schöne Menschen. Auch ist nicht jede Filmszene historisch belegt: etwa jene, in der Luther Friedrich dem Weisen die übersetzte Bibel überreicht – sehr ergreifend, aber frei erfunden. Es ist ein Spielfilm, keine Dokumentation. Doch die wesentlichen Ereignisse stimmen.

Die Zeit 45/2003

M 3 „Goldener Kompass“

Der Film „Luther“ von Eric Till wurde im Mai 2004 mit dem „Goldenen Kompass“ des Christlichen Medienverbundes ausgezeichnet. Der Ministerpräsident von Sachsen-Anhalt, Wolfgang Böhmer, begründet die Entscheidung so:

Mit dem Luther-Film ist es gelungen, eine ansprechende und spannende Produktion zu erstellen, die nicht auf fiktiven Ideen fußt, sondern Geschichte und Religion durch ein Filmerlebnis vermittelt. […]
Es gilt mehr denn je, Menschen Mut zu machen und aus der Verwurzelung in Geschichte und Glaube die Gegenwart und Zukunft zu gestalten.

www.welt.de/data/2004/05/04/273254.html

M 4 „Hier stehe ich ...“

Der evangelische Theologe Friedrich Schorlemmer aus Wittenberg schreibt:

Was ist eine berühmte Person ohne ihre Legenden? Die drei populärsten Worte Luthers sind ebenso wenig belegbar wie die dramatischen Hammerschläge am Vortag von Allerheiligen 1517 an die Tür der Schlosskirche. Oder das Tintenfass, mit dem er in der winzigen Wartburg-Kemenate im Wutausbruch nach dem Teufel geworfen habe. Diese Erdichtungen bezeichnen in der Sache durchaus Zutreffendes. Ein spektakulärer Hammerschlag fand nicht statt, doch die Thesen wurden in der Tat in Windeseile in ganz Deutschland verbreitet und fanden einen überraschenden Widerhall. Und mit Tinte, mit geschriebenen, gedruckten und von den Menschen aufgenommenen Worten hat dieser Mann die Welt verändert und dem Teufel und all seinem Wesen das Handwerk gelegt. (Er-)Dichtung wird hier zur Wahrheit, denn sie bündelt Grundhaltungen. „Hier stehe ich. Ich kann nicht anders.“ Das wollen die damaligen Beobachter in Worms am Ende seiner Verteidigungsrede gehört haben. Diese Worte hat Luther nie gesprochen! Doch sie stimmen völlig überein mit dem, was er dort als ein Abgehärmter mit demonstrativ geschorener Tonsur vor Kaiser und Reich vortrug. Ungebrochen seinem Gewissen folgend, seiner Erkenntnis getreu, hat er dem massiven öffentlichen und „staatsoffiziellen“ Druck widerstanden, der ihm ein Revoco (ich widerrufe) abnötigen wollte. Er konnte wirklich nicht anders. Aber: Das hat er so nicht gesagt, sondern praktisch getan. Aufrecht. Mutig. Gewiss.

Friedrich Schorlemmer, Hier stehe ich – Martin Luther, Berlin ^{2}2003, S. 12 f.

→ **Tipp:** *Weitere Informationen über den Film „Luther“ findest du im Internet; Hinweise zur Analyse von Filmen gibt dir der Lerntipp „Filme untersuchen“ hinten im Buch.*

1. *Überlege, was die Produzenten des Luther-Filmes bewogen haben mag, das Leben des Reformators zu verfilmen.*
2. *Findet heraus, was in den Medien an dem Luther-Film gelobt und was bemängelt worden ist. Bildet euch ein eigenes Urteil.*
3. *Nehmt euch andere Personen aus der Reformationszeit wie Katharina von Bora oder Philipp Melanchthon vor und überlegt, ob ihr Leben ebenfalls verfilmt werden sollte.*
4. *Klärt den Begriff „Legende“ und überlegt, welche Bedeutung den in M 4 erwähnten Luther-Legenden für unser Bild von Luther bis heute zukommt.*

Nicht nur die Bauern erheben sich

1 „Der Bundtschu ..."
Nachträglich koloriertes Titelblatt einer Schrift von 1514.
Der mit Riemen gebundene Schuh ist seit dem 13. Jh. das Symbol der Bauern. Er steht im Gegensatz zum Stiefel der adligen Ritter.

Aufstand gegen die Obrigkeit

Was im Frühjahr 1525 aus dem Schwarzwald gemeldet wurde, klang ungeheuerlich: „In stetten und uf dem Land" lehne sich der „gemeine Mann" gegen die Obrigkeit auf. Auch in anderen Gebieten verweigerten Bauern, Angehörige der ländlichen und städtischen Unterschichten sowie Arbeiter der Bergwerke (Bergknappen) ihre Dienste und Abgaben. Mit ihren Geistlichen verfassten sie Beschwerdeschriften. Blieben sie unerhört, schlossen sie sich in „Haufen" zusammen, um Veränderungen zu erzwingen. Die Aufständischen stürmten Klöster, Schlösser und Burgen, plünderten sie und steckten sie in Brand. Da die Erhebungen meist von den Bauern ausgingen, sprachen schon die Zeitgenossen vom *Bauernkrieg*.

Warum kam es zum Aufstand?

Die Ursachen waren oft von Ort zu Ort verschieden: Die Preise für landwirtschaftliche Erzeugnisse waren stetig gesunken. Einige Grundherren hatten versucht, ihre Einkommensverluste durch Ausweitung der Dienste und Abgaben auszugleichen. Am heftigsten wehrten sich die Bauern gegen die Einschränkungen der „alten" Selbstverwaltungsrechte wie der gemeinsamen Nutzung von Wäldern, Wiesen und Seen (*Allmende*). Der „gemeine Mann" lehnte sich auch gegen neue Steuern auf, von denen Adel, Klerus und Beamte meist befreit waren. Hinzu kamen Klagen über die Geistlichen. Ihnen wurde vorgeworfen, Kirchengelder zu verprassen und die Seelsorge zu vernachlässigen.
In manchen Gegenden waren diese Klagen über hundert Jahre alt und hatten bereits zu zahlreichen Unruhen geführt.
Die Reformation beeinflusste die Unruhen. Die Aufständischen beriefen sich nicht mehr nur auf das „alte Recht", sondern wie Luther in Worms auf das aus dem Evangelium abgeleitete „göttliche Recht". Die reformatorischen Predigten schienen den Wunsch nach religiöser und politischer Selbstständigkeit zu rechtfertigen.

Die Ziele des „gemeinen Mannes"

Die Erhebung des „gemeinen Mannes" bestand aus einzelnen Aufständen ohne gemeinsame Leitung und ohne einheitliches Ziel. Die einen wollten nur ihre früher besseren Lebens- und Rechtsverhältnisse wiederherstellen. Andere forderten, die Leibeigenschaft aufzuheben und die Klöster zu enteignen. Manche lehnten die Herrschaft von Adel und Kirche ab und wollten in ihren Dörfern und Städten selbst entscheiden.
Wer geglaubt hatte, in Luther einen Verbündeten zu finden, wurde enttäuscht. Er tadelte zwar die Willkür der Herren, aber noch schärfer verurteilte er den „Aufruhr" gegen die seiner Meinung nach von Gott gewollte „Obrigkeit".
Anders verhielt sich *Thomas Müntzer*. Der Pfarrer aus Allstedt in Sachsen widersprach Luther und wollte Gottes Reich schon auf Erden verwirklichen. Er unterstützte den „gemeinen Mann" und rief zum Kampf zwischen Gottlosen und Auserwählten auf.

Das blutige Ende

Die Obrigkeit war angesichts der vielen Aufstände kurze Zeit wie gelähmt. Doch bald schlugen große Söldnerheere im Auftrag der Fürsten und Herren die Erhebungen nieder. Der letzte Aufstand fand 1526 in Tirol statt. Etwa 70 000 Opfer blieben auf den Schlachtfeldern. Die Anführer wurden hingerichtet. Die „Bilanz" des Bauernkrieges weist nicht nur 70 000 Opfer auf. In etwa einem Drittel der Aufstandsgebiete kamen Reformen in Gang. Sie schränkten die Willkür der Herren ein.

M 1 Die „Zwölf Artikel"

Unter dem Einfluss eines Stadtpfarrers schrieb der Kürschner Sebastian Lotzer Ende Februar/ Anfang März 1525 in Memmingen (Schwaben) die „Zwölf Artikel" der Bauern an die „weltlichen und geistlichen Obrigkeiten".

1. Es ist unsere demütige Bitte und unser Wunsch, dass jede Gemeinde den Pfarrer selbst wählen soll und diesen auch wieder absetzen kann. Er soll das heilige Evangelium rein und klar predigen.
2. Wir geben gern den rechten Korn-Zehnten, wie es die Bibel vorschreibt. Er soll aber für den Unterhalt des Pfarrers und als Almosen verwendet werden.
3. Bisher hat man behauptet, wir seien Abhängige. Nun hat uns aber Christus alle mit seinem kostbaren vergossenen Blut erlöst – den Hirten ebenso wie den Höchsten, keinen ausgenommen. Nicht, dass wir völlig frei sein und keine Obrigkeit haben wollen: Das lehrt uns Gott nicht.
4. Bisher ist es Brauch gewesen, dass kein Untertan Wild, Geflügel oder Fische fangen durfte. Dies ist eigennützig und entspricht nicht dem Worte Gottes und der brüderlichen Liebe.
5. Alle Waldungen, die geistliche und weltliche Herren nicht durch Kauf erworben haben, sollen wieder an die Gemeinde fallen.
6. Unsere Dienste gegenüber den Grundherren werden von Tag zu Tag vermehrt. Wir begehren, nicht so hart belastet zu werden, und erkennen nur die Dienste an, die schon unsere Eltern geleistet haben.
7. Wir wollen keine weiteren Lasten annehmen. Wenn die Herren Dienste nötig haben, so soll ihnen der Bauer willig und gehorsam sein; aber nur zu einer Zeit und Stunde, wo es ihm nicht zum Nachteil gereicht, und nur gegen eine angemessene Bezahlung.
8. Die Pachtzinsen für die Güter sollen nach der Ertragslage des Hofes festgesetzt werden.
9. Für Vergehen setzt man immer neue Strafen fest. Wir wünschen, dass man aufgrund alter geschriebener Strafsatzungen Recht spricht und nicht nach Lust und Laune des Grundherrn.
10. Wiesen und Äcker, die sich Herren zu Unrecht angeeignet haben, sollen wieder an die Gemeinde zurückgegeben werden.
11. Nach dem Tode eines Erbbauern soll der Besitz nicht an den Grundherrn zurückgehen, damit den Witwen und Waisen nichts genommen wird.
12. Wenn einer oder mehrere der aufgestellten Artikel nicht dem Worte Gottes entsprechen, so wollen wir ihn fallen lassen, wenn man uns dies anhand der Heiligen Schrift beweist.

Günther Franz (Hrsg.), Quellen zur Geschichte des Bauernkrieges, München 1963, S. 174 ff. (zusammengefasst und in heutiges Deutsch übertragen)

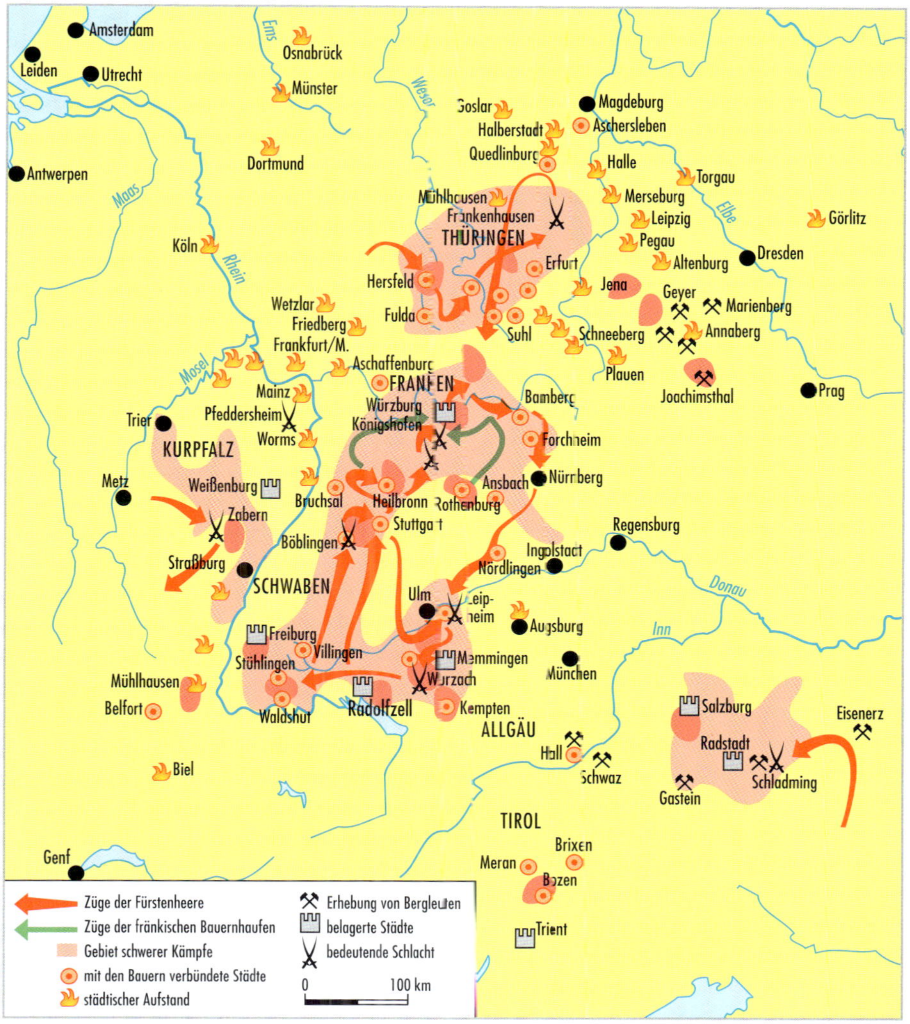

M 2 Aufstandsgebiete im Bauernkrieg.

Die verwendeten Symbole erklären die Karte. Erläutere die Aussagen.

→ ***Internettipp:** Weitere Informationen zum Bauernkrieg findest du unter www.historicum.net/themen/bauernkrieg/einfuehrung/*

1. *Zähle die Verpflichtungen auf, welche die Bauern als bedrückend empfanden (M 1).*
2. *Nenne die Artikel, in denen sich die Bauern auf die Heilige Schrift und auf ein „altes Recht" berufen (M 1).*
3. *Bestimme die heutigen Bundesländer, in denen damals die schwersten Aufstände stattfanden (M 2).*
4. *Diskutiert, ob und warum heute in Gedenkstätten an den Bauernkrieg erinnert werden sollte.*

Konfessionen spalten Europa

1 Die Bekenntnisse in Europa Ende des 16. Jahrhunderts.

Ende der Glaubenseinheit

Kaiser Karl V. konnte nicht verhindern, dass einige Fürsten und Reichsstädte sich zu Luthers Lehre bekannten und die Grundaussagen ihres Glaubens 1530 im „Augsburger Bekenntnis" veröffentlichten.
Als Karl V. die Glaubenseinheit 1547 schließlich mit einem Krieg gegen die Neugläubigen erzwingen wollte, verweigerten ihm sogar einige katholische Reichsfürsten ihre Unterstützung. Sie wollten keinen zu mächtigen Kaiser über sich. Karl V. floh nach Spanien und verzichtete wenig später auf die Krone. Es blieb Karls Bruder und Nachfolger überlassen, die Auseinandersetzungen 1555 im *Augsburger Religionsfrieden* beizulegen. Er erkannte die Protestanten, die sich dem „Augsburger Bekenntnis" anschlossen, an und gab den Reichsständen* das Recht, ihren Glauben frei zu wählen.

*__Reichsstände__: *die geistlichen und weltlichen Fürsten sowie Freien Reichsstädte, Grafen und Ritterorden, die direkt vom Kaiser belehnt worden waren*

Auch Rom bewegt sich

Die katholische Kirche hielt nun eine umfassende Gegenreform für notwendig. Auf dem *Konzil von Trient*, das in mehreren Sitzungen von 1545 bis 1563 tagte, wurden die neuen Konfessionen nochmals verworfen; beschlossen wurde:

- Die Grundlage des Glaubens sind Bibel und kirchliche Überlieferung.
- Der Mensch kann den Weg zu Gott nur über die Priester der katholischen Kirche finden.
- Ämterkauf und -häufung sowie Ablassmissbrauch sind untersagt.
- Einführung eines geschlossenen Beichtstuhls.
- Eine bessere Ausbildung der Priester.

Wichtiger Helfer bei der Umsetzung ihrer Reformen wurde der durch *Ignatius von Loyola* 1534 gegründete Jesuitenorden.

Reformatoren neben und gegen Luther

Angeregt durch Luther führten die beiden schweizerischen Reformatoren *Huldrych Zwingli* und *Jean Calvin* von Zürich und Genf ausgehend die neue Lehre in ihrer Heimat ein. Mehr als Luther ging es ihnen um die Einheit von Bürger- und Kirchengemeinde. Mit der weltlichen Obrigkeit wurden Kirchenbesuch und Teilnahme am Abendmahl notfalls gewaltsam durchgesetzt.
Luther lehnte Zwinglis und Calvins Vorstellungen ab. Lutheraner, Zwinglianer und Calvinisten gingen getrennte Wege.

Vielfalt oder Chaos?

Dänen, Schweden, Norweger und Finnen übernahmen Luthers Lehre. Nach der Einigung der Zwinglianer mit den Calvinisten (1549) verbreiteten sich die calvinistisch-reformierten Glaubensanhänger vor allem in Frankreich, wo sie *Hugenotten* genannt wurden, in den Niederlanden, in England sowie in der Pfalz, in Hessen, Brandenburg und Ostfriesland.
In England entstand die anglikanische Staatskirche. Sie war eine Mischung aus katholischer Tradition und calvinistisch-reformierten Auffassungen. Um 1567 lösten sich die ersten Puritaner (lat. *purus*: rein), die Anhänger der „reinen" calvinistisch-reformierten Lehre, aus der anglikanischen Staatskirche. Sie gingen teilweise in die Niederlande und wanderten von dort nach Nordamerika aus.

M 1 Huldrych Zwingli.
Gemälde von Hans Asper, 1531/32.

M 2 Zwinglis Regeln

In Zürich werden 1530 folgende Regeln Zwinglis erlassen:

Wir gebieten, dass jedermann ohne Ausnahme, der sich nicht durch Krankheit oder andere redliche Gründe bei der Gemeinde oder beim Pfarrer entschuldigen kann, alle Sonntage bei guter Zeit zur Kirche gehe und bis zu Ende verbleibe.
Kein Wirt darf Einheimischen an Sonn- und Feiertagen vor der Kirche Speise und Trank geben. Kein Einheimischer soll sich nachts nach 9 Uhr mehr im Wirtshause finden lassen, auch dürfen nach dieser Zeit keine Schlaftrünke außer dem Hause verabreicht werden, Kranke vorbehalten [...]. Weil das Spiel, wie unsere biederen Landleute klagen, die meiste Ursache aller Winkelwirtschaften, Frevel und anderer Unfuge ist, so haben wir auf das Ansuchen unserer Landleute alle Spiele verboten, es sei mit Karten, Würfeln, Brettspiel, Kegeln, Wetten usw.

Hermann Schuster (Hrsg.), Quellenbuch zur Kirchengeschichte, Bd. I/II, Frankfurt a. M. 91976, S. 120 f.

M 3 Jean Calvin.
Gemälde eines unbekannten Malers, 16. Jh. (Ausschnitt).

M 4 Calvinistische Vorschriften

In seinem Buch „Unterricht in der christlichen Religion" von 1536 schreibt Calvin:

Die erste Grundlage der Zucht besteht nun darin, dass persönliche Ermahnungen stattfinden. Das bedeutet, dass der, der aus eigenem Antrieb heraus nicht seine Pflicht tut, oder der sich frech aufführt, oder dessen Lebenswandel an Ehrbarkeit zu wünschen übrig lässt, oder der etwas Tadelnswertes begangen hat, sich ermahnen lässt, und dass ein jeder seinen Eifer daran wendet, seinem Bruder, wenn es die Sache erfordert, solche Ermahnung zukommen zu lassen. Vor allem aber sollen die Pastoren und Ältesten* hierüber wachen. Denn ihre Aufgabe ist es nicht allein, dem Volke zu predigen, sondern auch hin und her in den einzelnen Häusern Ermahnung und Ermunterung auszuteilen, wenn man irgendwo durch die allgemein geschehene Unterweisung nicht weit genug vorangekommen ist.

Hermann Schuster (Hrsg.), Quellenbuch zur Kirchengeschichte, Bd. I/II, a.a.O., S. 120 f. (vereinfacht)

__Älteste__: zwölf ausgewählte Männer „von ehrbarem Lebenswandel"

M 5 Taufgottesdienst in der zweiten Hugenottenkirche von Lyon (Frankreich).
Anonymes Gemälde, um 1565.
In der Mitte des Chores steht die Kanzel. Die Männer behielten ihre Hüte während des Gottesdienstes auf; sie wurden nur abgesetzt, während aus der Bibel gelesen oder wenn der Name Gottes ausgesprochen wurde.

→ **Internettipp:** *Informationen über Zwingli findest du unter www.zwingli.ch*

1. *Erkläre, weshalb der Lebenswandel überwacht und die Sittenlosigkeit bestraft wurden (M 2).*
2. *Erörtert die Kirchenzucht und das Vorgehen der Kirchenältesten (M 4).*

Hexenwahn

1 Hexen brauen ein Unwetter. *Holzschnitt von 1489/90.*

Kommt der Teufel?
Seit langem glauben Menschen an Zauberei und dämonische, also unheimliche und unerklärbare Mächte. Im Mittelalter sahen Kirche und Staat darin einen unsinnigen Aberglauben. Diese Auffassung wandelte sich Ende des 15. Jh. Die Zeit der blutigen Hexenverfolgungen begann. Viele Christen litten unter der Glaubensspaltung und den Kriegen. Die Furcht vor dem leibhaftigen Teufel wuchs.

Der „Hexenhammer"
Die katholische Kirche forderte 1484 in der „Hexenbulle", Hexen zu bekämpfen. Drei Jahre später veröffentlichte der Dominikanermönch *Heinrich Institoris* dazu einen Kommentar. Der lateinische Titel des Werkes lautet „Malleus maleficarum" (*„Hammer der Schadensstifterinnen"*). Mit dem „Hammer" sollte das Unrecht zerschmettert werden.

Hexerei umfasste vier „Straftaten":
- Teufelspakt, bei dem Gott geleugnet wird,
- Teufelsbuhlschaft, eine Hochzeit mit dem Satan,
- Schadenszauber, die Schädigung und Vernichtung von Menschen und Tieren und den
- Hexensabbat, auf dem Hexen und Teufel ausschweifende Feste feiern.

Hexen vor Gericht
Die Hexenprozesse fanden in katholischen und protestantischen Gebieten statt. Die Gerichtsherren konnten entscheiden, ob sie einen Prozess wollten. Häufig taten sie es auf Druck der Bevölkerung. Ein Hexereiverdacht konnte also jeden treffen.
Für einen Prozess genügte es, dass für ein unerklärliches Unglück ein unbequemer Nachbar beschuldigt wurde. Oft wurden Außenseiter der Gesellschaft angezeigt. Manchmal reichten schon rote Haare oder schlichter Neid für den Vorwurf der „Hexerei". Die Zahl der Prozesse stieg, als die Angeklagten unter Folter gezwungen wurden, weitere Personen zu nennen, die angeblich an den Hexenversammlungen teilgenommen hatten.

Auf den Scheiterhaufen!
In ganz Europa brannten Scheiterhaufen. Höhepunkt der Hexenverfolgung waren die Jahre 1560 bis 1690. Zentren waren das Rheinland mit Trier und Köln, Westfalen, Sachsen sowie die Bistümer Minden, Paderborn, Fulda, Bamberg, Würzburg, Eichstätt und Augsburg. Vermutlich wurden im Reich etwa 25 000 Menschen hingerichtet. Etwa 80 Prozent aller Verurteilten waren Frauen aus ländlichen Unterschichten. Die Gerichte verurteilten aber auch reiche Frauen und Männer. Selbst Kinder verschonten sie nicht.

Widerstand gegen die Prozesse
Im 16. Jh. versuchte der Arzt *Johannes Weyer* aus Kleve, den Hexenglauben als Wahnvorstellung zu entlarven. Wichtiger für das Ende der Prozesse wurde Anfang des 17. Jh. der Jesuit *Friedrich Spee von Langenfeld*. Er hielt zwar am Hexenglauben fest, lehnte aber die grausame Folter ab. Als Straftatbestand wurden Zauberei und Hexerei Ende des 17. Jh. aufgehoben. Aber noch im 18. Jh. fanden einzelne Hexenprozesse statt.

M 1 Beinschraube.
Sie wurde auch „Spanischer Stiefel“ genannt.

M 2 Die „Hexenbulle“

Am 5. Dezember 1484 erlässt Papst Innozenz VIII. eine Verlautbarung, für die sich im 19. Jh. die Bezeichnung „Hexenbulle“ eingebürgert hat.

Uns ist neuerdings zu unserem nicht geringen Leidwesen zu Ohren gekommen, dass [...] eine große Anzahl von Personen beiderlei Geschlechts, des eigenen Heiles vergessend und vom katholischen Glauben abfallend, mit [...] Teufeln Unzucht treiben und mit ihren Zaubersprüchen, Beschwörungen und Verschwörungen sowie anderen abscheulichen abergläubischen Handlungen und zauberischen Übertretungen Verbrechen und Vergehen bewirken, dass sie Geburten der Frauen, die Jungen der Tiere, die Feldfrüchte, die Weintrauben und die Früchte der Bäume sowie auch Männer, Frauen, Zugtiere, Kleinvieh, Schafe und [...] die Weinberge auch, die Obstgärten, Wiesen, Weiden und das Korn sowie andere Erzeugnisse des Bodens verderben, ersticken und umbringen. Und sie belegen die Männer, die Frauen, das Groß- und Kleinvieh und die Lebewesen mit grausamen inneren und äußeren Schmerzen und Qualen und peinigen sie; gleichzeitig verhindern sie, dass die Männer zu zeugen, die Frauen zu empfangen, Verheiratete sich die ehelichen Pflichten zu leisten vermögen.

Peter Segl, Als die Ketzer fliegen lernten. Über den Hexen„wahn“ im Mittelalter, Abensberg 1991, S. 8

→Internettipp:
Unter www.historicum.net/themen/hexenforschung/lexikon/ findest du ein Lexikon zur Geschichte der Hexenverfolgung.

M 3 Das Protokoll der Rebekka

Rebekka L., eine angesehene Frau aus Nördlingen, wird am 1. Juni 1590 in Abwesenheit ihres Ehemannes verhaftet. Das Protokoll zeichnet den Verlauf ihrer Gefangenschaft:

2. Juni Erstes Verhör durch die Ratsherren [...]. Verlesen der Anklage; Reaktion: Anrufung Gottes, „so wahr Christus am Kreuz für sie gelitten, sie sei unschuldig [...]“.
6. Juli Gegenüberstellung mit Apollonia A. und der Ratsherrnwitwe Maria Sch., die auch als Hexen angeklagt sind. Beide belasten Rebekka L. und behaupten, sie auf dem Weinmarkt und bei anderen Hexenzusammenkünften gesehen zu haben.
10. Juli Apollonia A., Maria Sch. und eine andere Angeklagte werden verbrannt, ohne ihr falsches Zeugnis widerrufen zu haben. Dies versetzt Rebekka L. in Aufregung; Brief an ihren Ehemann.
29. Juli Nach zweimonatiger Haft beschließt der Rat, Rebekka L. nochmals „gütlich“ anzusprechen, dann aber mit ihr so zu verfahren wie mit allen anderen. Am selben Tag erfolgen Verhör und erste Folterungen mit Daumenschrauben und spanischen Stiefeln. Rebekka bestreitet alle Vorwürfe.
30. Juli Abermals Folter mit Daumenschrauben und spanischen Stiefeln. Rebekka L. leugnet jede Schuld. Am Nachmittag erneut Folter, diesmal wird sie mit auf den Rücken gebundenen Händen aufgezogen. Erstes Bekenntnis Rebekkas: Teufelsbuhlschaft und -pakt.
Juli/Aug. Bei weiteren Verhören gesteht Rebekka L. den Hexenritt, den Schadenszauber und nennt Namen ihrer „teuflischen Gespielinnen“; ausschließlich Frauen aus ihrem näheren Bekanntenkreis [...].
2. Aug. Nach dem Verhör verfällt Rebekka L. in tiefe Verzweiflung. Ihr Geständnis bedeutet für sie den qualvollen Tod, ein Widerruf neue Folterqualen [...].
3. Aug. Erneutes Verhör. Rebekka L. bekennt, dass sie ihren Mann um Gift gebeten habe, „Gott wolle es ihr verzeihen. Sie habe es nur getan, um ihren Kindern die Schande ihres schimpflichen Todes zu ersparen [...].“
10. Aug. Sie widerruft alles und erhebt schwerste Anklagen gegen den Rat. Der Hohe Rat erreicht den Widerruf des Widerrufs [...].
20. Aug. Erneute Folterung. Rebekka L. gesteht, tote Kinder gegessen zu haben.
21. Aug. Sie gesteht einige Morde, die bereits eine andere Frau gestanden hatte.
2. Sept. Verkündung des Todesurteils.
9. Sept. Verbrennung von Rebekka L. und vier anderen Frauen.

Eva Maria und Wilhelm Lienert, Die geschändete Ehre der Rebekka L. oder: Ein ganz normaler Hexenprozeß ..., in: Praxis Geschichte 4/1991, S. 33 (gekürzt und vereinfacht)

M 4 „So sind wir schließlich alle Zauberer“

Der Jesuit Friedrich Spee von Langenfeld veröffentlicht seine Kritik an den Hexenprozessen 1631 ohne seinen Namen zu nennen, um nicht selbst verfolgt zu werden. Gegen die Prozesse wendet er unter anderem ein:

Man kann nicht alles Ärgernis aus der Welt schaffen, man muss vieles geschehen lassen, was sich nicht gut ändern lässt. Es ist besser, dreißig und noch mehr Schuldige laufen zu lassen, als auch nur einen Unschuldigen zu bestrafen [...].
Was suchen wir so mühsam nach Zauberern? Hört auf mich, ihr Richter, ich will euch gleich zeigen, wo sie stecken. Auf, greift Kapuziner, Jesuiten, alle Ordenspersonen und foltert sie, sie werden gestehen. Leugnen welche, so foltert sie drei-, viermal, sie werden schon bekennen.

Wolfgang Behringer (Hrsg.), Hexen und Hexenprozesse in Deutschland, München 1988, S. 377 ff.

→Internettipp: *Zu Friedrich Spee siehe www.friedrich-spee.de*

1. *Liste auf, welche „Verbrechen“ die „Hexenbulle“ nennt (M 2). Welche sind beweisbar?*
2. *Stelle die Straftaten zusammen, die Rebekka L. vorgeworfen werden und die sie bekennt (M 3).*
3. *Schreibt Briefe, die Rebekka L. an ihren Mann, an ihre Kinder und an ihre Richter geschickt haben könnte.*
4. *Für welchen Rechtsgrundsatz spricht sich Spee aus (M 4)?*

30 Jahre Mord und Totschlag?

Warhafftige Zeitung

Aus Praag

Darinnen kürtzlich vermeldet wird/ der gefährliche Zustande/ welcher vber die Evangelische Stände hat ergehen sollen/Aber von Gott dem Allerhöchsten verhütet worden/vnd hernachmals sich das Widerspiel begeben/ das es vber die Rahtgeber (so Gott vnd dem Landesfrieden zuwieder/) selbsten außgangen / Auch wie sich einer von den rähelinsführer/aus angst seines bösen Gewissens./ zu den Capuciner München ins Kloster verstecket / entlichen aber herauß geben müssen/ vnd den Evangelischen Ständeen gefänglichen vberantwortet. Wie sie dann auch ferner jhr eigen bekändtniß gethan/ vnd vmb Gnade gebeten.

1 Der „Prager Fenstersturz“.
Titelholzschnitt aus einer Zeitung des Jahres 1618. Zwischen den protestantischen Ständevertretern Böhmens und dem katholischen König kam es am 23. Mai 1618 zu einem Handgemenge. Zwei Ständevertreter warfen drei königliche Mitarbeiter aus einem Fenster der Prager Burg (Hradschin). Die drei Männer überlebten den Sturz, doch der Anschlag wurde zum Anlass für den Dreißigjährigen Krieg erklärt.

→***Filmtipp:*** *„Wallenstein und der Krieg.“ ZDF-Reihe „Die Deutschen“ von 2008, Folge 5 (http://diedeutschen.zdf.de/)*

Vor dem „Großen Krieg“

Auch nach dem *Augsburger Religionsfrieden* von 1555 gab es regelmäßig Streit, wenn sich durch einen Herrscherwechsel die Konfession änderte. Da der Reichstag in Regensburg die Probleme nicht beenden konnte, schlossen sich 1608 einige protestantische Fürsten mit mehreren Städten zu einem militärischen Schutzbündnis zusammen: der *Union*. Im Gegenzug verbündeten sich ein Jahr danach die meisten katholischen Reichsstände in der *Liga*.

Der Anlass

Anlass des Dreißigjährigen Krieges war die Erhebung protestantischer Adliger Böhmens gegen ihren katholischen König *Ferdinand* aus dem Hause Habsburg. Sie warfen ihm vor, das Recht der freien Religionsausübung gebrochen zu haben. Im August 1619 wählten sie einen neuen König. Der abgesetzte Herrscher wurde aber kurz danach Kaiser des Heiligen Römischen Reiches Deutscher Nation. Mit bayerischen und spanischen Truppen holte er sich die böhmische Königskrone zurück, vertrieb seinen Rivalen, den aufständischen Adel und 150 000 böhmische Protestanten. Dieser *Böhmisch-Pfälzische Krieg* endete 1624.

Der weitere Kriegsverlauf

Um weitere protestantische Gebiete zu unterwerfen, zog das Heer der katholischen Liga in den Norden des Reiches. Daraufhin griff der dänische König ein, der als Herzog von Holstein deutscher Reichsfürst war. England, Frankreich und die Niederlande unterstützten ihn. Die kaiserlichen Truppen unter dem Oberbefehl *Albrecht von Wallensteins* vertrieben die gegnerischen Armeen aus Holstein, Mecklenburg und Pommern. 1629 endete der Niederdeutsch-Dänische Krieg.

Der Kaiser hoffte, nun alle seit Mitte des 16. Jh. in protestantischen Besitz übergegangenen Güter übernehmen zu können. Doch diesen Machtzuwachs wollten weder alle Reichsfürsten, noch das katholische Frankreich und das protestantische Schweden zulassen.

1630 landete König *Gustav Adolf II. von Schweden* mit seinen Soldaten auf der Ostseeinsel Usedom. Sie marschierten bis an den Rhein und eroberten Bayern. Mit der Ermordung Wallensteins und der Niederlage der Schweden bei Nördlingen war der sogenannte *Schwedische Krieg* 1634 vorbei.

Im Mittelpunkt der folgenden Phase stand der 1635 begonnene und bis 1648 dauernde *Schwedisch-Französische Krieg*, in dessen Verlauf die protestantischen Reichsstände mit den Schweden brachen, kaiserliche Armeen in das katholische Frankreich einfielen und französische und schwedische Truppen Bayern verwüsteten.

Um Glauben oder Macht?

Der Dreißigjährige Krieg bestand aus mehreren Feldzügen, die zwischen 1618 und 1648 nacheinander ausgetragen wurden. Zu den Konfessionsgegensätzen war der Kampf der großen Staaten wie Schweden und Frankreich um die Vormachtstellung in Europa gekommen. Je nach politischer und militärischer Zweckmäßigkeit gingen die deutschen Fürsten über die Konfessionen hinweg Bündnisse ein, um ihre Stellung zu sichern oder auszubauen.

„Der Krieg ernährt den Krieg“
Mit sogenannten Kontributionen wurde der Krieg bezahlt. Das konnten Kriegssteuern sein oder vom Feind erzwungene Warenlieferungen und Zahlungen. Häufig bestand kein Unterschied in der Behandlung von Freundes- und Feindesland. Wer nicht zahlen konnte oder wollte, dem drohte die „Exekution“, die gewaltsame Eintreibung der verlangten Beträge oder Waren. Der Grundsatz „Der Krieg ernährt den Krieg“ beschönigt die mit ihm verbundenen Ausbeutungen, Verwüstungen und Plünderungen.

Auch Not bringt den Tod
Der Dreißigjährige Krieg war eine Katastrophe. Eine ganze Generation wurde von ihm geprägt, weitere Generationen litten an seinen Folgen. Die moderne Kriegsführung mit Feuerwaffen und Geschützen erhöhte die Zahl der Opfer. Aber während der Kriegsjahre starben die Menschen nicht nur im Kampf. Auch Not brachte den Tod. Die Kontributionen und Plünderungen nahmen der Bevölkerung oft das Lebensnotwendige. Missernten vergrößerten den Hunger und förderten mit den herumziehenden Söldnern die Verbreitung von Seuchen.
In manchen Orten war es einfacher, die Namen der Überlebenden anzugeben als die der Toten. Etwa 40 Prozent der ländlichen und rund ein Drittel der städtischen Bevölkerung kamen ums Leben. Die Bevölkerung des Reiches sank von etwa 16 auf 11 Millionen Menschen. Erst um 1720 lag die Zahl wieder annähernd so hoch wie vor dem Ausbruch des Krieges.

Verwüstet und zerstört
Weite Teile des Landes waren verwüstet, viele Felder lagen brach. Es fehlten Menschen und Geld, um die zerstörten Bauernhöfe aufzurichten und die verwüsteten Felder wieder fruchtbar zu machen. Nur wenige Landstriche wie das Oldenburger Land blieben verschont.
Die vom Krieg betroffenen Städte waren verarmt. Die Kontributionen hatten sie ausgezehrt. Die Einwohnerverluste ließen die Steuereinnahmen sinken. Handwerk und Handel verloren ihre Kunden. Er gab auch Ausnahmen: Die Städte Hamburg und Köln beispielsweise blieben unparteiisch, handelten mit allen beteiligten Mächten und wurden reicher. Trotzdem: Der Dreißigjährige Krieg ließ das Reich in fast jeder Hinsicht in Rückstand zu den anderen europäischen Großmächten geraten.

2 Plünderung eines Dorfes.
Ölgemälde (51 x 85 cm) von dem flämischen Maler Sebastian Vrancx (Ausschnitt), um 1620.
Zu den Söldnerheeren so viel: Im Februar 1645 bestand beispielsweise eine Truppeneinheit in Bayern aus: 534 Deutschen, 218 Italienern, 15 Franzosen, 24 Lothringern, 43 Burgundern, 26 Griechen, 54 Polen, 5 Ungarn, 51 Tessinern, 2 Kroaten, 1 Iren, 11 Spaniern, 1 Sizilianer, 15 Türken und 18 Dalmatiern.

→**CD-ROM-Tipp:** *Das Zeitalter des Dreißigjährigen Krieges. Alltagsleben, Wandel und Fortschritt in den Jahren des Umbruchs, Köln: MicroMedia-Arts 2002*

M 1 Der Brand Magdeburgs.
Kolorierter Kupferstich von 1631. Kaiserliche Truppen eroberten das mit Schweden verbündete Magdeburg. Dabei entstand am 20. Mai 1631 ein Brand, der die Stadt einäscherte. Etwa 20 000 Menschen fanden den Tod.

M 2 Aus dem Tagebuch eines Söldners
Aufzeichnungen aus dem Tagebuch eines Unbekannten, der 1625 aus Geldnot Söldner wird, ab 1627 im Heer der katholischen Liga dient und 1631 an der Erstürmung Magdeburgs teilnimmt.

Den 20. Mai haben wir mit Ernst angesetzt und gestürmt und auch erobert. Da bin ich mit stürmender Hand ohne allen Schaden in die Stadt gekommen. Aber in der Stadt, am Neustädter Tor, bin ich zweimal durch den Leib geschossen worden, das ist meine Beute gewesen [...].
Ist mir doch von Herzen leid gewesen, dass die Stadt so schrecklich gebrannt hat, wegen der schönen Stadt und weil es meines Vaterlandes ist.
Wie ich nun verbunden bin, ist mein Weib in die Stadt gegangen, obwohl sie überall gebrannt hat, und hat wollen ein Kissen holen und Tücher zum Verbinden und worauf ich liegen könnte. So habe ich auch das kranke Kind bei mir liegen gehabt. Ist nun das Geschrei ins Lager gekommen, die Häuser fallen alle übereinander, sodass viele Soldaten und Weiber, welche mausen* wollen, darin müssen bleiben [...]. Sie [die Frau des Söldners] kommt nach anderthalb Stunden gezogen mit einer alten Frau aus der Stadt. Die hat sie mit sich hinausgeführt, ist eines Seglers Weib gewesen und hat ihr helfen tragen Bettgewand. So hat sie mir auch gebracht eine große Kanne von 4 Maß mit Wein und hat außerdem auch 2 silberne Gürtel gefunden und Kleider, sodass ich dafür 12 Taler eingelöst habe zu Halberstadt.

Jan Peters (Hrsg.), Ein Söldnerleben im Dreißigjährigen Krieg. Eine Quelle zur Sozialgeschichte, Berlin 1993, S. 138 f.

***mausen**: *plündern*

M 3 Anzahl der im Dreißigjährigen Krieg zerstörten Städte und Dörfer

	Städte	*Dörfer*
Pommern, Mecklenburg und Holstein	307	2 041
Mark Brandenburg	60	5 000
Meißen, Schlesien, Mähren	213	2 744
Böhmen und Österreich	103	1 126
Pfalz	106	807
Franken und Stift Würzburg	36	393
Vogtland und Thüringen	41	409
Stift Merseburg, Halle, Magdeburg, Halberstadt, Hildesheim	103	1 105
Braunschweig, Lüneburg und Stift Bremen	38	406
Stift Osnabrück, Minden, Paderborn, Fulda	304	1 027
Westfalen	97	1 019
Stift Köln, Metz, Trier	205	2 033
Limburg	16	200
Summe	1 629	18 310

Nach: Der Große Ploetz. Die Enzyklopädie der Weltgeschichte, Freiburg [35]2008, S. 897

1. *Erläutere die Folgen des Krieges (M 1 bis M 3).*
2. *Informiere dich, ob und wie stark dein Wohn- oder Schulort vom Dreißigjährigen Krieg betroffen war.*

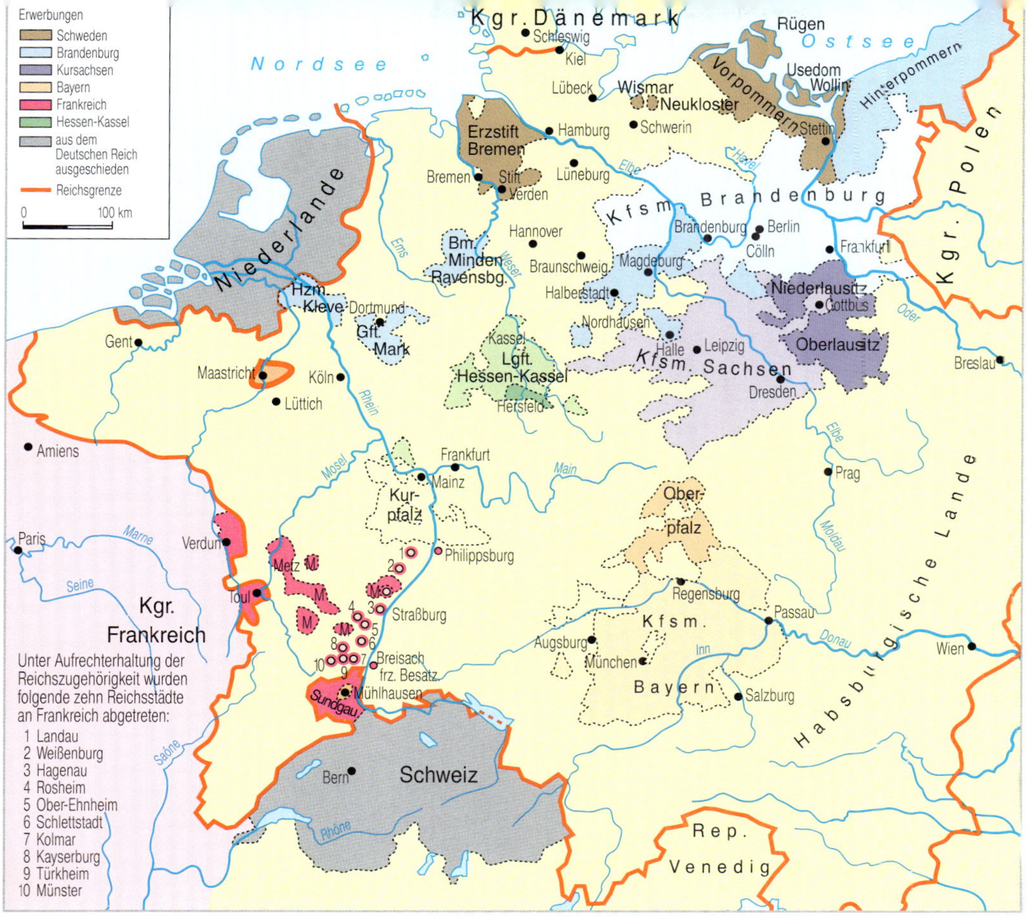

1 **Gebietsveränderungen nach dem 30-jährigen Krieg 1648.**

Der Westfälische Frieden

Kongresse in Münster und Osnabrück

Noch während des Krieges versammelten sich seit 1643/44 Gesandte aller am Krieg beteiligten Mächte zum ersten Friedenskongress der europäischen Geschichte in Münster und Osnabrück. Die Verträge von Osnabrück zwischen Kaiser, Reichsfürsten und Schweden sowie von Münster zwischen Kaiser, Reichsfürsten und Franzosen schufen eine europäische Friedensordnung, regelten Gebietsansprüche und den konfessionellen Ausgleich.

Das Reich – ein Bund selbstständiger Einzelstaaten

Der Friede im Reich wurde durch Gebietsabtretungen an die Sieger und die Garantiemächte des Friedens (Frankreich und Schweden) ermöglicht.

Den deutschen Reichsständen wurde die Landeshoheit bestätigt, einschließlich des Rechts, Kriege zu erklären und Frieden zu vereinbaren. Sie waren frei, Bündnisse miteinander und mit fremden Staaten zu schließen, sofern sie sich nicht gegen Kaiser und Reich richteten. Der Kaiser blieb bei Angelegenheiten des Reiches wie Kriegserklärungen und Friedensschlüssen an die Zustimmung der Reichsstände gebunden.

Die Bestimmungen sicherte die Staatenvielfalt im Heiligen Römischen Reich Deutscher Nation bis 1806. Zusammengehalten wurde es durch gemeinsame Einrichtungen wie den *Reichstag* und das *Reichskammergericht*.

Der konfessionelle Ausgleich

Im Westfälischen Frieden wurde der Augsburger Religionsfrieden bekräftigt und auf die Calvinisten ausgedehnt. Die konfessionellen Besitzstände des Jahres 1624 waren wiederherzustellen. Alle religiösen Streitfragen sollte der Reichstag zwischen den getrennt beratenden katholischen und protestantischen sowie den calvinistischen Reichsständen entscheiden.

1. *Nenne die heutigen Staaten, die 1648 auf dem Gebiet des Deutschen Reiches lagen.*
2. *Überlege, warum die Bezeichnung „Westfälischer Frieden" gewählt wurde.*
3. *Bestimme die Bedeutung des „Westfälischen Friedens" für*
   - *Rechte und Besitz der Konfessionen,*
   - *das Verhältnis der Territorialstaaten zum Reich und*
   - *die Machtverhältnisse in Europa.*

M 3 „Neuer Auß Münster vom 25. deß Weinmonats im Jahr 1648 abgefertigter Freud = und Friedensbringender Postreuter.“

Nachträglich kolorierter Holzschnitt (etwa 15 x 32 cm) von einem Flugblatt (34,6 x 32,9 cm), das der Augsburger Verleger und Stecher Marc Anton Hannas 1648 vertrieb.
Am oberen Bildrand (links) verkündet eine „Fama“ die Botschaft, der Götterbote Merkur (rechts) übergibt dem Reiter die Nachricht. Im Hintergrund des Blattes sind die Ziele des Reiters erkennbar.

M 1 Aus dem Osnabrücker Friedensvertrag

In Artikel II des am 25. Oktober 1648 verkündeten Friedensvertrages zwischen dem Kaiser (und seinen Verbündeten) sowie der Königin Christina von Schweden (und ihren Verbündeten) heißt es:

Beiderseits sei immerwährendes Vergessen und Amnestie* alles dessen, was seit Anbeginn dieser Unruhen an irgendeinem Ort und auf irgendeine Weise vom einen oder andern Teil, hüben und drüben, feindlich begangen worden ist [...]; vielmehr sollen alle und jede hin und her, sowohl vor dem Kriege als auch im Kriege, mit Worten, Schriften oder Taten zugefügten Beleidigungen, Gewalttaten, Feindseligkeiten, Schäden und Unkosten ohne alles Ansehen der Personen oder Sachen dergestalt gänzlich abgetan sein, dass alles, was deshalb der eine vom andern fordern könnte, in immerwährendem Vergessen begraben sein soll.

Armin Reese, Pax sit Christiana. Die Westfälischen Friedensverhandlungen als europäisches Ereignis, Düsseldorf 1988, S. 131

***Amnestie**: Erlass von Strafen*

M 2 Über die Bedeutung des Friedens

Der Historiker Michael Salewski urteilt 1993:

Gewiss beschleunigte das Friedenswerk die Aufsplitterung des Reiches in eine Unzahl von kleinen und kleinsten souveränen Territorialstaaten, darin konnte man auf der einen Seite ein Zeichen der Ohnmacht sehen. Auf der anderen war diese „Atomisierung“ [...] Voraussetzung zur Ausbildung einer schier unendlichen Fülle von individuellen, originellen Staats- und Gesellschaftsformen. Die in der Folgezeit entstehenden zahlreichen kleinen Residenzen prägen noch heute das Bild unserer Landschaften und Städte; die kulturelle Vielfalt, wie sie den Deutschen seither selbstverständlich geworden ist, geht auf diese politische Entwicklung wesentlich zurück.

Michael Salewski, Deutschland. Eine politische Geschichte. Von den Anfängen bis zur Gegenwart, Bd. 1, München 1993, S. 149

→Buch- und Filmtipps:
- *Peter Milger, Gegen Land und Leute. Der Dreißigjährige Krieg (ARD/hr 1998), München 2001*
- *Hans-Christian Huf, Mit Gottes Segen in die Hölle. Der Dreißigjährige Krieg (ZDF 2003), München 2005*

M 4 Das historische Rathaus von Münster in Westfalen.
Foto von Frisco Gentsch, 2008.
Der Friedenssaal in dem Rathaus erinnert noch heute an die Verhandlungen zum Westfälischen Frieden.

1. *Beurteile die Bedeutung des Artikels II für die damalige Zeit und überlege, ob er noch heute als Grundlage eines Friedensvertrages dienen könnte (M 1).*
2. *Erkläre Michael Salewskis Haltung mit eigenen Worten (M 2). Formuliere eine Gegenposition.*
3. *Deute die einzelnen Bildelemente (M 3).* Lern-tipp

Was war wichtig ?

Daten

seit dem 12. Jh.	*Die Zahl der Städtegründungen nimmt zu.*
1300-1600	*Das Zeitalter der Renaissance: Die Antike wird wieder entdeckt.*
um 1450	*Gutenberg erfindet das Drucken mit beweglichen Metallbuchstaben.*
1453	*Osmanen erobern Konstantinopel.*
1492	*Kolumbus sucht auf dem Seeweg Indien und findet Amerika.*
1517	*Luther stellt seine Thesen gegen den Missbrauch des Ablasses zur Diskussion; die Reformation beginnt.*
1524/25	*Der große Bauernkrieg: Ländliche und städtische Unterschichten erheben sich.*
1555	*Der Augsburger Religionsfriede bestätigt die Glaubensspaltung.*
1618-1648	*Aus einem konfessionellen Konflikt wird der Dreißigjährige Krieg um die Macht in Europa.*

Begriffe

Ablass, -handel: Nachlass der Strafen für Sünden gegen bestimmte Leistungen (Geldspende, Teilnahme an einem Kreuzzug oder an einer Wallfahrt). Voraussetzungen für den Ablass waren Reue, Beichte und Freisprechung der Sünden (Absolution) durch einen Priester. → *Luther* kritisierte den Ablasshandel, mit dem die weltlichen und geistliche Herren ihre Einkünfte steigerten.

Bann: Ausschluss aus einer Gemeinschaft; Strafe der römisch-katholischen Kirche, mit der sie jemanden aus der Gruppe der Gläubigen ausschloss (exkommunizierte).

Ghetto: abgetrenntes Wohngebiet. Judenviertel und -straßen gab es seit dem frühen Mittelalter. Dort lebten die Juden zunächst freiwillig. Das erste deutsche Ghetto, in dem sie leben mussten, entstand 1462 in Frankfurt am Main.

Humanismus (lat. *humanum*: das Menschliche): Denkweise, die ab dem 14. Jh. dazu beitrug, dass sich das Wissen über Grammatik, Rhetorik, Geschichte, Dichtkunst und Morallehre änderte. Die antike Wissenschaft und Kunst waren für Humanisten Ausgangspunkt ihrer Lehren.

Indigene Völker: Ureinwohner; einheimische Völker. Die Europäer nannten die süd- oder mittelamerikanischen Indianer nach ihrer Entdeckung „Indios". Zu ihnen gehörten die Azteken, Inka und Maya. Die Eroberer zerstörten die wirtschaftlichen Lebensgrundlagen, die hochentwickelten Kulturen und die Reiche der indigenen Völker.

Konfession: christliches Glaubensbekenntnis. Mit der → *Reformation* entstand neben dem katholischen das evangelisch-lutherische Glaubensbekenntnis, in dem die Bibel als einzige Quelle des Glaubens anerkannt wird. Im Gegensatz dazu sind für die katholischen Christen auch die Schriften der Kirchenväter und Konzilsentscheidungen Quellen des Glaubens. Die Anhänger des evangelisch-lutherischen Glaubensbekenntnisses spalteten sich später in weitere Konfessionen wie die Calvinisten und Zwinglianer.

Markt (von lat. *mercatus*: Handel): zunächst der Platz, an dem Güter verkauft oder gekauft werden. Das Recht, einen ständigen, wöchentlichen oder jährlichen Markt abzuhalten, war dem Marktherrn (König, Bischof, Fürst) vorbehalten. Er sicherte die Freiheit des Handels, schützte die An- und Abreise der Marktbesucher und erhob dafür einen Marktzoll. Aus dem Marktrecht wurde oft ein → *Stadtrecht*.

Patrizier: In Anlehnung an den alten römischen Adel wurden die angesehenen und reichen Familien in den mittelalterlichen Städten Patrizier genannt. Nur aus ihrem Kreis wurden zunächst die Ratsmitglieder gewählt (→ *Stadtrecht*).

Reformation (lat. *reformatio*: Wiederherstellung): von → *Luther* ausgehende Bewegung, die eine Glaubensreform zum Ziel hatte und in einer Kirchenspaltung mit verschiedenen → *Konfessionen* endete.

Reichsacht: Eine Strafe, die den Betroffenen aus der Gesellschaft ausschloss und ihn „vogelfrei" machte. Der Geächtete verlor seinen Besitz. Niemand durfte ihn aufnehmen oder schützen.

Renaissance: moderner Begriff für die „Wiedergeburt" der antiken Kunst und Kultur, die seit 1300 von Italien ausging und bis etwa 1600 alle europäischen Staaten prägte.

Stadtrecht: von weltlichen oder geistlichen Fürsten den Bewohnern ihrer Städte gewährte Freiheiten und Sonderrechte. Sie regelten das Verhältnis der Stadtbewohner zu ihren Stadtherren, das Zusammenleben der Stadtbewohner untereinander und die Verwaltung der Stadt.

Zunft: Seit dem 11. Jh. schlossen sich städtische Handwerker und Händler zu christlichen Gemeinschaften zusammen. Diese Zünfte erließen Vorschriften über das Arbeitsleben, kontrollierten Menge und Qualität der Waren und sorgten für ihre Mitglieder im Krankheitsfall.

Namen

1 Johannes Gutenberg.
Briefmarke, herausgegeben von der Deutschen Post im Jahre 2000.

Gutenberg, Johannes (um 1400-1468): Um 1450 erfand *Johannes Gensfleisch*, genannt Gutenberg, in Mainz das Drucken mit beweglichen Metallbuchstaben und damit den Buchdruck.

Karl V. (1500-1558): König (ab 1519) und Kaiser (ab 1530) des Heiligen Römischen Reiches Deutscher Nation aus dem Geschlecht der Habsburger. Er beherrschte große, weit über Europa und Südamerika verstreute Gebiete. Karl V. versuchte vergeblich, die religiöse Einheit des Reiches zu bewahren (→ *Reformation*); 1556 dankte er als Kaiser ab.

Kolumbus, Christoph (1451-1506): Seefahrer und Entdecker. Er versuchte, in westlicher Richtung nach Indien zu kommen. Dabei entdeckte er 1492 Amerika.

2 Christoph Kolumbus.
Briefmarke aus Laos von 1983.

3 Martin Luther.
Briefmarke, herausgegeben von der Deutschen Post im Jahre 1996.

Luther, Martin (1483-1546): Reformator. Er veröffentlichte 1517 seine 95 Thesen über den → *Ablass* in Wittenberg, kritisierte darin besonders den Ablasshandel und leitete so die → *Reformation* ein. Luther bestritt später die christliche Führungsrolle des Papstes und die Unfehlbarkeit der Konzilien. 1520 wurde Luther der Prozess gemacht, ein Jahr später die → *Reichsacht* über ihn verhängt. Er übersetzte die ganze Bibel ins Deutsche, verfasste zahlreiche Lehrwerke und Kirchenlieder.

Wallenstein, Albrecht von (1583-1634; ermordet): Feldherr und Staatsmann. Mit seiner Heirat 1609 sowie durch die Unterstützung des Kaisers bei der Niederwerfung des böhmischen Aufstandes 1618/20 gewann er große Gebiete. Dem Kaiser stellte er ein Söldnerheer zur Verfügung. Er erhielt den Oberbefehl über alle kaiserlichen Truppen im Reich. Kaiserliche Offiziere ermordeten ihn, da er des Verrats verdächtigt wurde.

Zusammenfassung

Im Mittelalter gründeten Könige, Fürsten und Bischöfe → *Märkte* und leiteten eine Welle von Stadtgründungen ein. Als Stadtherren gewährten sie den Stadtbewohnern mehr Rechte als auf dem Land üblich. In den Städten bestimmten bald nicht nur die Stadtherren, sondern auch die → *Patrizier*. Sie wurden Ratsherren und Bürgermeister. Erst im 14./15. Jh. erkämpften sich die → *Zünfte* eine Beteiligung an der Stadtregierung.
Zwischen Christen und Juden bestanden lange Zeit gute nachbarschaftliche Beziehungen. Erst religiöser Fanatismus und Krisen wie die Pest änderten das Zusammenleben. Im 15. Jh. entstanden in vielen Städten abgetrennte Wohnviertel (→ *Ghettos*), in denen die jüdische Bevölkerung leben musste.
In Italien bestanden im 15. Jh. mächtige Stadtrepubliken. Sie wetteiferten politisch, wirtschaftlich und kulturell miteinander. Eine der bedeutendsten Stadtstaaten war Florenz.
Von Italien aus verbreitete sich die → *Renaissance*. Ihre Anhänger, die Humanisten (→ *Humanismus*), ließen sich von antiken Vorbildern beeinflussen. Sie sahen im Menschen den Mittelpunkt der von Gott geschaffenen Welt. Nicht mehr allein die Zugehörigkeit zu einem bestimmten Stand (Adel, Klerus oder Bürgertum), zählte. Jeder Mensch sollte für sein Leben verantwortlich sein.
Der von → *Gutenberg* erfundene Buchdruck mit beweglichen Lettern steigerte die Buchherstellung. So lernten immer mehr Menschen wissenschaftliche, politische und religiöse Vorstellungen kennen.
1453 eroberten Truppen des osmanischen Herrschers Mehmed II. Konstantinopel. Muslime übernahmen die Macht

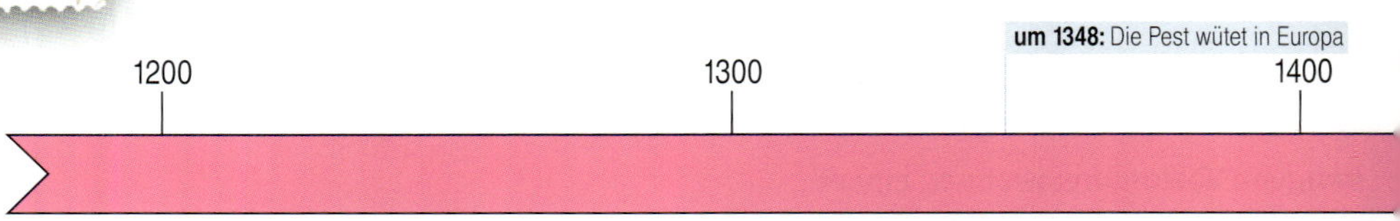

im christlichen Byzantinischen Reich. Aus Konstantinopel wurde Istanbul. Weil Waren aus dem Orient und Asien in Europa zwar begehrt, ihr Transport auf dem Land aber unsicher, langwierig und teuer war, suchten die am Mittelmeer gelegenen europäischen Staaten einen Seeweg nach Indien. Mit diesem Ziel segelte → *Kolumbus* auf dem Atlantik nach Westen. Er landete 1492 in Amerika.

Aus Entdeckern wurden Eroberer. Die Europäer zerstörten die Reiche und Kulturen der → *indigenen Völker* wie der Inka, Maya und Azteken, zwangen ihnen ihre Lebensweise und Religion auf und beuteten ihre Natur- und Bodenschätze aus.

Etwa zur selben Zeit entwickelte sich in Europa die frühkapitalistische Wirtschaftsweise. Unternehmer nutzten das Verlagssystem, die Arbeitsteilung in der gewerblichen Warenherstellung, den Bergbau und das Bankwesen, um hohe Gewinne zu erzielen.

Im 15. Jh. häuften sich Vorwürfe gegen Papst, Bischöfe, Priester und Äbte, sie missbrauchten ihre Macht und lebten in Luxus, statt sich um ihre geistlichen Aufgaben zu kümmern. Immer häufiger erließ die Kirche den Gläubigen gegen Geld ihre Sündenstrafen (→ *Ablasshandel*). Daran entzündete sich 1517 → *Luthers* Kirchenkritik. Seine Thesen gegen die Ablasspraxis leiteten die → *Reformation* ein. Der Streit spitzte sich zu, als Luther vor Kaiser → *Karl V.* erklärte, der Papst und die Konzilien könnten irren. Für ihn sei allein das Evangelium Maßstab des Glaubens. 1521 schloss zunächst der Papst Luther aus der Kirche aus (→ *Bann*), danach erklärte der Kaiser ihn und seine Anhänger für „vogelfrei" (→ *Reichsacht*).

Die reformatorische Lehre trug dazu bei, dass neue soziale Konflikte entstanden. Mit Söldnerheeren schlugen die Fürsten die regionalen Aufstände des Bauernkrieges nieder.

Der Papst und die katholischen Fürsten versuchten erfolglos, die Einheit der Christenheit mit Gewalt wiederherzustellen. Im Augsburger Religionsfrieden wurde die Spaltung der Christenheit bestätigt. Die Landesfürsten bestimmten von nun an die Religion ihrer Untertanen.

Luthers Bewegung spaltete sich. In der Schweiz setzten die Reformatoren Zwingli und Calvin strenge Maßstäbe für den Glauben sowie das private und öffentliche Leben. Die verschiedenen → *Konfessionen* verhielten sich untereinander intolerant.

Herausgefordert durch die Reformation veränderte sich die katholische Kirche. Das Konzil von Trient (1545-1563) regte Kirchenreformen an und legte Glaubensaussagen neu fest.

Vorurteile, der Glaube an einen Teufel sowie eine frauenfeindliche Theologie und Rechtsprechung machten vor allem ärmere Frauen zu Opfern von Hexenverfolgung.

Aus einem regionalen Konflikt in Böhmen entstand der Dreißigjährige Krieg. In ihm ging es um konfessionelle Gegensätze und politische Macht. Zu den wichtigsten kaiserlichen Heerführern zählte → *Wallenstein*.

Für die Menschen war der Krieg eine Katastrophe. Vor allem die Bewohner des Heiligen Römischen Reiches Deutscher Nation litten unter ihm. Durch den Westfälischen Frieden festigten sich die Positionen Frankreichs und Schwedens; der Einfluss der Habsburger schwand. Das Reich blieb ein lockerer Verbund vieler Einzelstaaten.

4 350 Jahre Westfälischer Frieden.
Briefmarke, herausgegeben von der Deutschen Post im Jahre 1998.

5 450 Jahre Augsburger Frieden.
Briefmarke, herausgegeben von der Deutschen Post im Jahre 2005.

Überlege, warum historische Persönlichkeiten und Ereignisse auf Briefmarken abgebildet werden. Welche Bedeutung haben die hier gezeigten Personen (Abb. 1, 2 und 3) für unsere Gegenwart? Ist es sinnvoll, immer wieder an den „Westfälischen Frieden" und den „Augsburger Frieden" zu erinnern?

→ ***Lesetipps:*** *Buchempfehlungen zu den Themen findest du auf Seite 246.*

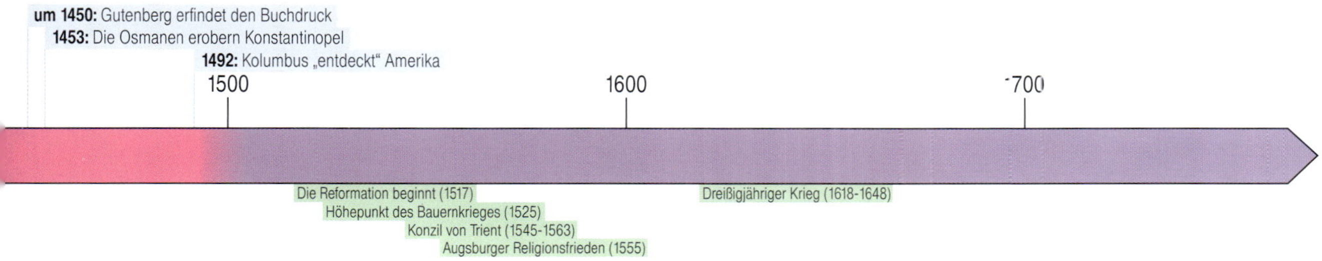

Neue Herrschaftsformen in Europa

Das Schloss von Versailles und der Waffenplatz.
Ölgemälde (139 x 150 cm) von Pierre-Denis Martin, 1722 (Ausschnitt). Im Vordergrund mündet die Straße von Paris in den „Waffenplatz". Durch das erste Tor erreicht der Besucher den „Hof der Minister" (links und rechts liegen die „Ministerflügel"). Hat er ihn durchschritten, steht er im „Königshof" und gelangt durch den „Marmorhof" vor das Hauptgebäude. Die Zimmer des Königs befinden sich im ersten Stock in der Mitte des Gebäudes.

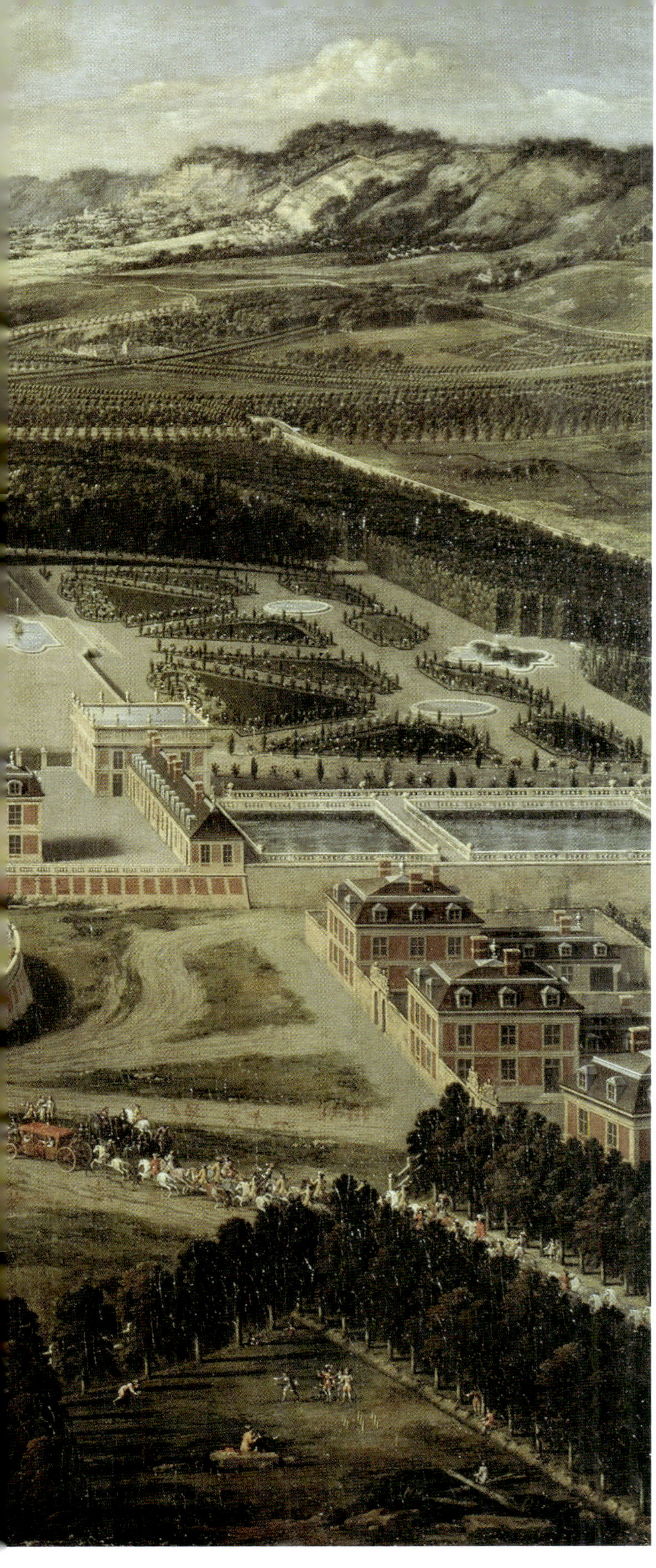

Eine wichtige Mitteilung

Die Hofgesellschaft war wie vom Donner gerührt. Nie hätte man erwartet, das hören zu müssen. War das der König, wie man ihn seit Jahren kannte? War er nicht immer wie Wachs in den Händen seines Ersten Ministers, des Kardinals Mazarin, gewesen? War er nicht gestern, als die Nachricht von dessen Tod gekommen war, in Tränen ausgebrochen und hatte geschluchzt: „Ab heute werde ich alleine sein!" – Ein König, der öffentlich weint, ist schwach. Alles werde also so weitergehen wie bisher – so hatten die Herren des Hochadels gedacht. Unklar war ihnen nur gewesen, wen der 23-jährige Monarch zum Ersten Minister machen würde.
Und heute: Ludwig hatte den Hochadel bereits einen Tag nach dem Tod Mazarins um 7 Uhr früh zu sich gebeten und der Hofgesellschaft nach einer kurzen, beinahe kalten Begrüßung eröffnet, dass er von nun an alle Staatsgeschäfte alleine leiten wolle!
„Was die Personen betrifft, die mir bei meiner Arbeit helfen sollen, so habe ich mich vor allem entschlossen, keinen Ersten Minister mehr in meinen Dienst zu nehmen", fügte er hinzu. „Denn nichts ist in meinen Augen unwürdiger für einen König, als wenn andere die Entscheidungen treffen und für ihn nur der leere Titel bleibt. In Zukunft haben die Männer, die ich zu Ministern berufen werde, meine Befehle entgegenzunehmen und zu meiner Zufriedenheit auszuführen. Sie werden nichts tun, wozu ich sie nicht beauftragt habe. Sie werden sich bereithalten, mir zu jeder Stunde über ihr Handeln Rechenschaft zu geben."
Als der König eine kurze Pause machte, meinten die Adligen, die Audienz sei beendet. Sie verbeugten sich tief vor ihm und wollten den Raum verlassen. Ludwig aber schien ihre Verbeugung gar nicht zu bemerken, jedenfalls gab er ihnen kein Zeichen, das es ihnen erlaubt hätte, sich zu erheben. So blieb ihnen nichts übrig, als die weiteren königlichen Worte mit gebeugtem Rücken anzuhören.
„Sofern Ihnen an meiner Gnade liegt, werden Sie von heute an in meiner von Gott geheiligten Person die höchste Autorität unseres Königreiches anerkennen. Anderenfalls ist für Sie kein Platz in meinem Dienst mehr. – Meine Herren ...!"
Mit einer fast nachlässigen Handbewegung gab Ludwig das Zeichen, das den Adligen erlaubte, sich rückwärts aus dem Zimmer zurückzuziehen. Dabei murmelte der junge Spross einer alten Adelsfamilie: „Das werden wir ja sehen ..."

Dieter Brückner

Der „Sonnenkönig“ Ludwig XIV.

Er wollte selbst regieren
Nach dem Tod seines Vaters wurde *Ludwig XIV.* 1643 mit vier Jahren zum König von Frankreich gekrönt. Im Auftrag seiner Mutter führte Kardinal *Mazarin* als „Erster Minister“ die Regierung. Nach dessen Tod 1661 erklärte Ludwig seiner Mutter, den Prinzen, Herzögen und bisherigen Ministern, er wolle „seinen Staat“ selbst regieren und sich dabei nur auf seine „eigene Sorgfalt“ stützen. Damit schaltete er den „alten“ Hofadel aus und versuchte, eine neue Regierungsform durchzusetzen: den Absolutismus. Der aus dem Lateinischen *princeps legibus (ab)solutus* abgeleitete Begriff meint, dass der Herrscher von den Gesetzen befreit ist. Gleichzeitig rechtfertigte die Kirche den Herrschaftsanspruch der Könige mit dem *Gottesgnadentum*: Jeder rechtmäßige König sei von Gott eingesetzt.

Selbst, aber nicht allein
Ludwig XIV. regierte zwar selbst, aber nicht allein. Ein Kanzler war für die Justiz verantwortlich, Beamte oder Minister leiteten das Heer, die Außenpolitik und die Marine. Ein Fachmann beaufsichtigte die Finanzen. Sie alle gehörten zum Staatsrat, der unter dem Vorsitz des Königs regelmäßig zusammentrat. Der Staatsrat bestand nicht mehr aus dem „alten“ Hofadel, sondern dem „neuen“ Amtsadel, aus fähigen Männern, die meist aus dem Bürgertum stammten und einen Adelstitel entweder erworben oder verliehen bekommen hatten.
Wie seine Vorgänger lehnte Ludwig XIV. die Mitwirkung der *Generalstände* (*États généraux*) ab. Diese Versammlung von Klerus (*Erster Stand*), Adel (*Zweiter Stand*) sowie Bürgern und Bauern (*Dritter Stand*) war seit 1614 nicht mehr einberufen worden.

1 Das Zeichen des Königs.
Foto von 1990.
Teil des Schlosstors von Versailles (siehe Seite 88/89).
Ludwig XIV. gilt als „Sonnenkönig“. Für ihn war die Sonne „das lebendigste und schönste Sinnbild eines großen Herrschers“.
Nenne mögliche Gründe.

„Ein König, ein Gesetz, ein Glaube“
Der König war der höchste Richter des Landes und er erließ auch Gesetze. Adel und Klerus richteten in der Regel über die Bauern, denen sie ihr Land überlassen hatten. Für die zentrale Verwaltung des Reiches setzte der König *Intendanten* als Leiter der rund 30 Verwaltungsbezirke ein. Sie stammten meist aus dem Bürgertum, zogen die Steuern ein, sorgten für Ordnung, den Straßenbau und die Lebensmittelversorgung.
Nach dem Grundsatz „Ein König, ein Gesetz, ein Glaube“ duldete Ludwig XIV. nur den katholischen Glauben. Er versuchte, die Hugenotten* (etwa fünf Prozent der Bevölkerung) zurück zum Katholizismus zu zwingen. Daraufhin flohen etwa 300 000 Hugenotten ins protestantische Ausland. Wohlhabende und beruflich tüchtige Flüchtlinge konnten sich in England, den Niederlanden, der Schweiz und in einigen Territorien des Heiligen Römischen Reiches Deutscher Nation niederlassen.

Die Armee stützt den König
Frankreich erhielt ein stehendes Heer, eine vom Monarchen besoldete, ständig einsatzfähige Armee. Die Zahl der Soldaten wuchs von 45 000 (1665) auf 400 000 (1703). Sie bekamen einheitliche Uniformen und lebten in Kasernen. Drill und Manöver machten sie kriegsbereit. Offiziersstellen konnte man kaufen, die höheren Ränge (General, Marschall) blieben aber dem „alten“ Adel vorbehalten. Neu war, dass der König die wichtigsten Offiziere ernannte. Ludwig XIV. ließ Festungen bauen, um Frankreichs Nord- und Ostgrenzen zu sichern.** Frankreich stieg zur stärksten Macht Europas auf.

***Hugenotten**: *Bezeichnung für die französischen Protestanten, deren Glauben stark von der Lehre Calvins (siehe Seite 76 f.) geprägt war.*
*** Siehe dazu die Karte auf Seite 96.*

M 1 Die Stellung des Königs

Die Religionskriege des 16. Jh. in Frankreich werden von einer Diskussion über die Stellung des Monarchen im Staat begleitet. Einige calvinistische Denker wollen die fürstliche Gewalt durch die Stände einschränken. Dagegen entwickelt der katholische Rechtsgelehrte Jean Bodin eine Lehre, die die besondere Stellung der Könige betont. In dem 1576 veröffentlichten Werk „Sechs Bücher über den Staat" schreibt er:

Da es auf Erden nächst Gott nichts Höheres gibt als die souveränen Fürsten* und weil sie von Gott als seine Stellvertreter dazu berufen sind, den übrigen Menschen zu gebieten, muss man sich ihres Ranges bewusst sein [...]. Wer nämlich seinen souveränen Fürsten schmäht, der schmäht Gott, dessen Ebenbild auf Erden er ist [...].
Das Hauptmerkmal des souveränen Fürsten besteht darin, der Gesamtheit und den Einzelnen das Gesetz vorschreiben zu können, und zwar [...] ohne auf die Zustimmung eines Höheren oder Gleichberechtigten oder gar Niedrigeren angewiesen zu sein. Denn wenn der Fürst kein Gesetz ohne die Zustimmung eines über ihm Stehenden erlassen darf, dann ist er in Wirklichkeit Untertan. Braucht er hingegen die Zustimmung eines ihm Gleichgestellten, so ist er bloßer Teilhaber, und wenn seine Untertanen, sei es als Senat oder als Volk, zustimmen müssen, dann ist er nicht souverän.

Paul Hartig, Auf der Suche nach dem besten Staat, Stuttgart 1985, S. 25 f.

* **souveräner Fürst**: *unumschränkter Herrscher*

M 3 Wie die absolutistische Herrschaft unter Ludwig XIV. funktionieren sollte.

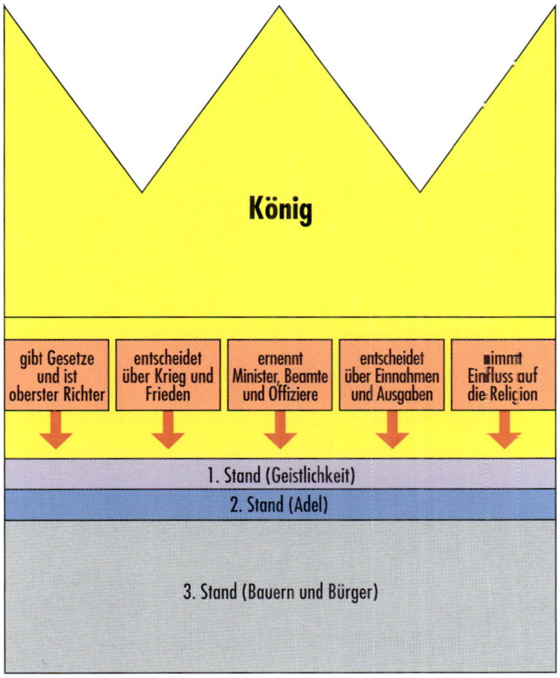

M 2 Die königliche Macht

In dem 1682 veröffentlichten Werk über „Die Politik nach den Worten der Heiligen Schrift" schreibt Bischof Bossuet:

Alle Macht kommt von Gott. Die Fürsten regieren also als seine Stellvertreter auf Erden. Gott also regiert alle Völker und gibt ihnen allen ihre Könige.
Daraus folgt, dass die Person des Königs heilig ist. Die königliche Autorität ist absolut.
1. Der Fürst hat niemandem Rechenschaft abzulegen über das, was er befiehlt. Seine Macht muss so groß sein, dass niemand hoffen kann, sich ihr zu entziehen.
2. Wenn der Fürst geurteilt hat, gibt es kein anderes Urteil mehr. Die Urteile der Herrscher gehen auf Gott zurück.
3. Es gibt keinerlei Zwangsgewalt gegen den Fürsten.
4. Deshalb sind die Könige aber nicht von den Gesetzen befreit.
Sie sind wie alle anderen der Rechtlichkeit des Gesetzes unterworfen, sowohl weil sie selbst gerecht sein sollen, als auch weil sie dem Volk Beispiel als Hüter des Gesetzes sein sollen, aber sie sind nicht den Strafen des Gesetzes unterworfen.

Paul Hartig, Auf der Suche nach dem besten Staat, a. a. O., S. 27 f. (zusammengefasst und vereinfacht)

M 4 Kritik am Absolutismus

Der französische Erzbischof Fénelon, Erzieher der Enkel Ludwigs XIV., kritisierte in einem um 1695/96 geschriebenen Roman die absolutistische Regierungsweise. Das Buch wurde verboten, und Fénelon musste den Hof verlassen.

Wenn sich die Könige daran gewöhnen, kein anderes Gesetz mehr anzuerkennen als ihren unumschränkten Willen [...], dann vermögen sie alles. Aber gerade da sie alles tun können, was sie wollen, untergraben sie selber die Grundpfeiler ihrer Macht; sie richten sich in ihrer Regierung nicht mehr nach bestimmten Regeln und Grundsätzen. Alle Leute schmeicheln ihnen um die Wette; sie haben keine Untertanen mehr; es bleiben ihnen nur noch Sklaven [...]. Wer wird ihnen die Wahrheit sagen? [...] Nur eine plötzliche, gewaltsame Revolution kann diese ausufernde Macht in ihre natürliche Bahn zurückführen.

Paul Hartig, Auf der Suche nach dem besten Staat, a. a. O., S. 30

1. *Nenne die wichtigsten Argumente Bodins und Bossuets für die absolute Königsherrschaft (M 1 und M 2) und nimm dazu Stellung.*
2. *Erläutere, was Bossuet in M 2, Zeile 16-26 schreibt. Überzeugt dich seine Argumentation? Begründe dein Urteil.*
3. *Es fehlt in dem Schaubild (M 3) eine wichtige Einrichtung, in der Ludwig XIV. seine Entscheidungen besprach. Nenne Sie!* Lerntipp
4. *Nenne die Gefahren der absolutistischen Herrschaft, die Fénelon sieht (M 4).*

Herrschen mit Hof und Etikette

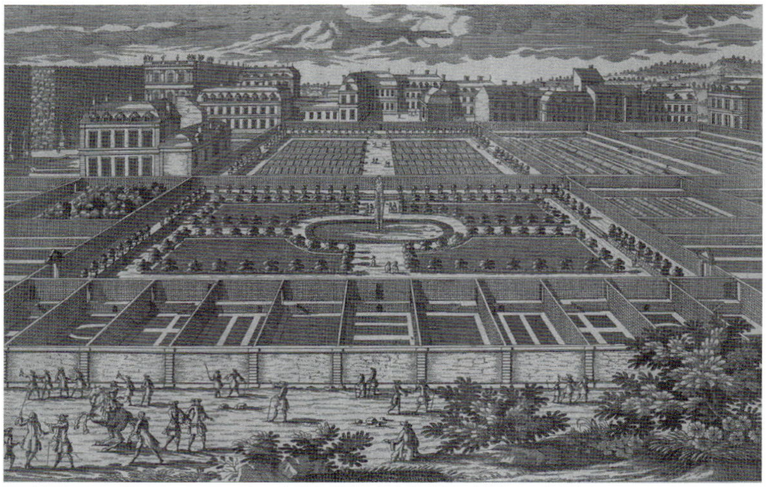

1 Die königlichen Gärten von Versailles.
Stich von Gérard Blot, um 1700.

Zeichen der Macht

Ludwig XIV. richtete in Versailles einen ständigen Regierungssitz ein. Vorher waren er und seine Vorgänger zwischen ihren Schlössern in Paris und an der Loire hin- und hergezogen. Vor den Toren von Paris ließ er ab 1661 das Jagdschloss seines Vaters umbauen. Es sollte ein Zeichen seiner Macht werden.

2 Der König als Tänzer.
Ludwig XIV. als Apoll. Anonymer Kostümentwurf, 1654.

Damit die Anlage entstehen konnte, mussten Sümpfe trockengelegt, Flüsse umgeleitet sowie Gräben und Kanäle ausgehoben werden. Bis zu 36 000 Menschen arbeiteten daran. Unzählige Maler, Stuckateure, Bildhauer und andere Handwerker statteten die rund 2 000 Räume prächtig aus. Die Prunksäle schmückten sie mit kostbaren Möbeln, wertvollen Gemälden und edlen Wandteppichen.
Ludwig XIV. zog erst 1682 in das Schloss, das von 1 000 Adligen und 4 000 Dienern bewohnt wurde. Es bot weiteren 15 000 zum Hofstaat gehörenden Personen einen Arbeitsplatz.

Pomp, Puder und Parfüm

Der König machte das Schloss mit Theater, Ballett, Oper, Hoforchester und der Akademie der Wissenschaften zum kulturellen Zentrum seines Landes.
Vieles war aber nur schöner Schein. So lag die Hofküche so weit von den Speisesälen entfernt, dass die Diener Mühe hatten, die Mahlzeiten warm auf den Tisch zu bringen. Die Zimmer ließen sich kaum heizen. Im ganzen Palast soll es nur 283 „Nachtstühle“, aber keine einzige Toilette und auch keine Badewanne gegeben haben. Während der Feste verrichteten die Damen nicht selten ihre Notdurft durch die Doppelröcke geschützt im Stehen. Die Adligen erleichterten sich in den Nischen hinter Vorhängen und in Kaminen. In dieser Atmosphäre von Pomp und Schmutz hüllten sich Männer und Frauen in Wolken von Parfüm und Puder.

Die Macht der Etikette

Versailles sollte das Gefühl vermitteln, nur „bei Hofe” könne man wie ein wirklicher Adliger leben. Dazu trugen die *Etikette* bei, die königlichen Vorschriften für den Umgang miteinander. Ganz gleich, ob es sich um den Morgenempfang oder das Zubettgehen des Königs, um Freudenfeste, Vergnügungen oder Trauerfeiern handelte – jeder am Hofe erhielt nach seinem Ansehen einen bestimmten Rang im *Hofzeremoniell*. Das Recht, sich in der Nähe Ludwigs XIV. aufzuhalten oder ihn in seiner Kutsche zu begleiten, stand nur Adligen zu, die ihre Herkunft bis in das 14. Jh. nachweisen konnten. Damit band der Monarch den „alten“ Adel an seinen Hof und „zähmte“ ihn zugleich. Denn die Nähe des „alten“ Adels zum Herrscher war ein Ausgleich für seinen verlorenen politischen Einfluss.

M 1 Morgenempfang beim König

Der französische Historiker Hippolyte Taine (1828-1893) beschreibt den alltäglichen Morgenempfang (franz. lever: aufstehen) so:

Der König ist gehalten, eine ganze Aristokratie zu beschäftigen; daher muss er sich fortwährend zeigen und seine Person zur Schau tragen. Des Morgens weckt ihn der erste Kammerdiener zu der von ihm bestimmten Stunde, und der Reihe nach treten fünf Gruppen von Leuten ein, um ihre Aufwartung zu machen. Zuerst kommt die „vertrauliche Gruppe“, bestehend aus den königlichen Kindern, den Prinzen und Prinzessinnen von Geblüt, dem ersten Arzt, dem ersten Chirurgen und anderen nützlichen Personen.
Dann folgt die „große Gruppe“; dabei befinden sich der Großkämmerer, der Großmeister der Garderobe, die Ehren- und Kammerdamen der Königin und Prinzessinnen sowie Barbiere, Schneider und verschiedene Diener. Man gießt dem König aus einer vergoldeten Schale Franzbranntwein auf die Hände und reicht ihm den Weihkessel; er bekreuzt sich und betet. Dann erhebt er sich vor der ganzen Gesellschaft aus dem Bette, zieht die Pantoffeln und den ihm vom Großkämmerer und vom ersten Kammer-Edelmann gereichten Schlafrock an und setzt sich auf den Ankleide-Sessel.
In diesem Augenblick wird die dritte Gruppe hereingelassen, die teils aus Günstlingen, teils aus einer Menge von Dienstleuten [...] zusammengesetzt ist.
Im Moment, da man den König anzukleiden beginnt, nähert sich diesem der von einem Ordner benachrichtigte erste Kammer-Edelmann und nennt ihm die Namen der vor der Türe wartenden Edlen. Diese treten als vierte Gruppe ein. Die umfasst die meisten hohen Beamten, den Kaplan, den Prediger, den Hauptmann und Major der Leibgarden und einen Teil der übrigen hervorragenden Adligen und Geistlichkeit.
In dem feierlichen Augenblick, wenn der König ein frisches Hemd anzieht, dem Gipfelpunkt der Handlung, wird die fünfte Gruppe eingelassen, die alles umfasst, was bisher fehlte.

Zitiert nach: Wilhelm Weigand (Hrsg.), Der Hof Ludwigs XIV. Nach den Denkwürdigkeiten des Herzogs von Saint-Simon, Leipzig [3]1925, S. 466 ff. (stark vereinfacht)

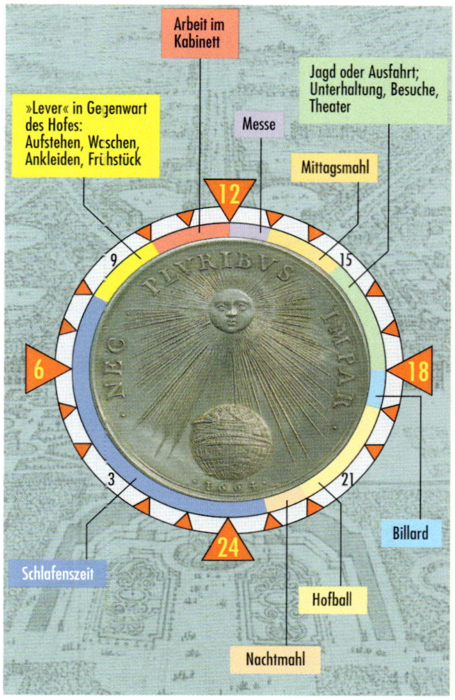

M 2 Der Tagesablauf des Königs.

In der Mitte der Grafik ist die Rückseite einer Schaumünze (Medaille) von 1664 zu sehen. Sie trägt die lateinische Umschrift „Nec pluribus impar“ (dt. „Keiner kommt ihm gleich“).

M 3 Ein Hofball

Stich von Abraham Bosse, um 1635. Wichtigster Hof- und Gesellschaftstanz war im 18. Jh. das Menuett (dt. etwa „Kleinschritttanz“).

1. *Stellt eine Liste der Personen auf, die am Morgenempfang des Königs teilnahmen (M 1). Welchen Ständen gehörten sie an? Spielt die Szene nach.*
2. *Vergleiche den Tagesablauf des Königs (M 2) mit dem deiner Mutter oder deines Vaters.*
3. *Der ganze europäische Adel nahm die französische Kultur – von der Baukunst bis zu den Umgangsformen – zum Vorbild. Daher sind viele französische Wörter in den deutschen Wortschatz eingegangen, zum Beispiel adrett, Amüsement, brillant, Brosche, charmant, kokett, Kompliment und Rendezvous. Erkläre die Wörter, wenn nötig mit einem Fremdwörterbuch.*

Lerntipp

Herrscherbild

Nichts ist zufällig
Wollen wir herausfinden, welche Wirkung Herrscherbilder hatten, dann müssen wir zunächst das Gemälde als Ganzes genau betrachten, dann seine Einzelheiten.
Der Aufbau des Bildes und alle Details sind nicht zufällig. Sie sollen etwas Bestimmtes aussagen. Wenn wir ein Herrscherbild untersuchen, sollten wir uns auch über den Porträtierten, den Maler und die Vorstellungen der Zeit über die Aufgaben der Porträtkunst informieren.

Wie er gesehen werden wollte
Ludwig XIV. maß etwa 1,60 Meter. Er hatte 1659 aufgrund einer Krankheit die meisten seiner Haare verloren und trug seitdem eine Perücke. Sein Krönungsmantel ist aus Hermelinfell und mit Lilien bestickt, sein Schwert soll von Karl dem Großen stammen. Neben der Krone liegt die main de justice, die Schwurhand aus Gold. Das Gemälde (M 1) zeigt den König, wie er sich selbst sah und wie er gesehen werden wollte. Es ist daher ein „offizielles" Porträt. Dieses Herrscherbild wurde zum Vorbild zahlreicher Porträts absolutistischer Monarchen.

Für wen war das Bild bestimmt?
Ludwig XIV. hatte den Maler beauftragt. Das Gemälde sollte ein Geschenk für seinen Neffen, Philipp V. von Spanien, werden. Weil der König aber das Bild ganz besonders gelungen fand, ließ er davon eine Kopie machen und behielt das Original für den Thronsaal von Versailles. Dort hing das Gemälde so hoch, dass die Füße des Königs in Augenhöhe der Betrachter waren. Heute befindet es sich im Museum Louvre in Paris.

M 1 König Ludwig XIV. von Frankreich.
Ölgemälde (279 x 190 cm) von Hyacinthe Rigaud, 1701.

M 2 „Halt, sieh mich an"
Ein Zeitgenosse des Malers Rigaud schreibt 1708 über Porträts:

Es muss scheinen, als wenn die Bildnisse uns selbst anredeten und zu uns sprächen: [...] Halt, sieh mich an, ich bin der unüberwindliche, mit Majestät umhüllte König; ich bin dieser tapfere Feldherr, der an alle Orte Schrecken hinbringt; oder auch, der durch sein gutes Betragen so viel wichtige Unternehmungen glücklich ausgeführt hat [...].

Zitiert nach: Rainer Schoch, Das Herrscherbild in der Malerei des 19. Jahrhunderts, München 1975, S. 20 (sprachlich leicht verändert)

M 3 Karl I. von England.
Ölgemälde (272 x 212 cm) von Anthonis van Dyck, um 1635 (Ausschnitt).

M 4 „Eine historische Studie."
Frontispiz (das ist eine Verzierung eines Buchtitelblattes) zu Titmarsh (dies ist W. M. Thackeray), The Paris Sketchbock, 1840.

1. *Beschreibe, wie der Maler es geschafft hat, Ludwig als König von Frankreich darzustellen (M 1). Beachte Größe, Haltung (Pose), Kopf, Haare (Perücke), Blick (Miene), Arme, Hände, Beine, Füße, Kleidung. Wie wollte Ludwig wirken?*
   Wie wirkt der König auf euch? Versucht, die Körperhaltung nachzustellen.
2. *Finde heraus, wie alt der König war, als Rigaud ihn malte. Stimmt der gemalte Gesichtsausdruck mit dem Alter des Herrschers überein?*
3. *Nenne die Zeichen der Macht (Insignien), mit denen Ludwig XIV. dargestellt ist (M 1).*
4. *Wer hat das Bild zu Lebzeiten des Königs gesehen? Bestimme die Haltung, die ein Betrachter des Bildes einnehmen musste. Tipp: Kopiert das Bild auf eine Overhead-Folie und projiziert es ungefähr in der Originalgröße an die Wand. Welche Wirkung geht von dem Bild jetzt aus?*
5. *M 3 gilt als Vorbild für M 1, Seite 94. Vergleiche die Bilder. Arbeite Gemeinsamkeiten und Unterschiede heraus.*
6. *Der englische Schriftsteller W. M. Thackeray schreibt 1840: „Man sieht sofort, dass die Majestät aus der Perücke gemacht ist, den hochhackigen Schuhen und dem Mantel. So stellen Barbiere und Flickschuster die Götter her, die wir anbeten." Was will er damit ausdrücken? Welche Absichten liegen seiner Zeichnung zugrunde (M 4)? Informiere dich dabei auch über die Entstehungszeit der Karikatur.*
7. *Vergleiche M 1 mit anderen Bildern von Königen in diesem Buch sowie mit Herrscherbildern der Gegenwart. Fasse die Ergebnisse in einem Kurzvortrag zusammen.*

Die Außen- und Wirtschaftspolitik Ludwigs XIV.

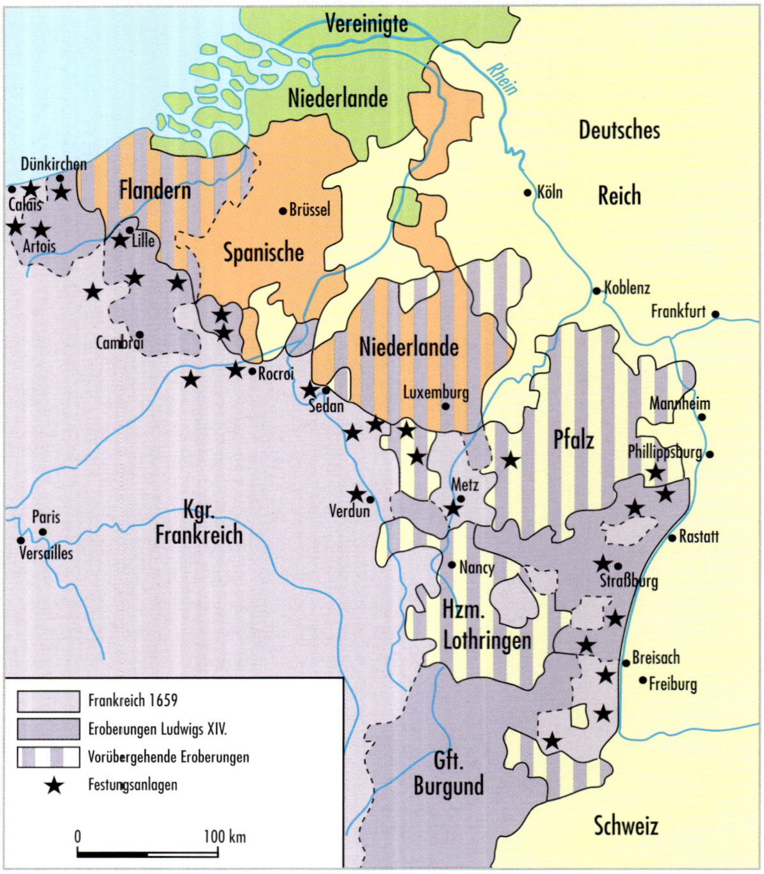

1 Veränderung der Nordostgrenze Frankreichs.

Ziel: Vormachtstellung

Ludwig XIV. strebte eine Vormachtstellung (Hegemonie) Frankreichs an. Seine Außenpolitik wollte

- das Herrscherhaus Habsburg in Spanien und Österreich schwächen,
- Frankreichs Grenzen nach Norden und Osten verschieben und
- wirtschaftliche Konkurrenten ausschalten.

Um diese Ziele zu erreichen, führte der König viele Kriege, in die andere europäische Staaten hineingezogen wurden. Ständig bemühte er sich um neue Bündnisse. Frankreich wurde durch zahlreiche Kriege und ständige Verhandlungen mit auswärtigen Mächten in den 1680er-Jahren zur größten Macht Europas.

Vor allem England widersetzte sich der französischen Hegemonie. Es schloss Bündnisse mit Frankreichs Nachbarn. So musste Ludwig XIV. nach 1688 seinen Führungsanspruch aufgeben und Englands Grundsatz vom Gleichgewicht der Mächte (engl. *Balance of powers*) in Europa hinnehmen.

Der Staat braucht Geld

Der absolutistische Staat brauchte viel Geld für das stehende Heer und seine Kriege, für die Gehälter der Beamten, die kostspieligen Bauten sowie für die aufwändige Hofhaltung. Um die Staatseinnahmen zu erhöhen, verbesserte der König die Verwaltung. Er beauftragte 1661 *Jean Baptiste Colbert* mit der Finanz- und Wirtschaftspolitik. Der aus einer Tuchhändlerfamilie stammende Colbert führte eine staatlich gelenkte Wirtschaft ein, die später Merkantilismus (von lat. *mercari*: Handel treiben) genannt wurde.
Zu seinen Maßnahmen gehörten:

- bessere und mehr Land- und Wasserstraßen,
- weniger Binnenzölle,
- geringe Einfuhrzölle für Rohstoffen und hohe Aufschläge für Luxusgüter wie Zucker und Tabak sowie Fertigwaren,
- mehr Gebiete in Übersee (Kolonien), um von dort Rohstoffe zu beziehen.

Dazu ließ Colbert viele staatliche Gewerbebetriebe (Manufakturen) errichten, die Wandbildteppiche (Gobelins), Uhren und Parfüms für die Ausfuhr ins Ausland herstellten. Und schließlich warb er ausländische Fachkräfte an und verbot französischen Spezialisten die Auswanderung.
Seine Wirtschaftspolitik nützte dem Staat. Er nahm mehr Steuern ein. Gleichzeitig wurden Bürger durch Handel und Gewerbe reich. Der Adel hatte das Nachsehen. Er durfte sich aufgrund der Standesbestimmungen nicht direkt daran beteiligen. Die Landwirtschaft aber, von der die meisten Franzosen lebten, vernachlässigte Colbert. Ihre Not beseitigte er nicht.

M 1 Spielkartenmanufaktur in Paris.
Ölgemälde, um 1680 (Ausschnitt).
In den großen Werkstätten arbeiteten viele Menschen an unterschiedlichen Plätzen vorwiegend mit der Hand, daher der Name Manufaktur (von lat. manu facere: mit der Hand machen). Die Fertigung wurde in einzelne Schritte zerlegt. Durch diese Arbeitsteilung ließen sich mehr Waren kostengünstiger herstellen, weil ungelernte Arbeiter, Frauen und Kinder mit geringen Löhnen eingestellt wurden und die Zwischentransporte der Halbfertigwaren von einer kleinen Werkstatt zur nächsten entfielen.

M 2 Was will Colbert?
Ein Botschafter der Republik Venedig berichtet in den 60er-Jahren des 17. Jh. über die neue französische Wirtschaftspolitik:

Herr Colbert möchte das ganze Land allen anderen an Wohlstand, Handelsgütern, Kunstfertigkeiten und allen möglichen Gütern überlegen machen, sodass es nichts von anderen bedarf, sondern alles an die anderen Länder liefern kann [...]. Er versäumt nichts, um Gewerbe anderer Länder in Frankreich heimisch zu machen. Was an Besonderem in England hergestellt wird, was die Natur dort an Seltenem liefert, bemüht er sich, ins Königreich einzuführen [...]. Aus Holland hat man Techniken der Tuchproduktion übernommen, ebenso auch die Herstellung von Käse, Butter und anderen Spezialitäten. Aus deutschen Ländern hat man die Produktion von Gütern, Weißblech und vieler anderer Gewerbeerzeugnisse geholt, von unserem Land die Spitzenklöppelei und die Spiegelherstellung. Was es an besten Waren in aller Welt gibt, das wird zurzeit in Frankreich hergestellt, und so groß ist das Ansehen dieser Waren, dass von überall Bestellungen kommen.

L'histoire de France, Bd. 4, hrsg. von E. Larisse, Paris 1906, S. 229 f. Übersetzung: Geschichtsbuch 2, Frankfurt a. M. 1987, S. 159 f.

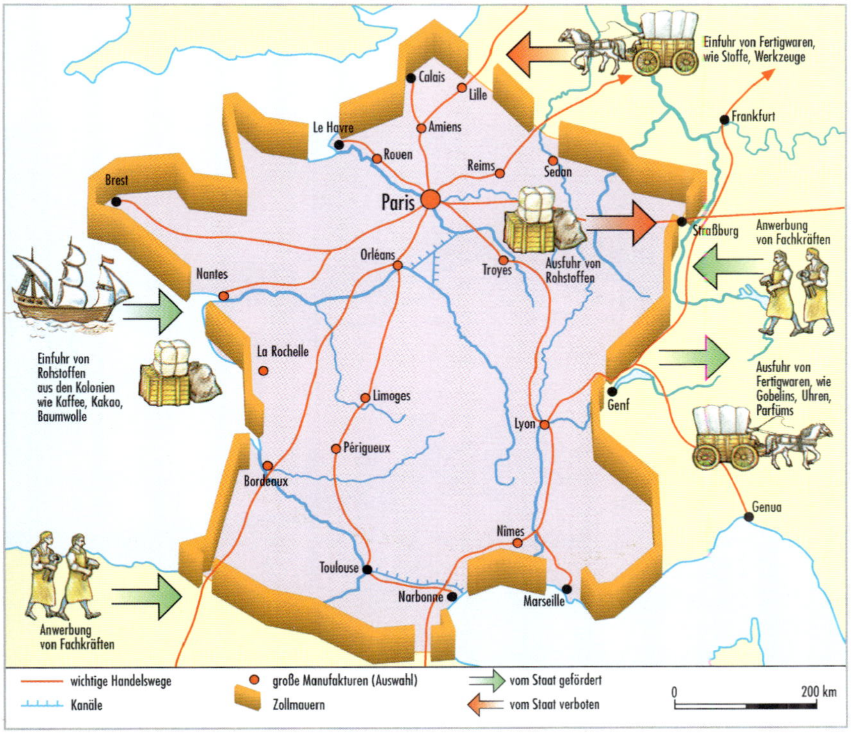

M 3 Wie die merkantilistische Wirtschaft funktionieren sollte.

1. *Auf dem Bild (M 1) sind folgende Arbeitsgänge zu sehen: Färben, Drucken, Trocknen, Schneiden, Glätten und Sortieren. Ordne sie den Bildteilen zu.*
2. *Nenne die Vor- und Nachteile der Manufaktur gegenüber der Werkstatt eines Handwerkers.*
3. *Das Schaubild M 3 zeigt, wie der Merkantilismus funktionieren sollte. Nimm diese Grafik zur Grundlage für eine eigene Beschreibung. Berücksichtige dabei auch den Bericht (M 2).* Lerntipp

Barock prägt die Epoche

Kunst im Dienste des Glaubens und Herrschens
Seit dem Ende des 16. Jh. breitete sich von Rom ein festlicher und farbenfroher Kunststil über Europa aus. Geschwungene, oft ovale Linien lösten die strengen, geraden Formen der Renaissance ab. Mit fantasievollen Verzierungen und Kontrasten zwischen Hell und Dunkel hoben die Künstler das Ungewöhnliche, Besondere und Göttliche hervor. Sie wollten die Gefühle der Menschen beeinflussen, besonders im Kirchenbau. Von den Päpsten gefördert, verbreitete sich die neue Kunstrichtung vor allem in katholischen Gebieten.

Kritiker meinten, der neue Stil lasse sich mit dem portugiesischen Wort „*barocca*“ charakterisieren. So bezeichneten im 17. Jh. Juweliere unregelmäßige, „schiefrunde“ Perlen. Entsprechend abwertend benutzte man lange Zeit den Begriff Barock. Französische Baumeister und Künstler sorgten dafür, dass der Stil weniger „schwülstig“ wurde. Sie wollten die umfassende Herrschaft der Fürsten über Raum, Natur und Menschen veranschaulichen. Beispielhaft waren das Schloss und der Garten von Versailles. Überall in Europa ließen sich die großen und kleinen Fürsten Schlösser und Gärten nach diesem Muster anlegen, um ihre Macht und Größe darzustellen.

1 Europäische Schloss- und Platzanlagen nach dem Vorbild von Versailles.

Barock als Epoche
Erst im 20. Jh. bürgerte sich „Barock“ als ein Epochenbegriff für die Zeit zwischen Ende des 16. und Mitte des 18. Jh. ein. Er galt für Architektur, Gartenbau, Bildhauerkunst, Kunsthandwerk und Malerei, die darstellenden Künste wie Theater und Oper, sowie für die Literatur und Musik, ja den gesamten Lebensstil der Zeit.

→***Internettipp:*** *Barock in NRW siehe www.nrw-tourismus.de/index.php?id=320*

2 Erbdrostenhof in Münster.
Foto von Angelika Klauser, 2002. Bauherr des zwischen 1753 und 1757 gebauten Stadtpalais für den Fürstbischof war der höchste weltliche Beamte des Bistums, der Erbdroste Adolf Heidenreich Freiherr von Droste zu Vischering. Die Pläne stammten von Johann Conrad Schlaun.

Lerntipp

Erkundungen planen und durchführen

Eine Besichtigung vorbereiten
Vielleicht wollt ihr eine Anlage aus der Barockzeit einmal gemeinsam besichtigen. Dann solltet ihr euch gut vorbereiten. Folgende Tipps und Fragen sind zur Vorbereitung hilfreich. Erste Antworten findet ihr vielleicht schon auf der Homepage der Anlage:

- *Wann ist das Bauwerk geöffnet?*
- *Wird Eintrittsgeld erhoben? Wie viel?*
- *Wie kommt ihr dorthin (Bus-, Bahnverbindung)?*
- *Wie viel Zeit habt ihr zur Verfügung, wie lange dauern An- und Abreise?*
- *Kann/muss man das Bauwerk im Rahmen einer Führung besichtigen? Wann finden die Führungen statt? Wie lange dauern sie? Was kosten sie? Gibt es spezielle Führungen für Schülerinnen und Schüler?*
- *Können Einzelne von euch Teile der Führung übernehmen?*
- *Wie viel Zeit beansprucht die Besichtigung insgesamt?*
- *Bereitet für alle ein kurzes Informationsblatt vor.*

Einen Kurzführer erstellen
Zu besonderen Bauwerken gibt es Kunstführer, die interessante Informationen liefern. Ihr könnt selbst einen Kurzführer erstellen, wenn ihr die folgenden Fragen und Aufgaben schriftlich beantwortet und entsprechend bebildert.

- *Wie heißt das Gebäude, und wo befindet es sich?*
- *Wie groß ist es? Besteht es aus mehreren Gebäuden oder Gebäudeteilen? Gehört ein Garten dazu? Beschreibt die Anlage.*
- *Wer ließ das Gebäude errichten? Sucht Informationen über den Bauherrn.*
- *Wann wurde mit dem Bau begonnen, wann wurde er abgeschlossen?*
- *Gab es einen bestimmten Anlass für die Errichtung?*
- *Welchen Zweck sollte die Anlage erfüllen?*
- *Wer waren die Baumeister und Künstler? Woher kamen sie?*
- *Welcher Baustil prägt die Anlage?*
- *Wie wurde das Gebäude genutzt?*
- *Enthält es besonders bedeutende Kunstwerke oder Räume?*
- *Wurde die Anlage seit ihrer Entstehung verändert, teilweise zerstört o. ä.?*
- *Wie wird es heute genutzt?*
- *Wer ist heute der Besitzer?*

M1 Brühl und Schloss Augustusburg.
Titelblatt eines Kurzführers von 2004.

UNESCO-Weltkulturerbe – Was ist das?
Die *Organisation für Erziehung, Wissenschaft und Kultur der Vereinten Nationen* (UNESCO) hat 1972 eine Vereinbarung (Konvention) zum Schutz des Kultur- und Naturerbes der Welt beschlossen; sie trat drei Jahre später in Kraft. Das Schloss Augustusburg in Brühl zählt seit 1984 dazu.
Zum „Weltkulturerbe" kann ein Objekt erklärt werden, wenn es mindestens eines von folgenden sechs Merkmalen erfüllt; es muss
- *von einzigartigem künstlerischen Wert sein;*
- *starken kulturellen Einfluss auf eine Region oder Epoche ausüben;*
- *von großem Seltenheitswert oder Alter sein;*
- *für eine bestimmte künstlerische Entwicklung beispielhaft sein;*
- *für eine bestimmte Architekturepoche stehen;*
- *bedeutungsvoll im Zusammenhang mit herausragenden Ideen oder historischen Gestalten sein.*

Die UNESCO-Liste wird ständig weitergeführt. Auf ihr befinden sich weitere Objekte aus Nordrhein-Westfalen. Sucht sie unter www.schaetze-der-welt.de/sdw_index.html heraus und stellt Informationen über sie zusammen.

Arbeitstipps
- *Teilt die Fragen auf und bearbeitet sie in Einzelarbeit.*
- *Tragt alle Ergebnisse in der Gruppe zusammen und überlegt, wie ihr eure Arbeit präsentieren wollt. Mögliche Formen wären beispielsweise die Erstellung eines kleinen Buches, eines Flyers oder eine PowerPoint-Präsentation.*

Wie wird England regiert?

Krone und Parlament

1215 hatte erstmals ein englischer König in der *Magna Charta libertatum* (dt. Große Urkunde der Freiheiten) seine Macht unter die „Herrschaft des Rechts" gestellt und den „Großen des Landes" versichert, ohne sie keine neuen Gesetze und Steuern einzuführen. Aus der Ständevertretung wurde ein *Parlament*. Seit dem 14. Jh. bestand es aus zwei Teilen:

- Im Oberhaus (*House of Lords*) saßen die Angehörigen des Hochadels, die Bischöfe und die Äbte.
- Im Unterhaus (*House of Commons*) versammelten sich die in den Grafschaften und Städten gewählten Vertreter (Repräsentanten) des niederen Adels, der Gentry.

Der König hatte das Recht, das Parlament einzuberufen, doch Steuern konnte er fast nur noch mit der Mehrheit von Ober- und Unterhaus erhöhen.

1 Wilhelm und Maria von Oranien werden am 13. Februar 1689 als Königspaar in England eingesetzt.
Kupferstich (50,8 x 65 cm) von James Parker, nach einem Gemälde von James Northcote, 1790 (Ausschnitt).

Machtkämpfe

Im 17. Jh. stürzten die Könige aus dem Haus *Stuart* England in eine Krise, als sie Steuern ohne das Parlament durchsetzen und politische Gegner verhaften ließen. Das Parlament wehrte sich gegen diese absolutistische Politik und zwang die Krone 1628, die *Petition of Right* (dt. Eingabe über das, was Recht ist) anzuerkennen.
Der Konflikt um die Macht blieb bestehen. Er endete in einem Bürgerkrieg, in dessen Verlauf England 1649 in eine Republik* umgewandelt und König *Karl I.* hingerichtet wurde. Die Republik überlebte ihren Begründer *Oliver Cromwell* nur kurz. 1660 rief das Parlament den Sohn des hingerichteten Königs nach England zurück. Mit *Karl II.* kehrte die Monarchie zurück.
Als er Strafen willkürlich verhängte, beschloss das Parlament 1679 die *Habeas-Corpus-Akte* (nach dem lat. Anfang mittelalterlicher Haftbefehle: „Du sollst den Körper haben, um ihn dem Gericht zuzuführen ..."). Sie schützt noch heute jeden Engländer vor willkürlicher Verhaftung.

Eine unblutige Revolution

1685 wurde Karls Bruder *Jakob II.* König. Als er die Katholiken im Lande stärkte, sperrte sich das Unterhaus. Der König löste es auf und besetzte noch weitere Ämter mit Katholiken. Wieder wehrte sich das Parlament. Es rief *Maria*, die älteste Tochter König Jakobs, die mit dem Protestanten *Wilhelm von Oranien* verheiratet war, aus den Niederlanden nach England. Nachdem sich Maria und Wilhelm verpflichtet hatten, die *Bill of Rights* (dt. Gesetz der Rechte) anzuerkennen, übertrug das Parlament 1689 dem Paar die Krone. Damit hatte sich die konstitutionelle Monarchie in England durchgesetzt, eine Staatsform, in der die Rechte des Königs in einer Verfassung schriftlich festgelegt sind. Da der Wechsel der Herrschaft unblutig verlief, nannte man dieses Ereignis *Glorious Revolution*.

***Republik** *(lat. res publica: öffentliche Angelegenheit, Gemeinwesen): allgemein eine Staatsform, die keine Königsherrschaft ist, und ein aus Wahlen hervorgegangenes Parlament die Regierung ernennt und Gesetze beschließt*

M 1 „Du sollst …“

1679 kann das englische Parlament die „Habeas-Corpus-Akte“ durchsetzen; darin heißt es:

Um all den Personen, die wegen wirklicher oder vermeintlicher krimineller Handlungen inhaftiert wurden, eine schnelle Rechtshilfe zu gewähren, sei hiermit gesetzlich festgesetzt, dass – wenn immer eine oder mehrere Personen einen Habeas-Corpus-Erlass bringen – innerhalb dreier Tage nach der Verhaftung die Vorführung des Inhaftierten vor ein Gericht veranlasst werden soll.

Ivor W. Jennings und Gerhard A. Ritter, Das britische Regierungssystem. Leitfaden und Quellenbuch, Köln und Opladen ²1979, S. 126 (vereinfacht)

M 3 Aus dem englischen „Staatsgrundgesetz“

Die „Bill of Rights“ von 1689 kann als das englische „Grundgesetz“ der Neuzeit bezeichnet werden; hier wird gefordert:

Dass die angemaßte Gewalt, durch königliche Autorität Gesetze oder die Ausführung der Gesetze ohne Zustimmung des Parlaments aufzuheben, ungesetzlich ist […].
Dass die Erhebung von Geld für und zum Gebrauch der Krone ohne Bewilligung des Parlaments ungesetzlich ist […].
Dass die Errichtung oder Erhaltung eines stehenden Heeres im Königreiche in Friedenszeiten ungesetzlich ist, sofern es nicht mit Zustimmung des Parlaments geschieht […].
Dass die Wahl zu Mitgliedern des Parlaments frei sein muss […].
Dass die Freiheit der Rede und der Debatten oder Verhandlungen im Parlament nicht angefochten oder zum Gegenstand von Untersuchungen gemacht werden darf […].
Und dass zur Abstellung aller Beschwerden und zur Verbesserung, Stärkung und Aufrechterhaltung der Gesetze häufig Parlamente abgehalten werden sollen.

Ivor W. Jennings und Gerhard A. Ritter, Das britische Regierungssystem, a. a. O., S. 130 f. (vereinfacht)

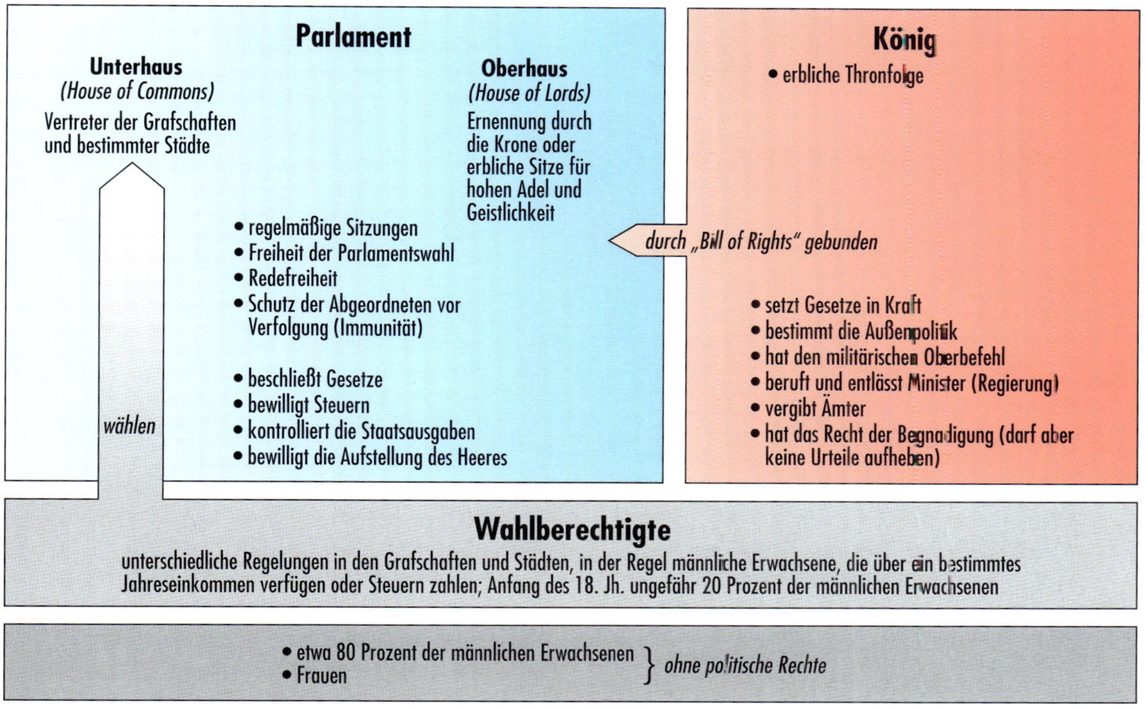

M 2 Die Monarchie in England nach der „Glorreichen Revolution“.

1. *Du bist ein Franzose, der England besucht hat. Die Habeas-Corpus-Akte (M 1) hat dich beeindruckt. Du erklärst deinen französischen Freunden in einem Brief oder einem Gespräch ihre Bedeutung.*
2. *Informiere dich, welche Voraussetzungen in unserem Staat erfüllt sein müssen, um jemanden festnehmen und inhaftieren zu dürfen. Vergleiche mit der Bestimmung von 1679 (M 1).*
3. *Welche Staatsform wird durch die „Bill of Rights“ in England eingeführt? Beachte, wie der neue König zu seinem Amt gelangte und wozu er verpflichtet wurde (M 2 und M 3).*

Aufklärung – Herrschaft der Vernunft

1 Immanuel Kant.
Das Porträt wurde im August 1768 für eine Buchhandlung gemalt. Kant wurde 1724 in Königsberg als Sohn eines Sattlermeisters geboren. Seine wichtigsten Werke schrieb er, als er das 60. Lebensjahr bereits überschritten hatte. Kant starb 1804.

Licht in einer dunklen Welt

In seiner Antwort auf die Frage „Was ist Aufklärung?“ fasst der deutsche Philosoph *Immanuel Kant* die Kennzeichen dieser Geisteshaltung zusammen. Sie entstand im 17. Jh. in England und den Niederlanden und beeinflusste fast alle Bereiche des Denkens, Glaubens und Lebens: die Naturwissenschaften, die Medizin und die Mathematik ebenso wie die Theologie und Philosophie, die Rechtswissenschaft und Staatslehre, Literatur und Künste, schließlich auch die Wirtschaft und die Erziehung.
Die Anhänger der Aufklärung sahen es als ihre Aufgabe an, in eine nach ihrer Meinung dunkle Welt voller Unkenntnis und Vorurteile die Erleuchtung der vernünftigen Erkenntnis zu bringen. Deshalb hieß die neue Geisteshaltung in England *enlightenment*.

Die Vernunft als Maßstab

Die Gelehrten vertrauten seit dem 16. Jh. immer mehr darauf, dass die Vernunft in der Lage sei, die Gesellschaft, den Menschen und die ihn umgebende Welt zu erkennen. Sie waren im „Zeitalter der Vernunft“ überzeugt, schrittweise alle Gesetze ergründen zu können, nach denen die Natur und der Kosmos „funktionierten“. Ihre Grundsätze:

- Sie gingen von dem aus, was sie in der Natur sehen und messen konnten. Sie beobachteten genau und ohne auf bisherige Meinungen zurückzugreifen.
- Sie ließen nur gelten, was sie überprüfen oder in Regeln fassen konnten.

Ihr Glaube an die Vernunft gab der Bewegung den Namen *Rationalismus* (lat. *ratio*: Vernunft).

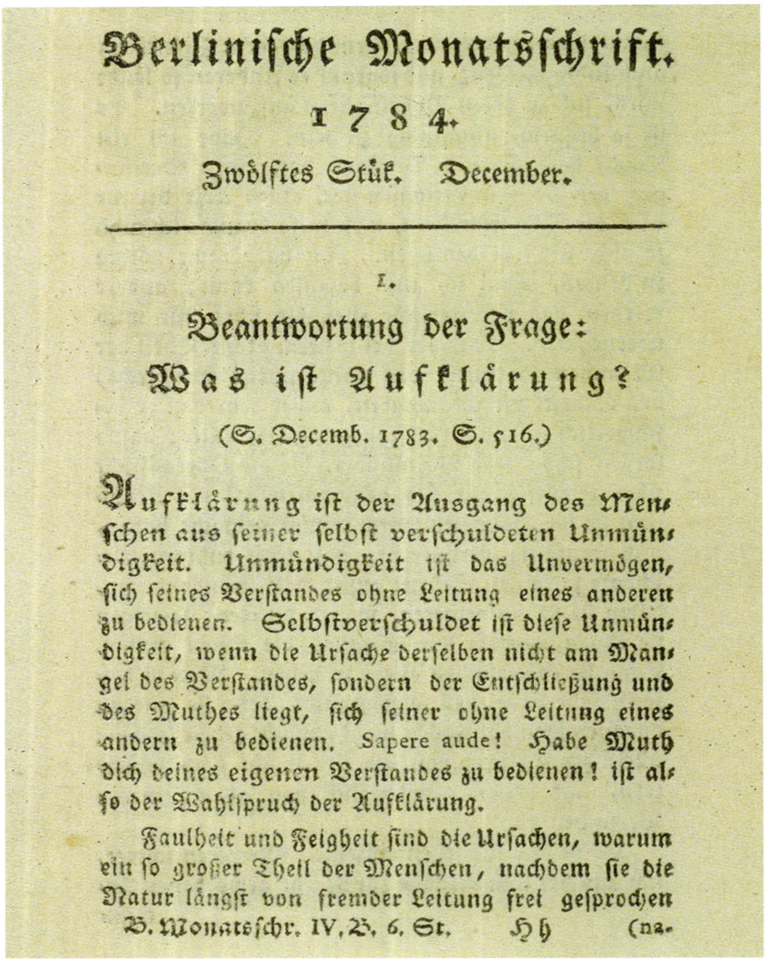

Berlinische Monatsschrift.

1784.

Zwölftes Stük. December.

1.

Beantwortung der Frage:
Was ist Aufklärung?

(S. Decemb. 1783. S. 516.)

Aufklärung ist der Ausgang des Menschen aus seiner selbst verschuldeten Unmündigkeit. Unmündigkeit ist das Unvermögen, sich seines Verstandes ohne Leitung eines anderen zu bedienen. Selbstverschuldet ist diese Unmündigkeit, wenn die Ursache derselben nicht am Mangel des Verstandes, sondern der Entschließung und des Muthes liegt, sich seiner ohne Leitung eines andern zu bedienen. Sapere aude! Habe Muth dich deines eigenen Verstandes zu bedienen! ist also der Wahlspruch der Aufklärung.

Faulheit und Feigheit sind die Ursachen, warum ein so großer Theil der Menschen, nachdem sie die Natur längst von fremder Leitung frei gesprochen (na-

B. Monatsschr. IV. B. 6. St. Hh

2 Was ist Aufklärung?
Erste Seite des berühmten Aufsatzes von Kant.
Wie beschreibt Kant die „Unmündigkeit“?
Wodurch kann sich der Mensch aus ihr befreien?

→**Internettipp:** *Informationen über Kant siehe www.uni-marburg.de/kant/welcome.html*

Erfindungen

Forschungen der Gelehrten waren Voraussetzung für die Erfindung technischer Hilfsmittel wie Mikroskop und Fernglas. Damit waren sie in der Lage, neue Methoden anzuwenden und neue Erkenntnisse zu gewinnen. Der Italiener *Galileo Galilei* (1564-1642) fand unter anderem die Gesetze des freien Falls heraus. Der Deutsche *Johannes Kepler* (1571-1630) ergänzte Galileis Beobachtungen und stellte die Gesetzmäßigkeit der Planetenbewegungen fest. 1666 erklärte sie der Engländer *Isaac Newton* (1643-1727) mathematisch exakt.

Neues Denken

Theologen lehnten die neuen Methoden und Erkenntnisse zunächst ab. Sie stuften die Aussagen der Bibel höher ein als menschliche Beobachtungen. Unabhängig von der Kirche förderten die Landesherren seit dem Ende des 17. Jh. die Wissenschaftler. Um deren Erkenntnisse für Technik und Wirtschaft zu nutzen, gründeten sie unabhängig von den bestehenden Universitäten *Akademien*. Forscher aus dem In- und Ausland konnten dort in den Laboratorien, Sternwarten und Bibliotheken arbeiten.

Ein neues Menschenbild

Die Aufklärer waren überzeugt,

- dass der Wert eines Menschen nicht auf Herkunft und Stand, sondern auf seiner angeborenen Würde und seiner Leistung beruhe, also darauf, wie er seine natürlichen Fähigkeiten ausbildet;
- dass der Mensch sich nur in Freiheit entfalten könne und
- dass es nicht nur eine einzige „wahre" Religion gebe, sondern dass in jeder Religion ein „vernünftiger" Kern stecke;
- dass es Sache der Herrscher sei, die Aufklärung in der Gesellschaft zu verbreiten.

Tatsächlich verbesserten einige Fürsten mit aufgeklärten Beamten Verwaltung, Recht und Schule. Schriftsteller und Philosophen wie *Gotthold Ephraim Lessing* und *Moses Mendelssohn* riefen zur gegenseitigen Achtung und Toleranz von Christen, Juden und Muslimen auf.

3 „Das Experiment mit dem Vogel in der Luftpumpe."
Ölgemälde (182 x 244 cm) von Joseph Wright, 1768.
In dem dargestellten Experiment sollte herausgefunden werden, ob ein Vogel im luftleeren Raum fliegen kann. Was meinst du? Informiere dich!

Eine „öffentliche Meinung" entsteht

Ein herausragendes Beispiel für die Verbreitung aufklärerischer Ideen ist die 28-bändige *Encyclopédie*. Dieses französische Lexikon erschien zwischen 1751 und 1781 und fasste das Wissen der Zeit zusammen. Die Aufklärer veröffentlichten ihre Vorstellungen auch in Zeitungen und Büchern. Sie beeinflussten die Literatur und das Theater und wurden auf privaten Zusammenkünften in Salons sowie in Cafés oder in Lesegesellschaften diskutiert.

In Berlin waren es jüdische Frauen wie *Henriette Herz* und *Rahel Levin*, die um 1800 Salons einrichteten, wo sich Christen und Juden, Adlige und Bürgerliche, Professoren, hohe Beamte, Dichter, Wissenschaftler und Kaufleute trafen. Sie sprachen über Kunst, Literatur, Wissenschaft und Politik. Insofern war die Aufklärung die Sache einer Minderheit: der Gelehrten, Schriftsteller und hohen Beamten. Gleichzeitig entstand etwas grundsätzlich Neues: eine *öffentliche Meinung*.

Informiere dich über Gotthold Ephraim Lessing und Moses Mendelssohn. Erstelle tabellarische Lebensläufe über beide Männer. Suche Gemeinsamkeiten und Unterschiede. Finde heraus, welche gemeinsamen Interessen und Themen sie beschäftigten. Halte fest, warum Mendelssohn als der Hauptvertreter der jüdischen Aufklärung (Haskala) gilt. Du kannst dazu die „WebQuest-Methode" (siehe Seite 105) anwenden.

M 3 Für einen sauberen Haushalt.
Illustration aus dem „Noth- und Hülfs-Büchlein für Bauersleute" von Rudolf Zacharias Becker, Gotha 1788.
Die Kapitel des Buches wurden fast alle mit einem Bild und einem gereimten Vers eingeleitet.
Rudolf Zacharias Becker (1752-1822) war Lehrer und Schriftsteller. Er gab von 1782-86 in Dessau die „Dessauische Zeitung für die Jugend und ihre Freunde" und 1784-87 in Gotha die „Deutsche Zeitung für die Jugend und ihre Freunde" heraus. Diese Wochenzeitschriften zählen zu den ersten deutschen Jugendzeitschriften.

M 1 Bildung für alle!
Der Geistliche Johann Amos Comenius ist einer der Ersten, der die Meinung vertritt, dass man das Bildungswesen gründlich verändern müsse. In seiner „Großen Didaktik" von 1633/38 schreibt er:

Nicht bloß die Kinder der Reichen oder Vornehmen, sondern alle in gleicher Weise, Adlige und Nichtadlige, Reiche und Arme, Knaben und Mädchen, müssen in allen Städten und Flecken, Dörfern und Häusern zur Schule herangezogen werden.

Helmut Hoffacker (Hrsg.), Materialien zum historisch-politischen Unterricht 4, Stuttgart 1982, S. 197

M 2 Reform des Schulwesens
Aus einem Schreiben Friedrichs II. an seinen Minister Joseph Christian Freiherr von Zedlitz von 1779:*

Bei den kleinen Schulen muss erst angefangen werden, denn da wird der Grund gelegt. Die jungen Leute mögen hiernächst auf einen Juristen, Professor, Sekretär oder was es ist studieren, so müssten sie das alles, auch lateinisch wissen. Eine gute deutsche Grammatik, die die Beste ist, muss auch bei den Schulen gebraucht werden [...]. Von großem Nutzen würde es sein, wenn die jungen Leute, so in einem Schulhause, beständig beisammen wären, wofür die Eltern was Gewisses bezahlen, so würden sie weit mehr lernen, als wenn sie zu Hause sind, wo sie die Eltern doch nur herumlaufen lassen. [...] Die Rhetorik und Logik ist für alle Stände, alle Menschen haben sie gleich nöthig, nur muss die Methode des Unterrichts ein bisschen reformiert werden, damit die jungen Leute besser lernen. [...]
Gegenwärtig geschieht der Unterricht nur schlecht; und es wird nicht genug Attention** auf die Erziehung in den Schulen gewandt, drum lernen die Kinder auch nicht viel [...].

Jürgen Bona Meyer, Friedrich's des Großen Pädagogische Schriften und Äußerungen, Nachdruck der Ausgabe Langensalza 1885, Königstein/Ts. 1978, S. 168 ff. (vereinfacht)

**Zur Politik Friedrichs II. von Preußen siehe Seite 108 ff.*

****Attention**: *Aufmerksamkeit*

1. *Was ist aufklärerisch an Comenius' Forderung (M 1)? Ist sie heute in allen Ländern erfüllt? Diskutiert über das Thema „Recht auf Bildung".*
2. *Die Zahl der Elementarschulen wurde während der Regierungszeit des preußischen Königs nicht nennenswert erhöht. Was sagt das über M 2 aus?*
3. *Erörtert, was Bild und Vers (M 3) über den Alltag und die Rolle der Geschlechter aussagen.*
4. *Erkläre den Begriff „Aufklärung" mit eigenen Worten. Vergleiche deine Definition mit der auf Seite 159.*

Lerntipp

Webquest – Spurensuche im Internet

Was ist ein WebQuest?
Der Begriff stammt aus dem Amerikanischen und meint so viel wie „Spurensuche im Internet". Die Methode erfordert eine gezielte Vorbereitung. Natürlich kannst du allein auf Erkundungsreise im Internet gehen. Doch die Arbeit in einem guten Team erleichtert und bereichert sie. Gemeinsam könnt ihr Fragen entwickeln und verschiedene Wege erforschen. Die Ergebnisse der Suche könnt ihr zusammen aufarbeiten und interessant vorstellen.

Wozu?
WebQuest eignet sich beispielsweise gut, um Informationen über bekannte und unbekannte Personen der Geschichte zu beschaffen. Außer auf Lebensdaten, Konfession, Ausbildung, Beruf sowie besondere Eigenschaften und Tätigkeiten kommt es darauf an, die Menschen vor dem Hintergrund ihrer Zeit zu charakterisieren. Herauskommen soll ein lebendiges Porträt, keine nüchterne Aufzählung einzelner Fakten.

Wie könnt ihr vorgehen?
1. Wählt einen Menschen aus, der euch in mehrfacher Hinsicht interessant erscheint und der im Zusammenhang mit dem Unterrichtsthema steht.
2. Gebt den Namen in eine Suchmaschine ein (*siehe die Internettipps auf dieser Seite*).
3. Notiert die gefundenen Internetadressen. Gleicht sie untereinander ab, um Mehrfachsuchen zu vermeiden.
4. Speichert euch geeignet erscheinende Daten zunächst nur ab. Druckt sie erst aus, wenn klar ist, dass ihr sie gebrauchen könnt.
5. Legt eine Liste der gedruckten oder gespeicherten Daten an. Vergleicht, prüft und ordnet die Suchergebnisse.
6. Versucht, die Zuverlässigkeit der Internetseiten zu beurteilen:
   - Wer ist der Verfasser?
   - Kann man mit ihm Kontakt aufnehmen?
   - Ist die Information aktuell?
   - Gibt es Anmerkungen, Quellennachweise und weiterführende Literaturtipps?

Vertraut nicht nur einer Seite! Auch Informationen aus anscheinend verlässlichen Internetquellen können manipuliert, d. h. fehlerhaft verändert worden sein. Vergleicht im Zweifelsfall wesentliche Aussagen mit Informationen in Nachschlagewerken, Sachbüchern oder Fachzeitschriften.

M1 Dorothea Erxleben.
Briefmarke der Deutschen Bundespost von 1987.

→***Internettipps:*** *Suchmaschinen für die Online-Recherche:*
– Google: www.google.de
– MetaGer: http://meta.rrzn.uni-hannover.de
Geschichtsportale siehe unter: www.wissenschaftliche-suchmaschinen.de/deutsch/thematisch/geistesw/geschichte.htm

→***Tipp:*** *Weitere Hinweise zum Umgang mit dem Internet findest du in dem Lerntipp „Fit fürs Net" hinten im Buch.*

M2 Dorothea Erxleben.
Die von Marianne Traub gestaltete Büste wurde 1994 vor der Universität Halle aufgestellt.

1. *Quedlinburg in Sachsen-Anhalt stellt Dorothea Christiane Erxleben bei einer Stadtführung unter dem Motto „Auf der Spur der starken Frauen" vor. Eine Briefmarke, Straßennamen und anderes erinnern heute an sie. Informiert euch über diese Frau und ihre Zeit. Besonders Bemerkenswert sind*
   – ihre Jugend,
   – ihre Erziehung,
   – ihre verschiedenen Aufgaben,
   – ihr Lebenstraum und dessen Verwirklichung.
2. *Beurteilt, ob Dorothea Erxleben aus heutiger Sicht eine bedeutende Frau ist, an die wir uns erinnern sollten.*
3. *Stellt eure Arbeitsergebnisse gut gegliedert als interessantes Referat, sehenswertes Plakat oder ideenreiche Powerpoint-Präsentation vor.*

Auf der Suche nach dem besten Staat

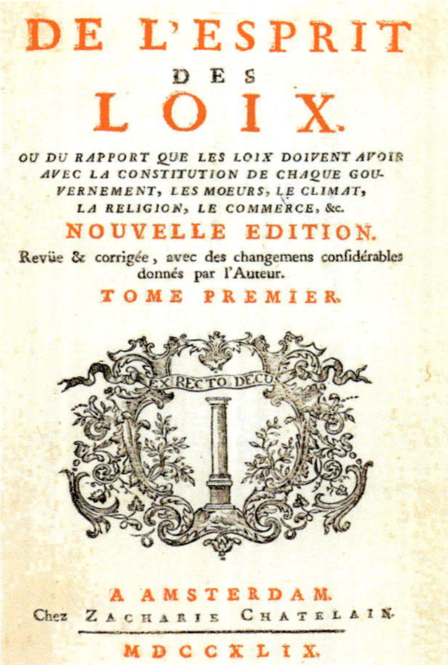

1 „De l'esprit des loix ..."
Titelbild von Montesquieus Hauptwerk, Ausgabe von 1749.
Übersetzt lautet der Titel: „Vom Geist der Gesetze oder über den Bezug, den die Gesetze zum Aufbau jeder Regierung, zu den Sitten, dem Klima, der Religion, dem Handel etc. haben müssen."
Das Werk zählt zu den wichtigsten staatstheoretischen Schriften seiner Zeit.

2 Charles de Montesquieu.
Zeitgenössischer Kupferstich.
Der französische Rechtsgelehrte und Schriftsteller wurde 1689 geboren. Er übernahm mehrere öffentliche Ämter, später bereiste er fast alle europäischen Länder, um sich über Politik und Justiz zu informieren. 1755 starb er in Paris.

3 Jean-Jacques Rousseau.
Zeitgenössischer Kupferstich.
Der Schriftsteller, Philosoph und Pädagoge Rousseau wurde 1712 in Genf geboren. 1742 ging er nach Paris, dort lernte er führende Aufklärer kennen und lebte zunächst unverheiratet mit einer Frau zusammen. Seine fünf Kinder ließ er im Findelhaus aufziehen. Rousseau starb 1778 bei Paris.

Wie sollen Menschen miteinander leben?
Nach den Religions- und Bürgerkriegen des 16. und 17. Jh. suchten kluge Köpfe mehr denn je Antworten auf die Frage nach dem besten Staat. Die Begründer der modernen Staatslehre führten den Staat und die Ordnung der Gesellschaft nicht mehr auf Gott zurück. Sie glaubten, alle Menschen besäßen von Natur aus, also von Geburt an, ein Recht auf Leben, Freiheit und Eigentum. Um diese Naturrechte zu sichern, solle in einem „Gesellschaftsvertrag" festgehalten werden, wer die Gesetze zum Schutz von Leben und Eigentum erlassen und wer über die Einhaltung dieser Gesetze wachen soll.

Aufklärung gegen Absolutismus
Der Engländer *John Locke* entwickelte eine andere Staatslehre: Wenn sich freie Menschen zu einer Gesellschaft mit einem König an der Spitze vereinigten, sei es notwendig, dessen Macht zu begrenzen. Die oberste Gewalt im Staat solle kein einzelner Herrscher, sondern ein vom Volk einberufenes Parlament besitzen. Es solle die gesetzgebende Gewalt (*Legislative*) ausüben. Auch die Fürsten seien an die Gesetze gebunden. Als vollziehende Gewalt (*Exekutive*) hätten sie die Aufgabe, sie durchzusetzen. Widersetzen sie sich den Gesetzen, dürfe das Volk sie absetzen.

Der Franzose *Charles de Montesquieu* entwickelte die Lehre von der Gewaltenteilung weiter. Um Machtmissbrauch zu verhindern, sollte es zusätzlich eine vom Parlament und vom Herrscher unabhängige richterliche Gewalt (*Judikative*) geben. Diese drei Gewalten sollten so verteilt werden, dass ihre Inhaber eigenständig handeln könnten und sich gegenseitig kontrollierten.*
Noch weiter ging *Jean-Jacques Rousseau*. Er forderte nach dem Vorbild der antiken demokratischen Polis, alle staatliche Gewalt müsse allein beim Volk liegen. Nach seinem Grundsatz der *Volkssouveränität* sei Herrschaft nur rechtmäßig, wenn das Volk, die Bürger, den Gesetzen und der Herrschaft zustimmt.
Lockes, Montesquieus und Rousseaus Lehren beeinflussten die politische Entwicklung und die neuen Verfassungen in Europa und Nordamerika.

** Wie die Gewaltenteilung funktioniert, zeigt der Lerntipp auf Seite 121.*

M1 John Locke.
Zeitgenössischer Kupferstich.
Der Engländer Locke lehrte in Oxford und verfasste naturwissenschaftliche (vor allem medizinische), philosophische und politische Schriften. Er hatte Regierungsämter inne und lebte zwischen 1682 und 1689 in Holland. Locke starb 1704 im Alter von 72 Jahren.

M2 Die Grenzen der Macht

John Locke beruft sich auf den „gesunden Menschenverstand" und schreibt in seinem Werk „Über die Regierung" (geschrieben 1679-81, gedruckt erst 1689):

Das große Ziel, mit welchem die Menschen in eine Gesellschaft eintreten, ist der Genuss ihres Eigentums in Frieden und Sicherheit, und das große Werkzeug und Mittel dazu sind die Gesetze [...].
Zum Ersten muss die gesetzgebende Gewalt nach öffentlich bekanntgemachten festen Gesetzen regieren, die nicht für besondere Fälle geändert werden dürfen, sondern nur ein Maß anlegen für Reich und Arm, für den Günstling bei Hof wie für den Landmann am Pflug.
Zum Zweiten sollten diese Gesetze auf kein anderes letztes Ziel als das Wohl des Volkes ausgerichtet sein.
Zum Dritten darf die gesetzgebende Gewalt keine Steuern auf das Eigentum des Volkes erheben ohne Zustimmung des Volkes [...].
Zum Vierten darf und kann die Legislative die Gewalt, Gesetze zu geben, nicht auf irgendjemand anderes übertragen, und sie kann sie nirgendwo anders hinlegen als dort, wohin sie das Volk gelegt hat [...].
Bei der Schwäche der menschlichen Natur, die stets bereit ist, nach der Macht zu greifen, dürfte es jedoch eine zu große Versuchung darstellen, wenn dieselben Personen, die die Macht haben, Gesetze zu geben, auch die Macht in der Hand hätten, sie zu vollstrecken [...].
In wohlgeordneten Staatswesen wird deshalb die legislative Gewalt in die Hände mehrerer Personen gelegt, welche nach ordnungsgemäßer Versammlung selbst oder mit anderen gemeinsam die Macht haben, Gesetze zu geben, sobald dies aber geschehen ist, wieder auseinandergehen und selbst jenen Gesetzen unterworfen sind, die sie geschaffen haben.

John Locke, Über die Regierung, hrsg. von Cornelius Mayer-Tasch, Stuttgart 1974, S. 101 und 110 ff. (vereinfacht und stark gekürzt)

M3 Das Recht auf Widerstand

Locke beschäftigt sich auch mit der unrechten Herrschaft, der Tyrannei:

Wo immer das Gesetz endet, beginnt Tyrannei [...]. Und wer immer in Ausübung von Amtsgewalt seine gesetzlichen Zuständigkeiten überschreitet und von der unter seinem Befehl stehenden Gewalt Gebrauch macht, um den Untertanen etwas aufzuzwingen, was das Gesetz nicht erlaubt, hört damit auf, Obrigkeit zu sein. Er handelt ohne Autorität, und man darf sich ihm widersetzen wie jedem anderen Menschen, der gewaltsam in die Rechte anderer eingreift.

John Locke, Über die Regierung, a. a. O., S. 153 (vereinfacht)

M4 Die Gewaltenteilung

17 Jahre nach seinem Englandaufenthalt legt Montesquieu 1748 sein politisches Hauptwerk „Vom Geist der Gesetze" vor.

Es gibt in jedem Staat drei Arten von Vollmacht: die gesetzgebende Gewalt, die vollziehende Gewalt in Sachen, die vom Völkerrecht abhängen, und die vollziehende Gewalt in Sachen, die vom bürgerlichen Recht (Zivilrecht) abhängen.
Aufgrund der ersteren schafft der Herrscher oder Magistrat Gesetze auf Zeit oder für die Dauer, ändert geltende Gesetze oder schafft sie ab.
Aufgrund der zweiten stiftet er Frieden oder Krieg, sendet oder empfängt Botschaften, stellt die Sicherheit her, sorgt gegen Einfälle vor.
Aufgrund der dritten bestraft er Verbrechen oder sitzt zu Gericht über die Streitfälle der Einzelpersonen [...].
Sobald in ein und derselben Person oder derselben Beamtenschaft die legislative Befugnis mit der exekutiven verbunden ist, gibt es keine Freiheit. Es wäre nämlich zu befürchten, dass derselbe Monarch oder derselbe Senat tyrannische Gesetze erließe und dann tyrannisch durchführte.
Freiheit gibt es auch nicht, wenn die richterliche Befugnis nicht von der legislativen und von der exekutiven Befugnis geschieden wird [...].
Alles wäre verloren, wenn ein und derselbe Mann beziehungsweise die gleiche Körperschaft entweder der Mächtigsten oder der Adligen oder des Volkes folgende drei Machtvollkommenheiten ausübte: Gesetze erlassen, öffentliche Beschlüsse in die Tat umsetzen, Verbrechen und private Streitfälle aburteilen.

Montesquieu, Vom Geist der Gesetze, eingel., ausgew. und übers. von Kurt Weigand, Stuttgart 1994, S. 216 f. (vereinfacht)

Bildet drei Gruppen und schreibt aus den Materialien M2, M3 und M4 heraus,
a) welchem Zweck ein Staat dient,
b) wer in welchem Maße im Staat entscheidet,
c) wie die Macht beschränkt werden soll und
d) worin die Rechte der Bürger bestehen.
Bestimmt anschließend gemeinsam die Aufgaben eines Königs.

Friedrich II. von Preußen – ein aufgeklärter König?

Der Militärstaat Preußen
In Brandenburg-Preußen regierten die *Hohenzollern*. Seit dem Dreißigjährigen Krieg herrschten sie über Gebiete vom Niederrhein bis zur Ostsee. 1701 erklärten sie das nicht zum Heiligen Römischen Reich Deutscher Nation gehörende Herzogtum Preußen zum Königreich.
Friedrich Wilhelm I. amtierte seit 1713 und ging als „Soldatenkönig" in die Geschichte ein. Er schuf nach französischem Vorbild ein großes stehendes Heer, verbesserte die Verwaltung und ließ Manufakturen errichten. Von seinen Untergebenen verlangte Friedrich Wilhelm I. Sparsamkeit, Pflichtbewusstsein und Gehorsam. Diese Tugenden galten später als typisch für preußische Beamte und Militärs. Besonders gegenüber seinem ältesten Sohn, dem 1712 geborenen Thronfolger Friedrich, war der „Soldatenkönig" ein strenger Vater. 1730 zwang er ihn, der Hinrichtung seines Freundes Hans Hermann von Katte aus seiner Gefängniszelle zuzusehen. Mit ihm hatte Friedrich nach Frankreich fliehen wollen. Doch das Vorhaben scheiterte und Katte wurde wegen Fahnenflucht zum Tode verurteilt.

Bewahrer und Neuerer
1740 übernahm *Friedrich II.* die Regierung. Er baute das Militär weiter aus und versuchte gleichzeitig, Preußen im Sinne der Aufklärung in einen „vernünftigen" Staat zu verwandeln. Der König dichtete, schrieb sich mit Denkern seiner Zeit wie dem französischen Schriftsteller *Voltaire*, erneuerte die Akademie der Wissenschaften und ließ als Freund der Musik – er spielte selbst Querflöte – in Berlin eine Oper bauen. Die für Preußen typische religiöse Toleranz behielt der Protestant bei: „Die Religionen müssen alle toleriert werden, denn hier muss ein jeder nach seiner Fasson* selig werden."

Der Reformer
Friedrich II. hielt an der merkantilistischen Wirtschaftspolitik seines Vaters fest. Er förderte die Einführung der Kartoffeln als Nahrungsmittel, ließ im Oderbruch Sümpfe trockenlegen sowie Straßen und Kanäle bauen. Als aufgeklärter Fürst wollte er die Schulen verbessern. Aber das notwendige Geld stellte er nicht bereit. Er schaffte die Folter in normalen Strafprozessen ab, nicht jedoch die menschenunwürdige Militärstrafe des Spießrutenlaufens**. Bedeutsam war sein Auftrag an führende Juristen, ein neues Gesetzbuch auszuarbeiten: das *Allgemeine Preußische Landrecht*. Es wurde 1794 eingeführt und galt bis 1900.

Ein aufgeklärter Herrscher?
Seine Herrschaft rechtfertigte Friedrich II. nicht mehr mit dem Gottesgnadentum. Er verstand sich als „erster Diener" seines Staates. Während seiner 46-jährigen Regierungszeit machte er Preußen zur europäischen Großmacht und verdoppelte sein Herrschaftsgebiet. Wegen seiner Bedeutung erhielt er den Beinamen „*der Große*". Allerdings waren viele seiner Reformen weniger von der Aufklärung bestimmt als von den Problemen, die seine Kriege verursachten.***

*__Fasson__: *Art und Weise*
**__Spießrutenlaufen__: *Ein verurteilter Soldat musste dabei mehrmals durch ein Spalier von Soldaten laufen, die mit Weiden- oder Haselruten auf ihn einschlugen.*
****Zu den Kriegen siehe das folgende Kapitel.*

1 „Der König überall."
Ölgemälde (105 x 182 cm) von Robert Warthmüller, 1886.
Friedrich II. besichtigt den Kartoffelanbau. Seine Sorge um das öffentliche Wohl wurde später in der vom preußischen Königshaus geförderten Historienmalerei zu einem beliebten Thema.
Überlege, welches Interesse die Nachfolger des preußischen Königs an dieser Darstellung hatten.

M 1 Friedrich der Große nach dem Siebenjährigen Krieg.
Ölgemälde (126 x 94,3 cm) von Johann Heinrich Christoph Franke, nach 1763.
Das Bild entstand im Auftrag von Friedrich dem Großen, es wurde in zahlreichen Varianten und Kopien verbreitet und hat die volkstümliche Vorstellung vom „Alten Fritz“ mitbestimmt.

M 2 Grundsätze des Königs

Für seinen Nachfolger schreibt Friedrich II. 1752 ein „Politisches Testament“. Dieses Werk, das zu seinen Lebzeiten unveröffentlicht bleibt, enthält unter anderem folgende Regierungsgrundsätze und Überlegungen:

Ich habe mich entschlossen, niemals in den Lauf des gerichtlichen Verfahrens einzugreifen: In den Gerichtshöfen sollen die Gesetze sprechen und der Herrscher schweigen. Aber dieses Stillschweigen hat mich zugleich nicht daran gehindert, die Augen offen zu halten, um das Verhalten der Richter zu überwachen [...].
Ein Gegenstand der Politik des Königs dieses Staates ist die Erhaltung seines Adels. Denn welcher Wandel auch eintreten mag, er wird vielleicht einen reicheren, aber niemals einen tapfereren noch treueren Adel bekommen. Damit der Adel sich in seinem Besitz behauptet, muss verhindert werden, dass die Bürgerlichen adlige Güter erwerben, und veranlasst werden, dass sie ihre Kapitalien im Handel anlegen, sodass, wenn ein Adliger seine Güter verkaufen muss, nur Adlige sie kaufen [...].
Geht man allen Religionen auf den Grund, so beruhen sie auf einem mehr oder minder widersinnigen System von Fabeln. Es ist unmöglich, dass ein Mensch von gesundem Verstand, der diese Dinge kritisch untersucht, nicht ihre Verkehrtheit erkennt. Aber diese Vorurteile, diese Irrtümer und diese Wundergeschichten sind für die Menschen gemacht, und man muss auf die große Masse so weit Rücksicht nehmen, dass man ihre religiösen Gefühle nicht verletzt, gleich, welchem Glauben sie angehören [...].
Der Herrscher ist nicht zu seinem hohen Rang erhoben, man hat ihm nicht die höchste Macht anvertraut, damit er in Verweichlichung dahinlebe, sich vom Mark des Volkes mäste und glücklich sei, während alles darbt. Der Herrscher ist der erste Diener des Staates. Er wird gut besoldet, damit er die Würde seiner Stellung aufrechterhalte. Man fordert aber von ihm, dass er werktätig für das Wohl des Staates arbeite und wenigstens die Hauptgeschäfte mit Sorgfalt leite.

Friedrich der Große, Die politischen Testamente, übers. von Friedrich von Oppeln-Bronikowski, Berlin 1922, S. 4 f., 35 und 42

M 3 Gleichheit vor dem Gesetz

1777 weist Friedrich II. seinen Justizminister an:

Es missfällt Mir sehr, da Ich vernehme, dass mit denen armen Leuten, die in Prozess-Sachen in Berlin zu tun haben, so hart umgegangen wird [...]. So muss Ich Euch [...] hierdurch zu erkennen geben, dass in Meinen Augen ein armer Bauer ebenso viel gilt wie der vornehmste Graf und der reichste Edelmann, und ist das Recht sowohl für vornehme als geringe Leute.

Rudolf Stadelmann, Preußens Könige in ihrer Thätigkeit für die Landescultur, Bd. 2, Leipzig 1882, S. 487

M 4 Friedrichs Charakter

Ein österreichischer Gesandter berichtet 1763 über Friedrich II.:

Sein Charakter ist Misstrauen und Verstellung. Er ist beständig auf der Hut und achtet auf das Geringste, was seine Nachbarn tun; somit wird er sicherlich keine Gelegenheit verabsäumen, um aus ihren etwaigen Fehlern Nutzen zu ziehen. Er ist großmütig und bestechend in Worten, höflich und huldvoll gegen die, welche er nötig hat, aber hart und unerbittlich, wenn sein Interesse im Spiel ist [...].
Unbegreiflich erscheint die allgemeine Unzufriedenheit, die in allen seinen Ländern zutage tritt. Adel und Offiziere drücken sich zwar schonend aus, aber das Volk und die Soldaten schimpfen auf die Regierung so frei und offen, wie man es in London kaum dulden würde, und doch ist jedermann für die Person des Königs begeistert. Persönlich gehasst wird er nach meiner Meinung nur von einem Teil seiner Familie, und selbst da weiß man sich so gut zu verstellen, dass öffentlich nichts davon zu merken ist.

Gustav B. Volz (Hrsg.), Friedrich der Große im Spiegel seiner Zeit, Bd. 2, Berlin 1902, S. 208 f.

→ ***Filmtipp:*** *„Preußens Friedrich und die Kaiserin.“ ZDF-Reihe „Die Deutschen“ von 2008, Folge 6 (http://diedeutschen.zdf.de/)*

→ ***Internettipps:*** *www.preussen-chronik.de und www.preussen.de*

→ ***Exkursionstipp:*** *Preußen-Museum in Wesel (siehe www.preussenmuseum.de)*

1. *Arbeite aus M 2 und M 3 heraus, was dafür spricht, dass die Ideen der Aufklärung Friedrichs Regierungsweise beeinflusst haben. Welches Denken und Handeln passt nicht zur Aufklärung?*
2. *Erkläre, weshalb die Menschen einerseits auf die Regierung schimpften, sich aber andererseits für den König begeisterten (M 4).*

Preußen und Österreich messen ihre Macht

1 „Die Situation Polens im Jahre 1773."
Kupferstich (29 x 19 cm) von Johann E. Nilson, 1773. Katharina II. von Russland, der russische Diplomat Nikita Panin, Kaiser Joseph II. und Friedrich II. von Preußen halten die Karte Polens fest. An den Posaunen des Engels hängen Fahnen mit den Inschriften: „Die Rechte des ungarischen und böhmischen Königs in Polen", „Die Rechte des Russischen Kaisers in Polen" und „Die Rechte des preußischen Königs in Polen".

Probleme im Hause Habsburg
Im selben Jahr wie Friedrich II. übernahm *Maria Theresia* aus dem Hause Habsburg 1740 die Regierung in Österreich. Die 23-jährige katholische Herrscherin trat das Amt nach dem frühen Tod ihres Vaters unvorbereitet an, obwohl ihr Vater bereits 1713 in einem grundlegenden Gesetz, der *Pragmatischen Sanktion*, die weibliche Thronfolge und die Unteilbarkeit der habsburgischen Erbländer im Heiligen Römischen Reich Deutscher Nation durchgesetzt hatte. Fast alle europäischen Fürsten, die mit dem Haus Habsburg verwandt waren (Bayern, Sachsen, Frankreich und Spanien), stellten nach 1740 das Gesetz infrage.

Preußen will Schlesien
Nur zwei Monate nach dem Regierungsantritt der Habsburgerin marschierte Friedrich II. mit seinen Truppen in Schlesien ein. Er wollte Bayern und Sachsen zuvorkommen. Der preußische König bot Maria Theresia an, sie im Erbfolgestreit mit den anderen Mächten zu unterstützen, wenn sie ihm Schlesien überließe. Als die Regentin ablehnte, verbündete er sich mit ihren Gegnern. Trotzdem konnte sich Maria Theresia im Österreichischen Erbfolgekrieg durchsetzen. Sie musste aber Schlesien mit einer Million Einwohnern an Preußen abtreten.

Der „Siebenjährige Krieg"
1756 versuchte Maria Theresia, Schlesien zurückzubekommen. Sie nutzte den Konflikt zwischen Frankreich und England in Nordamerika und Indien. Sie gewann Frankreich sowie Bayern und Sachsen für ein Bündnis gegen Preußen. Ihm schlossen sich Russland und Schweden an. Preußen, das in diesem Konflikt von England mit Geld unterstützt wurde, schien keine Chancen mehr zu haben. Erst der Tod der Zarin *Elisabeth* 1762 brachte die Wende. Ihr Nachfolger schloss einen Sonderfrieden mit Preußen und zog seine Truppen zurück. Kurz darauf beendete Frankreich die Unterstützung Österreichs. Maria Theresia musste im *Frieden von Hubertusburg* (1763) endgültig auf Schlesien verzichten.

Polnische Teilungen
1764 wurde *Stanislaus II. Poniatowski* mit russischer und preußischer Hilfe König von Polen. Als er versuchte, den Staat durch Reformen zu stärken, einigten sich Russland, Preußen und Österreich 1772 auf eine Abtrennung von Gebieten aus dem polnischen Herrschaftsbereich. Die drei Herrscher nahmen sich ohne Rücksicht auf die Bevölkerung jeweils einen Teil, um eine einseitige Vergrößerung der jeweils anderen Staaten zu verhindern. Dies sollte nicht die letzte polnische Teilung bleiben.
1791 bekam Polen die erste geschriebene Verfassung Europas. Sie sah eine vom Parlament abhängige Erbmonarchie vor. Da es dagegen Widerstand gab, marschierten russische und preußische Truppen erneut in Polen ein. Sie erzwangen Anfang 1793 die zweite Teilung des Landes. In dem kaum überlebensfähigen Rest Polens brachen im März 1794 Aufstände gegen die Teilung aus. *Katharina die Große*, die Russland seit 1863 autoritär regierte, ließ sie niederschlagen. Anfang 1795 vereinbarten Russland und Österreich die dritte Teilung Polens. Mit ihr verschwand Polen von der Landkarte.

2 Die Teilungen Polens.

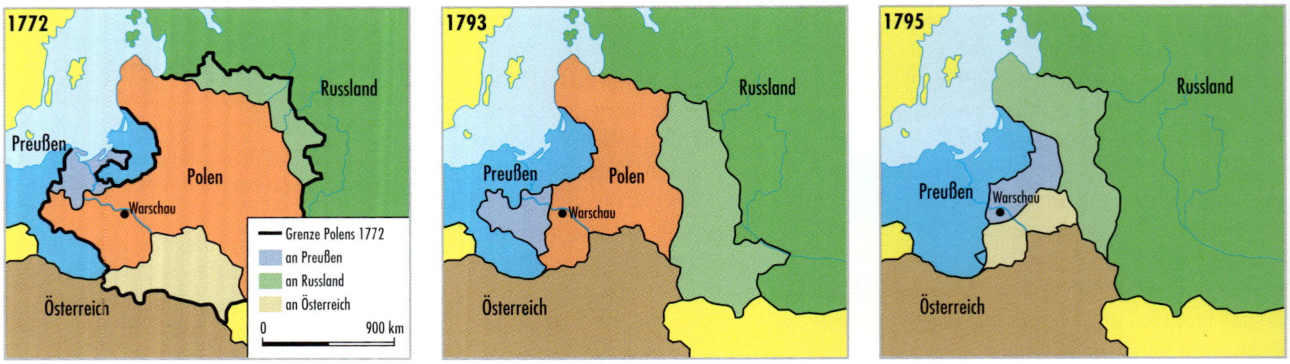

M 1 Das „Blutbad“ bei Lowositz

Der in preußischen Diensten stehende Söldner Ulrich Bräker beschreibt die Schlacht bei Lowositz vom 1. Oktober 1756:

Um sechs Uhr ging schon das Donnern der Artillerie* [...] so gewaltig an, dass die Kanonenkugeln bis zu unserm Regiment durchschnurrten. Bisher hatt' ich immer noch Hoffnung, vor einer Schlacht zu entwischen; jetzt sah ich keine Ausflucht mehr [...]. Wir rückten inzwischen immer vorwärts. Da fiel mir vollends aller Mut in die Hosen; in den Bauch der Erde hätt' ich mich verkriechen mögen, und eine ähnliche Angst, ja Todesblässe las man bald auf allen Gesichtern [...]. Potz Himmel!, wie sausten da die Eisenbrocken über unsern Köpfen weg – fuhren bald vor, bald hinter uns in die Erde, dass Stein und Rasen hoch in die Luft sprang – bald mitten ein und spickten uns die Leute aus den Gliedern weg, als wenn's Strohhälme wären [...]. Nun setzte ein unbeschreibliches Blutbad ein, ehe man die Panduren** [...] vertreiben konnte. Unsre Vordertruppen litten stark [...]. Da mussten wir über Hügel von Toten und Verwundeten hinstolpern.

Ulrich Bräker, Der arme Mann im Tockenburg, hrsg. von Werner Günther, Stuttgart 1965, S. 129 ff. (vereinfacht)

***Artillerie**: *mit Geschützen ausgerüstete Truppengattung*
****Panduren**: *aus Ungarn und Kroatien stammende Soldaten der österreichischen Truppen*

M 5 Bettelnde Soldatenfrau.
Radierung (7,5 x 7,5 cm) von Daniel Chodowiecki, 1764.

M 2 Friedrichs „Ehrenpflicht“

In einer kritischen Phase des Schlesischen Krieges sagt Friedrich II. zu einem seiner Minister:

Falls [...] der Kriegsverlauf sich gegen mich wendet, würde ich es vorziehen, mit Ehre unterzugehen, als ein ganzes Leben lang ohne Ehre und Ansehen dazustehen. Ich habe es mir zur Ehrenpflicht gemacht, mehr als irgendein anderer zur Vergrößerung meines Hauses beizutragen. [...] das sind persönliche Verpflichtungen, die ich auf mich genommen habe, und ich bin entschlossen, sie auf Kosten meines Glücks und meines Lebens zu halten.

Politische Korrespondenz Friedrichs des Großen, hrsg. von Reinhold Koser, Bd. 4, Berlin 1880, S. 134 (übersetzt von Jürgen Mirow)

M 3 Worum ging es?

1759, noch vor Ende des Siebenjährigen Krieges, schreibt ein dänischer Politiker:

Dieser Krieg ist entbrannt nicht um ein mittelmäßiges oder vorübergehendes Interesse, nicht um ein paar Waffenplätze oder kleine Provinzen mehr oder weniger, sondern um Sein oder Nichtsein der neuen Monarchie, die der König von Preußen mit einer Kunst- und einer Schlagfertigkeit in die Höhe gebracht hat, welche die eine Hälfte Europas überrascht und die andere getäuscht haben; der Krieg ist entstanden, um zu entscheiden, ob [...] das Reich zwei Häupter haben und der Norden Deutschlands einen Fürsten behalten soll, der aus seinen Staaten ein Lager und aus seinem Volk ein Heer gemacht hat, und der, sofern man ihm Muße lässt, seine Staatsgründung abzurunden und zu befestigen, als Schiedsrichter der großen europäischen Angelegenheiten dastehen und für das Gleichgewicht zwischen den Mächten den Ausschlag geben würde.

Gustav Mendelssohn Bartholdy (Hrsg.), Der König. Friedrich der Große in seinen Briefen und Erlassen, sowie in zeitgenössischen Briefen, Berichten und Anekdoten, Ebenhausen 1912, S. 292

M 4 Das Königreich Preußen nach dem Siebenjährigen Krieg.

M 6 Soll denn gar kein Frieden werden ...?

Ein zeitgenössisches Volkslied – wahrscheinlich aus Sachsen – fragt:

Soll denn gar kein Frieden werden,
Nimmt der Krieg denn noch kein End?
Unsre Länder sind verheeret,
Städt' und Dörfer abgebrennt,
Jammer überall und Not,
Und dazu auch mehr kein Brot.
Friedrich, o du großer König,
Stecke doch dein Schwert nun ein,
Denn wir haben nur noch wenig,
Was dir könnte dienlich sein.
Alles wüste, alles leer –
Länger geht das so nicht mehr.

Wolfgang Steinitz, Deutsche Volkslieder demokratischen Charakters aus sechs Jahrhunderten, Frankfurt a. M. 1979, S. 422

1. *Vergleiche Bräkers Bericht (M 1) mit dem Volkslied (M 6).*
2. *Wie rechtfertigt Friedrich II. Kriege und Eroberungen (M 2)? Nimm Stellung.*
3. *Erkläre das Urteil des dänischen Politikers (M 3).*

1 Die Unabhängigkeitserklärung wird am 4. Juli 1776 unterschrieben.
Historiengemälde (54 x 79 cm) von John Trumbull, 1786-97. Thomas Jefferson überreicht dem Präsidenten des Zweiten Kontinentalkongresses die Unabhängigkeitserklärung. Links von ihm (im braunen Anzug) John Adams, rechts der Schriftsteller, Naturwissenschaftler und Politiker Benjamin Franklin. Im Hintergrund die Kongressmitglieder.

Die USA: Eine Nation erschafft sich selbst

Kampf um die Unabhängigkeit

Seit dem 17. Jh. waren viele Europäer aus politischen, wirtschaftlichen und religiösen Gründen nach Amerika ausgewandert. Sie hatten sich in verschiedenen Kolonien niedergelassen. Dort führten sie ein selbstständiges, unabhängiges Dasein. Vorbild für Verwaltung, Rechtsprechung, Wirtschaft und Kultur war England. Für die Engländer waren die Kolonien ein wichtiger Bestandteil ihres Herrschaftsgebietes. Sie schickten daher auch Soldaten zum Schutz der Siedler.
Über die Frage, ob das englische Parlament berechtigt sei, in den Kolonien neue Steuern und Zölle zu erheben, kam es zum Streit. Mit der Parole „No taxation without representation" protestierten viele Siedler dagegen. Da sie im Londoner Parlament nicht vertreten waren, sollte dort auch nicht über Steuern in den Kolonien entschieden werden.
Als England den Kolonien neue Zölle aufzwang, kam es 1775 zum Krieg. Die Kolonisten stellten eine *Miliz** auf, ernannten den Tabakplantagenbesitzer *George Washington* zum Oberbefehlshaber und bemühten sich bei den europäischen Mächten um Verbündete. Frankreich unterstützte sie, um den Rivalen England zu schwächen. Während des Konfliktes gaben sich die ersten Kolonien eine Verfassung. Dabei griffen sie auf die Staatslehre der Aufklärung zurück.** Die *Virginia Bill of Rights* von 1776 wurde zum Vorbild für andere Staaten. Sie legte die Gewaltenteilung, die regelmäßige Wahl von Abgeordneten und Grundrechte wie Presse- und Religionsfreiheit fest.

Die Nation entsteht

Die Trennung vom Mutterland vollzogen die Abgeordneten der Kolonien am 4. Juli 1776 durch die Unabhängigkeitserklärung (*Declaration of Independence*). Der Tag wurde zur Geburtsstunde der Vereinigten Staaten von Amerika.
Die folgenden Jahre waren von wechselndem Kriegsglück geprägt. Erst 1783 gab das letzte englische Heer nach mehreren Niederlagen auf. Für England war dies der erste verlorene Krieg seit der Mitte des 15. Jahrhunderts. Im *Frieden von Versailles* erkannte es die Unabhängigkeit der Kolonien an und verzichtete auf das Gebiet zwischen Appalachen und Mississippi.
Nach dem Unabhängigkeitskrieg schufen Vertreter von 13 amerikanischen Einzelstaaten 1787 eine gemeinsame Bundesverfassung. Sie gab dem Präsidenten eine starke Stellung. Der Bund war zuständig für Verteidigung, Außenpolitik und Währung. Über Kultur, Verkehr, Polizei und Rechtsprechung entschieden die Einzelstaaten. Zwei Jahre später wurden in die Bundesverfassung die Menschen- und Bürgerrechte aufgenommen.
Erstmals hatten Menschen unterschiedlicher Herkunft erfolgreich gegen fremde Herrschaftsansprüche gekämpft und sich eine Verfassung gegeben. Eine Nation war entstanden, in der alle Macht vom Volke ausgehen sollte: eine demokratische Republik***.

* **Miliz**: *Streitkräfte, deren Angehörige erst im Kriegsfall einberufen werden und keine gründliche militärische Ausbildung haben*
** *Lies nochmals Seite 106.*
*** **Republik**: *siehe Anmerkung Seite 100.*

M1 Die „Virginia Bill of Rights"

Die „Grundrechte" vom 12. Juni 1776 werden Teil der Verfassung von Virginia.

Abschnitt 1. Alle Menschen sind von Natur aus in gleicher Weise frei und unabhängig und besitzen bestimmte angeborene Rechte, welche sie ihrer Nachkommenschaft durch keinen Vertrag rauben oder entziehen können, wenn sie eine staatliche Verbindung eingehen, und zwar den Genuss des Lebens und der Freiheit, die Mittel zum Erwerb und Besitz von Eigentum und das Erstreben und Erlangen von Glück und Sicherheit.

Abschnitt 2. Alle Macht ruht im Volke und leitet sich folglich von ihm her; die Beamten sind nur seine Bevollmächtigten und Diener und ihm jederzeit verantwortlich [...].

Abschnitt 5. Die gesetzgebende und die vollziehende Gewalt des Staates sollen von der richterlichen getrennt und unterschieden sein [...].

Abschnitt 6. Die Wahlen der Abgeordneten, die als Volksvertreter in der Versammlung dienen, sollen frei sein [...].

Abschnitt 12. Die Freiheit der Presse ist eines der starken Bollwerke der Freiheit [...].

Abschnitt 15. Eine freie Regierung und die Segnungen der Freiheit können einem Volke nur erhalten werden durch strenges Festhalten an der Gerechtigkeit, Mäßigung, Enthaltsamkeit, Sparsamkeit und Tugend [...].

Abschnitt 16. [...] alle Menschen sind gleicherweise zur freien Religionsausübung berechtigt, entsprechend der Stimme ihres Gewissens.

Günther Franz (Hrsg.), Staatsverfassungen, München 31975, S. 7ff.

→ ***Internettipps:*** *Die vollständige Fassung der „Virginia Bill of Rights" siehe unter www.gunstonhall.org/documents/vdr.html; den kompletten Text der Unabhängigkeitserklärung findest du unter www.verfassungen.de*

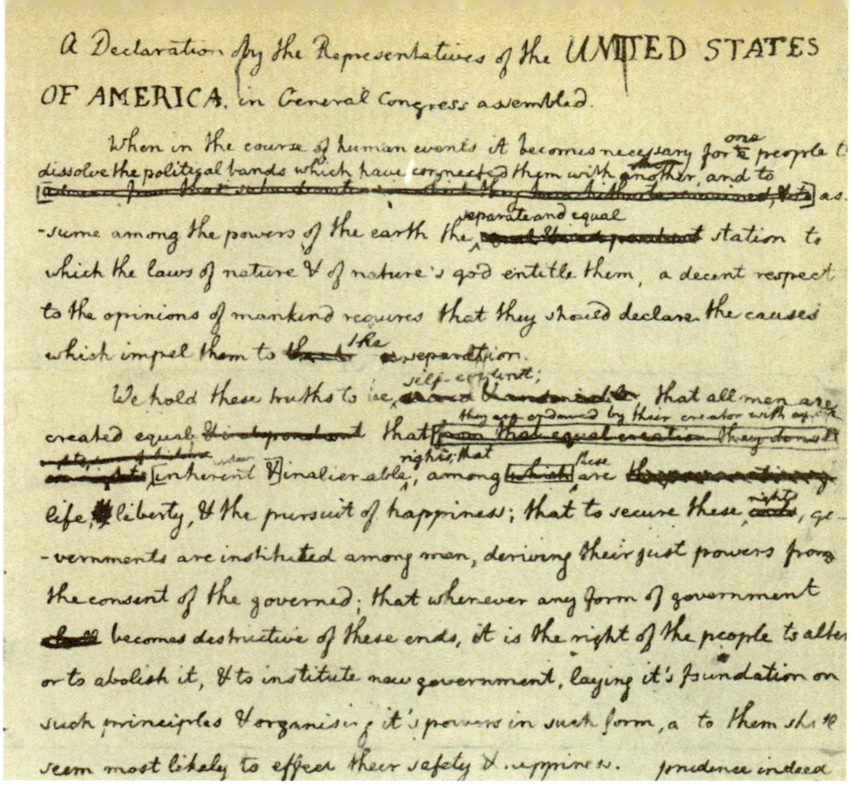

A Declaration by the Representatives of the UNITED STATES OF AMERICA, in General Congress assembled.

When in the course of human events it becomes necessary for one people to dissolve the political bands which have connected them with another, and to assume among the powers of the earth the separate and equal station to which the laws of nature & of nature's god entitle them, a decent respect to the opinions of mankind requires that they should declare the causes which impel them to the separation.

We hold these truths to be self-evident; that all men are created equal; that they are endowed by their creator with inherent & inalienable rights; that among these are life, liberty, & the pursuit of happiness; that to secure these rights, governments are instituted among men, deriving their just powers from the consent of the governed; that whenever any form of government becomes destructive of these ends, it is the right of the people to alter or to abolish it, & to institute new government, laying it's foundation on such principles & organising it's powers in such form, as to them shall seem most likely to effect their safety & happiness. Prudence indeed

M2 Die Unabhängigkeitserklärung der Vereinigten Staaten von Amerika.
Handschriftlicher Entwurf von Thomas Jefferson, mit Korrekturen von Benjamin Franklin und John Adams, Juni 1776 (Ausschnitt).

M3 Die „Declaration of Independence"

Am 4. Juli 1776 erklären die Abgeordneten des Zweiten Kontinentalkongresses einstimmig:

Folgende Wahrheiten halten wir für selbstverständlich: dass alle Menschen gleich geschaffen sind; dass sie von ihrem Schöpfer mit gewissen unveräußerlichen Rechten ausgestattet sind; dass dazu Leben, Freiheit und das Streben nach Glück gehören; dass zur Sicherung dieser Rechte Regierungen unter den Menschen eingesetzt werden, die ihre rechtmäßige Macht aus der Zustimmung der Regierten herleiten; dass, wann immer irgendeine Regierungsform sich als diesen Zielen abträglich erweist, es Recht des Volkes ist, sie zu ändern oder abzuschaffen und eine neue Regierung einzusetzen und diese auf solchen Grundsätzen aufzubauen und ihre Gewalten in der Form zu organisieren, wie es ihm zur Gewährleistung seiner Sicherheit und seines Glückes geboten zu sein scheint [...].

Daher tun wir, die [...] Vertreter der Vereinigten Staaten von Amerika [...] kund [...], dass diese Vereinigten Kolonien freie und unabhängige Staaten sind und es von Rechts wegen bleiben sollen; dass sie von jeglicher Treuepflicht gegen die englische Krone entbunden sind; und dass jegliche politische Verbindung zwischen ihnen und dem Staate Großbritannien vollständig gelöst ist und bleiben soll; und dass sie als freie und unabhängige Staaten das Recht haben, Krieg zu führen, Frieden zu schließen, Bündnisse einzugehen, Handel zu treiben und alle anderen Handlungen vorzunehmen und Staatsgeschäfte abzuwickeln, zu denen unabhängige Staaten rechtens befugt sind.

Willi Paul Adams und Angela Meurer Adams (Hrsg.), Die Amerikanische Revolution in Augenzeugenberichten. München 1976, S. 262f. und S. 266

1. *Welche Ideen der Aufklärung (siehe hier Seite 106f.) findest du in M1 und M3?*
2. *An wen und gegen wen richtet sich die Unabhängigkeitserklärung (M3)?*
3. *Schreibe aus der Sicht eines königstreuen englischen Berichterstatters einen Artikel über die Unabhängigkeitserklärung (M3).*

Frankreich vor der großen Revolution

1 „Man muss hoffen, dass dieses Spiel bald vorbei ist."
Figurengruppe aus einer Radierung (19 x 14 cm) eines unbekannten Künstlers von 1789. Das Bild fand als Flugblatt weite Verbreitung. Auf dem Taschentuch der unteren Figur sind vermerkt: „Salz- und Tabaksteuern, Grundsteuer, Zehnt, Frondienst, Militärdienst", auf dem Säbel steht „gerötet von Blut", auf dem Stock „mit Tränen getränkt".
Beschreibe die drei Figuren des Bildes und ordne sie den Ständen zu. Welche Missstände werden angeprangert? Zusatz: Vögel und Kaninchen verweisen auf die Folgen, die das alleinige Jagdrecht des Adels hatte.

2 „Der große Missstand."
Figurengruppe aus einer Radierung (10,5 x 8,5 cm) eines unbekannten Künstlers von 1789.
Vergleiche die beiden Abbildungen. In welcher politischen Aussage stimmen sie überein? Welchen zusätzlichen Missstand nennt diese Zeichnung.

Wie sah die alte Ordnung aus?
Die Einwohnerzahl Frankreichs stieg zwischen 1715 und 1789 von etwa 18 Millionen auf etwa 28 Millionen. Rund drei Viertel der Bevölkerung lebten auf dem Land. In der Hauptstadt Paris, der größten Stadt auf dem Kontinent, wohnten etwa 600 000 Menschen.
Die Gesellschaft gliederte sich noch in drei Stände. Zu den beiden ersten, Klerus* und Adel, gehörten nicht ganz zwei Prozent der Bevölkerung. Sie besaßen aber über 30 Prozent des Grund und Bodens und das alleinige Jagd- und Fischereirecht. Als Grundherren durften sie von ihren abhängigen Bauern Abgaben und Dienste fordern und über sie richten. Von Steuern waren sie fast ganz befreit.
Den Dritten Stand bildeten Bürger und Bauern – 98 Prozent der Bevölkerung! Reichtum und Bildung waren ungleich verteilt. Die meisten Bauern hatten nur kleine Höfe. Ihr Gesinde verlor nach Missernten zuerst die Arbeit und zog dann bettelnd über Land oder in die Städte.
Die meisten Stadtbewohner waren Kleinhändler und Handwerker, Gesellen, Arbeiter und Hausangestellte. Zum gehobenen Bürgertum zählten Richter, Rechtsanwälte, Notare und Ärzte. Die kleine, reiche Spitze des Dritten Standes stellten die Manufaktur- und Bergwerksbesitzer, Großkaufleute und Bankiers. Ihr Vermögen hatten sie in Landbesitz angelegt.

Verwischte Grenzen
Die Standesgrenze zwischen dem Adel und den wohlhabenden Bürgern wurde im Laufe der Zeit durchlässiger. Einerseits hatten zahlreiche Bürgerliche den Adelstitel erworben, in der Regel bei Übernahme eines Amtes. Andererseits musste der Adel zusehen, wie das Bürgertum wirtschaftlich aufstieg. Er hatte seit Anfang des 17. Jh. auf eine direkte Betätigung im Handel, Gewerbe oder Bankgeschäft verzichten müssen, um seine Standesvorteile wie die Steuerfreiheit behalten zu können. Die Vermögensunterschiede waren im Adel ebenso groß wie im Bürgertum.

__Klerus__: Angehörige der Kirche (Bischöfe, Priester usw.)

3 „Le Defecit."
Kolorierter Kupferstich aus England, November 1788. Hinweise zur Beschriftung: Auf den Truhen steht „leer". Der König zum Finanzminister, Jacques Necker (Mitte): „Monsieur N., es ist nichts mehr vorhanden." Antwort: „Ich habe aber doch etwas drinnen gelassen." Aufschrift auf dem Türrahmen: „falsche Flüchtende". Auf der Hose des Adligen steht: „Bittschrift an den König". Er sagt: „Ich habe sie [die Geldsummen] bekommen." Der Geistliche neben ihm ergänzt: „Ich habe den Rest."
Erläutere das dargestellte Problem. Welche Sichtweise spiegelt die Karikatur wider? Begründe! Lerntipp

Leere Staatskasse

Zwar fehlte der Monarchie schon lange das Geld, aber unter *Ludwig XVI.*, der seit 1774 regierte, kam es zur Zerrüttung der Staatsfinanzen. Schuld daran waren viele Kriege und die Verschwendungssucht am Versailler Hof. Trotz günstiger Entwicklung der Wirtschaft konnte der König die leere Staatskasse nicht füllen.

Forderungen von allen Seiten

Wiederholt versuchte er, die Wirtschaft zu beleben und Reformen einzuleiten. Er forderte Steuern auch vom Adel und dem Klerus, stieß aber auf Widerstand. Sie verlangten die Einberufung der *Generalstände* (*États généraux*), die seit 175 Jahren nicht mehr getagt hatten und in denen Adel und Klerus die Mehrheit gehabt hätten.
Der Dritte Stand forderte dagegen, die Steuervorteile der beiden ersten Stände zu beseitigen sowie den Ämterkauf und den Zunftzwang abzuschaffen. Vor allem wollte das Bürgertum endlich wie in England mitbestimmen. Für sie war die Entwicklung in den Vereinigten Staaten vorbildlich.

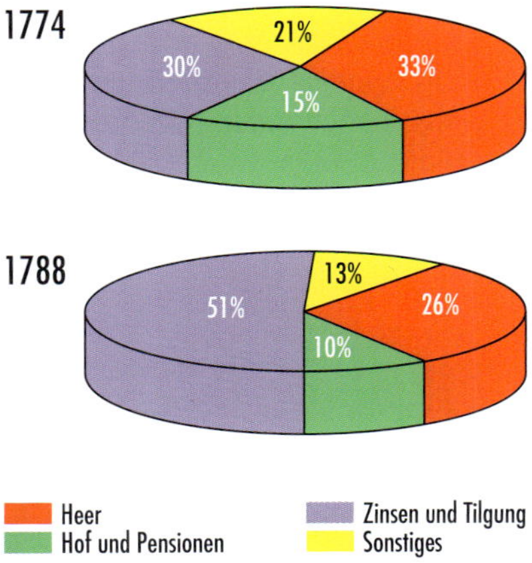

4 Die Entwicklung der Staatsausgaben.
Zinsen: *Gebühren für Kredite;* **Tilgung**: *Ausgaben für die Rückzahlung von Krediten;* **Pensionen**: *Gehälter der Beamten*

Die Unzufriedenheit nimmt zu

Die Bevölkerung wurde noch unzufriedener, als 1787 und 1788 Missernten und Viehseuchen die Lebenshaltungskosten weiter steigen ließen. Viele wurden arbeitslos. Die Brotpreise verdoppelten sich. Handwerker und Arbeiter forderten billiges Brot. Als die staatlichen Hilfen nicht ausreichten, plünderten hungernde Menschen im Frühjahr 1789 Lebensmittelläden und Bäckereien in Paris und anderen Städten.

Der König sucht Hilfe

Angesichts leerer Staatskassen berief der König die Generalstände widerwillig zum Mai 1789 nach Versailles ein. Die Vertreter der drei Stände sollten eine Reform des Steuerwesens vorbereiten. Ohne es zu wollen, gab Ludwig XVI. den absoluten Herrschaftsanspruch auf.
Alle Männer über 25 Jahre durften, getrennt nach Ständen, Abgeordnete wählen. Jeder Stand sollte je 300 Vertreter stellen. Gegen das Übergewicht der beiden ersten Stände wehrte sich der Dritte Stand. Daraufhin ordnete der König an, dass die Bürger und Bauern 600 Vertreter entsenden durften. Mit der Wahl der Abgeordneten wurden die Wähler aufgefordert, dem König ihre Reformwünsche und Beschwerden mitzuteilen.

1. *Woran scheiterten die Reformversuche des Königs?*
2. *Welche Bedeutung hatte die Einberufung der Ständevertretung?*
3. *Überlege, warum der Dritte Stand mit 300 Abgeordneten in den Generalständen unzufrieden war. Rechne aus, welche Anzahl von Vertretern im Verhältnis zur Größe des Standes angemessen gewesen wäre.*

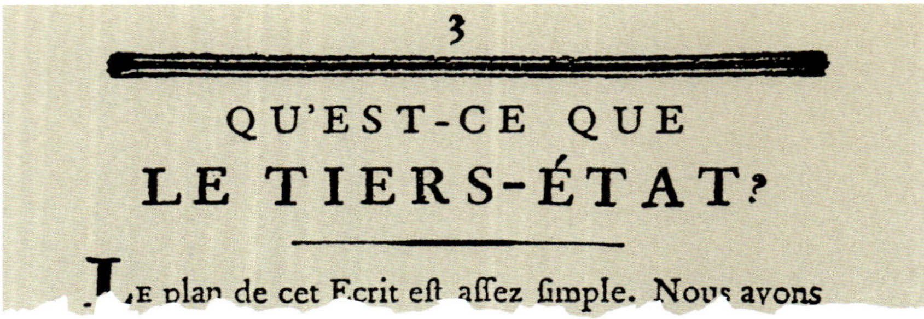
3

QU'EST-CE QUE
LE TIERS-ÉTAT?

LE plan de cet Ecrit eſt aſſez ſimple. Nous avons

M 1 Überschrift des ersten Kapitels der Schrift „Was ist der Dritte Stand?".

M 2 Was ist der Dritte Stand?

Die wirkungsvollste „Kampfschrift" für die Interessen des Dritten Standes stammt von dem Geistlichen Emmanuel Joseph Sieyes.
Sie wird Ende 1788 verfasst und erreicht in kurzer Zeit eine Auflage von über 30 000 Exemplaren.

Wir haben uns drei Fragen vorzulegen:
1. Was ist der Dritte Stand? ALLES.
2. Was ist er bis jetzt in der politischen Ordnung gewesen? NICHTS.
3. Was verlangt er? ETWAS ZU SEIN. [...]

Also, was ist der Dritte Stand? Alles, aber ein gefesseltes und unterdrücktes Alles. Was wäre er ohne den privilegierten Stand? Alles, aber ein freies und blühendes Alles. Nichts kann ohne ihn gehen; alles ginge unendlich besser ohne die anderen. [...]
Was ist eine Nation? Eine Körperschaft von Gesellschaftern, die unter einem gemeinschaftlichen Gesetz leben und durch dieselbe gesetzgebende Versammlung repräsentiert werden usw. [...]
Der Dritte Stand umfasst also alles, was zur Nation gehört; und alles, was nicht der Dritte Stand ist, kann sich nicht als Bestandteil der Nation ansehen [...].
Man kann die wirklichen Forderungen des Dritten Standes nur nach den Beschwerden beurteilen, welche die großen Stadtgemeinden des Königreichs an die Regierung gerichtet haben.

Eberhard Schmitt und Rolf Reichardt (Hrsg.), E. J. Sieyes. Politische Schriften 1788-1790, München ²1981, S. 119, 122, 124 und 131

M 3 Forderungen vom Lande

Im Zusammenhang mit den Wahlen zu den Generalständen von 1789 werden den Vertretern nahezu 60 000 Beschwerdehefte (Cahiers de Doléances) mitgegeben. In dem Brief einer Gemeinde steht:

Die Einwohner dieser Gemeinde fordern:
1. dass alle Steuern von den drei Ständen ohne irgendwelche Ausnahmen gezahlt werden, von jedem Stand gemäß seinen Kräften;
2. das gleiche Gesetz und Recht im ganzen Königreich;
3. die völlige Aufhebung der Sondersteuern und der Salzsteuer [...];
4. die völlige Beseitigung jeglicher Art von Zehnten in Naturalien [...];
8. dass die Eigentumsrechte heilig und unverletzlich sind [...];
10. dass alle Frondienste, welcher Art sie auch sein mögen, beseitigt werden.

Irmgard Hartig und Paul Hartig, Die Französische Revolution, Stuttgart 1988, S. 34

M 4 Forderungen aus einer Stadt

Aus einem Beschwerdebrief:

Nachdem wir uns auf Einberufung durch die Beamten der Stadt versammelt haben, um unser Beschwerdeheft anzulegen, flehen wir Euer Majestät an, dieses entgegenzunehmen, und bitten Euer Majestät, in Dero väterlichen Sorge um die Linderung des Loses des Volkes in Stadt und Land fortzufahren, und haben beschlossen:
1. Dass die Person des Königs als heilig angesehen werde [...].
2. Zu verlangen, dass eine auf Grundgesetzen beruhende Verfassung geschaffen werde [...].
7. Dass die Steuern ohne Unterschied von den Bürgern aller Stände erhoben werden [...].
11. Dass Angehörige des Dritten Standes, die Anstand, Talent und Tugenden gezeigt haben, Zugang zu den militärischen und zivilen Stellungen erlangen, deren sie sich würdig erwiesen haben [...].
22. Dass es im ganzen Königreich gleiche Maße und Gewichte geben soll.

Ulrich Friedrich Müller (Hrsg.), Die Französische Revolution 1789-1799. Ein Lesebuch, München 1988, S. 32 ff. (leicht bearbeitet)

M 5 Was Frauen fordern

Frauen des Dritten Standes fordern in den Beschwerdeschriften von 1789 vom König:

Wir bitten um Ausbildung und Beruf, nicht, um uns die Befugnisse der Männer anzueignen, sondern, um höher von ihnen geachtet zu werden, und damit wir imstande sind, vor dem Elend geschützt zu leben. [...]
Wir bitten Sie inständig [...], kostenlose Schulen einzurichten, wo wir unsere Sprache von Grund auf erlernen können, die Religion und die geistigen und sittlichen Werte; eins wie das andere soll uns in seinem ganzen Umfang dargeboten werden. [...]
Wir glauben, dass es den Frauen, den Witwen und Töchtern, die Ländereien oder anderes Vermögen besitzen, billigerweise gestattet sein muss, dem Thron ihre Beschwerden zu Füßen zu legen, und dass es ebenso nur gerecht ist, ihre Stimmen zu zählen, da sie doch, wie die Männer, dazu verpflichtet sind, die königlichen Abgaben zu zahlen [...].

Geschichte auch für Mädchen, hrsg. von der Parlamentarischen Staatssekretärin für die Gleichstellung von Frau und Mann beim Ministerpräsidenten des Landes Nordrhein-Westfalen, Düsseldorf 1989, S. 20 f.

1. *Nenne die politischen Ziele, die Sieyes mit seiner Schrift verfolgt (M 2). Erkläre, was er unter „Nation" versteht.*
2. *Untersuche die Forderungen der Bauern (M 3), der Stadtbürger (M 4) und der Frauen (M 5). Welche sind eher Reformen der bestehenden Staats- und Gesellschaftsordnung, welche zielen auf eine grundlegende Veränderung der Verhältnisse?*

1 Die Bastille in Paris wird am 14. Juli 1789 gestürmt.
Stich nach einem Gemälde von Charles Thévenin, um 1793.
In der Bastille waren im 18. Jh. zahlreiche Menschen auf Befehl des Königs und ohne Gerichtsverfahren eingeliefert worden. 1789 diente sie als Gefängnis und Pulverlager. Bei der Einnahme der Bastille starben etwa 100 Menschen. Sieben Häftlinge konnten befreit werden.
Die im Bild gezeigte blau-weiß-rote ***Trikolore*** *(lat. tricolor: dreifarbig) ist eine Kombination aus den Farben der Stadt Paris (blau und rot) und der französischen Monarchie (weiß). Nationalfahne wurde sie erst 1794.*

Auf dem Weg zur konstitutionellen Monarchie

Die Revolution der Abgeordneten

Am 5. Mai 1789 traten die Generalstände in Versailles zusammen. Der König wünschte, dass sie getrennt beraten und abstimmen sollten. Der Dritte Stand befürchtete, die beiden anderen Stände würden ihm allein die zu erwartenden Steuern aufbürden. Daher forderten er und fortschrittlich denkende Mitglieder der anderen beiden Stände gemeinsame Sitzungen und Abstimmungen „nach Köpfen". Als der König den Tagungsraum des Dritten Standes schließen ließ, zogen die Befürworter einer Reform in eine Sporthalle, das „Ballhaus". Die dort versammelten Vertreter der Stände erklärten sich am 20. Juni 1789 zur *Nationalversammlung*. Sie verstanden sich nicht mehr als Abgeordnete einzelner Stände, sondern als Vertreter der ganzen Nation. Ihr wollten sie eine Verfassung geben, die die Rechte des Königs, der Regierung und der Abgeordneten regelte. Feierlich schworen sie, sich „überall zu versammeln, wo die Umstände es nötig machen werden, solange bis die Verfassung des Königreiches geschaffen und auf eine feste Grundlage gestellt ist".

Damit begann die Französische Revolution. Sie zielte zunächst nur gegen die Rechte des Königs, dem es bis dahin allein überlassen war, Ständeversammlungen einzuberufen, zu vertagen oder aufzulösen.

Der König wehrte sich zunächst dagegen, gab aber bald nach. Am 9. Juli 1789 vereinten sich auf seinen Wunsch hin die Ständevertreter und erklärte sich zur *Verfassunggebenden Nationalversammlung*.

Die Ereignisse in Paris

Während die Verfassunggebende Nationalversammlung ihre Arbeit begann, ließ der König Soldaten um Paris zusammenziehen. Gleichzeitig berief er eine rückschrittlich gesinnte Regierung. Die Bevölkerung fühlte sich bedroht und fürchtete, die Nationalversammlung solle aufgelöst werden. Zur gleichen Zeit forderten die Armen von Paris billiges Brot. Schließlich erstürmten Handwerker, Händler, Gastwirte und Tagelöhner am 14. Juli 1789 das alte königliche Gefängnis: die *Bastille*.

Verunsichert lehnte es der König ab, seine Truppen gegen die Bevölkerung einzusetzen. Daraufhin übernahm das wohlhabende Bürgertum die Stadtverwaltung und richtete eine Bürgerwehr ein, die *Nationalgarde*. Sie sollte für Ruhe und Ordnung sorgen. Die bürgerliche Selbstverwaltung von Paris hatte begonnen. Dem Beispiel folgten weitere Städte.

→***Internettipps:*** *Eine Zeitleiste, biografische Informationen, zusätzliche Texte und Abbildungen findest du unter www.revolution.historicum-archiv.net/index.html*

2 „Rückkehr der Pariser Marktfrauen und der Nationalgarde nach Paris."
Anonyme Radierung (18,5 x 34,5 cm), 1789.
In Versailles hatten sie am 5./6. Oktober 1789 demonstriert und den Abgeordneten einen Gesetzesentwurf zur Sicherung der Brotversorgung diktiert. Ihr Protest trug auch dazu bei, dass Ludwig XVI. seine Zustimmung zur Verfassung gab.
Die Zeichnung gibt Auskunft über den Anlass des Zuges sowie über dessen Verlauf. Beschreibe und erläutere!

Die Revolution der Bauern

Auf dem Land erhoben sich die Bauern. Sie weigerten sich, Steuern zu zahlen. Gerüchte über eine Verschwörung des Adels erzeugten eine Große Furcht (franz. Grande Peur), die sich gewaltsam Luft machte: An vielen Orten des Landes erstürmten Frauen und Männer Schlösser, Herrensitze, Klöster und Rathäuser. Sie vernichteten die Urkunden, in denen ihre Abgaben und Dienste festgelegt waren.

Die Augustbeschlüsse

In der Nacht vom 4. auf den 5. August beschloss die Nationalversammlung:

- die Leibeigenschaft wird beendet;
- die Bauern können sich von den Abgaben an den Grundherrn loskaufen;
- der Grundherr darf nicht mehr über die Bauern richten;
- die Adligen verlieren ihr alleiniges Jagdrecht.

Die Abgeordneten wollten gleiche Steuern und gleiche Rechte für alle Bürger. Jeder sollte über sein Eigentum entscheiden können. Doch zunächst änderte sich kaum etwas, denn nur die reichen Bauern konnten sich loskaufen. Erst im Sommer 1793 wurden alle Rechte der Grundherren (die Feudalrechte) entschädigungslos abgeschafft.
Drei Wochen später verkündete die Nationalversammlung am 26. August 1789 die Menschen- und Bürgerrechte. Die Erklärung blieb umstritten, denn sie enthielt kein Wort zu den Rechten der Frauen und der Sklaven in den französichen Kolonien.

Gibt der König nach?

In der Nationalversammlung wurde die Verfassung erarbeitet. Sie sollte die „Augustbeschlüsse" und die „Erklärung der Menschen- und Bürgerrechte" ebenso enthalten wie Bestimmungen über die Macht des Königs, die Gewaltenteilung und die Rechte der Bürger.
Aber der König weigerte sich, die Beschlüsse der Verfassunggebenden Versammlung anzuerkennen. Zur „Lösung" trug der Protestzug von etwa 6 000 Pariser Marktfrauen vom 5./6. Oktober 1789 zum Versailler Schloss bei. Sie wiesen den König auf die Teuerung und die schlechte Brotversorgung hin. Ihnen waren die Nationalgarde und eine große Menschenmenge gefolgt. Nach blutigen Auseinandersetzungen zwischen den Demonstranten, der Nationalgarde und seiner Leibgarde zog der König mit seiner Familie in sein Stadtschloss (*Louvre*) nach Paris um. Damit sollte er die Versorgung mit Lebensmitteln garantieren und seine Nähe zum Volk demonstrieren. Ludwig XVI. erkannte die Verfassung und die „Augustbeschlüsse" an.
Die Revolution hatte einen weiteren Sieg errungen: Paris war das Zentrum der Macht. Die königliche Familie befand sich unter der Kontrolle der städtischen Massen.

Eine neue politische Kultur

Die Arbeit der Nationalversammlung stand seit Oktober 1789 unter dem wachsenden Einfluss der Öffentlichkeit. Frauen und Männer sowie Abgeordnete der Nationalversammlung gründeten politische Klubs. Der Jakobinerklub, benannt nach seinem Versammlungsort, dem ehemaligen Kloster Saint-Jacques der Dominikaner in Paris, wurde der einflussreichste. Ende 1791 hatte der Klub bereits über 1 000 Tochtergesellschaften in ganz Frankreich.

Sprachrohre der Klubs waren die Zeitungen. Ihre Zahl, Erscheinungsweise und Auflagen stiegen mit der Revolution stark an. Darüber hinaus wurde die öffentliche Meinung durch Reden, Plakate, Zeichnungen, Lieder und Volksfeste beeinflusst. Fast alle Schriftsteller, Dichter oder Künstler beteiligten sich. Erst im Laufe der Zeit nutzten Politiker die Feste und Medien als Mittel der Beeinflussung.

Weiteres Zeichen der neuen politischen Kultur wurden Revolutionsfeiern. Eine der ersten war das Verbrüderungsfest vom 14. Juli 1790 in Paris, auf dem Ludwig XVI. einen Eid auf die Nation ablegte.* Hier wurde erstmals auch die Devise „*Freiheit, Gleichheit und Brüderlichkeit*" (franz.: *liberté, égalité, fraternité*) formuliert. Die drei Begriffe wurden zum Maßstab der Politik.

Abschluss mit Hindernissen

Nach den Ereignissen des Oktobers 1789 war der König fast machtlos. Vor der Verabschiedung der Verfassung versuchte er im Juli 1791, mit seiner Familie ins Ausland zu fliehen. Noch vor der Grenze wurde er erkannt und wie ein Gefangener von der aufgebrachten Bevölkerung in die Hauptstadt zurückgebracht.

Während ein großer Teil der Abgeordneten die inzwischen fertige Verfassung trotz des Fluchtversuchs verabschieden wollte, forderten einige Redner auf einer Versammlung in Paris die Abschaffung der Monarchie und die Errichtung einer Republik. Mit Gewalt ging die Nationalgarde gegen die Demonstranten vor. Damit vergrößerte sie die Zahl der Königsgegner.

Am 13. September 1791 beschloss die Nationalversammlung die Verfassung. Einen Tag später leistete der König seinen Eid auf sie. Frankreich war eine konstitutionelle Monarchie.

Siehe auch M 2, Seite 122.

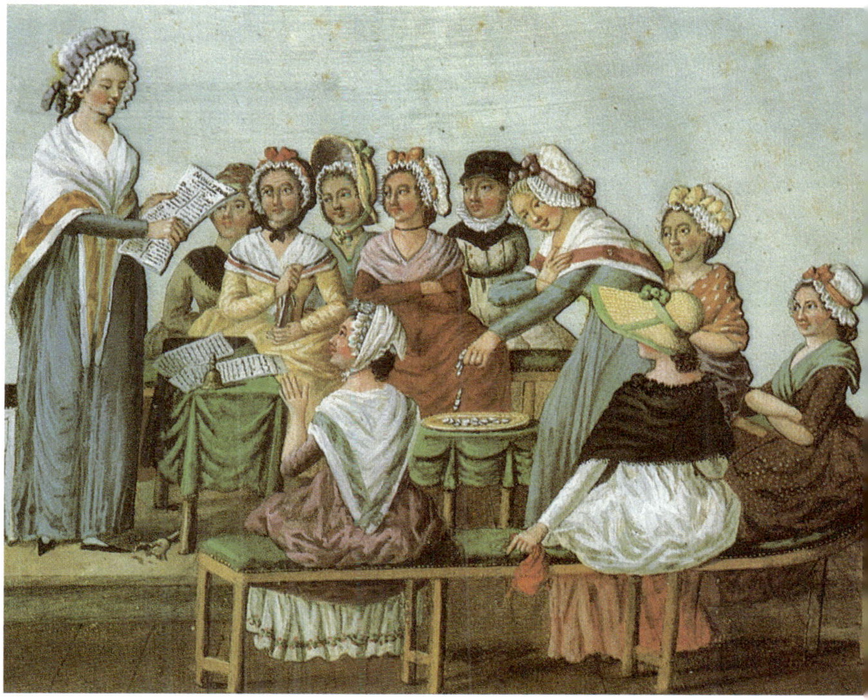

3 Patriotischer Frauenklub.
Malerei von Pierre Étienne und Jacques Philippe Lesueur, nach 1791.
Stelle Vermutungen an, worüber die Frauen hier diskutiert haben könnten. Nutze die Materialien auf Seite 120.

Die Nationalversammlung arbeitet weiter

Die Abgeordneten beschlossen weitere Gesetze. Schon im Juli 1790 hatten sie die Adelstitel abgeschafft. Nun änderten sie das Verwaltungs-, Gerichts-, Finanz- und Steuerwesen und teilten Frankreich in 83 etwa gleich große Verwaltungsbezirke (*Départements*) ein. Sie schafften die Binnenzölle und Zünfte ab, führten die Berufs- und Gewerbefreiheit ein und beschlossen, einheitliche Maße und Währungen einzuführen.** Die jüdische Bevölkerung erhielt alle bürgerlichen und politischen Rechte.

Eine folgenreiche Maßnahme war die Enteignung des Kirchenvermögens und seine Übertragung an den Staat. Der Verkauf der Kirchengüter sollte die Staatsfinanzen in Ordnung bringen. Eingeleitet wurde zugleich die Trennung von Kirche und Staat. Der Staat übernahm die sozialen Aufgaben der Kirche (Schulen, Krankenhäuser) und bezahlte die Geistlichen. Zahlreiche Orden wurden aufgelöst. Der Papst und Anhänger der Kirche lehnten dies ab. Viele Priester, Mönche und Nonnen sowie Adlige gingen ins Ausland. Die Zahl der Gegner revolutionärer Veränderungen stieg.

*** Eingeführt wurden die neuen Maß- und Währungseinheiten Meter, Gramm, Liter und Franc aber erst 1794.*

M 1 Menschen- und Bürgerrechte

Am 26. August 1789 wird die Erklärung der Menschen- und Bürgerrechte veröffentlicht. Sie wird der Verfassung von 1791 (siehe M 1, Seite 121) vorangestellt. In der Erklärung heißt es:

Da die Vertreter des französischen Volkes, als Nationalversammlung eingesetzt, erwogen haben, dass die Unkenntnis, das Vergessen oder die Verachtung der Menschenrechte die einzigen Ursachen des öffentlichen Unglücks und der Verderbtheit der Regierung sind, haben sie beschlossen, die natürlichen und unveräußerlichen und heiligen Rechte der Menschen in einer feierlichen Erklärung darzulegen [...].

Artikel 1

Die Menschen sind und bleiben von Geburt frei und gleich an Rechten [...].

Artikel 2

Das Ziel jeder politischen Vereinigung ist die Erhaltung der natürlichen und unveräußerlichen Menschenrechte. Diese Rechte sind Freiheit, Eigentum, Sicherheit und Widerstand gegen Unterdrückung [...].

Artikel 6

Das Gesetz ist der Ausdruck des allgemeinen Willens. Alle Bürger haben das Recht, persönlich oder durch ihre Vertreter an seiner Formung mitzuwirken. Es soll für alle gleich sein [...].

Artikel 11

Die freie Mitteilung der Gedanken und Meinung ist eines der kostbarsten Menschenrechte. Jeder Bürger kann also frei schreiben, reden, drucken unter Vorbehalt der Verantwortlichkeit für den Missbrauch dieser Freiheit in den durch Gesetze bestimmten Fällen.

Ute Gerhard, Menschenrechte – Frauenrechte 1789, in: Viktoria Schmidt-Linsenhoff (Hrsg.), Sklavin oder Bürgerin? Französische Revolution und neue Weiblichkeit, Frankfurt a. M. 1989, S. 70 ff.

M 3 Erklärung der Menschen- und Bürgerrechte.

Ölgemälde (67 x 56 cm) von 1789/90. Die beiden Frauengestalten symbolisieren „Frankreich“ (links) und das „Gesetz“. Dazwischen steht das „Auge der Vernunft“, das auf den Text der Menschenrechte sieht. Die beiden Schrifttafeln erinnern an die Darstellung der mosaischen Gesetzestafeln mit den Zehn Geboten. Die rote Mütze ist eine Anspielung auf die Kopfbedeckung der freigelassenen römischen Sklaven. Die Pike steht für die Wehrhaftigkeit des Volkes und das Rutenbündel symbolisiert nach römischem Vorbild die staatliche Strafgewalt über Leben und Tod.

*→**Internettipp:** Die vollständige Erklärung der Menschenrechte siehe unter www.verfassungen.eu/f/fverf91-i.htm*

M 2 Bürgerrechte auch für Frauen

In Anlehnung an die Erklärung vom August 1789 verfasst die Schriftstellerin Olympe de Gouges 1791 die „Erklärung der Rechte der Frau und Bürgerin“.

Wir, die Mütter, Töchter, Schwestern, Vertreterinnen der Nation, verlangen, in die Nationalversammlung aufgenommen zu werden [...].

Artikel 1

Die Frau ist frei geboren und bleibt dem Manne gleich in allen Rechten [...].

Artikel 2

Ziel und Zweck jedes politischen Zusammenschlusses ist der Schutz der natürlichen und unveräußerlichen Rechte sowohl der Frau als auch des Mannes. Diese Rechte sind: Freiheit, Sicherheit, das Recht auf Eigentum und besonders das Recht auf Widerstand gegen Unterdrückung [...].

Artikel 6

Das Gesetz sollte Ausdruck des allgemeinen Willens sein. Alle Bürgerinnen und Bürger sollen persönlich oder durch ihre Vertreter an seiner Gestaltung mitwirken. Es muss für alle das Gleiche sein [...].

Artikel 11

Die freie Gedanken- und Meinungsäußerung ist eines der kostbarsten Rechte der Frau, denn diese Freiheit garantiert die Vaterschaft der Väter an den Kindern. Jede Bürgerin kann folglich in aller Freiheit sagen: „Ich bin die Mutter eines Kindes, das du gezeugt hast“, ohne dass ein barbarisches Vorurteil sie zwingt, die Wahrheit zu verschleiern. [...]

Ute Gerhard, Menschenrechte – Frauenrechte 1789, a. a. O.

1. *Stelle die Unterschiede zwischen den Artikeln der Erklärungen (M 1 und M 2) fest.*
2. *Begründe, weshalb Olympe de Gouges ihre Erklärung verfasst hat (M 2). Beurteile ihre Forderungen.*

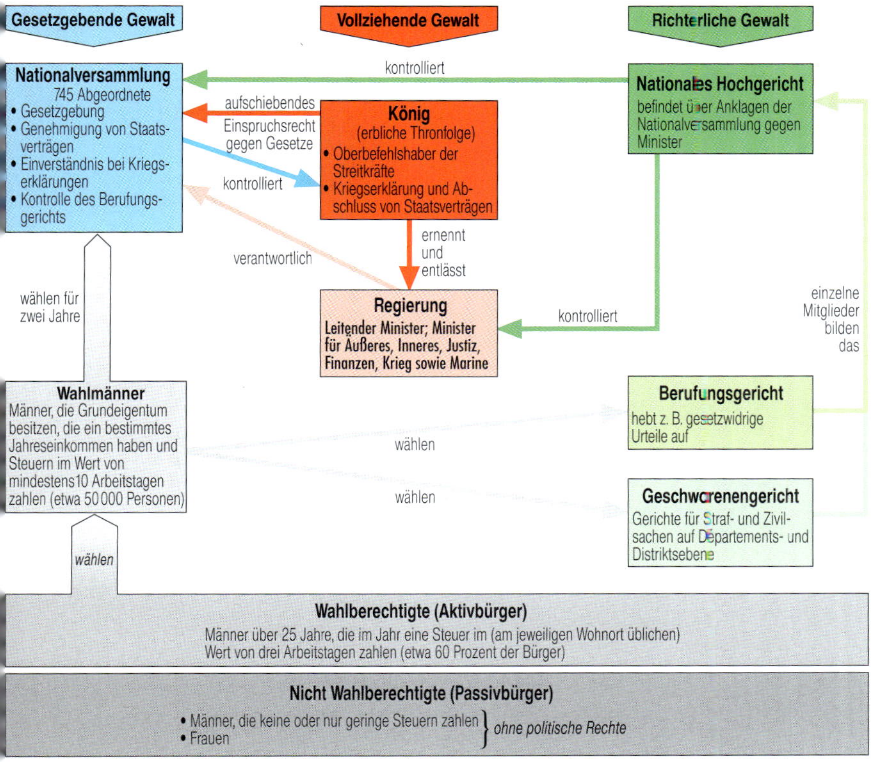

M 1 Die Verfassung von 1791.
Das Frauenwahlrecht wurde in Frankreich 1946 eingeführt.

M 2 Aus der Verfassung von 1791

Von den öffentlichen Gewalten

Artikel 1

Die Souveränität* ist einzig, unteilbar, unveräußerlich und unverjährbar. Sie steht der Nation zu. Kein Teil des Volkes und keine einzelne Person kann sich ihre Ausübung aneignen [...].

Artikel 3

Die gesetzgebende Gewalt ist einer Nationalversammlung übertragen, die aus den vom Volk frei und auf Zeit gewählten Abgeordneten besteht und welche diese Gewalt mit Billigung des Königs so ausübt, wie nachstehend bestimmt wird.

Artikel 4

Die Regierung ist monarchisch. Die ausführende Gewalt ist dem König übertragen, um [...] durch die Minister und andere verantwortliche Beamte [...] ausgeübt zu werden [...].

Artikel 5

Die richterliche Gewalt ist den durch das Volk auf Zeit gewählten Richtern zu übertragen [...].

Vom Königtum und dem König

Artikel 1

Das Königtum ist unteilbar und dem regierenden Hause im Mannesstamm nach dem Rechte der Erstgeburt erblich übertragen unter dauerndem Ausschluss der Frauen und ihrer Nachkommenschaft. [...]

Artikel 2

Die Person des Königs ist unverletzlich und heilig. Sein einziger Titel ist König der Franzosen.

Artikel 3

Es gibt in Frankreich keine höhere Autorität als die des Gesetzes. Der König regiert nur durch dieses. Und nur im Namen des Gesetzes kann er Gehorsam verlangen.

Dietmar Willoweit und Ulrike Seif (Hrsg.), Europäische Verfassungsgeschichte, München 2003, S. 299 f. und 310

***Souveränität**: oberste Gewalt im Staat*

Lerntipp

Wir werten ein Verfassungsschema aus

Ein Verfassungsschema stellt den Aufbau und die Arbeitsweise eines Staates sowie die Rechte der Bürger grafisch dar. Um es lesen zu können, musst du zunächst entscheiden, an welcher Stelle du am besten mit der Beschreibung beginnst.
Wichtig sind die Beziehungen zwischen den Bestandteilen eines Schaubildes. Beachte die verwendeten Zeichen. Oft ist die Form des Schaubildes wichtig für die Deutung. Prüfe, welche Begriffe du erklären solltest.
Mögliche Arbeitsfragen:
1. Welche Ämter und Einrichtungen werden erwähnt? Wer hat wie Zugang zu ihnen, wer nicht?
2. Welche Teile der Bevölkerung werden genannt, welche nicht?
3. Wer arbeitet mit wem zusammen? Wobei?
4. Wer hat welche Aufgaben, Rechte oder Pflichten?
5. Wer hat wie viel Macht? Ist jemand von der Macht ausgeschlossen?

Schreibe die Antworten jeweils auf, ordne sie auf einem Stichwortzettel und präge sie dir ein. Trage die Ergebnisse möglichst frei vor.

*→**Internettipp:** Den vollständigen Text der Verfassung findest du unter www.verfassungen.de*

1. *Beschreibe das Schaubild (M 1) und stelle dar, wie die Macht im Staat geteilt wird.*
2. *Überlege, wer die größere Macht hatte: die Nationalversammlung oder der König (M 1 und M 2).*
3. *Nenne die Unterschiede zur Monarchie in England. Vergleiche dazu M 1 mit M 3, Seite 101).*
4. *Diskutiert, ob ihr der Verfassung unter den damaligen Umständen zugestimmt hättet. Nennt die Maßstäbe eures Urteils.*

Die gesungene Revolution

Am 14. Juli 1790 sollte in Paris mit einem großen Volksfest an den Sturm auf die Bastille ein Jahr zuvor erinnert werden. Die Stadtverwaltung zögerte jedoch die Vorbereitungen hinaus. Also nahmen die Bürger die Sache selbst in die Hand. Dabei entstand das Lied Ça ira (Es wird gehen), die erste Hymne der Franzosen. Zwischen 1789 und 1794 entstanden in Frankreich rund 3 000 Lieder, darunter die „Marseillaise“, die heutige Nationalhymne. Die Lieder bezogen sich auf aktuelle Ereignisse. Sie verbreiteten revolutionäre und gegenrevolutionäre Ideen. Die Menschen sangen sie in den Klubs, auf der Straße und auf Festen. Ihre Melodien waren eingängig und ihre Texte merkten sich auch die Menschen, die weder lesen noch schreiben konnten – das waren damals mindestens 2/3 der Bevölkerung. Und was noch wichtiger war: Die gemeinsam gesungenen Lieder förderten die Solidarität (Brüderlichkeit) und machten Mut.

→ *Tipp: Michael Sauer, Historische Lieder, Seelze: Kallmeyer 2008 (mit Audio CD)*

M 1 Ça ira.
Noten (Ausschnitt).

M 2 14. Juli 1790: Das Verbrüderungsfest auf dem Marsfeld in Paris.
Zeitgenössischer Kupferstich (36 x 46 cm) von Isodore Stanislas Helman nach Charles Monnet. Das Marsfeld, ein Truppenübungsplatz, befand sich dort, wo heute der Eiffelturm steht. 300 000 Menschen fanden hier Platz. Sie leisteten am 14. Juli 1790 feierlich den Eid auf die Grundsätze der entstehenden Verfassung.

M 3 Ça ira
Der Text stammt von einem Pariser Straßensänger, die Melodie wurde 1790 von einem bekannten „Schlager“ übernommen.

Ah! ça ira, ça ira, ça ira!
Le peuple en ce jour sans cesse répète:
Ah! ça ira, ça ira, ça ira,
Malgré les mutins tout réussira.

(Ah, es wird gehen, es wird gehen, es wird gehen! / Wiederholt das Volk an diesem Tag ununterbrochen: / Ah, es wird gehen, es wird gehen, es wird gehen, / Trotz der Meuterer wird alles gelingen.)

Die Melodie ist so einprägsam, dass immer wieder neue Textfassungen zu besonderen Anlässen entstehen. Eine andere Fassung lautet:

Ah, das geht ran, das geht ran, das geht ran, /
Die Aristokraten an die Laterne; /
Ah, das geht ran, das geht ran, das geht ran, /
Die Aristokraten, hängt sie dran! /
Und wenn sie alle hängen, marsch, /
Haut man ihn'n die Schippe vorn Arsch. /
Ah! das geht ran, das geht ran, das geht ran ...

Gerd Semmer (Hrsg.), Ça ira. 50 Chansons, Chants, Couplets und Vaudevilles aus der Französischen Revolution 1789-1795, Berlin [2]1962, S. 60 und 57

1. *Vergleicht die beiden Textfassungen (M 3). Wann und warum könnte die zweite Fassung entstanden sein?*
2. *Wie stellt ihr euch das Lied gesungen vor: getragen – schnell – melodiös – rhythmisch? Hört euch das Lied an und vergleicht die Tonaufnahmen mit euren Vermutungen.*
3. *Stellt euch vor, dieses Lied wurde zum Abschluss des Festes (M 2) von allen gesungen. Wie mag es gewirkt haben?*
4. *Informiert euch über die „Marseillaise“ (Entstehung, Text, Melodie und Verbreitung).*

Die Revolution schreitet voran

Sansculotten kontra Bürgertum

Nachdem die Verfassung von 1791 eingeführt worden war, wurde eine neue Volksvertretung gewählt, die *Gesetzgebende Nationalversammlung*. Die meisten der 745 Abgeordneten waren für die konstitutionelle Monarchie und weitere Reformen. Einige Volksvertreter wie der Rechtsanwalt *Maximilien de Robespierre* forderten ein allgemeines Wahlrecht unabhängig vom Einkommen und waren gegen das Einspruchsrecht (*Veto*) des Königs bei der Gesetzgebung. Sie wurden von der städtischen Volksbewegung unterstützt: den *Sansculotten*. Die Gesetzgebende Versammlung geriet in eine Zwickmühle: Entweder kritisierte das Bürgertum ihre angeblich zu weit gehenden Beschlüsse oder die Sansculotten beklagten sich, weil sich ihre soziale Lage nicht verbesserte.

Die Zweite Revolution

Außenpolitische Sorgen kamen hinzu. Österreich und Preußen hatten zum Schutz vor der Revolution ein Bündnis geschlossen und Truppen aufgestellt. Um ihrem Einmarsch zuvorzukommen, zwang die Volksvertretung Ludwig XVI., Österreich im April 1792 den Krieg zu erklären. Während die schlecht ausgerüsteten Franzosen die ersten Schlachten verloren, überschritten preußisch-österreichische Truppen die französischen Grenzen. Sie drohten, Paris zu vernichten, falls dem König oder seiner Familie Gewalt zugefügt werde.

Wütende Volksmassen erstürmten am 10. August 1792 das Stadtschloss. Eine *Zweite Revolution* begann, in deren Verlauf der König abgesetzt und mit seiner Familie gefangengenommen wurde. Gleichzeitig wurden Wahlen für eine neue Volksvertretung angesetzt.

Doch damit kehrte keine Ruhe ein. Zwischen dem 2. und 5. September 1792 drangen Teile der städtischen Volksbewegung in die Gefängnisse ein und töteten etwa 1500 Menschen. Sie trieb die Furcht, die anrückenden Truppen könnten sich mit den Inhaftierten zu einer Gegenrevolution verbünden.

1 Sansculotten.
Zeichnungen nach zeitgenössischen Vorlagen.
Gegen die Kniehosen und Seidenstrümpfe des Adels und des Großbürgertums setzten die Sansculotten (franz. sans culottes: ohne Kniehosen) die langen Hosen. Zeichen ihrer Stärke waren Piken und Säbel. Ausdruck ihrer Solidarität war das brüderliche Du. Handwerker, Krämer, Gastwirte, Tagelöhner, Marktfrauen und Wäscherinnen zählten zu ihnen. Zu ihren Führern gehörten Rechtsanwälte und Journalisten. Die Sansculotten traten für niedrige Lebensmittelpreise und ein allgemeines Wahlrecht ein, kämpften gegen den Klerus und die „Reichen“. Ihr Ideal war eine Gesellschaft selbstständiger Händler und Gewerbetreibender.

Frankreich wird Republik

In diesem gewalttätigen Klima fanden die Wahlen zum *Nationalkonvent* statt. Erstmals durften alle Männer ab dem 21. Lebensjahr unabhängig von ihrem Einkommen wählen. Nur sechs bis zehn Prozent der Wahlberechtigten gingen zur Wahl. Die neue Volksversammlung beschloss, die Republik einzuführen (22. September 1792). Das wichtigste innenpolitische Ereignis im Winter 1792/93 war der Prozess gegen den König. Er wurde nicht von einem Gericht, sondern vom Nationalkonvent „der Verschwörung gegen die Freiheit der Nation“ für schuldig erklärt, zum Tode verurteilt und nach mehreren Abstimmungen am 21. Januar 1793 hingerichtet. In ganz Europa – nicht nur in den Fürstenhäusern – waren viele Menschen entsetzt über dieses Ende der französischen Monarchie.

2 **Maximilien de Robespierre.**
Gemälde eines unbekannten Künstlers, um 1790 (Ausschnitt).

3 **Georges Jacques Danton.**
Gemälde eines unbekannten Künstlers.

Eroberungs- und Bürgerkrieg

Nachdem die preußisch-österreichische Invasionsarmee zurückgedrängt werden konnte, zogen französische Revolutionstruppen über Speyer, Worms und Mainz nach Norden, um die österreichischen Niederlande (Belgien) anzugreifen und die benachbarten Staaten von den absolutistischen Fürsten zu befreien.

England, Holland und Spanien schlossen sich daraufhin dem Bündnis Österreichs und Preußens an. Als der Nationalkonvent 300 000 Soldaten aufstellen wollte, brachen im Frühjahr 1793 Aufstände aus, die von königtreuen Adligen unterstützt wurden. Von nun an bestimmten Bürgerkrieg und Eroberungskrieg den Revolutionsalltag.

Die Unzufriedenheit bleibt

Die wirtschaftlichen Probleme nahmen zu. Die Händler und Handwerker hatten ihre Auftraggeber verloren. Immer mehr Menschen wurden arbeitslos. Gleichzeitig stiegen die Preise für Lebensmittel weiter, da die Bauern für das von der Regierung ausgegebene neue Papiergeld (*Assignate*) kein Korn verkauften. In den Städten kam es immer wieder zu Brotaufständen und Plünderungen. Besonders häufig führten Frauen diese Erhebungen an. Sie forderten Maßnahmen gegen die Geldentwertung (*Inflation*) und feste Preise für Lebensmittel.

Für die anhaltende Not machte die städtische Volksbewegung die Abgeordneten des Nationalkonvents verantwortlich, die sich trotz der sozialen Probleme weiterhin für den Schutz des Eigentums und Wirtschaftsfreiheit einsetzten. Im Mai/Juni 1793 erzwangen die Sansculotten die Verhaftung und Verurteilung dieser liberalen Politiker. Damit konnten radikale Abgeordnete die Führung im Nationalkonvent übernehmen. Zu ihren Wortführern gehörten neben Robespierre auch der Rechtsanwalt *Georges Jacques Danton* und der Journalist und Arzt *Jean Paul Marat*. Unter ihrer Leitung machte der Nationalkonvent weitreichende Zugeständnisse an die städtische Volksbewegung.

Eine neue Verfassung, weitere Reformen

Die im Juni 1793 von den Abgeordneten verabschiedete und von der Bevölkerung angenommene Verfassung sollte neues Vertrauen schaffen. Erstmals wurden soziale Grundrechte wie das Recht auf Arbeit, öffentliche Unterstützung und Unterricht für alle garantiert. Außerdem sollten Gesetze durch Volksabstimmungen (*Plebiszite*) beschlossen werden. Doch die Verfassung blieb Programm. Sie trat wegen des Krieges nicht in Kraft.

Im Oktober 1793 beschloss der Nationalkonvent einen republikanischen Kalender. Der erste Tag der Republik, der 22. September 1792, wurde rückwirkend zum Beginn der Zeitrechnung (*Jahr I*) gemacht. Mit dem Revolutionskalender wurde eine Zehntagewoche eingeführt. Die Monate bekamen neue Namen nach dem Ablauf der Natur und die Tage erhielten Bezeichnungen von Pflanzen und Tieren. Mit dem republikanischen Kalender, der bis Ende 1805 galt, wurden die christliche Zeitrechnung und die kirchlichen Feiertage abgeschafft. Gegen die christliche Kultur richtete sich auch die Schließung und Zerstörung vieler Kirchen. Sie wurden in „Tempel der Vernunft" umgewandelt, in denen man die Göttin der Freiheit verehrte.

Anfang 1794 schaffte der Konvent die Sklaverei in den französischen Kolonien ab und erklärte die rund 600 000 Farbigen zu französischen Bürgern.

M 1 „Ich sterbe unschuldig ...“

Der Geistliche, der Ludwig XVI. zum Schafott begleitet hat, schreibt in seinen Erinnerungen:

Die Fahrt dauerte fast zwei Stunden. Überall am Straßenrand standen Bürger mit Piken und Gewehren in mehreren Reihen. Außerdem war der Wagen selbst von [...] Soldaten umgeben [...]. Um die Vorsicht auf die Spitze zu treiben, ließ man vor den Pferden eine Menge Trommler marschieren, die eventuelle Sympathiekundgebungen für den König übertönen sollten. [...]
Der Wagen erreichte so in vollkommener Stille die Place Louis XV. und hielt mitten auf dem Platz, den man um das Schafott* freigehalten hatte. Ringsum standen Kanonen; und dahinter sah man, so weit das Auge reichte, eine bewaffnete Menschenmenge. [...]
Die Stufen, die zum Schafott führten, waren äußerst steil. Der König musste sich auf meinen Arm stützen, und wegen der Mühe, die ihm das Steigen zu bereiten schien, fürchtete ich einen Augenblick, sein Mut würde schwinden. Aber wie erstaunt war ich, als ich oben auf der letzten Stufe sah, dass er sich gewissermaßen meinen Händen entzog, festen Schritts über das ganze Schafott ging, mit einem einzigen Blick fünfzehn oder zwanzig Trommler, die ihm gegenüberstanden, zum Schweigen brachte und mit so lauter Stimme, dass man es bis zum Pont-Tournant hören konnte, die für immer denkwürdigen Worte deutlich aussprach: „Ich sterbe unschuldig an den Verbrechen, die man mir vorwirft. Ich vergebe den Urhebern meines Todes und bitte Gott, das Blut, das sie vergießen werden, möge niemals über Frankreich kommen.“

Christ E. Paschold und Albert Gier, Die Französische Revolution. Ein Lesebuch mit zeitgenössischen Berichten und Dokumenten, Stuttgart 1989, S. 260 und 262

***Schafott**: Holzgerüst, auf dem Hinrichtungen stattfanden*

M 3 Ludwig XVI. wird hingerichtet.

Zeitgenössischer kolorierter Kupferstich. Die Hinrichtung fand am 21. Januar 1793 auf dem „Place de la Révolution“ statt; heute heißt er „Place de la Concorde“ („Platz der Eintracht“). Zehn Monate später, am 16. Oktober 1793, wurde Marie Antoinette, die Frau Ludwigs XVI. und Tochter der Kaiserin Maria Theresia aus dem Hause Habsburg, geköpft.

M 2 „Es lebe die Republik!“

Georg Wilhelm Böhmer, der vor der Revolution am evangelischen Gymnasium in Worms gelehrt hat, berichtet am 21. Januar 1793 aus Paris nach Mainz:

Heute ist sie entschieden, jene große Wahrheit, welche die Vorurteile so vieler Jahrhunderte erstickt hatten; heute hat man endlich sich überzeugt, dass ein König nur ein Mensch und dass niemand über die Gesetze ist. Völker in Europa! Völker des Erdbodens! Betrachtet die Thronen, sehet, dass sie nichts weiter als Staub sind. Frankreich hat ein großes Beispiel den Völkern, eine wichtige Lehre den Fürsten gegeben. Möge Ludwigs Haupt der große Weltmagnet werden, der früher oder später die Häupter aller großen und kleinen, geist- und weltlichen Tyrannen nach sich zieht. [...]
Um 5 Uhr heute Morgen wurden alle Sektionen dieser Stadt zusammenberufen. Zwischen 7 und 8 Uhr war die ganze bewaffnete Macht unter dem Gewehr, und alle Bataillone begaben sich jedes auf seinen Posten. [...]
Er [Ludwig XVI.] stieg sodann allein aufs Blutgerüst, die Kommissarien und selbst sein Beichtvater blieben zu den Füßen desselben. [...] Mit herzhafter Miene und emporgehobenem Haupt näherte er sich dem Werkzeug seines Todes, sah umher von der Rechten zur Linken und sagte mit starker Stimme: „Franken! Ich sterbe unschuldig; ich verzeihe meinen Feinden, ich wünsche, dass mein Tod dem Volke nützlich sei.“
[...] Wenige Augenblicke darauf fiel das Haupt desjenigen, um dessentwillen schon Tausende derer fielen, die er stolz seine Untertanen nannte. Damals war es 10 Uhr 24 Minuten. Die Exekution dauerte nur einige Sekunden. Noch immer herrschte die größte Stille, aber in dem Augenblick, wo einer von den drei Scharfrichtern Ludwigs Kopf nahm und ihn den Zuschauern zeigte, erscholl ein allgemeines Geschrei: „Es lebe die Nation! Es lebe die Republik!“, und alle Hüte wurden auf Bajonetten und Piken in die Höhe gehoben.

Walter Markov, Revolution im Zeugenstand. Frankreich 1789-1799, Band 2: Gesprochenes und Geschriebenes, Leipzig 1986, S. 348-350

1. *Arbeite die unterschiedlichen Bewertungen der Hinrichtung heraus (M 1 und M 2).*
2. *Erörtert, ob auf dem Kupferstich (M 3) das Ereignis bewertet wird.*

Schreckensherrschaft

Terror als Mittel der Politik?

Frankreich kam nicht zur Ruhe. Teuerung, Arbeitslosigkeit und Hunger sowie die äußere Bedrohung blieben. Regierungstruppen führten im Land einen brutalen Krieg gegen alle Anhänger der Monarchie und Kritiker. Am 5. September 1793 verlangten die Sansculotten in Paris: „Gesetzgeber! Setzt den Terror auf die Tagesordnung!“ Dies richtete sich vor allem gegen Wucherer und Spekulanten, die an der Lebensmittelknappheit und dem Krieg verdienten.

In ihrer Not übergaben die Abgeordneten ihre Macht freiwillig einem *Wohlfahrts-* und einem *Sicherheitsausschuss*. Der erste war für Kriegsführung, Polizei, Verwaltung und Wirtschaft zuständig. Für ihn zeichnete Robespierre verantwortlich. Der zweite Ausschuss sollte die Bürger überwachen. Beide Einrichtungen waren verantwortlich für die Schreckensherrschaft. Adlige, Bürger, Bauern, Priester, Offiziere, Reiche und Arme, „die sich durch ihr Verhalten, ihre Beziehungen oder ihre in Wort und Schrift geäußerten Ansichten“ scheinbar oder tatsächlich gegen die Revolution stellten, kamen vor ein Revolutionsgericht. Die Terrorurteile machten vor den Revolutionären nicht halt. Als Danton es wagte, das radikale Vorgehen der Ausschüsse zu kritisieren, wurde auch er hingerichtet. Während der Schreckensherrschaft wurden etwa 500 000 Menschen verhaftet und 50 000 geköpft.

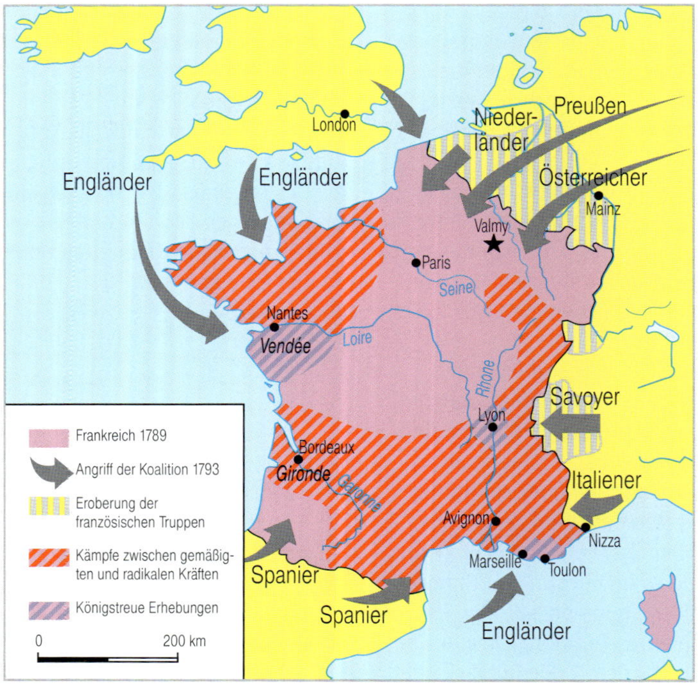

Die Wehrpflicht kommt

Der Wohlfahrts- und der Sicherheitsausschuss versuchte, die städtische Volksbewegung durch feste Lebensmittelpreise und Löhne sowie eine eingeschränkte Pressefreiheit zu beruhigen. Das Heer wurde vergrößert und die Waffenproduktion stark ausgebaut, um die Arbeitslosigkeit zu senken. Am 23. August 1793 verkündete der Konvent die *allgemeine Wehrpflicht* (franz. *Levée en masse*). Alle unverheirateten Franzosen zwischen 18 und 25 Jahren wurden einberufen. Im Frühjahr 1794 standen etwa 900 000 Mann unter Waffen. Den Kern der Armee bildeten die Sansculotten.

Frankreich hatte damit mehr Soldaten als alle Gegner. Das Gefühl, die Revolution und das Vaterland zu verteidigen, erhöhte den Kampfgeist des ersten Volksheeres der Neuzeit. Mit wachsendem Erfolg kämpfte es gegen die Feinde.

Rückkehr zur „alten“ Ordnung?

Nach dem Sieg der französischen Truppen über die gegnerischen Heere fand die Mehrheit des Nationalkonvents den Mut, sich gegen die Schreckensherrschaft auszusprechen. Am 27. Juli 1794 wurde Robespierre gestürzt. Er und weitere 105 Jakobiner wurden ohne Prozess hingerichtet. Danach löste man die Revolutionsgerichte auf, hob die festen Preise und Löhne auf und schloss alle Jakobinerklubs.

1795 erhielt Frankreich die dritte Verfassung. Das von einem Mindesteinkommen abhängige Wahlrecht wurde wieder eingeführt. Fünf Direktoren übernahmen die Macht. Die sozialen Probleme blieben. Da das Direktorium zwischen Königstreuen und radikalen Anhängern der Republik stand, wurde das Militär zur wichtigsten Stütze der Regierung gegen die innenpolitischen Feinde.

1 Die belagerte Republik im Sommer 1793.
Auseinandersetzungen zwischen den Regierungstruppen und ausländischen Heeren oder gegenrevolutionären Gruppen.

M 1 Rechtfertigung und Kritik

Robespierre spricht am 5. Februar 1794 vor dem Nationalkonvent über das Ziel der Revolution und den Terror:

Welches Ziel erstreben wir? Wir wollen den friedlichen Genuss der Freiheit und der Gleichheit [...]. Wir wollen die Dinge so ordnen, dass alle niedrigen und grausamen Leidenschaften im Zaum gehalten und alle wohltätigen und edlen Leidenschaften durch die Gesetze geweckt werden; wir wollen eine Ordnung schaffen, in der sich der Ehrgeiz auf den Wunsch beschränkt, Ruhm zu erwerben und dem Vaterland zu dienen; in der Vornehmheit nur aus der Gleichheit entsteht; wo der Bürger dem Magistrat, der Magistrat dem Volke und das Volk der Gerechtigkeit unterworfen ist; eine Ordnung, in der das Vaterland das Wohlergehen eines jeden Einzelnen sichert und jeder Einzelne stolz das Gedeihen und den Ruhm des Vaterlandes genießt [...].

Wenn in friedlichen Zeiten der Kraftquell der Volksregierung die Tugend ist, so sind dies in Zeiten der Revolution Tugend und Terror zusammen. Ohne die Tugend ist der Terror verhängnisvoll, ohne den Terror ist die Tugend machtlos. Der Terror ist nichts anderes als die unmittelbare, strenge und unbeugsame Gerechtigkeit; er ist also ein Ausfluss der Tugend.

Am 21. Oktober 1793 schreibt der Pfarrer und Schriftsteller Johann Caspar Lavater aus Zürich an einen französischen Abgeordneten:

Seitdem Ihr Euren guten König umgebracht und gemordet habet auf eine unerhörte Weise und auf die despotischste Art; [...] seitdem Ihr, den Dolch in der Hand, zur Freiheit zwanget; seitdem Ihr die bewegliche Köpfmaschine an die Stelle der zerstörten Bastille setzet; seitdem man nichts mehr sagen oder schreiben darf, was man unter den despotischsten Königen sagen und schreiben durfte, seitdem zittre ich, wenn ich Euch von Freiheit reden höre.

Monarchie oder Republik, das ist mir gleichgültig; aber Freiheit! Nicht das Wort jedoch, nicht die Ausrufungen, nicht die [...] Reden werden Frankreich diese Freiheit geben. [...] Wo ist die Freiheit, wo ist die Sicherheit der Ehre, des Eigentums, des Lebens? [...]

Alle Eure Könige und alle Könige der Erde zusammen gaben nie so viele Beispiele des abscheulichen Despotismus, wie Ihr seit drei Jahren gebet.

Erster Text: Maximilien Robespierre, Ausgewählte Texte, deutsch von Manfred Unruh, Hamburg 1971, S. 582 ff.

Zweiter Text: Gustav Landauer, Briefe aus der Französischen Revolution, Bd. 2, Berlin [3]1985, S. 104 ff.

M 2 Politisch motivierte Todesurteile

Grundlage der folgenden Statistik sind Angaben von 14 080 bzw. 16 594 Hinrichtungen, die zwischen März 1793 und August 1794 stattgefunden haben.

Von den Verurteilten waren		
Adlige	1158	(8,25 %)
Geistliche	920	(6,50 %)
Gehobenes Bürgertum*	1964	(14,00 %)
Kleinbürgertum**	1488	(10,50 %)
Lohnempfänger***	4389	(31,25 %)
Bauern	3961	(28,50 %)
Sonstige	200	(1,50 %)

Verurteilungen wegen	
bewaffneten Aufruhrs	78 %
eidverweigernder Agitation	19 %
Wirtschaftsverbrechen	1 %

Regionale Verteilung der Urteile	
Paris	16 %
Südosten	19 %
Westen	52 %
Rest des Landes	13 %

*Kaufleute, Bankiers, hohe Staatsdiener etc.
**Handwerker, Kleinhändler etc.
***Sansculotten

Nach: Donald Greer, The Incidence of the Terror during the French Revolution. A Statistical Interpretation, Cambridge, Mass. 1935 (ND Gloucester, Mass. 1966), S. 143 und 165 (vereinfacht)

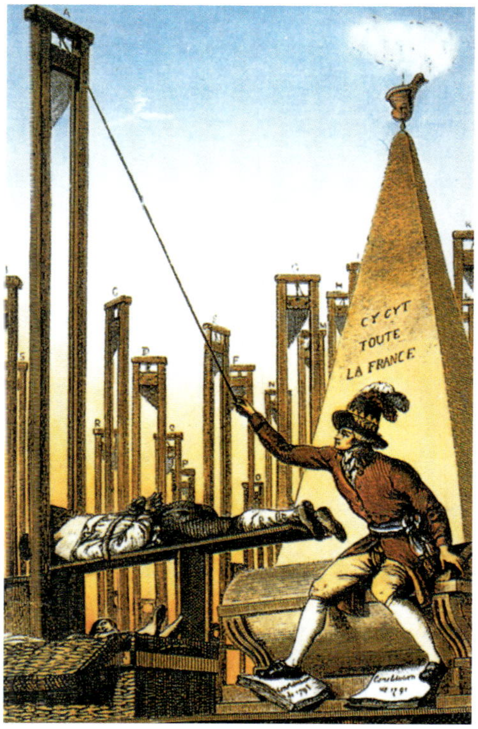

M 3 Robespierre als Henker des Henkers.
Radierung (13,8 x 8,3 cm) eines unbekannten Künstlers, Ende 1794.
Die Guillotine entwickelte sich zu einem Kennzeichen des Terrors. Dieses Hinrichtungsgerät wurde seit dem Frühjahr 1792 eingesetzt und ist nach dem Arzt Joseph Ignace Guillotin benannt. Die ersten Fallbeile baute der deutsche Klavierbauer Tobias Schmidt.
Zum Bild: Die Blätter unten rechts symbolisieren die Verfassungen von 1791 und 1793. Auf dem Schafott liegt ein Henker.
Die Inschrift auf der Grabpyramide lautet: „Hier ruht ganz Frankreich."

1. *Erkläre mit eigenen Worten, wie Robespierre das Verhältnis von Tugend und Terror sieht (M 1).*
2. *Prüfe, ob sich die Ziele Robespierres (M 1) mit den Menschen- und Bürgerrechten (siehe M 1, Seite 120) vereinbaren lassen.*
3. *Welche Grundsätze setzt Lavater der Politik des Nationalkonvents entgegen (M 1, Zeile 30 ff.)?*
4. *Erläutere die in M 2 dargestellten Sachverhalte.*
5. *Deute die Zeichnung (M 3) und erläutere die Absicht des Zeichners.* Lerntipp

Revolutionäre Stimmung im Reich

1 Tanz um den Freiheitsbaum.
Ölgemälde (19 x 30 cm) eines unbekannten Künstlers, um 1793.
Etwa 1790 kam die Idee auf, Freiheitsbäume zu setzen. Man knüpfte damit an die Tradition des Maibaumes an. Im Frühjahr 1792 standen in ganz Frankreich zehntausende solcher Freiheitsbäume. Die Revolutionsheere brachten diesen Brauch in die deutschen Gebiete. Im Rheinland wurden etwa 100 Freiheitsbäume errichtet. Meist wurde die Aufstellung angeordnet. Die hier wiedergegebene Szene fand vermutlich in Aachen statt. Die Franzosen hatten die Stadt 1792/93 besetzt.
Welchen Eindruck hinterlässt dieses Bild von den französischen Soldaten und der deutschen Bevölkerung?
Zwei Teilnehmer des Reigens fallen auf. Erläutere und begründe!

Revolutionäre Stimmung im Reich
Der Ausbruch der Französischen Revolution fand 1789 Bewunderer in ganz Europa. Die Nachrichten aus Paris lösten sowohl in Baden, der Pfalz, im Rheinland, in Kursachsen sowie in Hessen-Kassel und Schlesien als auch in Städten wie Bremen, Göttingen, Hamburg, Hildesheim, Köln, Nürnberg, Trier, Ulm und Reutlingen Bauern-, Handwerker- und Studentenunruhen oder Volksaufläufe aus.
Vor allem das Bildungsbürgertum verfolgte den Versuch, die Gedanken der Aufklärung in Politik umzusetzen, anfangs mit großer Sympathie. Ein ausgedehnter Revolutionstourismus entstand. So reiste der Pädagoge *Joachim Heinrich Campe* nach Paris, als er vom Sturm auf die Bastille erfuhr. In seinen Briefen, die im *Braunschweigischen Journal* abgedruckt wurden, berichtet er begeistert vom „Leichenbegräbnis des französischen Despotismus" (*4. August 1789*). Auch andere Dichter und Gelehrte meldeten sich aus Paris.
Zentren der Auseinandersetzung mit der Französischen Revolution waren Universitäten und höhere Schulen wie das Stift in Tübingen. In einigen Städten entstanden Vereinigungen nach dem Vorbild des Jakobinerklubs. Sie fanden aber wenig Rückhalt in der Bevölkerung.
Die Schicksale der geflohenen Franzosen (allein in Baden lebten zeitweise fast 10 000 Flüchtlinge), die Hinrichtung Ludwigs XVI., die Schreckensherrschaft und der Vormarsch der Revolutionstruppen ließen die Zahl der Revolutionsanhänger nach 1793 stark schrumpfen.

→ ***Internettipp:*** *Reiseberichte aus Paris von 1789/1790 findest du unter www.revolution.historicum-archiv.net/quellen/index.html*

Die Mainzer Republik
Nirgendwo sonst im Reich fanden die Ideen der Französischen Revolution eine so weite Verbreitung wie in Mainz. Angeregt von den Franzosen und gefördert von dem im Oktober 1792 gegründeten Mainzer Jakobinerklub wurde in den von den alten Herrschern befreiten Gebieten Anfang 1793 ein *Rheinisch-Deutscher Nationalkonvent* gewählt. In ihm spielte der Forscher und Weltreisende *Georg Forster* eine führende Rolle. Am 18. März wurde in Mainz der *Rheinisch-Deutsche Freistaat* für das Gebiet zwischen Landau und Bingen ausgerufen.
Doch der erste deutsche Versuch, eine auf Freiheit, Gleichheit und Eigentum beruhende demokratische Staats- und Gesellschaftsordnung einzuführen, scheiterte wenige Monate später: Einerseits, weil die Franzosen begannen, das Land auszubeuten, andererseits, weil zur gleichen Zeit Rheinhessen und die Pfalz von den Deutschen zurückerobert wurden.
Weitere Versuche, im Rheinland eine Republik zu errichten (1797/98) misslangen ebenso wie Aufstands- und Verfassungsbestrebungen in Bayern, Württemberg und am Oberrhein. Sie wurden von den Franzosen kaum unterstützt. Eine deutsche Republik lag nicht in ihrem Interesse.

M1 Sitzung des Mainzer Jakobinerklubs im Akademiesaal des Kurfürstlichen Schlosses, November 1792.
Federzeichnung (44 x 58 cm) von Johann Jakob Hoch. Der Klub hatte zeitweise 500 Mitglieder.

M2 Das Bürgerlied der Mainzer

Ende 1792/Anfang 1793 dichtet ein uns unbekannter Autor:

Auf Brüder! auf! Die Freiheit lacht,
Die Ketten sind entzwei.
Uns hat sie Custine* losgemacht,
O Bürger, wir sind frei!
Nun drückt uns kein Despote** mehr
Und raubt uns unsre Taschen leer.
Nun drückt uns kein Despote mehr!
Der Mainzer ist nun frei!
Der Mainzer ist nun frei!
[...]

Ihr Mainzerinnen freuet euch!
Ihr Schönen jubiliert!
Nun seid ihr Edeldamen gleich,
Die stolz euch sonst regiert.
Nun hat bei Ball, bei Spiel und Sang
Die Bürgerin den ersten Rang:
Der Mainzer ist nun frei!
Der Mainzer in nun frei!

O Bürger! welche Seligkeit,
Ein freier Mann zu sein,
Dem kein Despote mehr gebeut,
Nur das Gesetz allein.
Nun ist es aus, das Adelreich,
Nun sind wir Brüder, alle gleich;
Nun ist es aus, das Adelreich.
Der Mainzer ist nun frei!
Der Mainzer ist nun frei!

Hans-Werner Engels, Gedichte und Lieder deutscher Jakobiner, Stuttgart 1971, S. 53 f.

***Custine**: *Befehlshaber der Rheinarmee; er eroberte mit seinen Truppen 1792 Speyer, Worms und Mainz.*
****Despot**: *Gewaltherrscher, Tyrann*

M3 Über die „Mainzer Republik“

Der Historiker Franz Dumont schreibt:

Wenn auch widersprüchlich und letztlich ohne ausreichende Akzeptanz*, so war die Mainzer Republik doch ein Vorgang von historischem Rang: zunächst, weil sie am Anfang des schwierigen deutschen Weges zur Demokratie steht und weil die Mainzer Jakobiner als die erste demokratische Bewegung in Deutschland anzusehen sind. Für das Reich ebenso außerordentlich war die breite Politisierung der Bürgerschaft, die hier erstmals zur Ausbildung ideologischer** Fronten im modernen Sinne führte. In beidem hatte Mainz 1792/93 eine Vorreiterrolle.

Franz Dumont u.a. (Hrsg.), Mainz. Die Geschichte der Stadt, Mainz 1998, S. 344

* **Akzeptanz**: *Bereitschaft, etwas anzuerkennen*
** **ideologisch**: *weltanschaulich*

→ *Internettipp: www.mainzer-republik.de*

1. *Erarbeite die politischen Vorstellungen des Dichters (M2).*
2. *Bestimme die Aufgabe, die das Lied (M2) übernimmt. Siehe dazu nochmals den Lerntipp auf Seite 122.*
3. *Erklärt und diskutiert die Aussage des Historikers (M3).*
4. *Informiere dich über Georg Forster.*

Napoleon und das Ende der Revolution

1 „Napoleon überschreitet den großen St.-Bernhard-Pass."
Ölgemälde (292 x 263 cm) von Jacques-Louis David, 1799.
Eingemeißelt in den Fels zu Füßen Napoleons stehen schwer lesbar die Namen „Hannibal" und „Karolus Magnus" (Karl der Große) und deutlicher „Bonaparte".
Nebenbei: Napoleon wird entweder zu Fuß oder auf einem Maultier den St.-Bernhard-Pass überschritten haben.
Deute die Aussage des Bildes. Beachte dabei die Namen.

Revolutionskriege

Die Franzosen zogen 1792 in den Krieg, um ihre revolutionären Errungenschaften zu verteidigen und andere Länder von absolutistischen Herrschern zu befreien. Damit begann ein bis 1814/15 dauernder Krieg zwischen Frankreich und zahlreichen Staaten Europas, in dem Millionen Menschen ihr Leben verloren.

Bis 1795 „befreiten" die Revolutionstruppen Belgien, Holland und einige linksrheinische Gebiete. Danach setzte das Direktorium die Kriege fort, um von den innenpolitischen Problemen abzulenken. Es verließ sich dabei auf den 1769 auf Korsika geborenen *Napoleon*. Als junger Offizier hatte er mit Robespierres Politik sympathisiert. Nun stellte er seine außerordentlichen Fähigkeiten in den Dienst der neuen Machthaber. 1796 erhielt er den Oberbefehl für den Feldzug gegen Österreich. Nach dem Sieg seiner Truppen diktierte er ohne die Regierung in Paris zu befragen den *Frieden von Campo Formio* (1797). Österreich musste die Niederlande und die Lombardei (Norditalien) abtreten und die Rheingrenze anerkennen.

Danach übertrug das Direktorium Napoleon 1798 den Ägyptenfeldzug. Dem englischen Handel sollte der Weg nach Indien abgeschnitten werden. Napoleon konnte Ägypten zwar erobern, doch die französischen Schiffe wurden von der englischen Flotte versenkt. Damit war Napoleons Heer von Frankreich isoliert. Seine Karriere schien beendet zu sein.

Per Staatsstreich an die Macht

Während des Ägyptenfeldzuges änderte sich die Lage in Europa: England bildete mit Russland, Österreich, Portugal, Neapel und der Türkei ein neues Bündnis. Oberitalien konnte zurückgewonnen werden. Die Franzosen mussten ihre rechtsrheinischen Eroberungen aufgeben.

In Paris brachen erneut Auseinandersetzungen aus. Das Direktorium befürchtete im Sommer 1799 einen Machtverlust im Parlament. In dieser Lage wurde Napoleon, der inzwischen Ägypten ohne seine Armee verlassen hatte, von führenden Politikern zum „Retter in der Not“ berufen.

Mit Gewalt übernahm Napoleon am 9./10. November 1799 die Herrschaft und erklärte die Revolution für beendet. Seine Truppen sicherten ihm diesen Staatsstreich*. Die Bevölkerung leistete nach zehn Revolutionsjahren keinen Widerstand. Die Mehrheit sehnte sich nach Ruhe und Ordnung.

Napoleon setzte drei Konsuln** an die Stelle der fünf Direktoren. Sich selbst ließ er zum Ersten Konsul ausrufen und vom Volk bestätigen. Von über drei Millionen Stimmen wurden nur 1562 gegen ihn abgegeben. Allerdings beteiligten sich vier Millionen Bürger nicht an der Abstimmung. Ende 1799 erließ Napoleon eine neue Verfassung. Sie sicherte ihm diktatorische Macht.

2 Erstausgabe des „Code civil“ von 1804.
Dieses Gesetzbuch bestätigte die alte rechtliche und gesellschaftliche Stellung der Frau: „Der Mann ist seiner Frau Schutz, die Frau ihrem Mann Gehorsam schuldig.“ In einem anderen Artikel heißt es: „Die Ehefrau [...] kann weder schenken, veräußern, ihr Vermögen zur Hypothek stellen noch erwerben, es sei unentgeltlich oder gegen Vergeltung, sofern nicht ihr Ehemann bei dem Akt selbst mitwirkt oder seine Einwilligung schriftlich gegeben hat.“

Verordnete Reformen

Napoleon forderte den Adel zur Rückkehr auf, verkündete Religionsfreiheit und sicherte der katholischen Kirche Wiedergutmachung zu. Gleichzeitig schuf er eine ihm ergebene Führungsschicht. Zwischen 1808 und 1814 ließ Napoleon über 3 000 Personen adeln. Ein neues elitäres Bildungswesen schuf die Grundlagen für eine Karriere in Staat und Gesellschaft.

Um die katastrophale wirtschaftliche Lage zu verbessern, wurde eine neue, im ganzen Land gültige Währung eingeführt. Die Bauern behielten ihre Erwerbungen aus dem ehemaligen adligen und kirchlichen Besitz. Finanziers, Fabrikanten und Kaufleute profitierten von der freien Wirtschaft und zogen großen Nutzen aus den eroberten Ländern.

Ein neues Gesetzbuch

1804 erließ Napoleon ein neues bürgerliches Gesetzbuch, den *Code civil*, auch *Code Napoléon* genannt.*** Es bildete die Grundlage der bürgerlichen Gesellschaftsordnung. Die Gesetze garantierten einige Errungenschaften der Revolution wie Gleichheit vor dem Gesetz, Freiheit des Einzelnen und des Eigentums, Trennung von Staat und Kirche sowie die politische und rechtliche Gleichstellung der Juden. Gleichzeitig nahm Napoleon aber auch die Abschaffung der Sklaverei und das Scheidungsrecht zurück. Die politischen Freiheitsrechte setzte er praktisch außer Kraft. Ein wertloses Wahlrecht, Presselenkung, eingeschränkte Versammlungsfreiheit, Bespitzelung und politische Morde kennzeichneten seine Herrschaft.

Frankreich wird wieder Monarchie

Die Reformen entsprachen den Wünschen des reichen Bürgertums. Napoleons Beliebtheit wuchs durch den wirtschaftlichen Aufschwung. Ende 1804 krönte er sich zum Kaiser und führte die Erbmonarchie wieder ein. Seine neue Stellung ließ er sich durch einen Volksentscheid bestätigen.

***Staatsstreich**: *Umsturz der Verfassungsordnung durch eine kleine Gruppe führender Politiker; im Gegensatz zur Revolution ist er ein Umsturz „von oben“.*

****Konsuln**: *im alten Rom die jährlich gewählten Leiter der Staatsgeschäfte*

*****Code**: *von lat. Codex: Sammlung von Gesetzen*

M 1 Der Eid des Kaisers
Der Senat beschließt am 18. Mai 1804 den Eid des Kaisers:

Ich schwöre, die Unversehrtheit der Republik zu behaupten, die [...] Freiheit des Gottesdienstes zu achten und achten zu lassen, die Gleichheit der Rechte, die politische und bürgerliche Freiheit, die Unwiderruflichkeit des Verkaufs der Nationalgüter zu achten und achten zu lassen, keine Abgaben zu erheben und keine Auflage zu errichten als in Gemäßheit des Gesetzes, [...] und nur zum Vorteil, zum Glück und zum Ruhm des französischen Volkes zu regieren.

Gottfried Guggenbühl, Quellen zur Geschichte der Neuesten Zeit, erw. und neu bearb. von Hans C. Huber, Zürich [5]1978, S. 46

*→**Internettipp:** Zu Napoleon siehe www.napoleon.historicum-archiv.net/themen/biographien/napoleon.html*

M 2 Die Salbung Kaiser Napoleons I. und die Krönung der Kaiserin Joséphine in der Kathedrale Notre Dame zu Paris am 2. Dezember 1804.
Ölgemälde (610 x 930 cm) von Jacques-Louis David, 1805/07 (Ausschnitt).
Napoleon hatte den Papst gebeten, an der Krönungsfeier teilzunehmen. Er sollte ihn und seine Frau Joséphine salben und segnen. Der Papst (rechts) kam dem Wunsch nach. Unter seinen Augen krönte Napoleon zuerst sich selbst und dann seine Frau.
Hinter Joséphine hebt ein Bischof ein Kreuz empor, links von ihm sind in dunklen Uniformen einige Marschälle zu erkennen. Sie halten die Unterlagen für die Herrschaftszeichen der Kaiserin.
Dahinter thront Napoleons Mutter Lätitia, die an der Zeremonie gar nicht teilgenommen hatte. Oberhalb des Papstes und seiner Kardinäle steht eine Gruppe von Gesandten aus Österreich, Italien, Spanien, der Türkei und den Vereinigten Staaten.

1. *Vergleicht Napoleons Eid mit seinen Reformen und diskutiert, ob er sein Versprechen gehalten hat (M 1).*
2. *Erkläre, weshalb Napoleon vom Papst gesalbt und gesegnet werden wollte. Warum krönte er sich aber selbst?*
3. *Das Gemälde (M 2) entspricht nicht in allen Details den Tatsachen. Beschreibe seinen Aufbau, untersuche, welche Position die einzelnen Personen im Bild haben, und überlege, welche Wirkung der Maler Jacques-Louis David erzielen wollte.* Lerntipp
4. *Inwiefern knüpft Napoleon mit seiner Kaiserkrönung an die Antike und das Mittelalter an? Berücksichtige Abb. 1 auf Seite 130.*
5. *Verfasst ein Rollenspiel, in dem Napoleon seine Selbstkrönung mit dem Direktorium erörtert. Spielt die Szene in der Klasse und prüft, ob die vorgetragenen Argumente historisch angemessen waren.* Lerntipp

Frankreich beherrscht den Kontinent

Der Anfang ...

Napoleon wusste, dass seine aus der Revolution entstandene Herrschaft eine Herausforderung für das europäische Gleichgewicht der Mächte war. Um Frankreichs Vorherrschaft durchzusetzen, musste er die alten Mächte entweder besiegen oder in seine Abhängigkeit zwingen.

Der 1799 ausgebrochene *Zweite Koalitionskrieg*, zu dem England die Großmächte Russland und Österreich sowie andere Staaten angestachelt hatte, gab ihm dazu Gelegenheit. Im *Frieden von Lunéville* musste Österreich 1801 die französischen Eroberungen anerkennen.

Preußen und Österreich hatten bereits die Abtretung des linken Rheinufers an Frankreich anerkannt und festgelegt, dass die Reichsfürsten für ihre linksrheinischen Verluste mit rechtsrheinischen Gebieten entschädigt werden sollten. Die Grundlagen für den Ausgleich erarbeitete ein Ausschuss des Regensburger Reichstages. Das Ergebnis war der *Reichsdeputationshauptschluss* von 1803. Die Schlüsselbegriffe der Regelung lauteten Säkularisation und Mediatisierung.

- Die Säkularisation (von lat. *saecularis*: weltlich) bedeutete die Übernahme der Herrschaft in kirchlichen Gebieten durch weltliche Fürsten. Vier Erzbistümer, 18 Bistümer und etwa 300 reichsunmittelbare Abteien und Klöster wurden aufgelöst.
- Die Mediatisierung (von lat. *im-mediatus*: unmittelbar) nahm den meisten Reichsstädten und den vielen kleinen weltlichen Herrschern wie Reichsrittern ihre Reichsunmittelbarkeit. Sie mussten sich also einem anderen Territorialherrn unterwerfen. Von knapp 300 selbstständigen Reichsständen blieben 41 Flächen- und Stadtstaaten übrig.

Preußen und die süddeutschen Mittelstaaten waren die großen Gewinner: Preußen erhielt das Fünffache seiner linksrheinischen Verluste, Württemberg das Doppelte und Baden wuchs um das Zehnfache. Im deutschen Südwesten entstanden mit Bayern, Baden und Württemberg drei mittelgroße Staaten. Sie waren stark genug, um neben Preußen und Österreich ein Machtfaktor im Reich zu sein, aber zu schwach, um ohne ihren „Schutzherrn“ Napoleon auszukommen.

... vom Ende des Alten Reiches

Während Preußen gegenüber Frankreich unabhängig blieb, schlossen sich die süddeutschen Staaten Napoleon an: Ihre Soldaten kämpften nun auf französischer Seite. 1805 siegten Napoleons Truppen über die vereinigten Österreicher und Russen in der *Dreikaiserschlacht von Austerlitz* (Ort in Südmähren, heute Tschechische Republik). Napoleon bedankte sich dafür: Er überließ den Verbündeten daraufhin weitere Gebiete und förderte ihre Standeserhöhungen: Bayern und Württemberg wurden 1806 Königreiche, Baden und Hessen Großherzogtümer. Im selben Jahr sagten sich diese Staaten mit zwölf weiteren Fürstentümern vom Reich los und gründeten unter der Schutzherrschaft Napoleon den *Rheinbund*. *Franz II.* legte die Kaiserkrone nieder. Nur für seine Herrschaft über Österreich beanspruchte er in Zukunft den Kaisertitel. Das war das Ende des Heiligen Römischen Reiches Deutscher Nation.

1 Speisesaal des „Badischen Hofes“.
Aquarell (57,5 x 46 cm) von Johann Stanislaus Schaffroth.
1803 wurde aus dem Kapuzinerkloster in Baden-Baden ein Hotel, die frühere Kirche gestaltete man zum Speisesaal um.

2 Maueranschlag in Berlin.
Der Berliner Stadtkommandant ließ diesen Maueranschlag (15 x 18 cm) nach der Niederlage von Jena und Auerstedt anbringen.

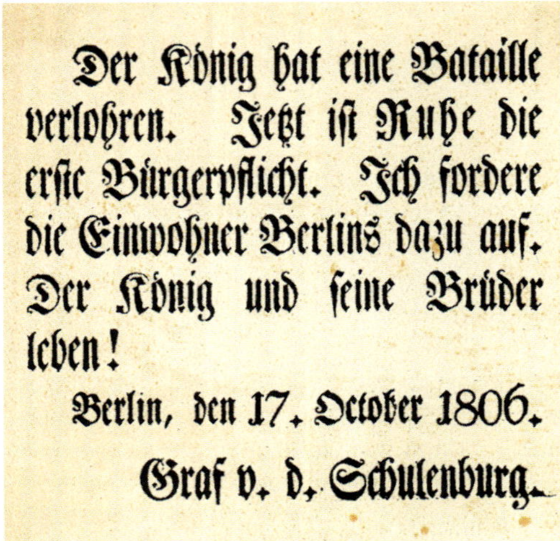
Der König hat eine Bataille verlohren. Jetzt ist Ruhe die erste Bürgerpflicht. Ich fordere die Einwohner Berlins dazu auf. Der König und seine Brüder leben!

Berlin, den 17. October 1806.

Graf v. d. Schulenburg.

→Filmtipp: „Napoleon und die Deutschen." ZDF-Reihe „Die Deutschen" von 2008, Folge 7 (http://diedeutschen.zdf.de/)

Auf dem Höhepunkt der Macht

Preußen hatte sich beim Zerfall des Reiches zunächst unparteiisch verhalten. Zur Belohnung erhielt es dafür von Napoleon das Kurfürstentum Hannover. Um seine Macht gegenüber dem immer stärker werdenden Frankreich zu sichern, verbündete sich Preußen mit Russland und Sachsen. Gemeinsam forderte man Napoleon auf, seine Soldaten rechts des Rheins abzuziehen und den Rheinbund aufzulösen. Die Folge war ein neuer Krieg. Die französischen Truppen schlugen die preußischen Heere in der *Doppelschlacht von Jena und Auerstedt* im Oktober 1806 vernichtend. Der preußische Staat brach zusammen. Russland gab das Bündnis mit Preußen auf und arbeitete nun mit Frankreich zusammen.

Im *Frieden von Tilsit* einigten sich der französische Kaiser und der russische Zar 1807 über die Zukunft Preußens. Der Zar verhinderte zwar, dass Napoleon den preußischen Staat auslöschte, wollte ihn aber schwächen. Preußen verlor alle Besitzungen westlich der Elbe. Das Gebiet kam größtenteils zum Königreich Westfalen. Preußen verlor seine Erwerbungen aus den drei polnischen Teilungen. Das „Grand Empire" war auf dem Höhepunkt seiner Macht.

Wirtschaftskrieg gegen England

Napoleon nutzte seine Vorherrschaft auf dem Kontinent zum Wirtschaftskrieg gegen die unbesiegte Seemacht England. Die Ende 1806 von ihm verkündete Kontinentalsperre verbot den Handel mit der Insel. Daraufhin kam es in England zu einer Wirtschaftskrise. Auf dem Kontinent traf die Blockade hauptsächlich die Küstenländer und Branchen, die für den Export produzierten. Die fehlende englische Konkurrenz brachte allerdings – vor allem in der Textilherstellung – den einheimischen Betrieben Vorteile.

Ziel

Das seit 1794 vollständig besetzte linksrheinische Gebiet sollte für immer bei Frankreich bleiben. Es wurde von Aachen aus verwaltet. Die Herrschaft im Königreich Westfalen übernahm Napoleons Bruder Jérôme. Es erhielt Ende 1807 eine fortschrittliche Verfassung. Auch hier wurde der Code civil eingeführt. Napoleons Besatzungspolitik begünstigte den Adel und das Bürgertum. Sie brauchte er zur Durchsetzung seines Zieles: ein politisch, wirtschaftlich und rechtlich einheitliches Europa unter französischer Vorherrschaft.

3 Das Gebiet des heutigen Bundeslandes Nordrhein-Westfalen in der napoleonischen Zeit 1809.
Stelle fest, zu welchem Herrschaftsbereich dein Schul- oder Wohnort gehörte. Finde heraus, ob in deiner näheren Heimat noch etwas an die Franzosenzeit erinnert.

M1 Aus der Verfassung des Königreichs Westfalen

Napoleon erlässt am 15. November 1807 die Verfassung („Constitution") für das neue Königreich Westfalen. Sie enthält folgende Bestimmungen:

Art. 5. Das Königreich Westfalen bildet einen Teil des Rheinischen Bundes. Sein Kontingent soll aus 25 000 Mann wirklich diensttuender Soldaten von jeder Waffenart bestehen […]. […]
Art. 10. Das Königreich Westfalen soll nach solchen Grundgesetzen regiert werden, welche die Gleichheit aller Untertanen vor dem Gesetze und die freie Ausübung des Gottesdienstes der verschiedenen Religionsgesellschaften festsetzen. […]
Art. 13. Alle Leibeigenschaft […] ist aufgehoben. […]
Art. 16. Das Steuersystem soll für alle Teile des Königreichs ein und dasselbe sein.
Art. 17. Das Münzsystem und das System der Maße und Gewichte, welche gegenwärtig in Frankreich bestehen, sollen im ganzen Königreich eingeführt werden.

Lewis Mumford, Mythos der Maschine. Kultur, Technik und Macht, übers. von Liesl Nürenberger und Arpad Hälbig, Wien 1974, S. 166

M2 Das Französische Kaiserreich 1812.

M3 Wohltaten?

Napoleon schreibt am 15. November 1807 seinem Bruder Jérôme, dem König von Westfalen:

Schenken Sie denen kein Gehör, die behaupten, ihr an Knechtschaft gewöhntes Volk werde Ihre Wohltaten mit Undankbarkeit aufnehmen. Im Königreich Westfalen ist man aufgeklärter, als man Sie glauben machen möchte, und Ihr Thron kann sein wahres Fundament nur im Vertrauen und der Liebe der Bevölkerung finden. Was die deutschen Völker am sehnlichsten wünschen, ist, dass auch diejenigen, die nicht von Adel sind, aber über Talent verfügen, das gleiche Recht haben, von Ihnen berücksichtigt und beschäftigt zu werden; dass jede Form von Leibeigenschaft und mittelbarer Obrigkeit zwischen dem Souverän und der untersten Klasse des Volkes vollständig beseitigt wird. Die Errungenschaften des Code Napoléon, die Öffentlichkeit des Gerichtsverfahrens, die Einrichtung von Geschworenengerichten, werden auch Ihr Königtum auszeichnen.
Und wenn ich ganz offen sein soll, muss ich sagen, dass ich mir von diesen Errungenschaften eine größere Wirkung für die Ausweitung und Festigung Ihrer Monarchie erwarte, als von den größten Siegen. […] Diese Art zu regieren wird eine mächtigere Schranke gegen Preußen sein als die Elbe […]. Welches Volk wollte denn unter die preußische Willkürherrschaft zurückkehren, wenn es einmal die Wohltaten einer weisen und liberalen Regierung gekostet hat?

Zitiert nach: König Lustik!? Jérôme Bonaparte und der Modellstaat Königreich Westfalen, München 2008, S. 532

*→ **Internettipp:** Über Napoleons Modellstaat findest du Informationen unter www.koenigreich-westphalen.de*

1. *Ermittle mit einem Atlas, welche heutigen Bundesländer zum „Königreich Westfalen" zählten (M 2).*
2. *Erarbeite die Motive für die Einführung der Verfassung (M 1 und M 3).*
3. *Erörtert Napoleons Brief (M 3). Beurteile den Charakter des Kaisers.*

Reformen in Preußen

1 Die erste Tagung der Berliner Stadtverordnetenversammlung am 6. Juli 1809 in der Nikolaikirche.
Aquarell (46,5 x 33,6 cm) von Friedrich August Calau, 1809.

Die Voraussetzungen

Preußen hatte fast die Hälfte seines Gebietes und seiner Bewohner verloren. Um wieder zur Großmacht aufzusteigen und gegen Frankreich kämpfen zu können, mussten alle Kräfte neu belebt werden. Die Regierung begann, eine leistungsfähige Verwaltung aufzubauen. Die Reformer *Heinrich Friedrich Carl Freiherr vom und zum Stein* und *Karl August von Hardenberg* wollten mehr: Nur wenn sich jeder Einzelne frei entfalten könne, werde das Gemeinwohl gefördert und damit der Staat gestärkt.

Was bringt die „Bauernbefreiung"?

Eingeleitet wurden die Preußischen Reformen durch das *Oktoberedikt* von 1807. Es betraf die Bauern. Die meisten hatten bis dahin in Erbuntertänigkeit gelebt, einer Art Leibeigenschaft, in der sie ihrem Gutsherrn rechtlich und wirtschaftlich unterstanden. Nun waren sie frei. Die früher erbuntertänigen Bauern mussten den Grundherrn nicht mehr um Zustimmung bitten, wenn sie heiraten wollten. Er durfte auch nicht mehr über sie richten. Die Bauern konnten Grund und Boden erwerben oder in die Stadt ziehen. Doch die Dienste und Abgaben entfielen erst, wenn sie den Gutsherrn dafür entschädigt hatten. Dazu fehlte ihnen aber meist das Geld.

→ Internettipp: *Mehr Informationen zur preußischen Geschichte siehe www.preussen-chronik.de*

Das Ende der Erbuntertänigkeit zerriss das alte soziale Netz auf dem Land. Bisher hatten die Gutsherren ihren Bauern bei Krankheit und Not geholfen. Vor allem den kleinen Bauern fiel das Überleben schwer. Die Zahl der Armen stieg. Viele Bauern verließen ihre Heimat und zogen als ungelernte Arbeiter in die entstehenden Industriegebiete. Das Oktoberedikt ermöglichte dem Bürgertum, adligen Grundbesitz zu erwerben, und gestand allen Ständen zu, ihren Beruf frei zu wählen.

Weitere Reformen

Dem politischen Wiederaufstieg sollte die *Heeresreform* dienen. Sie wurde in den Jahren 1807 bis 1814 von dem aus Niedersachsen stammenden *Gerhard von Scharnhorst* und dem in Sachsen geborenen *August Graf Neidhardt von Gneisenau* vorangetrieben. Die aus Söldnern bestehende alte Armee wurde aufgelöst und die allgemeine Wehrpflicht eingeführt. Das Auspeitschen und Spießrutenlaufen wurden abgeschafft, ebenso das Adelsmonopol für Offiziersstellen. Wer Offizier werden wollte, musste seine Eignung im Frieden durch Prüfungen und im Krieg durch Tapferkeit nachweisen.

Um aus Untertanen Bürger zu machen, schufen die Reformer 1808 eine *Städteordnung*: Die Bewohner wählten Stadtverordnetenversammlungen, die wie heute die Stadt- und Gemeinderäte die Politik in den Kommunen weitgehend bestimmten.

Eine von *Wilhelm von Humboldt* beeinflusste *Bildungsreform* sollte die Voraussetzungen dafür schaffen, dass die Bürger Eigenverantwortung in Wirtschaft, Wissenschaft und Gesellschaft übernehmen könnten. Die Lehrer wurden besser ausgebildet, Volksschulen und Gymnasien ausgebaut und das Abitur eingeführt. 1810 entstand in Berlin eine Universität.

Mit der Gewerbesteuer wurde 1811 die *Gewerbefreiheit* eingeführt. Die Zünfte wurden abgeschafft, alle Beschränkungen für eine freie Betätigung in Handwerk und Gewerbe fielen weg.

Das *Emanzipations-Edikt* von 1812 gab den Juden die bürgerlichen Rechte. Höhere Ämter in Justiz, Verwaltung und Militär blieben ihnen aber verwehrt.

Höhepunkt der Preußischen Reformen sollte die Berufung einer *Landesrepräsentation* (Volksvertretung) auf der Grundlage einer Verfassung werden. Doch dazu kam es trotz königlicher Versprechen nicht.

M 1 „Also eine Revolution im guten Sinn …"

Im Auftrag des preußischen Königs verfasst Karl August von Hardenberg im September 1807 in Riga eine Denkschrift; darin heißt es:

Die Französische Revolution, wovon die gegenwärtigen Kriege die Fortsetzung sind, gab den Franzosen unter Blutvergießen und Stürmen einen ganz neuen Schwung. Alle schlafenden Kräfte wurden geweckt, das Elende und Schwache, veraltete Vorurteile und Gebrechen wurden – freilich zugleich mit manchem Guten – zerstört […]. Der Wahn, dass man der Revolution am sichersten durch Festhalten am Alten und durch strenge Verfolgung der durch sie geltend gemachten Grundsätze entgegenstreben könne, hat besonders dazu beigetragen, die Revolution zu befördern […]. Also eine Revolution im guten Sinn, gerade hinführend zu dem großen Zwecke der Veredelung der Menschheit, durch Weisheit der Regierung und nicht durch gewaltsame Anregung von innen oder außen, – das ist unser Ziel, unser leitendes Prinzip. Demokratische Grundsätze in einer monarchischen Regierung, dieses scheint mir die angemessene Form für den gegenwärtigen Zeitgeist. Die reine Demokratie müssen wir noch dem Jahre 2440 überlassen, wenn sie überhaupt für den Menschen gemacht ist.

Georg Winter (Hrsg.), Die Reorganisation des Preußischen Staates unter Stein und Hardenberg, Bd. 1.1, Leipzig 1931, S. 305 f. (vereinfacht)

M 2 „Mit dem Martini-Tage …"

Am 9. Oktober 1807 wird das „Edikt über den erleichterten Besitz und den freien Gebrauch des Grundeigentums […]" erlassen; darin heißt es:

Wir* haben […] erwogen, dass es […] den Grundsätzen einer wohlgeordneten Staatswirtschaft gemäß sei, alles zu entfernen, was den Einzelnen bisher hinderte, den Wohlstand zu erlangen, den er nach dem Maß seiner Kräfte zu erreichen fähig war […].
§2 Jeder Edelmann ist, ohne allen Nachteil seines Standes, befugt, bürgerliche Gewerbe zu treiben; und jeder Bürger oder Bauer ist berechtigt, aus dem Bauern- in den Bürger- und aus dem Bürger- in den Bauernstand zu treten […].
§12 Mit dem Martini-Tage Eintausend Achthundert und Zehn (1810) hört alle Gutsuntertänigkeit in Unsern sämtlichen Staaten auf. Nach dem Martini-Tage 1810 gibt es nur freie Leute […].

Zur Durchführung der Bauernbefreiung wird am 11. September 1811 gesetzlich festgelegt:

Allen jetzigen Inhabern jener erblichen Bauernhöfe und Besitzungen […] wird das Eigentum ihrer Höfe übertragen, unter der Verpflichtung, die Gutsherren dafür […] zu entschädigen.

***Wir**: *Friedrich Wilhelm, König von Preußen*

Werner Conze (Hrsg.), Die preußische Reform unter Stein und Hardenberg, Stuttgart 1973, S. 20 und 24

M 4 Fürst Karl August von Hardenberg.
Gemälde von Johann Heinrich Tischbein, um 1810.
Hardenberg wurde 1750 geboren und kam aus hannoverschem Adel. Er war preußischer Außenminister von 1804 bis 1806 und Staatskanzler von 1810 bis 1822; 1814 wurde er für seine Verdienste in den Fürstenstand erhoben.

1. *Bestimme Hardenbergs Einstellung zur Französischen Revolution (M 1). Welches Ziel formuliert er? Wie will er es erreichen?*
2. *Nenne das Hauptziel, das mit dem Oktoberedikt erreicht werden sollte (M 2).*
3. *Stadtbürger, Bauern, Adlige waren von der Bauernbefreiung unterschiedlich betroffen. Schreibt aus ihrer Sicht jeweils eine begründete Beurteilung des Edikts (M 2).*

M 3 Freiherr vom und zum Stein.
Gemälde von Johann Christoph Rincklake, 1804.
Heinrich Friedrich Carl Freiherr vom und zum Stein wurde 1757 in Nassau an der Lahn geboren und stammte aus einem Rittergeschlecht. Seit 1780 war er im preußischen Staatsdienst. Ab 1804 bemühte er sich um eine Reform der Regierungsarbeit. Zunächst scheiterte er am König, der ihn als „trotzigen" Staatsdiener im Frühjahr 1807 entließ. Auf Wunsch Napoleons wurde Stein im September 1807 in Preußen zum Leitenden Minister ernannt. Dreizehn Monate später wurde er auf Betreiben Napoleons wieder entlassen, weil er sich kritisch über ihn geäußert hatte. Stein ging nach Russland, wo er bis 1815 politischer Berater des Zaren war. Nach 15 Jahren Ruhestand starb Stein 1831 in Cappenberg (Westfalen).

Gegen fremde Herrschaft

1 „Der 3. Mai 1808: Die Erschießung der spanischen Aufständischen."
Ölgemälde (266 x 345 cm) von Francisco de Goya, 1814.
Am 2. Mai 1808 hatte sich die Bevölkerung von Madrid gegen die französischen Soldaten erhoben. Einen Tag danach wurden auf Befehl eines französischen Generals 800 spanische Freiheitskämpfer zur Vergeltung hingerichtet.
Stelle Vermutungen über die Einstellung Goyas zur napoleonischen Herrschaft an. Mit welchen künstlerischen Mitteln macht er sie deutlich?

→Internettipps: *Informationen zur Völkerschlacht siehe unter www.voelkerschlacht-bei-leipzig.de, über Napoleons letzte Schlacht informiert www.waterloo1815.de*

Die Besatzer stoßen auf Widerstand

Unter dem Druck der Besatzer besannen sich die Völker auf ihre Nation – ihre Geschichte, Sprache und Kultur. Überall wuchs der Wunsch, die fremde Herrschaft abzuschütteln. Der nationale Freiheitsdrang flammte zunächst in Spanien auf. 1808 erhob sich dort das Volk. Ein jahrelanger „Kleinkrieg" (*Guerillakrieg*) folgte. 1809 scheiterte der österreichische Versuch, die Fremdherrschaft abzuschütteln. Auch der *Tiroler Volksaufstand* unter dem Freiheitskämpfer *Andreas Hofer* im selben Jahr misslang.

Gegen Russland

Napoleons Versuch, sich Russland gehorsam zu machen, war der Anfang vom Ende der französischen Vormacht. Den Anlass zum Krieg bot der russische Bruch der Wirtschaftsblockade. Im Juni 1812 rückte Napoleon mit rund 500 000 Soldaten in Russland ein. Noch im selben Jahr erreichte er Moskau. Die Einwohner flohen und setzten die Stadt in Brand. In den Ruinen Moskaus wartete Napoleon vergeblich auf einen Waffenstillstand. Ergebnislos zogen die napoleonischen Heere Mitte Oktober ab. Weitere Gefechte, Krankheiten, Fahnenflucht und mangelnde Verpflegung verursachten hohe Verluste. Der eisige russische Winter brachte den erschöpften, halbverhungerten und schlecht gekleideten Soldaten zu Hunderttausenden den Tod.

Das Ende Napoleons

Mit dem Rückzug der „Großen Armee" hatte Napoleon den Ruf der Unbesiegbarkeit verloren und der russische Zar beschloss, den Kampf zur Befreiung Europas fortzusetzen. Als der preußische General *David Ludwig Yorck von Wartenburg* ohne Zustimmung seines Königs Ende 1812 den russischen Truppen den Weg nach Ostpreußen freigab, schloss sich Preußen der Befreiungsbewegung an. Es erklärte mit Russland Frankreich den Krieg. Österreich folgte dem Kampf erst, nachdem ihm die Wiederherstellung der vorrevolutionären Ordnung zugesichert worden war.
Die Rheinbundstaaten kämpften zunächst auf französischer Seite. Nach und nach wechselten sie aber zur preußisch-österreichischen Seite. Die Entscheidung fiel in dem bis dahin größten Kampf der Weltgeschichte: der *Völkerschlacht* bei Leipzig. Über 500 000 Soldaten kämpften vom 16. bis 19. Oktober 1813 gegeneinander, etwa 90 000 verloren ihr Leben. Napoleons Truppen wurden zum Rückzug gezwungen. Die verbündeten Armeen verfolgten sie und besetzten im März 1814 Paris. Napoleon musste abdanken und wurde auf die Insel Elba verbannt. Ein Jahr später, im März 1815, riss er noch einmal für rund 100 Tage die Herrschaft an sich. In der *Schlacht von Waterloo* südlich von Brüssel wurde das französische Heer im Juni 1815 von englischen und preußischen Truppen erneut geschlagen. Die Briten verbannten Napoleon auf die Atlantikinsel St. Helena, wo er 1821 starb.

M 1 „An mein Volk“

Am 20. März 1813 wird der Aufruf des preußischen Königs erstmals in einer Zeitung veröffentlicht; darin heißt es:

Brandenburger, Preußen, Schlesier, Pommern, Litauer! Ihr wisst, was ihr seit sieben Jahren erduldet habt, ihr wisst, was euer trauriges Los ist, wenn wir den beginnenden Kampf nicht ehrenvoll enden [...]. Bleibet eingedenk der Güter, die [...] unsere Vorfahren blutig erkämpften: Gewissensfreiheit, Ehre, Unabhängigkeit, Handel, Kunstfleiß und Wissenschaft. Gedenkt des großen Beispiels unserer mächtigen Verbündeten, der Russen, gedenkt der Spanier und Portugiesen, selbst kleine Völker sind für gleiche Güter gegen mächtigere Feinde in den Kampf gezogen und haben den Sieg errungen [...]. Große Opfer werden von allen Ständen gefordert werden, denn unser Beginnen ist groß, und nicht gering die Zahl und die Mittel unserer Feinde. Ihr werdet jene lieber bringen für das Vaterland, für euren angeborenen König, als für einen fremden Herrscher [...].
Aber welche Opfer auch von Einzelnen gefordert werden mögen, sie wiegen die heiligen Güter nicht auf, für die wir sie hingeben, für die wir streiten und siegen müssen, wenn wir nicht aufhören wollen, Preußen und Deutsche zu sein. Es ist der letzte entscheidende Kampf, den wir bestehen, für unsere Existenz, unsere Unabhängigkeit, unsern Wohlstand.

Hans-Bernd Spies (Hrsg.), Die Erhebung gegen Napoleon 1806-1814/15. Quellen zum politischen Denken der Deutschen im 19. und 20. Jahrhundert, Darmstadt 1981, S. 255 (vereinfacht)

M 2 „Auf Vorposten.“

Ölgemälde (47 x 37,5 cm) von Georg Friedrich Kersting, 1815.
Der preußische Offizier Adolf Freiherr von Lützow stellte 1813 außerhalb Preußens eine Truppe aus Freiwilligen für den Kampf gegen die französische Armee auf. Unsere Nationalfarben gehen auf die Farben der Uniform dieser Lützower Jäger und ihres Banners zurück. Eine rote Borte schloss den Kragen ihrer schwarzen Uniformröcke ab und die Messingknöpfe und Schulterstücke glänzten golden. Das Banner bestand aus schwarzer und roter Seide und trug die golden eingestickte Inschrift „Mit Gott fürs Vaterland!“
Der Maler des Bildes kämpfte selbst im Lützow'schen Korps. An den Baum gelehnt hockt der Dichter Theodor Körner, der im Kampf fiel.
Übrigens: An die Spitze der Freiheitsbewegung stellte sich die bürgerliche Jugend, doch in den Einheiten kämpften viel mehr Handwerker und Arbeiter als Schüler und Studenten.

M 3 „Was ist des Deutschen Vaterland?“

Das bekannteste politische Gedicht dieser Zeit schreibt der Historiker, Schriftsteller und spätere Hochschullehrer Ernst Moritz Arndt im März 1813 in Königsberg, damals Privatsekretär des Freiherrn vom und zum Stein. Hier die letzten vier der zehn Strophen:

Was ist des Deutschen Vaterland?
So nenne mir das große Land!
So weit die deutsche Zunge klingt,
Und Gott im Himmel Lieder singt,
Das soll es sein!
Das, wackrer Deutscher, nenne dein!

Das ist des Deutschen Vaterland,
Wo Eide schwört der Druck der Hand,
Wo Treue hell vom Auge blitzt
Und Liebe warm im Herzen sitzt –
Das soll es sein!
Das, wackrer Deutscher, nenne dein!

Das ist des Deutschen Vaterland,
Wo Zorn vertilgt den welschen Tand,
Wo jeder Franzmann heißet Feind,
Wo jeder Deutsche heißet Freund –
Das soll es sein!
Das ganze Deutschland soll es sein!

Das ganze Deutschland soll es sein!
O Gott vom Himmel sieh darein
Und gib uns rechten deutschen Mut,
Dass wir es lieben treu und gut.
Das soll es sein!
Das ganze Deutschland soll es sein!

Hans-Bernd Spies (Hrsg.), Die Erhebung gegen Napoleon 1806-1814/15, a.a.O., S. 256 f.

1. *Vergleiche die Aussage des Berliner Stadtkommandanten von 1806 (Abb. 2, Seite 134) mit M 1. Was hat sich geändert?*
2. *Nenne die Werte und Ziele, für die das preußische Volk in den Krieg gegen die napoleonischen Truppen ziehen soll (M 1).*
3. *Schreibe auf, was dir an Arndts Gedicht (M 3) merkwürdig, übertrieben oder abwegig erscheint. Begründe deine Aussagen.*

Il observe
Il ballotte
Ils balancent
Lord Castlereagh

Der tanzende Kongress.
Französische Karikatur, um 1815.
Die Figuren stehen für die führenden Staatsmänner (von links nach rechts): Frankreichs, Großbritanniens, Österreichs, Preußens, Russlands, Sachsens und Genuas.

„Der Kongress hat getanzt …“

„Ich möcht' mal wissen, wie das auf dem Kongress zugegangen ist“, überlegte das Stubenmädchen laut und stellte das Frühstücksgeschirr zurück auf das Tablett. „Viel gearbeitet haben die wohl nicht“, erwiderte das zweite Stubenmädchen, „wenn ich mir nur die beiden russischen Grafen anschaue, die bei uns gewohnt haben. Morgens sind sie kaum aus den Federn gekommen, und nach dem Frühstück sind sie in irgendein Palais verschwunden. Nachmittags saßen sie dann in einem anderen vornehmen Haus, und abends erholten sie sich von den ‚Strapazen' bei einem rauschenden Fest.“ „Du hättest wohl gern mitgetanzt, was?“ „Nein, aber mein Geld würde ich gerne auch so leicht verdienen wie die auf dem Kongress. Stell dir vor, ich habe gehört, dass viele Beschlüsse auf dem Kongress gar nicht durch Verhandlungen zustande gekommen sind, sondern durch Bestechung. Es heißt, sogar unser nobler Herr von Metternich habe Zehntausende in seine Taschen fließen lassen, ohne dabei rot zu werden.“
„Drei Kreuze werd' ich schlagen, wenn die hohen Herrschaften heut' abgefahren sind“, maulte das zweite Stubenmädchen und schleppte den schweren Wäschekorb die Treppe hinunter. „Wieso?“, wollte das erste Mädchen wissen, das nun das Frühstückstablett hinter ihr her balancierte. „Hast du von den Russen vielleicht kein gutes Trinkgeld bekommen?“ „Das schon, doch dafür hab' ich auch monatelang Tag für Tag geschuftet. Die haben mir also nichts geschenkt. Überhaupt befürcht' ich, dass wir alle zusammen am Ende die Zeche für die feinen Herren zahlen werden.“ „Wir Stubenmädchen?“ „Ja, wir und alle anderen einfachen Leute. Erst gestern hab' ich im Prater gehört, wie sich einige feine Herren über den Kongress unterhalten haben. Ich hab' geglaubt, ich hör' nicht recht: Unser Kaiser hat allein für die vielen Bälle, Empfänge, Feuerwerke, Bankette und was weiß ich vierzig Millionen Gulden ausgegeben! Vierzig Millionen! Ich kann mir gar nicht vorstellen, wie viel das auf einem Haufen wär'. Die Leute auf den Straßen erzählen sich einen Witz über die hier in Wien versammelten gekrönten Häupter: Der König von Württemberg frisst für alle, der König von Bayern säuft für alle, der König von Preußen denkt für alle, der Zar von Russland liebt für alle, und der Kaiser von Österreich zahlt für alle.“ – „Und woher nimmt unser allergnädigster Kaiser das Geld?“ „Dreimal darfst du raten. Ich sag' dir: Der Kongress hat getanzt, und wir zahlen, bis wir schwarz werden.“

Dieter Brückner

Europa wird in Wien neu geordnet

1 „Der Treueschwur."
Malerei (44 x 35 cm) von Heinrich Olivier, 1815.
Wen stellen die drei Personen dar? Beschreibe ihre Kleidung und Kennzeichen der Gestalten und den Hintergrund.
Auf welche Zeit wird hier zurückgegriffen? Was sollte damit ausgedrückt werden?

Die Großen bestimmen das Spiel
Ab November 1814 versammelten sich bis zu 15 Kaiser und Könige sowie etwa 200 weitere Fürsten und über 120 Diplomaten* auf dem Wiener Kongress. Erstmals in der Geschichte verhandelten die leitenden Staatsmänner persönlich am Konferenzort. Ihr Ziel war eine europäische Friedensordnung. Im Juni 1815 fand die Schlusssitzung statt.
Die vier großen Siegermächten Großbritannien, Russland, Österreich und Preußen wollten in Wien das von Napoleon zerstörte Gleichgewicht der Mächte wiederherstellen. Die Vormacht eines Staates wollten sie ein für allemal verhindern. Das von Napoleon befreite Frankreich sollte Großmacht bleiben und wurde als Partner anerkannt.

Zurück zu den alten Zuständen?
Das Recht der Völker, über sich selbst zu bestimmen, lehnten die Herrschenden ab. Eine rechtmäßige Staatsgewalt sollte in Europa nicht wie in den USA vom Volk ausgehen, sondern allein von den alten Herrscherhäusern (*Dynastien*). Die Fürsten beriefen sich auf ihr Gottesgnadentum und nannten dies den Grundsatz der *Legitimität* (*Rechtmäßigkeit*). Für die Restauration, die Wiederherstellung der politischen Zustände, wie sie vor der Französischen Revolution bestanden hatten, setzte sich besonders der aus dem Rheinland stammende österreichische Verhandlungsführer *Fürst Klemens von Metternich* ein. Allerdings wollte er den nach 1803 untergegangenen geistlichen Reichsfürstentümern oder Reichsstädten ihre alten Rechte nicht zurückgeben. Den durch Säkularisation und Mediatisierung vergrößerten Staaten drohten daher keine Gebietsverluste.

Der Deutsche Bund
An die Stelle des 1806 untergegangenen Heiligen Römischen Reiches Deutscher Nation trat 1815 der Deutsche Bund. Er bestand aus 35 Fürstentümern und den vier freien Städten Bremen, Hamburg, Lübeck und Frankfurt am Main. Ihm gehörten neben den deutschen Fürsten der britische König mit Hannover, der dänische König mit Holstein und Lauenburg und der niederländische König mit Luxemburg und Limburg an. Preußen und Österreich reichten weit über die Grenzen des Deutschen Bundes hinaus.

Wer hat das Sagen?
Der Deutsche Bund war kein *Bundesstaat* wie die USA, sondern ein lockerer *Staatenbund*. Er hatte kein Staatsoberhaupt, keine gemeinsame Regierung und Armee. Einzige gesamtdeutsche Einrichtung war der Bundestag: ein ständiger Gesandtenkongress in Frankfurt am Main. Die Mitglieder durften ihre Währungen, ihre Gesetze und ihre Rechtsprechung bestimmen, durften Zölle erheben und eigene Armeen unterhalten. Die Einzelstaaten konnten mit fremden Staaten Bündnisse schließen und Krieg führen, allerdings nicht gegen ihre Bundespartner.

Die „Heilige Allianz"
Um die auf dem Wiener Kongress errichtete Ordnung zu sichern, verpflichteten sich die Monarchen von Russland, Preußen und Österreich im September 1815 gegenseitig, überall da einzugreifen, wo die monarchische Staatsordnung in Gefahr ist. Dieser „Heiligen Allianz" traten fast alle europäischen Herrscherhäuser bei.

**Diplomat: jemand, der im Auftrag der Regierung die Interessen seines Landes im Ausland vertritt*

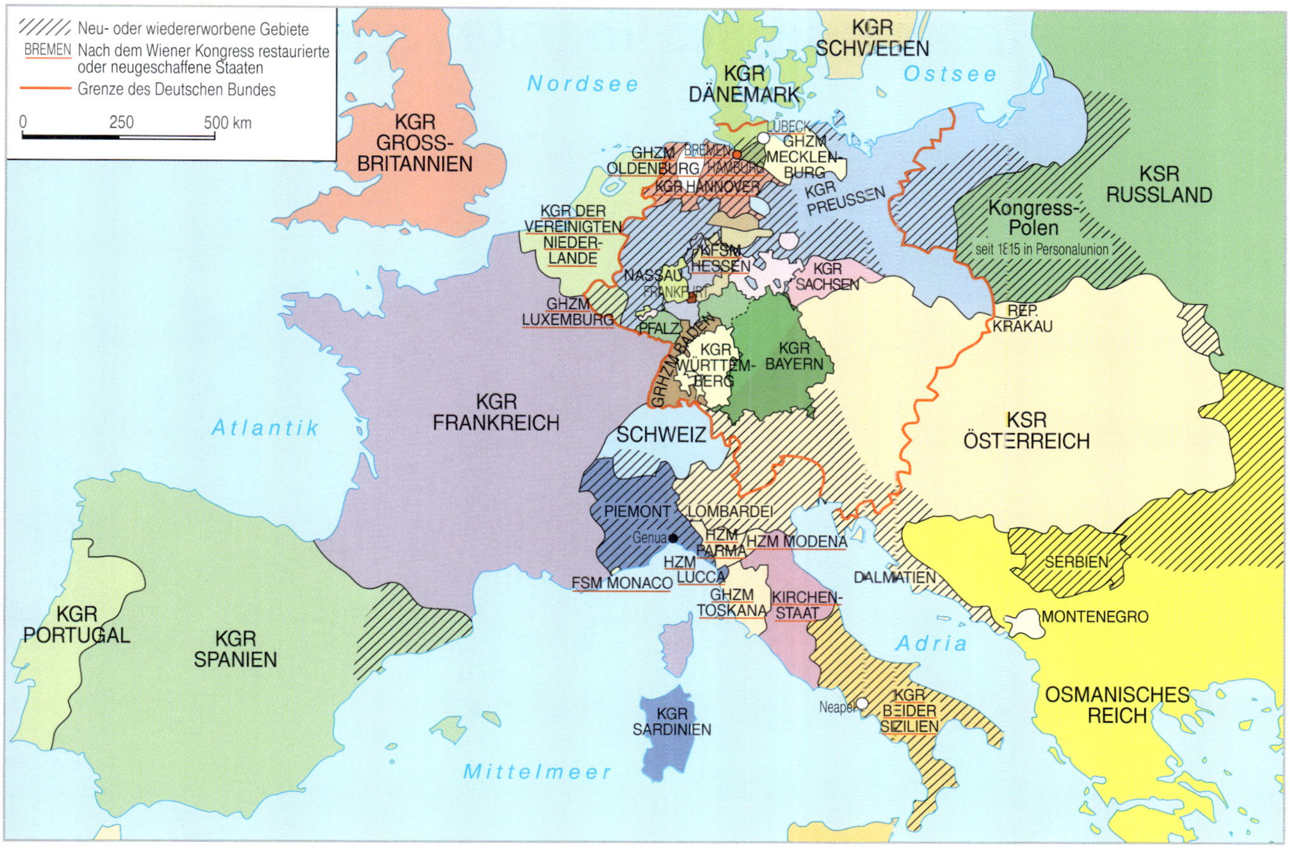

M1 Europa um 1815.

Auf dem Wiener Kongress wurden u. a. folgende Gebietsveränderungen beschlossen: Preußen verzichtete zugunsten Russlands auf einen großen Teil des im 18. Jh. erworbenen polnischen Gebietes, und der russische Zar wurde König des größten Teils des ehemaligen Herzogtums Warschau („Kongress-Polen"). Zu Preußen kamen die Nordhälfte Sachsens (Sachsen-Anhalt), Westfalen und das Rheinland bis zur Saar. Das Königreich Hannover erhielt Ostfriesland, das Emsland und das ehemalige Hochstift Hildesheim. Österreich bekam einerseits Territorien in Oberitalien (Lombardei, Venetien) und auf dem Balkan (z. B. Dalmatien) zugesprochen, verzichtete dafür aber u. a. auf die habsburgischen Niederlande, das spätere Belgien. Genua wurde mit dem Königreich Sardinien vereint. Der wiedererrichteten Schweiz garantierten die fünf Großmächte ihre Neutralität. Das 1815 beschlossene Gleichgewicht blieb – trotz folgender Kriege und der Gründung des Deutschen Reiches im Jahre 1871 – in seinen Grundzügen bis 1914 bestehen.

M2 Metternichs Sorgen

Der Historiker Golo Mann schreibt 1958 über die Politik des führenden österreichischen Staatsmannes Metternich:

Wenn einer behaupten konnte, sich um das Große, Ganze zu sorgen, so war es Herr von Metternich. Der Staat, dem er diente und von dessen Bestand sein eigenes glanzvolles Leben abhing, war in das Große, Ganze untrennbar verwoben: ein Stück von Deutschland, von Italien, von Polen, von Südosteuropa. Es war ein Gebilde, das gefährlich zitterte, sobald etwas im Großen, Ganzen sich bewegte. Folglich war Metternich ein Feind jeder Bewegung, jedes plötzlichen, merklichen „Fortschrittes". Er hielt nichts von den „neuen Ideen", dem Nationalstaat, der Volkssouveränität, der konstitutionellen Monarchie. Der österreichische Kaiserstaat konnte nicht bestehen, wenn sie triumphierten.

Golo Mann, Deutsche Geschichte des 19. und 20. Jahrhunderts, Frankfurt a. M. [10]2004, S. 115 f.

1. *Bestimme, wozu das heutige NRW im Wesentlichen gehörte (M1).*
2. *Man sagt, durch den Wiener Kongress sei Preußen „nach Deutschland hineingewachsen", Österreich aber „aus Deutschland herausgewachsen". Zeige mit der Karte M1, was damit gemeint ist. Wie beurteilst du Metternichs Politik?*
3. *Nenne die Motive, die Golo Mann Metternich unterstellt (M2). Gegen welche „Gefahren" richtete sich dessen Politik?*
4. *Der Deutsche Bund war kein „Staatenbund", sondern ein „Bundesstaat". Erkläre die Unterschiede.*

Nationale und liberale Ziele

1 Studentenversammlung im Wirtshaus zu Neuenheim bei Heidelberg.
Aquarell (15,6 x 32,2 cm) von Carl Philipp Fohr, um 1814 (Ausschnitt). Die Studenten tragen noch Uniformen und Schnürröcke aus den Befreiungskriegen.
Warum standen wohl vor allem junge Menschen an der Spitze der nationalen und liberalen Bewegung?

Enttäuscht
Große Teile des deutschen Bürgertums waren über die Vereinbarungen enttäuscht. Nach dem Kampf gegen die französische Fremdherrschaft hatten sie sich ein „einiges deutsches Vaterland" mit einer Verfassung und einer Volksvertretung für alle Deutschen gewünscht. Viele junge Menschen stellten sich an die Spitze der „vaterländisch-freiheitlichen" Bewegung und schlossen sich in national gesinnten Burschenschaften zusammen. Manche stellten das eigene Volk über andere Völker und förderten so den Nationalismus. Andere waren überzeugt, alle Völker hätten einen Anspruch auf Selbstbestimmung.

Staatsbürger statt Untertanen
Neben den Nationalismus trat der Liberalismus. Seine Wurzeln lagen in der Aufklärung und der Französischen Revolution. Die Liberalen wollten keine Untertanen, sondern freie Staatsbürger sein. Selbstbewusst forderten sie von den Fürsten Verfassungen. Diese sollten

- die Macht der Herrscher begrenzen,
- den Bürgern Grundrechte wie Presse- und Versammlungsfreiheit, Sicherheit des individuellen Eigentums und Rechtsgleichheit garantieren,
- eine Mitwirkung an der Gesetzgebung sowie
- die Kontrolle der Regierung ermöglichen.

Die Liberalen kritisierten, dass die Führungsmächte Österreich und Preußen trotz eines Beschlusses des Deutschen Bundes von 1815 nichts unternahmen, um konstitutionelle Monarchien zu werden.

Was fordern die Republikaner?
Überall blieben die politischen Rechte der Bürger begrenzt. Darauf wies die zunächst kleine Gruppe der Republikaner hin, die auch Demokraten genannt wurden. Sie forderten, die Fürstenmacht zu beseitigen und ein allgemeines (Männer-) Wahlrecht einzuführen. Regierungsgewalt sollte nur durch Wahl und auf bestimmte Zeit übertragen werden.
Liberale und Republikaner setzten auf Reformen. Doch wegen der unerfüllten politischen Forderungen sowie neuer sozialer Herausforderungen wegen des Bevölkerungswachstums, aufgrund von Missernten und Arbeitslosigkeit in vielen Regionen waren einige Republikaner bereit, die politischen Verhältnisse auch gewaltsam zu verändern.

M 1 Verbrennungsszene.
Kolorierter Stahlstich (9 x 12 cm) von 1817 (Ausschnitt).
Am 18. und 19. Oktober 1817 gedachten etwa 500 Studenten aus allen Gegenden des Deutschen Bundes des Endes der französischen Fremdherrschaft durch die Völkerschlacht von Leipzig (16./19. Oktober 1813) und des Beginns der Reformation (31. Oktober 1517) mit einem Fest auf der Wartburg bei Eisenach (Thüringen).
Am Ende der Veranstaltung verbrannten einige radikale Teilnehmer auf dem Wartenberg etwa 25 bis 30 angeblich deutschfeindliche Schriften sowie einen Zopf, einen Teil einer preußischen Uniform und einen österreichischen Korporalstock – Symbole der Adelsherrschaft und des stehenden Heeres.
Erkläre, warum die Studenten auch des Beginns der Reformation gedachten.

M 2 „Wer kann die Folgen berechnen ...?“

Der französische Außenminister Talleyrand beobachtet die wachsende nationale Bewegung der Deutschen genau und macht sich darüber Gedanken; am 17. Oktober 1814 schreibt er an seinen König:

Die Anhänger einer deutschen Nation trachten, eine Ordnung umzustürzen, die ihren Stolz empört, und alle Regierungen dieses Landes durch eine einzige zu ersetzen [...]. Mit ihnen im Bunde sind die Männer der Universitäten, die von ihren Theorien erfüllte Jugend und die, welche der Kleinstaaterei Deutschlands die Leiden zuschreiben, die sich durch so viele Kriege, deren beständiger Schauplatz es ist, über das Land ergossen haben. Die Einheit des deutschen Vaterlandes ist ihr Geschrei, ihr Glaube, ihre bis zum Fanatismus* erhitzte Religion [...]. Wer kann die Folgen berechnen, wenn eine Masse wie die deutsche, zu einem einzigen Ganzen gemischt, aggressiv würde? Wer kann sagen, wo eine solche Bewegung haltmachen würde?

Hagen Schulze, Staat und Nation in der europäischen Geschichte, München 1994, S. 211 f. (vereinfacht)

***Fanatismus**: *unnachgiebiges Eintreten für ein Ziel*

M 3 „Ein Deutschland soll sein ...“

Nach dem Wartburgfest legen einige Burschenschaften ihre politische Position fest. Zu den „Grundsätzen und Beschlüssen“, die zunächst nur handschriftlich verbreitet werden und erst ab 1823 gedruckt vorliegen, gehören:

Ein Deutschland ist, und ein Deutschland soll sein und bleiben. Je mehr die Deutschen durch verschiedene Staaten getrennt sind, desto heiliger ist die Pflicht für jeden frommen und edlen deutschen Mann und Jüngling, dahin zu streben, dass die Einheit nicht verloren gehe und das Vaterland nicht verschwinde [...].
Die Lehre von der Spaltung Deutschlands in das katholische und in das protestantische Deutschland ist irrig, falsch, unglückselig [...]. Alle Deutschen sind Brüder und sollen Freunde sein [...].
Wenn ein deutscher Staat von einer fremden Macht angegriffen wird, so wird Deutschland angegriffen, denn jeder Staat ist ein Teil Deutschlands. [...]
Von dem Lande oder Ländchen, in welchem wir geboren sind, wollen wir niemals das Wort Vaterland gebrauchen. Deutschland ist unser Vaterland; das Land, wo wir geboren sind, ist unsere Heimat. Auch wollen wir [...] alles Fremde in Sprache, Kleidung, Sitten und Bräuchen vermeiden. – Keine ehrbare Frau wollen wir Madame, kein ehrbares Mädchen Mamsell nennen; jene soll die Frau bleiben, und diese soll Fräulein oder Jungfrau heißen [...].

Hermann Haupt (Hrsg.), Quellen und Darstellungen zur Geschichte der Burschenschaft und der deutschen Einheitsbewegung, Band IV, Heidelberg 1913, S. 117 ff.

1. *Der französische Außenminister sieht die Forderung nach der deutschen Einheit kritisch (M 2). Überlege, was er befürchten konnte.*
2. *Formuliere die „Grundsätze und Beschlüsse“ der Burschenschaften (M 3) in Anweisungen um (Jeder Deutsche muss ... Niemand darf ...).*
3. *Untersuche, wie die „Grundsätze und Beschlüsse“ begründet werden, und überlege, ob sie auf Zustimmung im Volk stoßen konnten. Benötigst du weitere Informationen, um die Frage angemessen beantworten zu können? Welche?*

Zwischen Rückzug und Protest

1 „Der Denker-Club. Auch eine neue deutsche Gesellschaft."
Anonyme Radierung (24,5 x 38,0 cm), um 1820.
An der Wand stehen folgende Gesetze des Klubs: „Schweigen ist das erste Gesetz dieser gelehrten Gesellschaft." „Auf dass kein Mitglied in Versuchung geraten möge, seiner Zunge freien Lauf zu lassen, so werden beim Eintritt Maulkörbe ausgeteilt."

Die politischen Konflikte nehmen zu

Die Regierungen misstrauten den Anhängern der Einheits- und Freiheitsbewegung. Vor allem Metternich lehnte als Kanzler eines Vielvölkerstaates den Nationalstaatsgedanken ab. Er fürchtete um die Einheit Österreichs.

1819 fand Metternich Gelegenheit, die Regierungen der deutschen Staaten für ein gemeinsames Vorgehen gegen die nationale und liberale Bewegung zu gewinnen. Der 23-jährige Theologiestudent *Carl Ludwig Sand*, der dem radikalen Flügel der Jenaer Burschenschaft nahestand, hatte den Schriftsteller *Karl August von Kotzebue* ermordet. Dieser hatte die nationalen Ideale der Burschenschafter verspottet.

Das Attentat wurde zum Vorwand für die Verfolgung der Liberalen und Demokraten im ganzen Deutschen Bund. Der Bundestag bestätigte 1820 drei Bundesgesetze: die „Karlsbader Beschlüsse":

- Bücher und Zeitungen durften nicht mehr ohne vorherige staatliche Überprüfung (*Zensur*) gedruckt werden,
- die Freiheit der Lehre und die Versammlungsfreiheit wurden eingeschränkt und
- die Burschenschaften verboten.

Dazu wurde in Mainz eine zentrale Behörde eingerichtet, die alle „revolutionären Umtriebe" aufdecken sollte. Die Wortführer der nationalen und liberalen Bewegung wurden als *Demagogen* (Volksaufwiegler) verfolgt. Sie erhielten Berufsverbot, Haftstrafen oder wurden aus dem Land gewiesen. Die bestehenden Verhältnisse konnte man jetzt nur noch unter guten Freunden kritisieren.

Eine neue Kultur?

Statt sich über politische Fragen zu äußern, entwickelte das Bürgertum eine religiöse, heimatverbundene und private Kultur. Sie wurde später *Biedermeier* genannt. Diese Kultur war aber nicht unpolitisch, denn sie förderte das Interesse an der deutschen Geschichte, Literatur und Musik. Darüber hinaus stifteten reiche Bürger die ersten Denkmäler für Gutenberg, Dürer und Luther, um damit stolz an die herausragenden Leistungen dieser Deutschen zu erinnern.

Ein Vereinsleben erwacht

Gleichzeitig wurden Gesangs-, Turn-, Schützen- und Wohltätigkeitsvereine sowie wissenschaftliche, kulturelle und wirtschaftliche Vereinigungen gegründet. Die Mitglieder übernahmen die Verantwortung für die Umsetzung gemeinsamer Interessen und wählten die Vorstände demokratisch.

1. *Bestimme die Aussage der Zeichnung (Abb. 1).* Lerntipp
2. *Stellt die Szene (Abb. 1) nach: Acht Schüler und Schülerinnen setzen sich schweigend um einen Tisch. Hinter ihnen stehen acht andere, die das laut sagen, was die anderen nur denken dürfen.*

→Internettipp:
Die Texte der „Karlsbader Beschlüsse" findest du unter www.documentarchiv.de

Die Julirevolution

Frankreich erlebte nach 1815 eine Zeit des politischen Rückschritts, der Reaktion. Schlechte Ernten und andere wirtschaftliche Probleme vergrößerten die Not der Unterschichten. Die Unzufriedenheit mit der Regierung wuchs. Als 1830 der französische König die Pressefreiheit aufhob und das Wahlrecht zur Nationalversammlung einschränkte, kam es im Juli zu einer neuen Revolution. Die Demokraten wollten eine Republik und die Liberalen eine konstitutionelle Monarchie. Die Liberalen setzten sich kurzfristig durch: Der König dankte zugunsten seines Enkels ab und ging ins Exil nach England.

Noch mehr Revolutionen?

Im selben Jahr erhoben sich die Polen gegen die russische Herrschaft, die Engländer reformierten ihr Parlament und die Belgier gründeten einen Staat mit einer liberalen Verfassung.
Auch in den deutschen Staaten erhoben sich die Bürger gegen noch absolutistisch regierende Fürsten. Die Opposition nahm zu. In Kurhessen, Sachsen, Braunschweig sowie Hannover konnten verbesserte Verfassungen durchgesetzt werden. Nur in Preußen und Österreich änderte sich nichts. Beide Mächte unterdrückten die inneren Unruhen militärisch.

Das Hambacher Fest

Höhepunkt der deutschen Opposition wurde das *Hambacher Fest* von 1832 in der zu Bayern gehörenden Pfalz. Etwa 30000 Männer und Frauen „jedes Standes" aus fast allen Staaten des Deutschen Bundes versammelten sich an der Hambacher Schlossruine bei Neustadt an der Haardt. Mit Gästen aus Frankreich und Polen demonstrierten sie für Pressefreiheit, Volkssouveränität, einen deutschen Nationalstaat und gegen soziale Missstände.

Sieben Professoren protestieren

Trotz der nach 1832 verschärften Zensur und Überwachung ließ sich die nationale und liberale Bewegung nicht mehr unterdrücken. Dies wurde 1837 im Königreich Hannover deutlich. *Ernst August II.* verweigerte nach seinem Amtsantritt im Juni 1837 den Eid auf die vier Jahre zuvor erlassene Verfassung. Kurz danach erklärte er sie für ungültig. Dagegen protestierten sieben Professoren der Göttinger Universität. Der König entließ sie. Drei von ihnen mussten innerhalb von drei Tagen das Land verlassen. In allen deutschen Staaten löste diese Maßnahme Empörung aus. Die Entlassenen wurden als Helden gefeiert.

2 „Die Freiheit führt das Volk."
Ölgemälde (259 x 325 cm) von Eugène Delacroix, 1830 (Ausschnitt).

Französische Ansprüche

Die nationale Bewegung erhielt weiteren Zulauf, als 1840 die französische Presse meinte, die Grenze Frankreichs solle wie zur Zeit Napoleons wieder der Rhein sein. Deutsche Zeitungen protestierten und Dichter wie der aus Bonn stammende *Nikolaus Becker* beschworen den „freien deutschen Rhein". Selbst Fürsten, die bis dahin alle gesamtdeutschen Ziele abgelehnt hatten, unterstützten die nationale Bewegung. Immer mehr Menschen fühlten sich nicht mehr nur als Preußen, Hannoveraner, Sachsen oder Bayern, sondern als Deutsche.

3 Die Göttinger Sieben.
Lithografie von Carl Rohde, um 1837.
Oben, von links nach rechts: Die Sprach- und Literaturwissenschaftler Jacob und Wilhelm Grimm, der Staatsrechtler Wilhelm Eduard Albrecht, der Historiker Christoph Dahlmann, der Literaturhistoriker Georg Gottfried Gervinus, der Physiker Wilhelm Weber und der Theologe und Orientalist Georg Heinrich August Ewald.

M 1 Zug auf das Hambacher Schloss am 27. Mai 1832.
Kolorierte Federlithografie (22,0 x 26,7 cm) von 1832.
In den Staaten des Deutschen Bundes fanden 1832 rund 30 ähnliche Veranstaltungen statt.

M 2 Vaterland – Volkshoheit – Völkerbund

Der Journalist Philipp Jacob Siebenpfeiffer, ein entlassener bayerischer Beamter, sagt auf dem Hambacher Fest:

Wir widmen unser Leben der Wissenschaft und der Kunst, wir messen Sterne, prüfen Mond und Sonne [...], aber [...] die Erforschung dessen, was dem Vaterland nottut, ist Hochverrat, selbst der leise Wunsch, nur erst wieder ein Vaterland, eine freimenschliche Heimat zu erstreben, ist Verbrechen [...]. Und es wird kommen der Tag, [...] wo der Deutsche vom Alpengebirg und der Nordsee, vom Rhein, der Donau und der Elbe den Bruder im Bruder umarmt, wo die Zollstöcke und die Schlagbäume, wo alle Hoheitszeichen der Trennung und Hemmung und Bedrückung verschwinden [...]. Wir selbst wollen, wir selbst müssen vollenden das Werk, und, ich ahne, bald, bald muss es geschehen, soll die deutsche, soll die europäische Freiheit nicht erdrosselt werden von den Mörderhänden der Aristokraten [...].

Es lebe das freie, das einige Deutschland!

Hoch leben die Polen, der Deutschen Verbündete!

Hoch leben die Franken*, der Deutschen Brüder, die unsere Nationalität und Selbstständigkeit achten!

Hoch lebe jedes Volk, das seine Ketten bricht und mit uns den Bund der Freiheit schwört!

Vaterland – Volkshoheit – Völkerbund hoch!

Johann Georg August Wirth, Das Nationalfest der Deutschen zu Hambach, Neustadt a./H. 1832, Nachdruck der Original-Ausgabe, Neustadt a. d. W. 1981, S. 34, 38 und 40 f.

***Franken**: *Gemeint sind hier die Franzosen.*

→***Internettipps:*** *Zu Philipp Jacob Siebenpfeiffer siehe http://www.siebenpfeiffer-stiftung.de; weitere Informationen zum „Hambacher Fest" findest du unter www.demokratiegeschichte.eu*

1. *Betrachte die deutsche Fahne auf M 1. Nenne den Unterschied zu heute.*
2. *Nenne Siebenpfeiffers politische Forderungen (M 2).*
3. *Überlege, was Talleyrand (siehe M 2, Seite 145) wohl auf Siebenpfeiffers Rede (M 2) geantwortet hätte. Verfasse seine Stellungnahme.*
4. *Zum Fest entstand das „Hambacher Lied", das die Ziele der liberal-demokratischen Bewegung zum Thema hat. Recherchiere den Text im Internet und interpretiere ihn.*
5. *Gestalte einen Aufruf zur Beteiligung am Hambacher Fest als Plakat.*

Projekt

Eine Hymne für die Deutschen

Ende August 1841 schreibt *August Heinrich Hoffmann* während eines Besuches der Nordseeinsel Helgoland „Das Lied der Deutschen". Der Verfasser hat ein Jahr zuvor mit seinen „Unpolitischen Liedern" die Zustände im Deutschen Bund spöttisch kritisiert. Dafür verliert er 1842 seine Professur an der Universität Breslau und wird aus mehreren deutschen Staaten und Städten ausgewiesen – allein dreimal aus seinem Heimatort, nach dem der Dichter sich „von Fallersleben" (heute ein Stadtteil von Wolfsburg) nannte.

M 1 August Heinrich Hoffmann von Fallersleben.
Stich von Christian Hoffmeister nach einer Zeichnung von Ernst Fröhlich, um 1850. Hoffmann hatte das Lied am 27. August 1841 dem Hamburger Verleger Julius Campe verkauft. Wenige Tage später erschien das Lied als Vierblattdruck, begleitet von den Noten der „Kaiser-Hymne" von Joseph Haydn. Übrigens: Turner sangen das Lied zum ersten Mal am 5. Oktober 1841 in Hamburg.

Das Lied der Deutschen

Deutschland, Deutschland über alles,
Über alles in der Welt,
Wenn es stets zu Schutz und Trutze
Brüderlich zusammenhält.
Von der Maas bis an die Memel,
Von der Etsch bis an den Belt –
Deutschland, Deutschland über alles,
Über alles in der Welt!

Deutsche Frauen, deutsche Treue,
Deutscher Wein und deutscher Sang
Sollen in der Welt behalten
Ihren alten schönen Klang,
Uns zu edler Tat begeistern
Unser ganzes Leben lang.
Deutsche Frauen, deutsche Treue,
Deutscher Wein und deutscher Sang!

Einigkeit und Recht und Freiheit
Für das deutsche Vaterland!
Danach lasst uns alle streben
Brüderlich mit Herz und Hand!
Einigkeit und Recht und Freiheit
Sind des Glückes Unterpfand –
Blüh im Glanze dieses Glückes,
Blühe deutsches Vaterland!

1. *Erstellt eine Kurzbiografie über August Heinrich Hoffmann.*
2. *Prüft den Vorwurf, der Text des „Liedes der Deutschen" sei teilweise aggressiv und nationalistisch (M 1).*
3. *In der Bundesrepublik wird seit 1952 die dritte Strophe des „Liedes der Deutschen" bei offiziellen Anlässen als Nationalhymne gesungen. Seit dem 3. Oktober 1990 gilt sie auch für das wiedervereinigte Deutschland. Nennt Gründe für die Beschränkung auf die dritte Strophe.*
4. *Sucht die Texte der französischen, britischen und schwedischen Nationalhymnen. Informiert euch über deren Entstehung. Arbeitet Gemeinsamkeiten und Unterschiede der Texte heraus.*

→ ***Internettipps:*** *Informationen über Hoffmann von Fallersleben findest du unter www.von-fallersleben.de; zur Nationalhymne siehe: www.bundesregierung.de/Webs/Breg/DE/Bundesregierung/Nationalhymne/nationalhymne.html*

Revolutionen im Frühjahr 1848

1 „Die universale demokratische und soziale Republik."
Farblithografie (43,5 x 53 cm) von Frédéric Sorrieu, um 1848.
Ein Festzug bewegt sich von rechts nach links an einer Freiheitsstatue mit Fackel und Menschenrechtstafel vorbei. Im Vordergrund liegen zerbrochene Herrschaftszeichen. Der Himmel wird von Engel- und Märtyrergestalten bevölkert, die sich auf den Erlöser (Messias) im Zentrum des oberen Bildes zubewegen.

Proteste

Nach 1815 wollten viele Menschen in Europa in Nationalstaaten leben. Sie forderten freiheitliche Verfassungen, die ihnen mehr Mitbestimmungsrechte im Staat geben und Presse- und Versammlungsfreiheit sichern sollten. Darüber hinaus protestierten Handwerker, Arbeiter und Dienstboten in den Städten und die Kleinbauern und Heimarbeiter auf dem Lande immer häufiger gegen Arbeitslosigkeit und Hungersnöte. Nach den Missernten der Jahre 1845/46 kam es im Frühsommer 1847 in allen deutschen Staaten zu Aufständen, an denen sich Frauen und Männer beteiligten.

Es geht los!

Als im Februar 1848 in Frankreich die Republik ausgerufen wurde, erfasste eine Revolutionswelle fast ganz Europa. In den deutschen Staaten stellten die Unterschichten vor allem soziale Forderungen. Das Bürgertum verlangte nach nationaler Einheit und Freiheit. Überall fanden Demonstrationen und Versammlungen statt und politische Vereine wurden gegründet. Flugblätter und Zeitungsartikel heizten die Stimmung an. Männer und Frauen trafen sich und verfassten Bittschriften, um die Regierenden unter Druck zu setzen.

→ ***Internettipp:*** *www.demokratiegeschichte.eu*

1. *Bestimme die Herkunft der Teilnehmer (Abb. 1). Welchen Bevölkerungsschichten gehören sie an, woher kommen sie?*
2. *Vergleiche Abbildung 1 mit der Darstellung des Zuges auf das Hambacher Schloss (M 1, Seite 148).*
3. *Abbildung 1 gilt als frühe symbolische Darstellung internationaler Solidarität. Was spricht für diese Deutung?* Lerntipp

Halt „vor den Thronen“

Verunsichert von der Volksbewegung gaben die meisten Fürsten der Mittel- und Kleinstaaten den *Märzforderungen* rasch nach. Sie gewährten Freiheitsrechte, setzten neue Minister ein, die liberale Reformen durchführen sollten, und versprachen Wahlen.

In Wien musste der im Volk verhasste Staatskanzler Metternich nach heftigen Straßenkämpfen am 13. März 1848 zurücktreten. In Berlin erklärte der preußische König *Friedrich Wilhelm IV.* nach blutigen Auseinandersetzungen vom 18. März: „Preußen geht fortan in Deutschland auf.“ Beide Herrscher stellten Verfassungen in Aussicht und kündigten damit den Übergang zur konstitutionellen Monarchie an.

Mit ihrem Entgegenkommen nahmen die Fürsten den demonstrierenden Männern und Frauen den Wind aus den Segeln. Das liberale Bürgertum fürchtete weitere Gewalt und zu weit gehende Forderungen der Unterschichten. Deshalb wollte es mit den alten Mächten zusammenarbeiten. Sie machten „vor den Thronen“ halt und ließen den Regenten die Macht über das Heer, die Verwaltung und die Polizei.

Ohne Auftrag trat Ende März ein Vorparlament in Frankfurt am Main zusammen. Die meisten der 574 Abgeordneten waren ehemalige oder aktive Mitglieder der Landtage. Nur eine kleine Gruppe Republikaner um *Friedrich Hecker* und *Gustav Struve* aus Baden forderte, das Vorparlament solle die Macht übernehmen. Doch die große Mehrheit der Abgeordneten war dagegen. Sie beschlossen, eine vom Volk zu wählende *Nationalversammlung* solle über Deutschlands Zukunft entscheiden.

Damit gaben sich Hecker und Struve nicht zufrieden. Im April 1848 riefen sie in Baden eine Republik aus. Soldaten gingen gegen sie vor.

→**Internettipp:** *Online-Zugang zu Flugblättern, Anschlägen, Aufrufen und Plakaten von 1848 findest du unter http://edocs.ub.uni-frankfurt.de/1848/ 1848.htm*

3 Aufstände in Europa im Jahre 1848.

Forderungen
des deutschen Volkes.

Allgemeine Volksbewaffnung mit freier Wahl der Offiziere.

Ein deutsches Parlament, frei gewählt durch das Volk. [...]

Unbedingte Preßfreiheit.

Vollständige Religions-, Gewissens- und Lehrfreiheit.

Volksthümliche Rechtspflege mit Schwurgerichten.

Allgemeines deutsches Staatsbürger-Recht.

Gerechte Besteuerung nach dem Einkommen.

Wohlstand, Bildung und Unterricht für Alle.

Schutz und Gewährleistung der Arbeit.

Ausgleichung des Mißverhältnisses von Kapital und Arbeit.

Volksthümliche und billige Staats-Verwaltung.

Verantwortlichkeit aller Minister und Staatsbeamten.

Abschaffung aller Vorrechte.

2 „Märzforderungen.“
Mannheimer Flugblatt von Ende Februar/Anfang März 1848 (bearbeitet).

Stelle in einer Übersicht die nationalen, sozialen und rechtlichen Forderungen zusammen.

M 1 „Kampf zwischen Bürger u. Soldaten in […] Berlin, am 18. und 19. März 1848.“
Lithografie (32,6 x 37,8 cm) aus der von Gustav Kühn in Neuruppin 1848 verlegten Bilderzeitung zum Thema „Das merkwürdige Jahr 1848“.*

**Bilderzeitungen sind Vorläufer der Illustrierten und richteten sich vor allem an das einfache Volk.*

M 2 Ein Augenzeuge aus Berlin

In Berlin verkündet der König am 17./18. März 1848 die Aufhebung der Zensur sowie die Einberufung des Vereinigten Landtages. Am 18. März versammelt sich daraufhin eine große Menschenmenge auf dem Schlossplatz, um dem Monarchen dafür zu danken. Was danach passiert, teilt der 26-jährige Rudolf Virchow, der in Berlin als Arzt und Universitätsdozent arbeitet, seinem Vater am 19. März in folgendem Brief mit:

Alles sammelte sich vor dem Schloss, jubelte und rief, der König erschien und man schrie ihm Hurras zu. Die Bürger hatten nur noch einen Wunsch, dass das Militär zurückgezogen würde. Das war dem König zu viel. Er sagte dem General Möllendorf, er möchte ihm Ruhe verschaffen; der Prinz von Preußen gab den Befehl zum Angriff, und plötzlich wurde das nichtsahnende Volk von den Dragonern* mit Säbelhieben auseinandergetrieben […].
Von diesem Moment an begann die Revolution. Alles schrie Verrat und Rache. In wenigen Stunden war ganz Berlin unter Barrikaden, und wer Waffen bekommen konnte, rüstete sich […]. Gegen 4 Uhr standen in Berlin etwa 25 000 Mann Militär unter den Waffen** […]. Die Zahl der kämpfenden Bürger lässt sich nicht angeben. Der Kampf begann, ich weiß gar nicht mehr genau wann, es mag gegen 5 Uhr gewesen sein. Zum ersten Mal seit der Französischen Revolution des vorherigen Jahrhunderts, zum ersten Mal seit dem Beginn der deutschen Geschichte ist es vorgekommen, dass ein Landesfürst auf seine Untertanen mit Kanonen hat schießen lassen; das Kleingewehrfeuer genügte nicht – nein, Kartätschen*** und Granaten ließ er in das Volk schleudern […].
Die Zahl der Verwundeten und Getöteten lässt sich in diesem Augenblicke noch nicht übersehen […]. Privateigentum ist nirgends auch nur im Geringsten beschädigt worden […]. Grausamkeiten vonseiten des Volkes sind nicht bekannt, während von den Soldaten die brutalsten Dinge gemacht worden sind.

Rolf Weber (Hrsg.), Revolutionsbriefe 1848/49, Leipzig 1973, S. 70 und 72 f. (vereinfacht)

***Dragoner**: *berittene Soldaten*
***Andere Quellen nennen 12 500 Soldaten.*
*****Kartätsche**: *mit Bleikugeln gefülltes Geschoss*

M 3 Die „Märzgefallenen“

Im März 1848 fallen in Berlin 277 Menschen auf den Barrikaden, darunter etwa zehn Frauen.
Die Opfer kommen aus folgenden Schichten:

	Angaben in Prozent
Bürgertum *darunter Wirtschafts- und Bildungsbürgertum, Literaten, Studenten*	3,0 %
Mittelschichten *darunter wohlhabende Handwerksmeister, kleine Kaufleute, mittlere und untere Beamte*	5,3 %
Unterschichten *darunter verarmte Handwerksmeister, Gesellen, Arbeiter*	86,4 %
Übrige *darunter Ehefrauen, Kinder*	5,3 %

Nach: Rüdiger Hachtmann, Berlin 1848. Eine Politik- und Gesellschaftsgeschichte der Revolution, Bonn 1997, S. 179

→ ***Internettipp:*** *Zur Märzrevolution in Berlin siehe www.zlb.de/projekte/1848*

1. *Beschreibe das auf M 1 abgebildete Geschehen. Wer zählte zu den Aufständischen? Beachte die Kleidung. Vergleiche die Darstellung mit M 3.*
2. *Bestimme Virchows Einstellung zu den Aufständischen (M 2).*
3. *Bis heute ist nicht geklärt, ob die ersten Schüsse absichtlich abgefeuert wurden. Welche Möglichkeiten hatte Virchow, sich zu informieren?*
4. *An welchen Stellen seines Berichts (M 2) müsste ein Forscher nach weiteren Quellen suchen, um die Aussagen zu überprüfen?*

Lerntipp

Textquellen analysieren

Schriftliche Quellen liefern uns wichtige Informationen über die Vergangenheit. Sie können von unmittelbar Beteiligten und Zeitzeugen oder von Geschichtsschreibern stammen. Von ihrer Auswertung und Deutung (Interpretation) hängen unser Wissen und unsere Vorstellungen von dem ab, was einmal gewesen ist.
Von unseren Fragen an die Quellen hängt ab, was wir aus ihnen erfahren können. Mit folgenden Fragen kannst du an die vorliegende Textquelle (M 1) herangehen:

1. Wer hat den Text verfasst? Lässt sich etwas über den oder die Verfasser herausfinden?
2. In welche Situation (wo und wann) wurde der Text verfasst?
3. An wen wendet sich der Text?
4. Was sagt die Form der Quelle über ihre Verbreitung aus?
5. Welche und wessen Interessen werden mit dem Text verfolgt?

M 1 „Bitte um Arbeit"

Auf Plakaten können die Düsseldorfer im Herbst 1848 folgende Zeilen lesen, die von drei Mitgliedern des „Düsseldorfer Volksklubs" unterzeichnet sind:

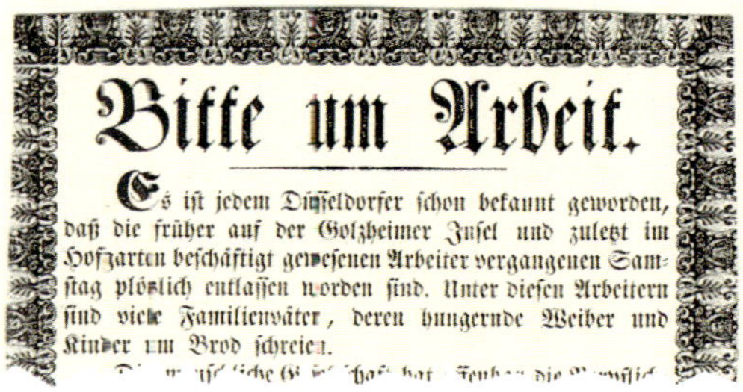
Bitte um Arbeit.

Es ist jedem Düsseldorfer schon bekannt geworden, daß die früher auf der Golzheimer Insel und zuletzt im Hofgarten beschäftigt gewesenen Arbeiter vergangenen Samstag plötzlich entlassen worden sind. Unter diesen Arbeitern sind viele Familienväter, deren hungernde Weiber und Kinder um Brod schreien.

Es ist jedem Düsseldorfer schon bekannt geworden, dass die [...] zuletzt im Hofgarten beschäftigt gewesenen Arbeiter vergangenen Samstag plötzlich entlassen worden sind. Unter diesen Arbeitern sind viele Familienväter, deren hungernde Weiber und Kinder um Brod schreien. Die menschliche Gesellschaft hat offenbar die Verpflichtung, Dem, der arbeiten will, Arbeit zu geben, sowie Dem, der nicht mehr arbeiten kann, Unterstützung angedeihen zu lassen. [...] Die Stadt Düsseldorf hat bisher den Arbeitslosen Arbeit gegeben. Im Widerspruch hiermit hat heute Abend der Gemeinderath erklärt, dass keine Mittel mehr vorhanden seien, um noch ferner in dem bisherigen Maße Arbeit geben zu können, dass er aber mit Beginn der künftigen Woche von 5-600 brodlosen Arbeitern circa 160 auf 3 Tage per Woche beschäftigen wolle. Es liegt auf der Hand, dass dies schlechte Aussichten sind, dass mehrere hundert Menschen einem trostlosen, elenden Zustande anheimfallen, dass mehreren hundert Menschen der Hungertod droht. Außerordentliche Fälle erheischen außerordentliche Mittel. Die verzweiflungsvollen Arbeiter sehen sich deßhalb veranlasst, die Güte ihrer wohlhabenden Mitbürger in Anspruch zu nehmen. Sie haben eine Deputation aus ihrer Mitte erwählt, bestehend aus den Unterzeichneten, welche sich in die Häuser der wohlhabenden Bürger zu begeben und dieselben zu bitten haben, irgend eine Summe zu zeichnen und zur Disposition des Gemeinderaths zu stellen, welcher Letztere die so gezeichneten Summen einziehen und verwenden wird, um den brodlosen Arbeitern wiederum Arbeit zu geben.

Düsseldorf, den 10. Oktober 1848.
Leven. Weyers. Hosse.

Ottfried Dascher und Everhard Kleinertz (Hrsg.), Petitionen und Barrikaden. Rheinische Revolutionen 1848/49, Münster 1998, S. 348

M 2 „Arbeiter vor dem Magistrat."

Ölgemälde (154,5 x 224,5 cm) von Johann Peter Hasenclever, 1848/50.
Das Bild thematisiert den Beginn einer Kampagne des Düsseldorfer Volksklubs (M 1). Dieser organisierte auch einen Protestzug der Arbeiter zum Düsseldorfer Rathaus, um beim Gemeinderat die Fortsetzung der Arbeit zu erwirken.

1. *Werte die Textquelle aus und deute sie mithilfe der im Lerntipp angegebenen Fragen.*
2. *Das Gemälde (M 2) veranschaulicht die Haltung des „Düsseldorfer Volksklubs". Stellt die Szene nach, tragt die Forderungen vor und verfasst eine Antwort des Magistrats.*

1 „Verfassunggebende deutsche Nationalversammlung in der Paulskirche zu Frankfurt a. M.“
Farblithografie (29 x 40,5 cm) von C. A. Lill, 1848. Da kein Saal der Stadt groß genug war, um die Abgeordneten aufzunehmen, wurde eine Kirche zum Tagungsort gewählt. Die Galerie fasste bis zu 2 000 Personen. Über dem Sitz des Präsidenten befindet sich ein Transparent mit der Germania von Philipp Veit, einem Enkel des Philosophen Moses Mendelssohn (siehe Seite 103). Das Bild verdeckt die Orgel und misst 4,82 x 3,20 m (siehe die Vergrößerung links im Bild). Übrigens: Schon am 9. März 1848 hatte die Bundesversammlung schwarz-rot-gold zu den Farben des Deutschen Bundes erklärt.*

**Germania: Frauengestalt, die als Sinnbild Deutschlands gilt*

Die Nationalversammlung

Große Erwartungen

Während in Baden Bundestruppen den Aufstand der Republikaner niederwarfen, fanden in den Staaten die Wahlen zur Nationalversammlung statt. Gewählt wurde nach dem gleichen Stimmrecht für alle „selbstständigen“ erwachsenen Männer. Etwa 80 Prozent der Männer über 20 Jahre waren wahlberechtigt. Die Wahlbeteiligung lag zwischen 40 Prozent in Sachsen und 80 Prozent in Württemberg.

Insgesamt wurden über 800 Abgeordnete in die Nationalversammlung gewählt, davon waren 357 Akademiker (Professoren, Lehrer, Geistliche, Rechtsanwälte, Ärzte und Schriftsteller), 312 Staatsdiener (Offiziere, Richter und Beamte) sowie 96 Vertreter der gewerblichen Wirtschaft (Landwirte, Kaufleute, Fabrikanten und Handwerker). Vertreter der Arbeiter fehlten. Frauen sollten nur als Zuschauerinnen an den öffentlichen Sitzungen teilnehmen dürfen.

Salutschüsse und Glockengeläut begrüßten die gewählten Vertreter des deutschen Volkes, als sie am 18. Mai 1848 in die Frankfurter Paulskirche einzogen. Das Volk erwartete von der Nationalversammlung

- eine Verfassung, die die künftigen Grenzen und die Staatsform eines Nationalstaates festlegte, und
- die Lösung der sozialen und wirtschaftlichen Probleme.

Parteien entstehen

Abgeordnete mit ähnlichen politischen Zielen trafen sich in Frankfurter Gasthöfen, um ihre Arbeit im Parlament und in den Ausschüssen vorzubereiten. Daraus entstanden Fraktionen (lat. *fractio*: Bruch), deren Mitglieder in umstrittenen Fragen in der Nationalversammlung geschlossen abstimmten. Diese Gruppen des Parlaments suchten Unterstützung in den politischen Vereinen. Sie schrieben Programme, gründeten Zeitungen und bildeten nationale Vereine mit Niederlassungen in vielen Städten. Die politischen Vereine von 1848 waren die Vorläufer der konservativen, liberalen, katholischen und sozialistischen Parteien.

Die Reichsregierung und die Macht

Die Nationalversammlung schuf eine provisorische Regierung für ganz Deutschland. Als vorläufiges Staatsoberhaupt (*Reichsverweser*) wählte sie den im Bürgertum beliebten Erzherzog *Johann von Österreich*. Die Übergangsregierung besaß weder eine gut funktionierende Verwaltung noch ausreichende Steuereinnahmen. Außerdem weigerten sich die meisten Fürsten, ihre Soldaten unter den Befehl des Reichskriegsministers zu stellen.

Schleswig und die Folgen

Als die dänische Regierung im März 1848 das Herzogtum Schleswig in sein Königreich eingliedern wollte, bildeten deutsche Ständevertreter aus Schleswig und Holstein eine provisorische Regierung für die beiden Herzogtümer. Sie forderten den Anschluss Schleswigs an den Deutschen Bund. Zunächst im Auftrag des Bundestages, dann der provisorischen Zentralregierung und der Nationalversammlung, zogen Soldaten unter Preußens Führung gegen Dänemark. Als Russland, England und Frankreich protestierten, schloss Preußen mit Dänemark einen Waffenstillstand. Die übergangene Nationalversammlung lehnte das zunächst ab. Als sie dann doch noch dem Waffenstillstand am 16. September zustimmte, kam es in Frankfurt und in vielen anderen Städten zu Tumulten. Preußische und österreichische Soldaten stellten die Ruhe wieder her.

Probleme mit den Grenzen

Einen Nationalstaat zu gründen, zählte zu den Hauptaufgaben der Abgeordneten. Die Mehrheit war anfangs für eine großdeutsche Lösung: Österreich sollte mit allen zum Deutschen Bund gehörenden Gebieten ins Reich aufgenommen werden, also mit Böhmen und Mähren sowie Trient und Triest, nicht aber den anderen Teilen des Vielvölkerstaates. Die Regierung in Wien forderte dagegen eine großösterreichische Lösung: den Zusammenschluss der deutschen Einzelstaaten mit dem gesamten Vielvölkerstaat. Da man damit die Idee eines Nationalstaats aufgegeben hätte, stimmte eine Mehrheit für die kleindeutsche Lösung.

Die Grundrechte werden verkündet

Im Dezember 1848 verkündete die Nationalversammlung die *Grundrechte*. Ähnlich wie die 1789 in Frankreich erklärten Menschen- und Bürgerrechte schrieben sie die Gleichheit aller vor dem Gesetz, die Glaubens- und Gewissens- sowie die Presse- und Versammlungsfreiheit fest. Diese Gesetze zählen heute zu den wichtigsten Zeugnissen demokratischer Tradition in Deutschland.

Die Reichsverfassung von 1849

Die Vorstellung der äußersten Linken von einem Einheitsstaat mit einer Machtzentrale konnte sich nicht durchsetzen. Das neue Deutsche Reich sollte aber kein lockerer Staatenbund sein, sondern ein Bundesstaat mit einer zentralen Regierung und einer „Reichsbürgerschaft". Laut Reichsverfassung stand an der Spitze des Reiches ein „Kaiser der Deutschen". Als Gegengewicht zu seiner Macht war der *Reichstag* gedacht. Es sollte aus einer Vertretung der Einzelstaaten (*Staatenhaus*) und einer gesamtdeutschen Volksvertretung (*Volkshaus*) bestehen.

Darüber hinaus verkündete die Verfassung die staatsbürgerlichen Rechte für Juden, hob den Adel als Stand auf und befreite die Bauern von grundherrlichen Abhängigkeiten. Das von den „Linken" geforderte Recht auf Arbeit fehlte in der Verfassung. Die Mehrheit ging davon aus, eine freie wirtschaftliche Entwicklung werde die soziale Not beseitigen.

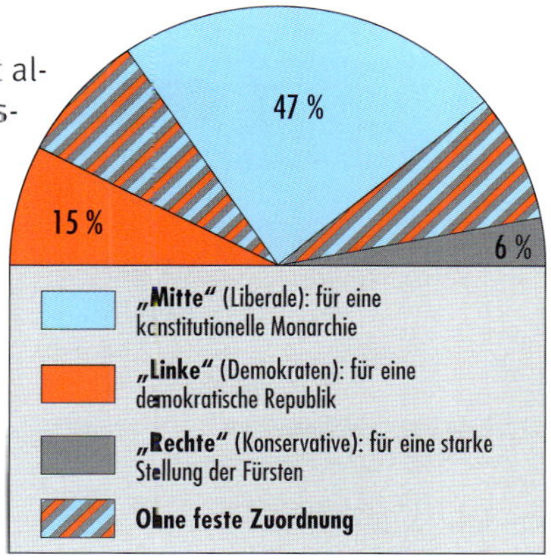

2 Politische Richtungen (Fraktionen) in der Deutschen Nationalversammlung.
Stand: Oktober 1848. An den Abstimmungen in der Nationalversammlung beteiligten sich in der Regel zwischen 400 und 540 Volksvertreter.

3 Welche Gebiete soll die Nation umfassen?
1848/49 wurden in der Frankfurter Nationalversammlung folgende Vorstellungen diskutiert: „kleindeutsche Lösung" (links), „großdeutsche Lösung" (Mitte) und „großösterreichische Lösung" (rechts).

→ **Internettipps:** *www.demokratiegeschichte.eu/; über die Person und die Arbeit des Rechtsanwaltes und Politikers Gabriel Riesser, der vom 18. Mai 1848 bis zum 26. Mai 1849 Abgeordneter in der Frankfurter Nationalversammlung war und im Verfassungsausschuss arbeitete, informiert www.gabrielriesser.de.*

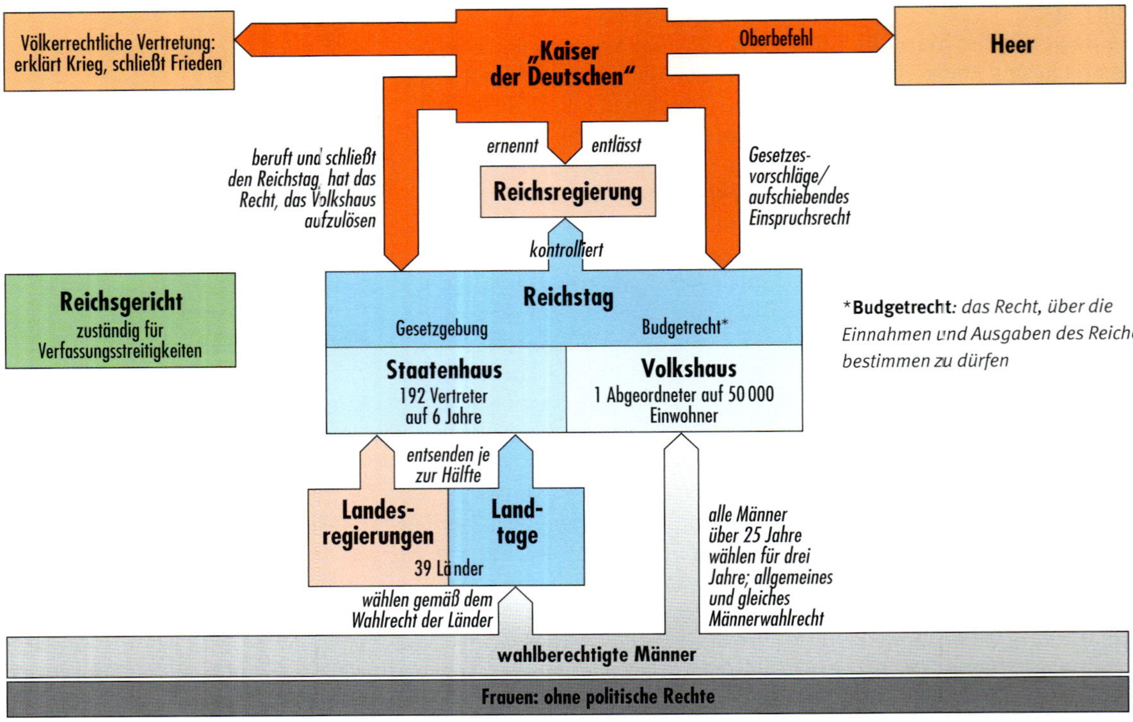

***Budgetrecht**: *das Recht, über die Einnahmen und Ausgaben des Reiches bestimmen zu dürfen*

M 1 Die Reichsverfassung der Paulskirche von 1849.

M 2 Aus den Grundrechten von 1848

Am 27. Dezember 1848 sind in der Frankfurter Nationalversammlung die Grundrechte in Kraft gesetzt worden. Sie werden Teil der am 28. März 1849 verabschiedeten Reichsverfassung. Die Verfassung wird durch Bundesbeschluss vom 23. August 1851 wieder aufgehoben.

§ 130 Dem deutschen Volke sollen die nachstehenden Grundrechte gewährleistet sein. Sie sollen den Verfassungen der deutschen Einzelstaaten zur Norm dienen, und keine Verfassung oder Gesetzgebung eines deutschen Einzelstaates soll dieselben je aufheben oder beschränken können. [...]

§ 133 Jeder Deutsche hat das Recht, an jedem Orte des Reichsgebietes seinen Aufenthalt und Wohnsitz zu nehmen [...]. [...]

§ 137 Vor dem Gesetze gilt kein Unterschied der Stände. Der Adel als Stand ist aufgehoben. Alle Standesvorrechte sind abgeschafft. Die Deutschen sind vor dem Gesetze gleich. [...] Die öffentlichen Ämter sind für alle Befähigten gleich zugänglich. [...]

§ 138 Die Freiheit der Person ist unverletzlich. [...]

§ 139 Die Todesstrafe [...] sowie die Strafen des Prangers, der Brandmarkung und der körperlichen Züchtigung sind abgeschafft.

§ 140 Die Wohnung ist unverletzlich. [...]

§ 142 Das Briefgeheimnis ist gewährleistet. [...]

§ 143 Jeder Deutsche hat das Recht, durch Wort, Schrift, Druck und bildliche Darstellung seine Meinung frei zu äußern. Die Pressefreiheit darf unter keinen Umständen und in keiner Weise durch vorbeugende Maßregeln, namentlich Zensur [...] aufgehoben werden.

§ 144 Jeder Deutsche hat volle Glaubens- und Gewissensfreiheit. [...]

§ 146 Durch das religiöse Bekenntnis wird der Genuss der bürgerlichen und staatsbürgerlichen Rechte weder bedingt noch beschränkt. [...]

§ 152 Die Wissenschaft und ihre Lehre ist frei. [...]

§ 161 Die Deutschen haben das Recht, sich friedlich und ohne Waffen zu versammeln; einer besonderen Erlaubnis dazu bedarf es nicht. [...]

§ 164 Das Eigentum ist unverletzlich.

Udo Sautter, Deutsche Geschichte seit 1815: Daten, Fakten, Dokumente, Bd. II: Verfassungen, Tübingen und Basel 2004, S. 68-72

→ ***Internettipp:*** *Den vollständigen Verfassungstext findest du unter www.verfassungen.de*

1. *Bestimme die Aufgaben von Kaiser, Reichstag und Volk (M 1).*
2. *Vergleiche die Stellung des Monarchen in M 1 mit der in der französischen Verfassung von 1791 (Seite 121, M 1).*
3. *Vergleiche die in M 2 aufgeführten Artikel mit den Artikeln 2, 3, 4, 5, 8, 11, 13 und 14 unseres Grundgesetzes von 1949. Ziehe eine Schlussfolgerung.*
4. *Inwiefern war § 146 für die jüdische Bevölkerung wichtig (M 2)?*

Bitteres Ende

Die alten Mächte marschieren

In Wien gewannen die fortschrittsfeindlichen Mächte ihren Einfluss im Herbst 1848 zurück. Die nationalen Erhebungen in den italienischen Staaten und Böhmen wurden niedergeschlagen. Ende Oktober 1848 ging das Militär in Wien gegen Bürger, Studenten und Arbeiter vor, die den Freiheitskampf der Ungarn unterstützten. Zum Entsetzen vieler Liberaler und Republikaner erschossen kaiserliche Soldaten nach dem Aufstand den zur gemäßigten Linken zählenden Abgeordneten der Frankfurter Nationalversammlung Robert Blum und weitere 22 Männer.
In Berlin löste der preußische König die Volksvertretung am 5. Dezember auf und oktroyierte eine Verfassung, er erließ sie also eigenmächtig ohne Zustimmung der Abgeordneten. Auch in Österreich wurde Anfang März 1849 eine Verfassung oktroyiert.

Bitter, aber nicht hoffnungslos

Die Nationalversammlung in Frankfurt wählte am 28. März 1849 den preußischen König *Friedrich Wilhelm IV.* zum Kaiser. Er lehnte die Krone vier Wochen später ab: Sein Verzicht leitete das Scheitern der Reichsverfassung ein. Zwar hatten 29 von 39 Regierungen sie inzwischen angenommen, doch die einflussreichen Herrscher von Preußen, Bayern, Hannover und Sachsen lehnten sie ab.
Abgeordnete, Bürgerwehren sowie Männer und Frauen aus dem Volk kämpften im April 1849 in Württemberg, Baden, der Pfalz, Hessen, Preußen (Rheinland) und Sachsen vergeblich für die Reichsverfassung.
Der Traum von Nationalstaaten auf der Grundlage freier Verfassungen scheiterte 1849 nicht nur in Deutschland, sondern auch in Italien und Ungarn. Die deutschen Fürsten stellten den Obrigkeitsstaat wieder her, lösten die Landesparlamente auf und schränkten die Presse- und Versammlungsfreiheit ein. Immerhin gab es nach 1848 außer Österreich keinen deutschen Staat mehr ohne geschriebene Verfassung. Überall beschränkten Parlamente oder Ständevertretungen die Macht der Fürsten. Auch einige soziale Reformen wie die Ablösung grundherrlicher Rechte blieben bestehen.
In Preußen machte das vom König erlassene *Drei-Klassen-Wahlrecht* ab 1850 die Höhe der Steuern zum Maßstab. Die Folge war, dass die wenigen Großsteuerzahler der ersten Steuerklasse ebenso viele Abgeordnete wählen konnten wie die Masse der Bevölkerung. Doch selbst dies war im Vergleich zu früher fortschrittlich. Es galt in Preußen bis 1918.

1 Standrechtliche Erschießung Robert Blums am 9. November 1848 auf der Brigittenau bei Wien.
Ölgemälde (21 x 34,5 cm) von Carl Constantin Heinrich Steffeck, 1848/1849. Der in Köln geborene Abgeordnete Blum war von einem Sondergericht zum Tode verurteilt worden.

→Filmtipp: „Robert Blum und die Revolution." ZDF-Reihe „Die Deutschen" von 2008, Folge 8 (http://diedeutschen.zdf.de/)

Flucht und Auswanderung

Nach dem Sieg der Gegenrevolution verließen tausende Deutsche ihre Heimat. Vor allem Studenten, Professoren, Journalisten und andere Intellektuelle, die sich für einen demokratischen Nationalstaat eingesetzt hatten und sich an der Volkserhebung beteiligt hatten, flohen in die Schweiz oder wanderten nach Nordamerika aus.* Unter ihnen befanden sich auch die Journalistin und Frauenrechtlerin *Mathilda Franziska Anneke* aus Westfalen und der Bonner Student *Carl Schurz*. Beide hatten zuletzt in Baden an der „Reichsverfassungskampagne" teilgenommen.

***Zur Auswanderung siehe Seite 195 f.*

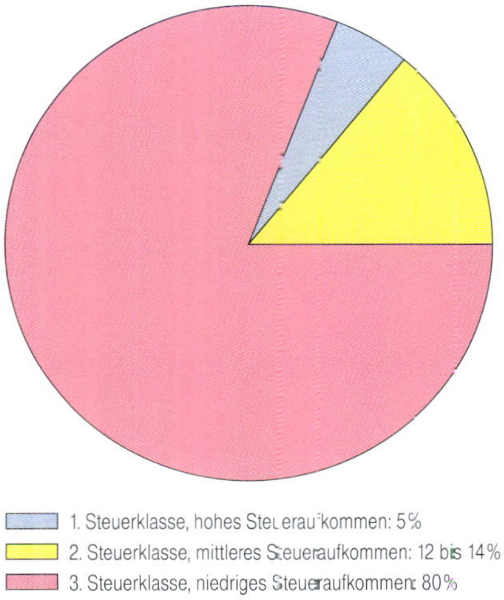

2 Das Drei-Klassen-Wahlrecht in Preußen.
Die Wähler werden nach ihrem Steueraufkommen in drei Klassen eingeteilt. Jede Steuerklasse wählt über Wahlmänner die gleiche Zahl von Abgeordneten. Die Grafik zeigt die Verteilung der Wähler auf die drei Steuerklassen. Dies führte dazu, dass die Konservativen 1908 für 212 Abgeordnete lediglich 418 000 Stimmen benötigten, während die Sozialdemokraten für rund 600 000 Stimmen nur sieben Mandate erhielten.

Was machten Mathilda Franziska Anneke und Carl Schurz in den USA? Informiert euch und verfasst zwei kurze Lebensbeschreibungen über sie. Informationen über sie findet ihr in Nachschlagewerken und im Internet.

M 1 „Es ist nicht wünschenswert …"

Am 1. September 1848 teilt ein Diplomat dem preußischen König aus England mit:

Es ist […] nicht wünschenswert, dass Deutschland ein einheitlicher Staat werde. Die ultrademokratischen* Elemente würden sich dadurch im Herzen Europas festsetzen und zugleich der englische Handel und die englische Industrie bedroht werden.

Hagen Schulze, Staat und Nation in der europäischen Geschichte, München 1994, S. 224

***ultrademokratisch**: streng demokratisch; gemeint sind die Anhänger der Republik*

M 2 „Ich sage es Ihnen rund heraus …"

Dem preußischen Gesandten in London, Freiherr von Bunsen, schreibt Friedrich Wilhelm IV. im Dezember 1848:

Ich will weder der Fürsten Zustimmung zu der Wahl noch die Krone. […] Die Krone, die ein Hohenzoller nehmen dürfte, wenn die Umstände es möglich machen könnten, ist keine, die eine, wenn auch mit fürstlicher Zustimmung eingesetzte, aber in die revolutionäre Saat geschossene Versammlung macht, … sondern eine, die den Stempel Gottes trägt […]. Die Krone, die die Ottonen, die Hohenstaufen, die Habsburger getragen, kann natürlich ein Hohenzoller tragen; sie ehrt ihn überschwänglich mit tausendjährigem Glanze. Die aber, die Sie – leider – meinen, verunehrt überschwänglich mit ihrem Ludergeruch der Revolution von 1848, der albernsten, dümmsten, schlechtesten, wenn auch gottlob nicht der bösesten dieses Jahrhunderts. Einen solchen […] Reif, aus Dreck und Letten* gebacken, soll ein legitimer König von Gottes Gnaden und nun gar der König von Preußen sich geben lassen […]? Ich sage es Ihnen rund heraus: soll die tausendjährige Krone deutscher Nation, die 42 Jahre geruht hat, wieder einmal vergeben werden, so bin ich es und meinesgleichen, die sie vergeben werden; und wehe dem, der sich anmaßt, was ihm nicht zukommt.

Walter Grab (Hrsg.), Die Revolution von 1848/49. Eine Dokumentation, Stuttgart 1998, S. 175

***Letten**: ein anderes Wort für Lehm*

M 3 „Ich würde …"

Friedrich Wilhelm IV. antwortet am 3. April 1849 auf das Angebot der Kaiserdeputation:

In dem Beschluss der deutschen Nationalversammlung, welchen Sie, Meine Herren, Mir überbringen, erkenne Ich die Stimme der Vertreter des deutschen Volkes. Dieser Ruf gibt Mir ein Anrecht, dessen Wert Ich zu schätzen weiß […]. Aber, Meine Herren, Ich würde Ihr Vertrauen nicht rechtfertigen, Ich würde dem Sinne des deutschen Volkes nicht entsprechen, Ich würde Deutschlands Einheit nicht aufrichten, wollte Ich […] ohne das freie Einverständnis der gekrönten Häupter, der Fürsten und freien Städte Deutschlands, eine Entschließung fassen, welche für sie und für die von ihnen regierten deutschen Stämme die entschiedensten Folgen haben muss.

Ernst Rudolf Huber (Hrsg.), Dokumente zur deutschen Verfassungsgeschichte, Bd. 1, Stuttgart ³1978, S. 402 f.

M 4 „Ihr habt mir nichts zu bieten"

Nach der Ablehnung der Kaiserkrone schreibt der preußische König Friedrich Wilhelm IV. am 9. April 1849 seiner Schwester:

Du hast die Abfertigung der Frankfurter Mensch-Esel-Hund-Schweine-und-Katzen-Deputation* gelesen. Sie heißt auf grob deutsch: Messieurs**! Ihr habt mir ganz und gar nicht das Recht, das Allermindeste zu bieten. Bitten, so viel ihr wollt, geben – Nein – denn dazu müsstet Ihr im Besitz von irgend etwas zu Gebendem sein, und das ist nicht der Fall.

Walter Bußmann, Zwischen Preußen und Deutschland. Friedrich Wilhelm IV. Eine Biographie, Berlin 1990, S. 289

***Deputation**: Abordnung*
****Messieurs**: Meine Herren*

M 5 „Wat heulst'n kleener Hampelmann?"

Lithografie (29,3 x 22,8 cm) von Ferdinand Schröder, April 1849 (beschnitten). Die Borussia, Sinnbild der Preußen, fragt Heinrich von Gagern, der zum Reichsministerpräsidenten bestimmt worden war: „Wat heulst'n kleener Hampelmann?" – „Ick habe Ihr'n Kleenen 'ne Krone jeschnitzt, nu will er se nich!" Rechts spielt der „Kleene" mit dem Berliner Bären.

1. *Arbeite aus M 1 bis M 4 heraus, aus welchen Gründen Friedrich Wilhelm IV. die Kaiserkrone ablehnte.*
2. *Beurteile die Aufrichtigkeit des preußischen Königs (M 1 bis M 4).*
3. *Stelle den Revolutionsverlauf bis zur Ablehnung der Kaiserkrone in einem Zeitstrahl dar.*
4. *Bestimme die politische Haltung des Zeichners (M 5). Beachte dabei, wen die Zeichnung „karikiert".*

Was war wichtig ?

Daten

1661–1715	*Ludwig XIV. („der Sonnenkönig") herrscht in Frankreich absolutistisch.*
1740–1786	*Friedrich II. („der Große") von Preußen regierte als „aufgeklärter" Herrscher.*
14. Juli 1789	*Mit dem Sturm auf die Bastille hat die Französische Revolution ihren ersten Höhepunkt, es folgen die Abschaffung der Feudallasten (4. August) und die Erklärung der Menschen- und Bürgerrechte (26. August)*
1791	*Frankreich wird konstitutionelle Monarchie.*
1803	*Auch in den von Napoleon beherrschten deutschen Staaten werden die kirchlichen Besitzungen durch weltliche Machthaber beansprucht (Säkularisation).*
1806	*Napoleon I. gründet den Rheinbund; das Heilige Römische Reich Deutscher Nation wird aufgelöst.*
1813	*Nach der Völkerschlacht bei Leipzig verliert Napoleon die Macht.*
1814/15	*Auf dem Wiener Kongress wird Europa neu geordnet und der Deutsche Bund gegründet,*
1830	*In Paris wird der französische König gestürzt; die „Julirevolution" löst nationale Erhebungen in Europa aus.*
1848/49	*Nach der Märzrevolution wird 1848 eine deutsche Nationalversammlung gewählt; der Versuch, einen deutschen Nationalstaat zu gründen, scheitert.*

Begriffe

Absolutismus: Herrschaftsform, in der Fürsten wie → *Ludwig XIV.* ihre Stellung von Gott ableiten (Gottesgnadentum) und weitgehend „losgelöst" (absolut) von den Gesetzen und den Ständen (Geistlichkeit, Adel und Bürgertum) regieren.

Aufklärung: Epoche der Wissenschafts- und Geistesgeschichte im 17. und 18. Jh. Die Aufklärer stellten die von der Religion geprägten Ansichten über Natur, Staat und Gesellschaft infrage. Sie verließen sich bei ihrer Suche nach der Wahrheit auf Vernunft, Experimente und Erfahrungen. Der bedeutendste deutsche Aufklärer war → *Kant.*

Deutscher Bund: auf dem Wiener Kongress gegründeter lockerer Staatenbund, dem anfangs 34 souveräne Fürsten und vier freie Städte (Lübeck, Hamburg, Bremen und Frankfurt a. M.) angehörten. Der Deutsche Bund zerfiel 1866 im Konflikt zwischen Preußen und Österreich (Deutsch-Deutscher Krieg).

Französische Revolution (lat. *revolutio*: Umwälzung): grundlegende Veränderung der politischen Verhältnisse nach dem Sturm auf die Bastille. Frankreich probierte zwischen 1789 und 1799 verschiedene Staatsformen aus (1791 wurde es → *konstitutionelle Monarchie*, 1792 demokratische Republik und unter → *Napoleon I* eine moderne Diktatur) und entwickelte unter den Leitbegriffen „Freiheit, Gleichheit und Brüderlichkeit" neue politische Ziele. Die → *Menschen- und Bürgerrechte* zählen ebenso zum Erbe der Revolution wie die Schreckensherrschaft der Jakobiner unter → *Robespierre.*

Gewaltenteilung: eine Staatslehre, nach der drei getrennte Einrichtungen die Hauptaufgaben eines Staates erfüllen. Sie kontrollieren sich gegenseitig: Das Parlament (Legislative) beschließt Gesetze, die Regierung (Exekutive) führt sie aus, und die Gerichte (Judikative) sprechen Recht.

Hegemonie: Vorherrschaft eines Staates in einem Bündnis oder einem Gebiet. Sie kann auf militärischer, politischer und wirtschaftlicher Stärke beruhen.

Kontinentalsperre: von → *Napoleon* 1806 angeordnete Maßnahme, um Handel und Verkehr zwischen dem europäischen Kontinent und England zu verhindern. Die Wirtschaftsblockade funktionierte nur bedingt, führte 1812 zum Krieg mit Russland und endete 1813.

Konstitutionelle Monarchie: Regierungsform, in der die Macht des Monarchen durch eine Konstitution (Verfassung) gesetzlich begrenzt wird. England wurde nach der Glorious Revolution 1689 und Frankreich im Verlauf der → *Französischen Revolution* 1791 zeitweise konstitutionelle Monarchie.

Liberalismus: Staats-, Gesellschafts- und Wirtschaftslehre, die von der freien Entfaltung des Einzelnen den Fortschritt in Kultur, Recht, Wirtschaft und Gesellschaft erhofft. Liberale forderten zwischen 1815 und 1848 Verfassungen und die Anerkennung von Grundrechten.

Manufaktur (von lt. *manu facere*: mit der Hand machen): Werkstätte, in denen viele Frauen und Männer gleichzeitig mit unterschiedlichen Arbeitsgängen beschäftigt sind, um ein Produkt herzustellen (z.B. Spielkarten, Porzellan, Uhren usw.). Manufakturen prägten den → *Merkantilismus.*

Menschen- und Bürgerrechte: Die unantastbaren und unveräußerlichen Freiheiten und Rechte aller Menschen wie Gleichheit vor dem Gesetz, Glaubens- und Gewissensfreiheit, freie Meinungsäußerung, Versammlungsfreiheit, Brief- und Postgeheimnis, Schutz des Eigentums, Schutz vor willkürlicher Verhaftung. Vor allem die „Virginia Bill of Rights" von 1776 und die französische „Erklärung der Menschen- und Bürgerrechte" von 1789 beeinflussten die Entwicklung dieser Rechte.

Merkantilismus: von den Fürsten gelenkte Wirtschaftsform zur Zeit des → *Absolutismus*; sie sollte das einheimische Gewerbe stärken und so die Steuereinnahmen des Staates erhöhen.

Was war wichtig ?

Nationalismus: ursprünglich das Bekenntnis zur eigenen Nation oder dem Staat, dem man angehört. Der Nationalismus enthielt zwei Tendenzen: die Überzeugung, dass alle Völker einen Anspruch auf nationale Selbstbestimmung haben, sowie die Hochschätzung des eigenen Volkes. Die Abwertung anderer Nationen und Menschen anderer Herkunft trugen seit der Mitte des 19. Jh. zu einem übersteigerten Nationalbewusstsein bei.

Polnische Teilungen: Russland unter → *Katharina II.*, Preußen unter *Friedrich II.* und Österreich unter *Maria Theresia* teilten Polen schrittweise 1772, 1783 und 1795 unter sich auf, bis kein polnischer Staat mehr bestand.

Preußische Reformen: Nach der Niederlage Preußens gegen → *Napoleon* von → *Freiherr vom und zum Stein* und → *Hardenberg* eingeleitete Reformen in Wirtschaft, Verwaltung, Militär und Bildungswesen.

Restauration: Wiederherstellung der politischen, rechtlichen und sozialen Zustände einer früheren Epoche nach einer Revolution. Nach 1815 versuchten die europäischen Herrscher unter Führung → *Metternichs*, die Folgen der Französischen Revolution rückgängig zu machen und neue Revolutionen zu verhindern.

Stehendes Heer: ständig kampfbereite Truppe.

Namen

Friedrich II., der Große (1712-1786): seit 1740 König von Preußen; nach seinem Regierungsantritt eroberte er Schlesien. Er regierte im Sinne des aufgeklärten Absolutismus, verbesserte Verwaltung, Rechtswesen und Landwirtschaft.

Hardenberg, Karl August von (1750-1822): seit 1792 in preußischen Diensten. Hardenberg setzte ab 1810 als Staatskanzler die Reformarbeit → *Reichsfreiherr vom und zum Steins* fort.

Kant, Immanuel (1724-1804): bedeutender Philosoph der → *Aufklärung*. Er hatte Naturwissenschaften, Theologie, Philosophie und klassische Literatur studiert, war erst Hauslehrer und dann Professor in Königsberg.

Katharina II. die Große (1729-1796): seit 1762 Zarin von Russland; sie regierte im Sinne des aufgeklärten Absolutismus und erwarb in den drei → *Polnischen Teilungen* den Hauptteil Polens.

Ludwig XIV. (1632-1704, „Sonnenkönig"): König von Frankreich. Er entmachtete den Adel und regierte absolutistisch (→ *Absolutismus*). Die wirtschaftliche Stärke des Landes steigerte er durch den → *Merkantilismus*. Er versuchte, die Vorherrschaft Frankreichs auf dem Kontinent durchzusetzen (→ *Hegemonie*). Am Ende seiner Regierungszeit war Frankreich bankrott.

Maria Theresia (1717-1780): Erzherzogin von Österreich, Königin von Böhmen und Ungarn, Ehefrau Kaiser Franz I. und Mutter von 16 Kindern. Sie verlor Schlesien an → *Friedrich II. von Preußen* und regierte nach dem Tod des Ehemannes 1765 mit ihrem Sohn Joseph II. Sie leitete innenpolitische Reformen ein.

Metternich, Klemens Wenzel Fürst von (1773-1859): 1809-21 österreichischer Staats- und Außenminister, 1821-48 Staatskanzler. Er bemühte sich um die Erhaltung der 1815 hergestellten Herrschaftsordnung und kämpfte gegen liberale und nationale Bewegungen. Bei Ausbruch der Revolution in Wien wurde Metternich 1848 gestürzt.

Napoleon I. Bonaparte (1769-1821): Der auf Korsika geborene Sohn eines Rechtsanwaltes war in den Revolutionskriegen ein erfolgreicher General. Durch einen Staatsstreich kam er 1799 an die Macht. 1804 krönte Napoleon sich zum Kaiser. Mit seinen Truppen und seiner Bündnispolitik eroberte er fast ganz Europa. Erst die Niederlage im Russlandfeldzug und die deutschen Befreiungskriege führten zur Wende seiner Herrschaft. 1814 musste er abdanken und wurde nach Elba verbannt. Im März 1815 kehrte Napoleon nach Frankreich zurück, wurde aber nach der „Herrschaft der hundert Tage" bei Waterloo endgültig besiegt und auf die Insel St. Helena verbannt.

Robespierre, Maximilien de (1758-1794; hingerichtet): Rechtsanwalt und mitverantwortlicher Politiker für den Terror in der Französischen Revolution.

Stein, Heinrich Friedrich Carl Freiherr vom und zum (1757-1831): Der aus Nassau an der Lahn stammende, seit 1780 in preußischem Staatsdienst stehende Staatsmann leitete nach 1807 die preußischen Reformen ein.

Zusammenfassung

König → *Ludwig XIV.* versuchte, Frankreich absolutistisch zu regieren (→ *Absolutismus*). Tüchtige Beamte und eine starke Armee (→ *stehendes Heer*) stützten seine Herrschaft. Die Generalstände, die Vertretung der Geistlichkeit, des Adel sowie der Bauern/Bürgern, wurden vom König nicht mehr einberufen. Die staatlich gesteuerte Wirtschaftspolitik, der → *Merkantilismus*, förderte Gewerbe (→ *Manufakturen*) und Handel, um die

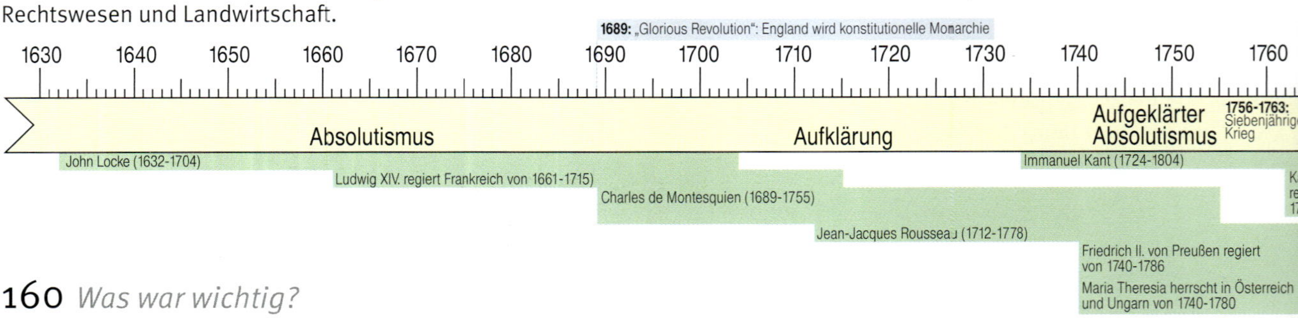

Staatseinnahmen zu steigern. Außenpolitisch wollte Ludwig XIV. die französische Vorherrschaft (→ *Hegemonie*) auf dem Kontinent erringen.
Unter dem Einfluss der → *Aufklärung* wurden in England und Frankreich neue Staatslehren entwickelt. Sie forderten die Kontrolle und Teilung der Staatsgewalt (→ *Gewaltenteilung*) und die Einführung von → *konstitutionellen Monarchien*. → *Friedrich II. von Preußen*, → *Maria Theresia* und → *Katharina die Große* reformierten ihre Staaten im Sinne des aufgeklärten Absolutismus und bemühten sich gleichzeitig, gegenüber Frankreich und England als europäische Großmächte anerkannt zu werden. Sie führten Kriege auf dem Kontinent und teilten Polen unter sich auf (→ *Polnische Teilungen*).
Zerrüttete Staatsfinanzen, mangelnde politische Mitbestimmungsrechte der Stände sowie soziale und wirtschaftliche Probleme führten 1789 zur → *Französischen Revolution*. In ihrem Verlauf wurden die → *Menschen- und Bürgerrechte* verkündet. 1791 leistete der König seinen Eid auf die Verfassung; aus einer absolutistischen war eine konstitutionelle Monarchie geworden. Nach dem Fluchtversuch des Königs wurde im September 1792 eine Republik errichtet. Sie stand zunächst unter dem Einfluss des Großbürgertums, dann unter dem der städtischen Volksbewegung, der Sansculotten. Die Regierenden versuchten, das Volk mit sozialen Reformen und Zwangsmaßnahmen zu kontrollieren. Gleichzeitig mobilisierten sie die Truppen gegen Österreich und Preußen.
In dieser Phase der Revolution entstand unter → *Robespierre* die Schreckensherrschaft: Zehntausende wurden aus politischen Gründen hingerichtet. Mit dem Krieg Frankreichs gegen Österreich und Preußen kam die Revolution auch in die deutschen Staaten.
1799 übernahm → *Napoleon* durch einen Staatsstreich die Macht. Er befriedete das Land, krönte sich selbst zum Kaiser und erließ ein wegweisendes Gesetzbuch, den „Code civil". Seine Eroberungs- und Bündnispolitik führte 1806 zur Gründung des Rheinbundes und zur Auflösung des Heiligen Römischen Reiches Deutscher Nation.
Um nach seiner vernichtenden Niederlage gegen Napoleon wieder in den Kreis der Großmächte aufzurücken, wurden in Preußen Reformen eingeleitet (→ *Preußische Reformen*). An ihrer Spitze standen → *Freiherr vom und zum Stein* und → *Hardenberg*.
Napoleon hatte 1806 eine → *Kontinentalsperre* eingeführt, um Englands wirtschaftliche Macht zu brechen. Sie ließ sich nicht durchsetzen und trug letztlich 1812 zum Krieg mit Russland bei. Doch die „Große Armee" scheiterte und musste einen verlustreichen Rückzug antreten. Ein Jahr später wurden die napoleonischen Truppen in der Völkerschlacht bei Leipzig besiegt. Der Rheinbund löste sich auf.
Der Wiener Kongress stellte auf dem Kontinent das Gleichgewicht der fünf Großmächte Großbritannien, Russland, Frankreich, Österreich und Preußen wieder her. Die Nachfolge des untergegangenen Heiligen Römischen Reiches trat 1815 der → *Deutsche Bund* an.
Um die auf dem Wiener Kongress erneuerte monarchische Staatsordnung abzusichern, schlossen sich Preußen, Russland und Österreich zur Heiligen Allianz zusammen.
Die Regierungen des Deutschen Bundes wollten die alten politischen Zustände wiederherstellen (→ *Restauration*) und unterdrückten die nationalen und liberalen Bewegungen (→ *Nationalismus* und → *Liberalismus*). Unter → *Metternichs* Einfluss wurden die Burschenschaften verboten, die Versammlungsfreiheit eingeschränkt und die Zensur eingeführt.
Nach der Julirevolution von 1830 in Frankreich kam es in mehreren Ländern Europas und in einigen deutschen Staaten zu revolutionären Aufständen. Höhepunkt der gesamtdeutschen Oppositionsbewegung war das Hambacher Fest 1832.
Die Revolutionen des Jahres 1848 gingen von Frankreich aus. Soziale, nationale und liberale Forderungen waren die Ursachen für Aufstände gegen die Herrschenden in vielen europäischen Staaten. Fast überall wurden Regierungen umgebildet und Reformen eingeleitet.
Als erstes gesamtdeutsches Parlament wurde die Nationalversammlung gewählt. Die Abgeordneten erarbeiteten in Frankfurt einen bis heute vorbildlichen Katalog von Grundrechten und eine wegweisende Reichsverfassung. Doch Nationalstaat und Reichsverfassung scheiterten am Widerstand der alten Gewalten.

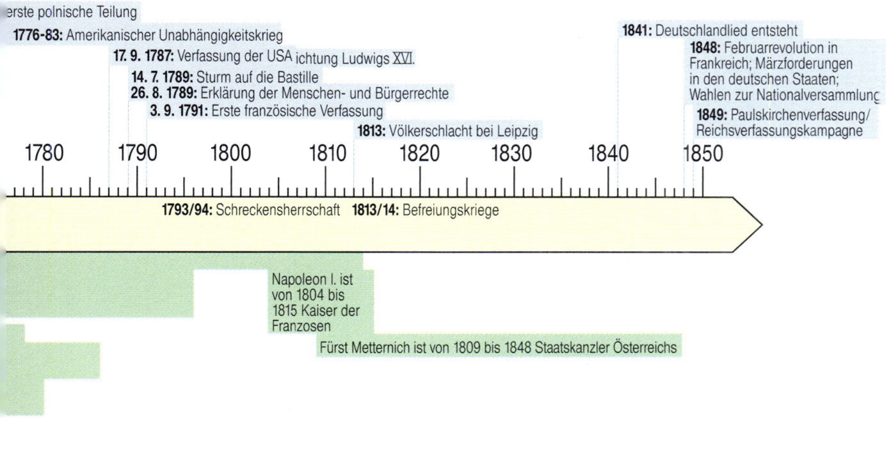

→ *Lesetipps:*
- *Ingeborg Schnelling-Reinicke (Bearb.), Petitionen und Barrikaden. Rheinische Revolutionen 1848/49, Münster 1998*
- *Wilfried Reininghaus und Horst Conrad (Hrsg.), Für Freiheit und Recht. Westfalen und Lippe in der Revolution 1848/49, Münster 1999*
- *Heinrich Best und Wilhelm Weege, Biographisches Handbuch der Abgeordneten der Frankfurter Nationalversammlung, Düsseldorf 1996*

Von der Industrialisierung bis zum Ersten Weltkrieg

Schienenwalzwerk der Friedrich-Alfred-Hütte in Rheinhausen.
Farbdruck nach einem Ölgemälde (108 x 157 cm) von Otto Bollhagen, 1911/1912.

Geschichte erzählt

Erschöpft und todmüde

Eigentlich war Jane erschöpft und todmüde. Sie wünschte sich, möglichst rasch einschlafen zu können. Doch es ging nicht. Nicht nur, weil ihr Arme und Beine wehtaten, sondern auch, weil ihr so viele Gedanken durch den Kopf schossen. Sie hatte das Gefühl, an diesem einzigen Tag, der nun hinter ihr lag, mehr erlebt zu haben als in ihrem ganzen bisherigen Leben. Sie glaubte, noch immer das Dröhnen und Quietschen der Maschinen zu hören, und noch immer zu spüren, wie ihr Körper vom dumpfen Geräusch der mechanischen Anlagen bebte.

Hier war alles so anders, als sie es gewohnt war. Bisher hatte sie zu Hause Vater und Mutter in der Webstube, im Stall und auf dem Acker geholfen. Nur ganz selten war sie aus ihrem Dorf herausgekommen. Und als vor wenigen Jahren zehn Meilen entfernt eine Fabrik errichtet worden war, hatte sie nie daran gedacht, dort einmal arbeiten zu müssen.

Als sie heute im Morgengrauen mit ihrem großen Bruder John beim Läuten der Glocke durch das Fabriktor gegangen war, überfiel sie das Gefühl, von einem Augenblick zum anderen in eine fremde und beängstigend neue Welt verschlagen worden zu sein. Die Fabrikhalle war so hoch und weit wie kein anderes Gebäude, das sie jemals vorher betreten hatte. Dagegen schien ihr selbst die Kirche in ihrem Dorf wie ein kleiner Schuppen. So viele Menschen wie hier hatte sie noch nie auf einem Haufen arbeiten gesehen. Noch ungewohnter als alles andere waren jedoch die dröhnenden Geräusche der Maschinen, das Gemisch aus Dampf, Rauch und Staub und der durchdringende, beißende Gestank.

Doch sie hatte nicht viel Zeit, über all das zu staunen, denn gleich nach ihrer Ankunft hatte der Vorarbeiter sie an ihren Arbeitsplatz gestellt, wo sie mit nur kurzen Pausen bis zum Abend die immer gleichen Handgriffe zu erledigen hatte. Nicht sie, sondern die Maschine bestimmte ihren Arbeitsrhythmus. Und obwohl sie bisher immer hart mitgearbeitet hatte, war dieser erste Tag in der Fabrik eintöniger und anstrengender als alle Arbeitstage zuvor. Elf Stunden hatte sie an den Maschinen stehen müssen. Allein das war eine kaum erträgliche Qual für ihren Körper. Aber noch etwas anderes bedrückte sie: Neben den gewaltigen Werkzeugen, die weder von Menschen noch von Tieren, sondern von Dampf angetrieben wurden, kam sie sich so winzig und hilflos vor.

Aber was half es? Sie brauchte Arbeit. Von irgendetwas musste sie leben. Wenn sie an den ersten Zahltag in sechs Tagen dachte, schöpfte sie Hoffnung: Vielleicht war die ganze Mühe ja doch ein Lichtblick für ihre Familie.

Jane sah auf ihren schlafenden Bruder. Sie spürte, dass ihr Strohsack endlich warm geworden war. Allmählich und fast unmerklich übermannte sie der Schlaf.

Dieter Brückner

Die Industrielle Revolution beginnt in England

1 Saal einer englischen Baumwollspinnerei.
Stich nach einer Zeichnung (12 x 19 cm) von Thomas Allom, um 1834. Die Spindelwagen der zwei gegenübergestellten doppelten Spinnmaschinen liefen auf Schienen und bewegten sich im Laufe eines Arbeitstages rund 5 000-mal hin und her. Ein Spinnmeister steuert den Bewegungsablauf. Rechts im Vordergrund muss eine Frau die gerissenen Fäden zusammenknüpfen, vorne rechts unter den Fäden fegt vermutlich ein Kind während des Betriebes der Maschinen Baumwollreste vom Boden weg.

Warum zuerst in Großbritannien?
Seit dem Ende des 18. Jh. wuchs die Bevölkerung in Europa schneller als früher. Wirtschaft, Technik und Verkehr veränderten alle Bereiche des Zusammenlebens so grundlegend und – gemessen am früheren Wandel – so schnell, dass die Historiker diese Entwicklung als Industrielle Revolution bezeichneten.
Das „Vereinigte Königreich Großbritannien" prägte die Entwicklung. Ein ganzes Bündel von Ursachen trug dazu bei:

- Die *Glorious Revolution* von 1689 hatte dem Bürgertum die Mitbestimmung im Staate gesichert.
- Adel und Bürgertum waren als Unternehmer, Händler und Bankiers tätig.
- Grundherrschaft und Zunftzwang waren früh gelockert und abgeschafft worden.
- Ein dichtes Netz von Straßen und Kanälen ermöglichte den schnellen Transport von Waren.
- Es bestand ein geschlossenes Staats- und Zollgebiet ohne Binnenzölle.
- Das Land war Seemacht und besaß viele Kolonien, aus denen günstig Rohstoffe bezogen und in die Fertigwaren verkauft werden konnten.
- Die Zahl der Menschen, die lesen und schreiben konnte, war höher als in anderen Staaten.

Beschleunigt wurde der Wandel durch das starke Bevölkerungswachstum. Immer weniger Menschen konnten von der Landwirtschaft und dem Heimgewerbe leben. Sie wechselten in handwerkliche Betriebe oder Manufakturen und zogen in Städte. England entwickelte sich so vom Agrar- zum Industrieland.

Die Handarbeit wird ersetzt
Mitte des 18. Jahrhunderts stieg die Nachfrage nach Textilien ständig. Mit den bestehenden Spinnrädern konnte aber nicht mehr genug Garn hergestellt werden. Ein Preisausschreiben der *Society of Arts*, einer Art „Akademie des Handwerks", nannte 1761 die Wünsche: Gesucht wurde eine Maschine, die „sechs Fäden aus Wolle, Flachs, Hanf oder Baumwolle auf einmal spinnen und nur eine Person brauchen würde, um mit ihr zu arbeiten und sie zu bedienen".
Der Perückenmacher *Richard Arkwright* und der Handweber *James Hargreaves* entwickelten zwei mechanische Spinnräder, die die Anforderungen des Preisausschreibens erfüllten. Aber erst die 1779 entstandene Spinnmaschine des Heimwebers *Samuel Crompton* brachte den Durchbruch zur Massenfertigung von Garnen.

Von der Werkstatt zur Fabrik

Die neuen Spinnmaschinen behoben den Engpass der Garnherstellung. Mit dem 1785 von *Edmund Cartwright* erfundenen mechanischen Webstuhl, der ständig weiterentwickelt wurde, nahm dann auch die Tuchherstellung zu.
Die neuen Maschinen wurden mit Wasser- oder Windkraft angetrieben und in großen Gebäuden untergebracht. In den *Fabriken* arbeiteten oft Hunderte von Frauen, Kindern und Männern auf engstem Raum, um die Maschinen zu steuern und zu versorgen. An die Stelle der Heimarbeit trat damit die Fabrikarbeit.

Die Dampfmaschine

Die Leistung der Windmühlen und Wasserräder reichte bald nicht mehr aus, um die vielen Riemen, Zahnräder, Hebel und Spindeln in den Fabriken anzutreiben. Daher wurden neue Antriebsformen gesucht.
Der an der Universität Glasgow arbeitende Feinmechaniker *James Watt* konstruierte aus verschiedenen Vorläufermodellen, die vor allem im Bergbau Grundwasser abpumpten, eine vielseitig verwendbare Dampfmaschine. Sie wurde 1785 erstmals in einer Baumwollfabrik eingesetzt.*

** Siehe die Konstruktionszeichnung auf Seite 167.*

Kohle und Eisen verändern die Welt

Mit der Dampfmaschine stieg der Bedarf an Steinkohle und Eisen. Der Abbau von Kohle und Eisenerzen wurde gefördert. Neue Bergwerke und Hütten entstanden.
1784 gelang es dem Engländer *Henry Cort*, Stahl herzustellen. Im Maschinen-, Schiffs- und Kanonenbau ebenso wie in der Architektur wurden Eisen und Stahl unentbehrlich. Großbritannien, das über reiche Eisenerzvorkommen verfügte, stieg zum größten Eisenproduzenten der Welt auf.

Der Siegeszug der Eisenbahn

Anfang des 19. Jh. trat ein neues Transportmittel seinen Siegeszug an: die Dampfeisenbahn. *George Stephenson* und sein Sohn *Robert* hatten sie zwar nicht erfunden, aber so entwickelt, dass sie erstmals überall fahren konnte. Die erste Eisenbahnstrecke mit öffentlichem Personenverkehr wurde 1825 zwischen Stockton und Darlington (39 km) eröffnet. Fünf Jahre später wurden auf der Strecke zwischen Liverpool und Manchester schon in einem Jahr fast eine halbe Million Menschen und über 50 000 Tonnen Güter transportiert. Die Eisenbahn erwies sich den Kutschen und Lastfuhrwerken als weit überlegen. Die Transporte wurden billiger. Rasch entstand ein weitverzweigtes Streckennetz.

2 Lokomotive „Rocket" mit Tender von 1829.
Diese von George und Robert Stephenson zwischen 1814 und 1829 entwickelte Dampfeisenbahn war der „Urahn" aller Lokomotiven. Sie wurde in der 1823 von George Stephenson in Newcastle gegründeten ersten Lokomotivfabrik der Welt gebaut. Die „Rocket" erreichte 46,5 km/h.

M 1 Die Industrie in England, Wales und Schottland 1770-1830.

M 2 Die Bevölkerung in England

1751	5,8 Mio.
1801	8,7 Mio.
1851	16,7 Mio.

Nach: Toni Pierenkemper, Umstrittene Revolutionen. Die Industrialisierung im 19. Jahrhundert, Frankfurt a. M. 1996, S. 15

M 3 Städtewachstum

Angaben in 1000	1801	1851
Birmingham	74	233
Liverpool	80	376
London	1 117	2 685
Manchester	90	303

Nach: Hugo Ott und Hermann Schäfer (Hrsg.), Wirtschafts-Ploetz, Freiburg/Würzburg 1984, S. 167

M 4 Iron Bridge.
Ölgemälde (86,3 x 101,6 cm) von William Williams, 1780.
Zwischen 1777 und 1779 wurde diese Brücke in Coalbrookdale mit einer Spannbreite von 30 m gebaut.

*→ **Internettipp:** Informationen über die erste Eisenbrücke der Welt bietet das Ironbridge-Gorge-Museum unter www.ironbridge.org.uk*

M 5 Kohle und Eisen in Großbritannien

Kohleförderung		*Eisenproduktion*	
Angaben in Mio. t			
1770	6,2	1806	0,25
1836	30,0	1835	1,0
1850	50,0	1847	2,0
1870	112,2	1870	5,9

Wilhelm Treue/Karl-Heinz Manegold, Quellen zur Geschichte der industriellen Revolution, Göttingen [2]1979, S. 98

M 6 Beschäftigte nach Wirtschaftsbereichen

Angaben in %	um 1800	um 1850
Landwirtschaft	40	22
Industrie/Handwerk	30	48
Dienstleistungen	30	30

Nach: Christoph Buchheim, Industrielle Revolutionen, München 1994, S. 33

*→ **Internettipp:** Zur gesamten europäischen Industriegeschichte siehe www.erih.net/de/industriegeschichte/europa.html*

1. *Beschreibe die Standorte der wachsenden Städte (M 1 und M 3).*
2. *Gestalte aus den Daten von M 2 und M 6 Kurvendiagramme.* Lerntipp
3. *Erkläre den Zusammenhang von Kohle- und Eisenproduktion. Berücksichtige dabei M 5.*
4. *Nenne Auswirkungen der Industrialisierung. Beachte dabei M 1 bis M 6.*

Der industrielle Aufbruch in den deutschen Staaten

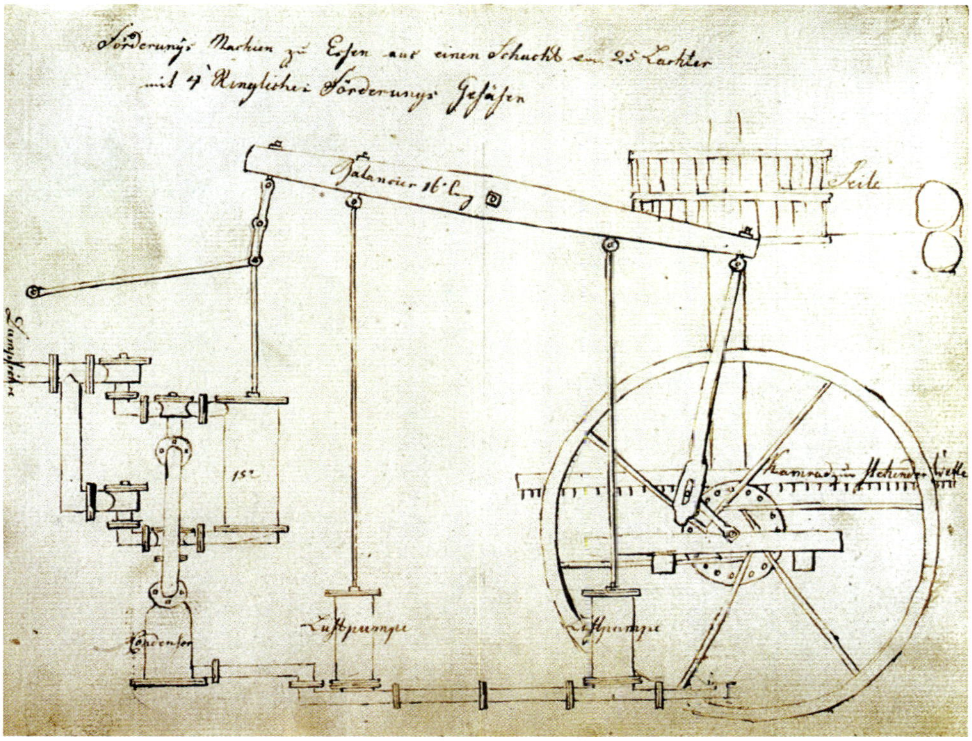

1 Konstruktionszeichnung einer Dampfmaschine für die Kohleförderung von 1807.
Aus dem Skizzenbuch des aus Horst (heute ein Stadtteil von Gelsenkirchen) stammenden „Mechanikus" und Erfinders Franz Dinnendahl.
Informiere dich über die Funktion der Dampfmaschine.
Stell dir vor, du wärest Franz Dinnendahl und müsstest mit der Zeichnung die Dampfmaschine einem Geldgeber erklären.
Nenne Bereiche, in denen Dampfmaschinen eingesetzt wurden.

Die Technik kommt

Rund 80 Prozent der deutschen Bevölkerung lebten um 1800 noch von der Land- und Forstwirtschaft. Vier Fünftel des Textilgewerbes wurden in ländlicher Heimarbeit betrieben. Aber es gab im Rheinland, in Westfalen, Schlesien, Sachsen und Baden schon erste Industrieregionen. Dort setzten sich die in Großbritannien entwickelten technischen Neuerungen rasch durch.

- 1758 nahm die St.-Antony-Hütte in Sterkrade (Oberhausen) den Betrieb auf; sie war die erste Eisenhütte des Ruhrgebiets.
- 1783/84 wurde eine mit Wasserkraft betriebene Baumwollspinnerei in Ratingen bei Düsseldorf errichtet; sie war die erste Fabrik auf dem europäischen Festland.
- 1785 arbeitete die erste Dampfmaschine im Mansfelder Bergrevier (heute Sachsen-Anhalt).
- 1789 entstand der erste Kokshochofen in Gleiwitz (Oberschlesien).
- 1799 arbeitete die erste Dampfmaschine im Bergbau auf der Zeche Vollmond in Bochum.
- 1809 wurde in St. Blasien im Schwarzwald die erste mechanische Baumwollspinnerei Südwestdeutschlands gegründet.

Gründe für den Rückstand

Die deutsche Industrie blieb lange hinter der britischen zurück. Das hatte mehrere Gründe:

- Es gab keinen großen Binnenmarkt: Die vielen Staaten hatten unterschiedliche Maße und Währungen; an den Grenzen mussten Zölle bezahlt werden.
- Die Verkehrswege waren schlecht und schränkten daher den Handel ein.
- Die Menschen auf dem Lande waren arm; sie konnten wenig kaufen.
- In Preußen und einigen anderen deutschen Staaten führten erst die Agrar- und Gewerbereformen vom Beginn des 19. Jh. mehr unternehmerische Freiheiten ein.
- Der technische Rückstand war groß und das Bildungswesen schlecht.
- Die deutschen Staaten besaßen keine konkurrenzfähige Handelsflotte und keine Kolonien, sodass es an Rohstoff- und Absatzmärkten fehlte.

Preußen geht voran

Preußen förderte die wirtschaftlichen Rahmenbedingen zuerst: Das Staatsstraßennetz wurde von 3 261 km (1816) auf 18 550 km (1852) erweitert und nach 1816 der Hafen in Ruhrort bei Duisburg ausgebaut. Die Regierung betrieb Industriespionage in England und förderte den Maschinenbau. Britische Ausfuhrverbote wurden gebrochen und Techniker angeworben. Ab 1816 baute die preußische Regierung ein technisches Ausbildungswesen auf. Dem Vorbild folgten andere Staaten.

→ Exkursionstipps:
- *Museum St. Antony Hütte, Oberhausen (http://www.rim.lvr.de/schauplaetze/oberhausen/antony/default.htm)*
- *Museum für Frühindustrialisierung, Wuppertal (www.historisches-zentrum-wuppertal.de)*
- *Industriemuseum Cromford, Ratingen (www.cromford.de)*
- *siehe auch die Tipps auf Seite 169*

M 1 Aller Anfang ist schwer

Der Mechaniker Franz Dinnendahl baut mit 26 Jahren seine erste Dampfmaschine. Sie soll das Grundwasser aus einem Bergwerk pumpen. Dinnendahl schafft damit eine Voraussetzung dafür, dass sich das Land an Rhein und Ruhr zum größten europäischen Industriegebiet entwickelt. In seiner „Selbstbiographie" schreibt Dinnendahl:

Ich bin also von Hause aus der Sohn eines Müllers. Auf meine Erziehung und Bildung konnten meine Eltern durchaus nichts weiter verwenden, als dass sie mich in einer elenden Dorfschule notdürftig lesen und das Alphabet schreiben lehren ließen. Wegen ihrer Dürftigkeit musste ich mir schon in meinem 12. Jahre durch Schweinehüten mein Brot verdienen. Indessen hatte ich von Kindheit an eine unwiderstehliche Neigung zur Mechanik [...].
In meinem 16. Jahre ungefähr ließ ich mich als Bergmann einschreiben und arbeitete nun, anfänglich als Schlepper, nachher als Hauer [...].
Allein der Himmel wollte es, dass ein Oheim* von mir den Vorschlag tat, die bergmännische Arbeit ganz daran zu geben, und mich dagegen den Zimmermann- und Schreinerarbeiten zu widmen [...]. Dieser Vorschlag gefiel mir [...], und 14 Tage nachher war ich schon bei einem sogenannten Bauernschreiner, der zugleich Zimmermann war.

1801 erhält Dinnendahl den Auftrag zum Bau einer Dampfmaschine; über seine Arbeit schreibt er:

Schreiner- und Zimmermannsarbeiten verstand ich selbst, aber nun musste ich auch Schmiedearbeiten machen, ohne sie jemals gelernt zu haben.** Indessen schmiedete ich fast die ganz Maschine mit eigener Hand, selbst den Kessel, sodass ich 1-1 ½ Jahr fast nicht anders als Schmiedearbeiten verfertigte.

Hedwig Behrens, Mechanikus Franz Dinnendahl. Erbauer der ersten Dampfmaschinen an der Ruhr. Leben und Wirken aus zeitgenössischen Quellen, Köln 1970, S. 29 und 36

***Oheim**: *Onkel*
***Der Grund: Es gab keinen Schmied in seiner Gegend.*

M 2 Die Harkortsche Fabrik auf Burg Wetter an der Ruhr.
Ölgemälde (43,5 x 57,5 cm) von Alfred Rethel, 1834.
Die auf das 13. Jh. zurückgehende Burg Wetter befand sich seit 1819 im Besitz von Friedrich Harkort und Heinrich Kamp, die dort die Mechanische Werkstätte Harkort & Co. einrichteten. Im oberen Teil, dem ehemaligen Burghof, befand sich links das Eisenhüttenwerk. Das weiße Gebäude war vermutlich der Sitz der Verwaltung. Unten rechts war das Walzwerk, aus dessen Dächern Schornsteine ragen.

M 3 Staatliche Impulse

1822 gründet Peter Beuth, ein hoher preußischer Beamter des Finanzministeriums, in Berlin den „Verein zur Beförderung des Gewerbefleißes in Preußen" nach dem Vorbild der englischen „Society of Arts". Auf der Eröffnungsveranstaltung sagt er:

Der Gewerbefleiß, welchen zu befördern wir beabsichtigen, ist die Grundlage des Reichtums einer Nation [...].
Wer in einem Lebensverhältnisse, welches es sei, stillsteht, der steht nur scheinbar still, die Wahrheit ist, er geht zurück; es gibt nur Vorschreiten und Rückschreiten im Leben. – Diese Wahrheit ist nirgends sichtbarer als beim Betriebe der Gewerbe. – Der Gewerbetreibende lebt im Wettstreit mit seinen nächsten Gewerbsgenossen, mit den Gewerbsgenossen desselben Landes, mit denen der übrigen Welt; alle suchen [...] ihm den Rang abzugewinnen.

1827 wird der Firma Harkort in Wetter an der Ruhr mitgeteilt:

Das Ministerium des Innern hat die neue amerikanische Scheer-Maschine von Swift nebst Schleifbank für Sie hier nachbauen und sorgfältig verpackt [...] abgehen lassen.
Diese Maschine wird Ihnen als eine Auszeichnung bewilligt, jedoch unter der Bedingung, solchen Fabrikanten des Inlandes, welche sich bei Ihnen melden, und dergleichen Maschinen bei sich einzuführen wünschen, davon Kenntnis nehmen zu lassen und sie ihnen zu einem angemessenen Preise zu bauen.

Erster Text: Wilhelm Treue/Karl-Heinz Manegold, Quellen zur Geschichte der industriellen Revolution, a. a. O., S. 110. Zweiter Text: Preußen. Zur Sozialgeschichte eines Staates. Eine Darstellung in Quellen. Bearbeitet von Peter Brandt, Reinbek 1981, S. 226

1. *Dinnendahl hatte viele Schwierigkeiten zu überwinden. Erläutere sie (M 1)!*
2. *Das Bild (M 2) zeigt sinnbildlich den tief greifenden Umbruch. Erkläre!* Lerntipp
3. *Außer der Harkortschen Fabrik (M 2) wurde im Jahr 1838 auch das in Lendersdorf bei Düren gelegene Walzwerk des Industriellen Eberhard Hoesch gemalt. Suche im Internet nach der Abbildung und vergleiche das Walzwerk mit der Harkortschen Fabrik. Informiere dich über die Familie Hoesch und die Geschichte ihres Unternehmens. Berichte der Klasse.*
4. *Beschreibe, wie der Staat versuchte, den „Gewerbefleiß" zu fördern. Erläutere die Ziele der Maßnahmen (M 3).*

Neue Wirtschaftsräume und Großbetriebe

1 **Der Deutsche Zollverein.**

Ein Binnenmarkt entsteht

Österreich und Preußen hatten sich 1814/15 auf die Zuständigkeit des Deutschen Bundes in Handels- und Zollfragen geeinigt. Trotzdem entstand kein einheitlicher Wirtschaftsraum. Das änderte sich nach 1818. Preußen stellte zunächst eine Zoll- und Wirtschaftseinheit zwischen den beiden Landeshälften her. Zugleich entstand in Berlin die Idee einer deutschen Zollunion ohne Österreich. Nach mehreren Etappen schlossen sich 1834 Preußen, Bayern, Sachsen, Württemberg, Kurhessen, Hessen-Darmstadt, die sächsisch-thüringischen Herzogtümer und einige kleine Fürstentümer zum Deutschen Zollverein zusammen. Zwischen den Mitgliedstaaten wurden Zollgrenzen abgeschafft.

Seit 1834 lebten 26 Millionen Deutsche in einem Binnenmarkt. Dieser große Wirtschaftsraum beschleunigte das Wachstum von Handel, Gewerbe und Industrie, sodass die Steuereinnahmen aller beteiligten Staaten trotz der Zollausfälle stiegen. Dies ermunterte immer mehr Regierungen, dem Zollverein beizutreten.

Die Eisenbahn stellt Weichen

Erst nach der Gründung des Deutschen Zollvereins und dem Beginn des Eisenbahnbaus begann in den deutschen Staaten um 1840 die Industrialisierung in großem Umfang. Das Startzeichen gab 1835 die erste deutsche Eisenbahnstrecke zwischen Nürnberg und Fürth (6,5 km). Da sie sich rasch lohnte, setzte ein stürmischer Eisenbahnbau ein. Zunächst wurden die Handelsstädte mit den alten Gewerberegionen verbunden. Von 1838 bis 1860 wuchs so das deutsche Streckennetz von 240 auf rund 12 000 km. Nur das britische und belgische war dichter als das deutsche Eisenbahnnetz.

Die Eisenbahn erschloss neue Absatzgebiete für deutsche Waren und glich Standortnachteile marktferner Orte aus. Sie machte Deutschland langfristig zur Drehscheibe des europäischen Warenverkehrs und verhalf der Eisenindustrie, dem Bergbau und der Maschinenindustrie zum Durchbruch.

→ ***Exkursionstipps:*** *siehe die Standorte des Westfälischen und des Rheinischen Industriemuseums unter www.lwl.org/LWL/Kultur/wim und www.rim.lvr.de sowie www.route-industriekultur.de*

2 Förderkorb und Kohlenwagen („Hund").
Korb und Wagen wurden um 1870 gebaut.

3 Bereiche des industriellen Wachstums in Deutschland

Jahr	*Eisenbahnnetz (km)*	*Roheisenproduktion (Tonnen)*	*Steinkohleproduktion (Tonnen)*	*Dampfmaschinen (Zahl)*	*(PS)*
1840	469	173 000	3 200 000		
1850	856	212 000	5 200 000	1 415	26 354
1860	11 088	545 000	12 300 000	10 113	185 000
1870	19 000	1 400 000	26 400 000		

Nach: Richard Tilly, Kapital, Staat und sozialer Protest in der deutschen Industrialisierung. Gesammelte Aufsätze, Göttingen 1980, S. 30 (gekürzt; die Angaben wurden ab- bzw. aufgerundet und beziehen sich in der Regel auf Deutschland in den Grenzen von 1871)

4 Anteile des Ruhrgebiets an der Produktion des deutschen Zollgebiets.

	1850	*1870*	*1913*
Roheisen	2 %	29 %	43 %
Rohstahl	35 %	55 %	55 %
Steinkohle	30 %	44 %	60 %

Nach: Richard Tilly, Kapital, Staat und sozialer Protest in der deutschen Industrialisierung. Gesammelte Aufsätze, a. a. O., S. 30 (gekürzt; die Angaben wurden ab- bzw. aufgerundet und beziehen sich in der Regel auf Deutschland in den Grenzen von 1871)

Großbetriebe setzen sich durch

Der wachsende Bedarf an Lokomotiven, Eisenbahnwagen und Schienen regte den deutschen Maschinenbau und den Bau von Eisen- und Walzwerken an. Die Nachfrage nach Steinkohle und Erzen stieg. Im Ruhrgebiet, am Deister bei Hannover, im Saarland, in Oberschlesien sowie in der Oberpfalz wurden immer mehr Kohlevorkommen durch Tiefschächte erschlossen und Koksöfen eingeführt.

Im Jahr 1870 produzierte die deutsche Eisenindustrie mehr Roheisen als die französische und übernahm nach Großbritannien den zweiten Platz in Europa. Der Aufstieg war verbunden mit Unternehmen wie denen von *Krupp* in Essen, *Borsig* in Berlin, *Henschel* in Kassel, *Egestorff* in Linden bei Hannover sowie *Hoesch* in Düren und Dortmund. Diese Firmen übernahmen bald alle Stufen der Produktion: von der Erz- und Kohlezeche über Kokereien und Verhüttung, Stahl- und Walzwerke bis hin zum Maschinenbau.

→ ***Exkursionstipp:*** *Bergbaumuseum in Bochum (www.bergbaumuseum.de)*

Wer finanziert die Industrie?

Da der Bau von Eisenbahnen, Zechen und Maschinenfabriken riskant war und mehr Kapital benötigte, als einzelne Unternehmer und Bankiers aufbringen wollten oder konnten, wurden Aktiengesellschaften gegründet. Aktionäre finanzierten sie durch den Kauf von Anteilsscheinen (Aktien) und waren damit am Gewinn und Verlust des Unternehmens beteiligt. Auch ausländische Kapitalgeber konnten Eigentum an deutschen Firmen erwerben.

Dazu finanzierten Privatbanken die Unternehmen. Im Rheinland war beispielsweise die Bank von *Salomon Oppenheim*, die Geld für den Eisenbahnbau und Industrieanlagen bereitstellte. Seit Mitte des 19. Jh. wurden viele Banken auf Aktienbasis gegründet. Zu den größten und wichtigsten Kreditgebern der Wirtschaft gehörten die *Darmstädter Bank für Handel und Industrie* (1853), die *Commerz- und Discontobank* (1870), die *Deutsche Bank* (1870) und die *Dresdner Bank* (1872).

M 1 Vor- und Nachteile der Eisenbahn

1825 schreibt der rheinische Unternehmer Friedrich Harkort in einer Zeitung:

Durch die rasche und billige Fortschaffung der Güter wird der Wohlstand eines Landes bedeutend vermehrt, welches Kanäle, schiffbare Ströme und gute Landstraßen hinlänglich beweisen [...]. Größere Vorteile als die bisherigen Mittel scheinen Eisenbahnen zu bieten [...]. Alle Zechen an der Ruhr erhielten durch eine Eisenbahn den unschätzbaren Vorteil eines raschen, regelmäßigen Absatzes unter großen Frachtersparungen. Innerhalb zehn Stunden könnten 1 000 Zentner von Duisburg nach Arnheim geschafft werden; die Lastkähne liegen allein acht Tage in Ladung [...]. Die Eisenbahnen werden manche Revolutionen in der Handelswelt hervorbringen. Man verbinde Elberfeld, Köln und Duisburg mit Bremen oder Emden, und Hollands Zölle sind nicht mehr!

In einem bayerischen Gutachten von 1838 heißt es:

Die schnelle Bewegung muss bei den Reisenden unfehlbar eine Gehirnkrankheit [...] erzeugen. Wollen aber dennoch Reisende dieser grässlichen Gefahr trotzen, so muss der Staat wenigstens die Zuschauer schützen, denn sonst verfallen diese beim Anblick des schnell dahinfahrenden Dampfwagens genau derselben Gehirnkrankheit. Es ist daher notwendig, die Bahnstelle auf beiden Seiten mit einem hohen Bretterzaun einzufassen.

Wilhelm Treue und Karl Heinz Manegold, Quellen zur Geschichte der Industriellen Revolution, Göttingen ²1979, S. 69 u. 86 f.

M 3 Eröffnung der ersten deutschen Eisenbahnstrecke von Nürnberg nach Fürth am 7. Dezember 1835.

Gemälde von 1935 nach einer zeitgenössischen Lithografie (Ausschnitt). Die Lokomotive stammte aus der englischen Fabrik Stephenson und wurde von einem Briten gefahren, die Schienen kamen aus einem deutschen Eisenwerk in Neuwied und finanziert hatten das Unternehmen mehrere Geldgeber.

M 4 Fahrzeiten

km	Strecke	Reisedauer in Stunden: Schnellpost (1841)		Reisedauer in Stunden: Eisenbahn (1851)	
290	Berlin-Hamburg	31 1/2		8	
320	Berlin-Hannover	32		6	
174	Berlin-Dresden	17		5 1/2	
215	Berlin-Leipzig	17 1/4		7	
85	Halle-Magdeburg	6		2 1/2	
35	Halle-Leipzig	2 1/2		1	
175	Frankfurt-Kassel	20	(1845)	7	(1845)
75	Augsburg-München	6 1/2	(1845)	2 1/2	(1845)
26	Düsseldorf-Elberfeld	3 1/2	(1845)	1 1/8	(1845)

Nach: Klaus Hermann, Die Personenbeförderung bei Post und Eisenbahn ..., in: Scripta Mercatura, 2/1977, S. 10 (ergänzt)

M 2 Das deutsche Eisenbahnnetz bis 1866.

Die erste Eisenbahn im heutigen Nordrhein-Westfalen fuhr 1838 zwischen Düsseldorf und Erkrath. 1844 nahm die „Bonn-Cölner Eisenbahn" ihren Betrieb auf. Die Lokomotiven stammten noch aus England.

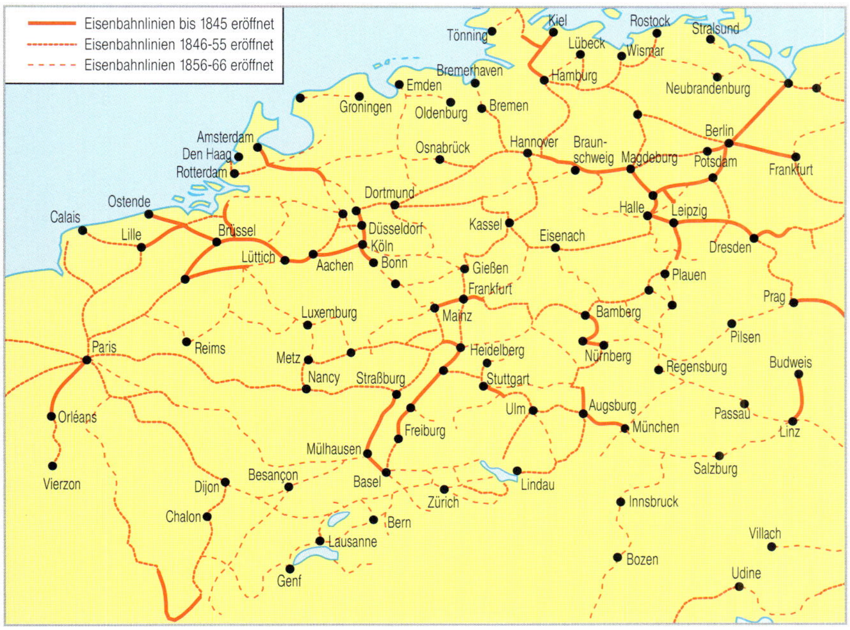

→ **Internettipp:** www.dbmuseum.de

→ **Exkursionstipp:** Eisenbahnmuseum in Bochum (www.eisenbahnmuseum-bochum.de)

1. Liste die in M 1 genannten Argumente für und gegen den Eisenbahnbau auf.
2. Erörtert die Vor- und Nachteile des Eisenbahnbaus (M 1 bis M 4).
3. Ermittle, wann dein Heimat- oder Schulort den Anschluss an das Eisenbahnnetz erhielt. Informiere dich über Bahngesellschaften und Fertigstellung der Strecken.

Kruppstahl aus Essen

Friedrich Krupp, der aus einer Essener Bürgerfamilie stammte, gründete 1811 mit zwei Teilhabern eine Gussstahlfabrik. Angesichts der napoleonischen Besatzung, der Kontinentalsperre und der Befreiungskriege wäre das Unternehmen fast gescheitert. Seit der zweiten Hälfte der 1830er-Jahre wuchs der Betrieb ständig. Inzwischen hatte Friedrich Krupps ältester Sohn Alfred die Firma übernommen und der Deutsche Zollverein bessere Rahmenbedingungen geschaffen. Krupp verdiente viel am Eisenbahnbau. Das Unternehmen stellte Schienen, Achsen, Walzen und vor allem nahtlose Eisenbahnreifen her. Bald kam die Herstellung von Kanonen, Geschützrohren und anderen Rüstungsgütern hinzu.
Sitz der Firma blieb Essen. Doch auch in anderen Orten des Reiches besaß das Unternehmen Firmen. Zu ihnen zählten das modernste Stahlwerk um 1900, die „Friedrich-Albert-Hütte" in Rheinhausen* (heute ein Stadtteil Duisburgs), und die „Germania-Werft" in Kiel, eine der größten Werften für Kriegsschiffe.

*Siehe das Gemälde auf Seite 162 f.

M 2 Das Stammhaus der Firma Krupp in Essen.
Foto aus einem Gedenkblatt von 1873.

M 3 Gussstahlfabrik und Wohnhaus der Familie Krupp in Essen.
Foto von 1861.
Im Hintergrund ein Gebäude, in dem der Schmiedehammer „Fritz" stand (siehe M 4).

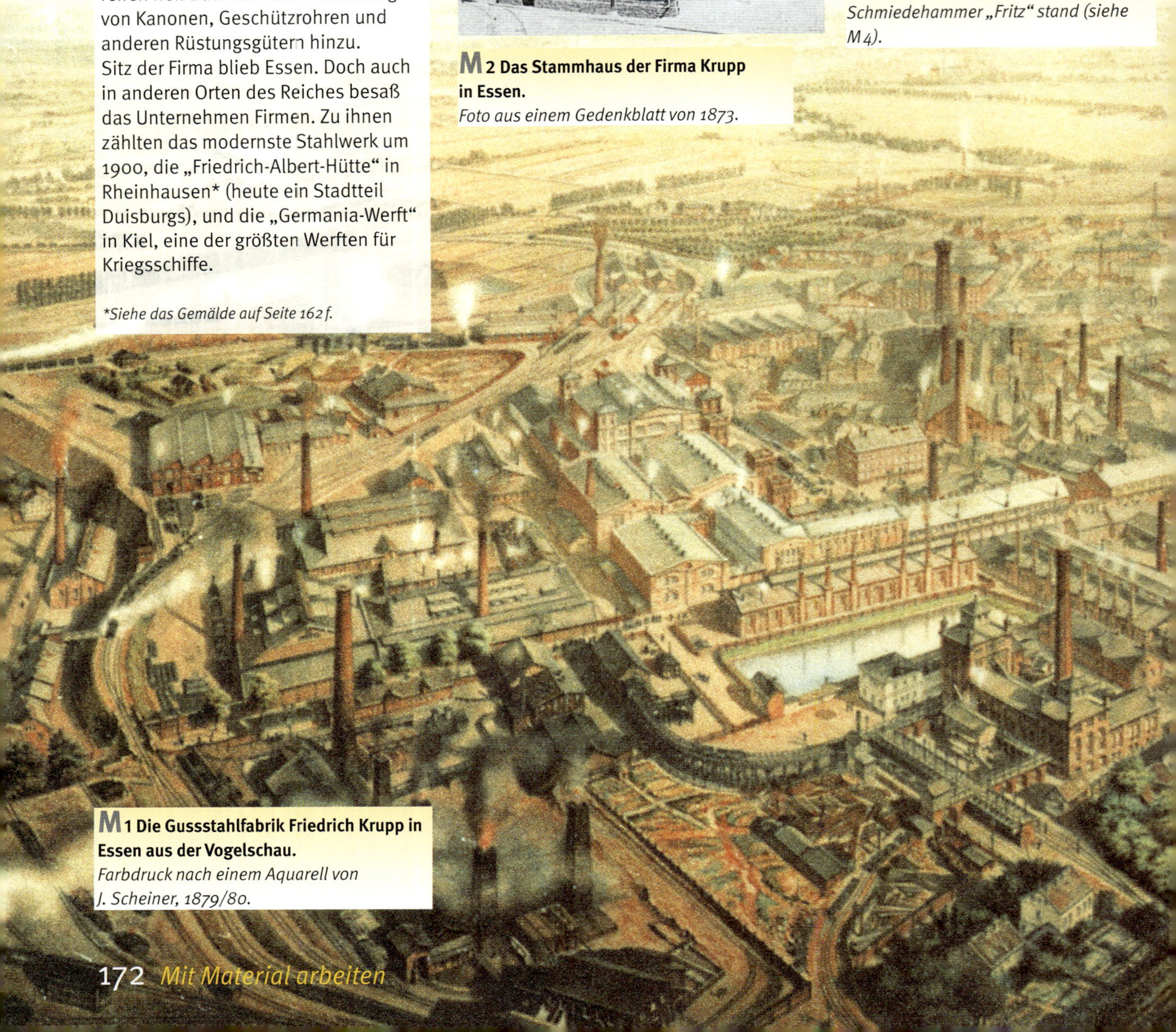

M 1 Die Gussstahlfabrik Friedrich Krupp in Essen aus der Vogelschau.
Farbdruck nach einem Aquarell von J. Scheiner, 1879/80.

M 4 Der Dampfhammer „Fritz".
Holzstich von Emil Linner aus der Leipziger „Illustrirten Zeitung", 1890.
Der riesige Schmiedehammer wurde 1861 gebaut und war bis 1911 in Betrieb. Mit seinen 1 000 Zentnern Hammergewicht war er lange der größte Dampfhammer der Welt.

M 5 Transport von Radreifen.
Foto von 1899.

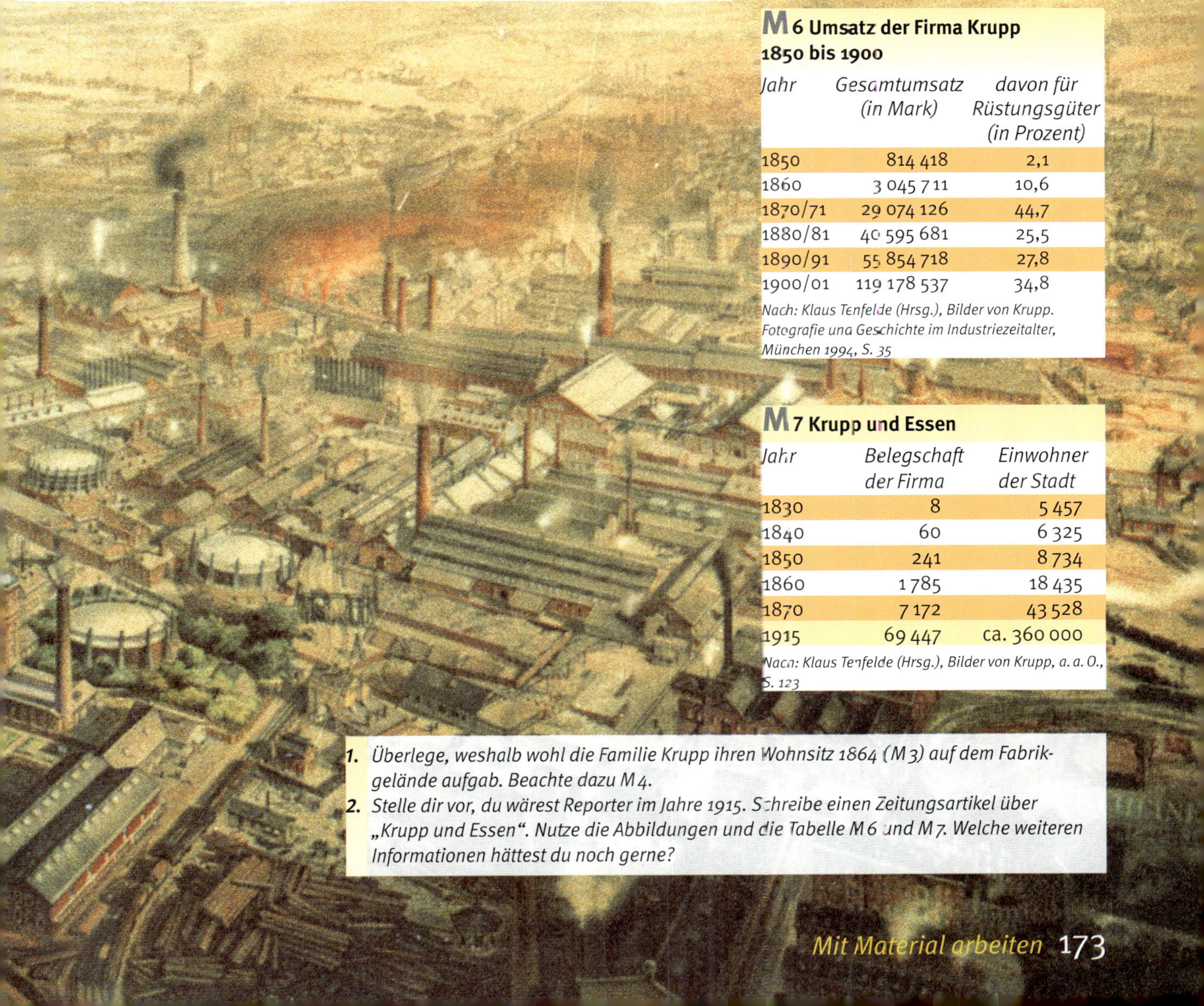

M 6 Umsatz der Firma Krupp 1850 bis 1900

Jahr	*Gesamtumsatz (in Mark)*	*davon für Rüstungsgüter (in Prozent)*
1850	814 418	2,1
1860	3 045 711	10,6
1870/71	29 074 126	44,7
1880/81	40 595 681	25,5
1890/91	55 854 718	27,8
1900/01	119 178 537	34,8

Nach: Klaus Tenfelde (Hrsg.), Bilder von Krupp. Fotografie und Geschichte im Industriezeitalter, München 1994, S. 35

M 7 Krupp und Essen

Jahr	*Belegschaft der Firma*	*Einwohner der Stadt*
1830	8	5 457
1840	60	6 325
1850	241	8 734
1860	1 785	18 435
1870	7 172	43 528
1915	69 447	ca. 360 000

Nach: Klaus Tenfelde (Hrsg.), Bilder von Krupp, a. a. O., S. 123

1. *Überlege, weshalb wohl die Familie Krupp ihren Wohnsitz 1864 (M 3) auf dem Fabrikgelände aufgab. Beachte dazu M 4.*
2. *Stelle dir vor, du wärest Reporter im Jahre 1915. Schreibe einen Zeitungsartikel über „Krupp und Essen". Nutze die Abbildungen und die Tabelle M 6 und M 7. Welche weiteren Informationen hättest du noch gerne?*

Die zweite Welle der Industrialisierung

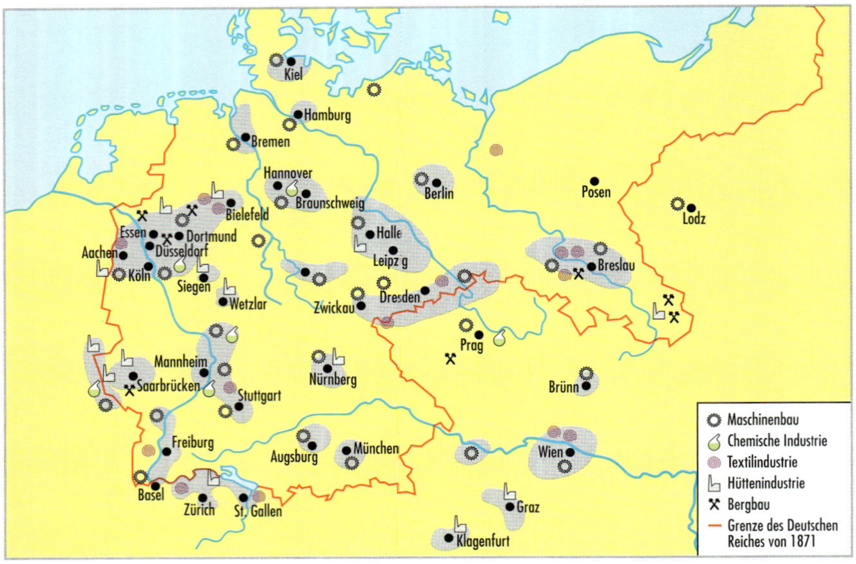

1 Deutsche Industriestandorte um 1900.

Gründerzeit und -krise

Nach der Reichsgründung von 1871* stützten französische Kriegsentschädigungen und zurückgezahlte Anleihen den Wirtschaftsaufschwung. In der folgenden „Gründerzeit" entstanden neue Firmen, vorhandene Industriebetriebe wuchsen, die Zahl der Banken stieg. Der Handel und das Baugewerbe hatten viele Aufträge. Schon 1873 änderte sich die Lage: Banken- und Firmen hatten sich verspekuliert oder zu viel produziert und gingen pleite. Viele wurden arbeitslos.
Die Industrialisierung aber ging weiter. Die Schwerindustrie war dank technischer Verbesserungen und niedriger Löhne auch beim Export erfolgreich. In den 1890er-Jahren gewannen die Chemieindustrie und die Elektrotechnik dank der Forschung an neuen Technischen Hochschulen wie der in Aachen (1870) an Bedeutung. Die Wissenschaftler konkurrierten untereinander und arbeiteten mit Unternehmen zusammen, die bald führende Positionen auf dem Weltmarkt eroberten.

Aufschwung der Chemie

Ihren Aufschwung verdankt die Chemie *Justus von Liebig*. Er erfand Analysegeräte wie den *Liebigschen Kühler* und entwickelte den Kunstdünger. Chemische Unternehmen erlebten einen gewaltigen Aufschwung, beispielsweise die 1863 gegründete Farbenfabrik *Friedrich Bayer & Co.* in Barmen und die Mannheimer *Badische Anilin- und Sodafabrik* (BASF) von 1864. Die Firmen stellten auch Arzneimittel und Kunststoffe her.

Elektrizität setzt sich durch

Werner Siemens setzte in den 1840er-Jahren elektrische Energie für Telegrafenanlagen ein und entwickelte Stromkabel. 1867 erfand er die Dynamomaschine, die mechanische Energie in elektrische umwandelte. Als sich Strom durch Leitungen „transportieren" ließ und Transformatoren die Spannung steuern konnte, war der Weg frei für die Elektrotechnik und Elektromotoren. Die Elektrizität löste Gas bei der Beleuchtung ab. Bald fuhren Straßen- oder Untergrundbahnen mit Strom. Weil Anschlüsse teuer waren, eroberte der Strom die Haushalte nur langsam.

Vom Telegrafen zum Telefon

Samuel Morse konstruierte 1838 in den USA einen elektromagnetischen Schreibtelegrafen, der Nachrichten viel schneller als bisher verbreitete. Mit der Eisenbahn kamen die Geräte nach Deutschland, um den Zugverkehr zu steuern.
Die Telegrafie setzte sich durch, als es gelang, Leitungen über weite Strecken zu verlegen, beispielsweise das Transatlantikkabel zwischen Irland und Neufundland 1865/66.
Noch bedeutender wurde das Telefon. Es übertrug Schallwellen elektrisch. Informationen konnten über große Entfernung mündlich weitergegeben werden. Den Telefonhörer mit Mikrofon und Ohrmuschel hatte *Johann Philipp Reis* um 1860 erfunden. *Alexander Graham Bell* und *Thomas A. Edison* entwickelten die Idee weiter. Um 1900 nutzten in Deutschland vor allem Handel und Industrie das Telefon.

Das Automobilzeitalter beginnt

1876 stellte *Nikolaus Otto* den Verbrennungsmotor fertig. Er war viel kleiner als eine Dampfmaschine, verbrauchte weniger Brennstoff und beeinflusste die Entstehung von Motorenfabriken. Unabhängig voneinander bauten *Carl Benz* in Mannheim sowie *Gottlieb Daimler* und *Wilhelm Maybach* aus Cannstatt bei Stuttgart 1882 die ersten Autos mit Benzinmotor. 1897 erfand *Rudolf Diesel* einen mit Schweröl laufenden Motor.

**Lies dazu Seite 189 ff.*

M 1 Elektrische Tischbeleuchtung, um 1895.

Die ersten Glühlampen bestanden aus einem luftleer gepumpten Glaskolben, in dem ein Glühfaden aus verkohlten Bambusfasern durch Strom zum Glühen gebracht wurde. Anfang des 20. Jh. kamen Glühlampen mit Metallfäden auf den Markt. Bis heute haben Glühlampen einen Schraubsockel mit dem sogenannten Edison-Gewinde.

M 2 Die „elektrische Revolution"

1849 Die erste elektrische Beleuchtung mit Bogenlampen: die Pariser Oper.

1854 Der nach New York ausgewanderte Uhrmacher *Heinrich Goebel* aus Springe bei Hannover baut die erste brauchbare Glühlampe; seine Erfindung geriet in Vergessenheit, da die Stromversorgung noch unzureichend entwickelt war.

1860 Der Belgier *Zénobe-Theophile* entwickelt eine Maschine zur Stromgewinnung.

1867 *Werner Siemens* erfindet den Dynamo.

1878/79 Unabhängig voneinander bauen der Amerikaner *Thomas A. Edison* und der Brite *Joseph W. Swan* elektrische Glühbirnen; Edisons Erfindung setzt sich durch, da er für den Verkauf seiner Glühlampen sorgt. 1882 nimmt er das erste öffentliche Elektrizitätswerk in New York in Betrieb.

1879 Auf der Berliner Gewerbeausstellung fährt die erste Elektrolokomotive.

1881 Siemens & Halske erreichen in Berlin mit einer elektrischen Versuchsbahn eine Geschwindigkeit von 30 km/h.

1882 Die erste Glühlampenfabrik in Berlin.

1883 Das erste elektrische Haushaltsgerät: das Bügeleisen.

1883 Der Transformator ermöglicht es, Strom über weite Strecken zu transportieren.

1884 In Berlin wird das erste deutsche Kraftwerk gebaut; in zahlreichen deutschen Großstädten entstehen „Lichtzentralen".

1888 *Galileo Ferraris* entwickelt den Drehstrommotor.

M 4 Erste elektrische Straßenbeleuchtung in Berlin.
Gemälde (87 x 71 cm) von Carl Saltzmann, 1884.

M 3 Beschäftigte nach Wirtschaftsbereichen

	um 1850			*um 1900*		
	L	***I***	***D***	***L***	***I***	***D***
Angaben in %						
Großbritannien	22	48	30	9	51	40
Deutschland	56	24	20	40	39	21
Frankreich	52	27	21	41	29	29

L = Landwirtschaft **I** = Industrie/Handwerk **D** = Dienstleistungen

Nach: Klaus Tenfelde (Hrsg.), Bilder von Krupp, a. a. O., S. 123

→**Internettipp:** *Zur Industrialisierung Nordrhein-Westfalens siehe www.nrw2000.de/industrie/industrie.htm*

1. *Mit der Elektrizität änderte sich die industrielle Produktion. Welche Energiequellen und welche Kraftmaschinen verloren an Bedeutung?*
2. *Die Elektrifizierung beeinflusste auch die Arbeit im Privathaushalt (M 2). Stelle zusammen, welche Geräte bei euch zu Hause mit elektrischer Energie betrieben werden. Überlegt, was geschehen würde, wenn der Strom für längere Zeit ausfiele.*
3. *An deinem Fahrrad befindet sich ein Dynamo. Erkläre, wie er funktioniert.*
4. *Bestimme, ab wann die Mehrheit der Erwerbstätigen in Deutschland nicht mehr auf dem Lande arbeitete (M 3).*

Bevölkerungswachstum und sozialer Wandel

1 Berliner „Mietskasernen“.
Diese Häuser mit zahlreichen Hinterhöfen wurden um 1900 erbaut.

Immer mehr Menschen

Die deutsche Bevölkerung wuchs zwischen 1816 und 1919 (in den Grenzen von 1871) von 25 auf 65 Millionen, sodass Historiker von einer Bevölkerungsexplosion sprachen. Das Wachstum war von Region zu Region und innerhalb der Schichten der Gesellschaft unterschiedlich.

Die Überlebenschancen der Säuglinge und Kleinkinder stiegen; von ihnen war bis dahin die Hälfte gestorben. Immer mehr Menschen kamen dadurch ins heiratsfähige Alter, was wiederum die Zahl der Geburten erhöhte. Hinzu kamen die abnehmende Sterblichkeit in den Unterschichten aufgrund besserer Ernährung sowie Fortschritte in der Hygiene und in der Medizin.

Um die Mitte des 19. Jh. lag die durchschnittliche Lebenserwartung in den deutschen Staaten bei etwa 30 Jahren, um 1871 bei 37 und 1901 bei 47 Jahren.

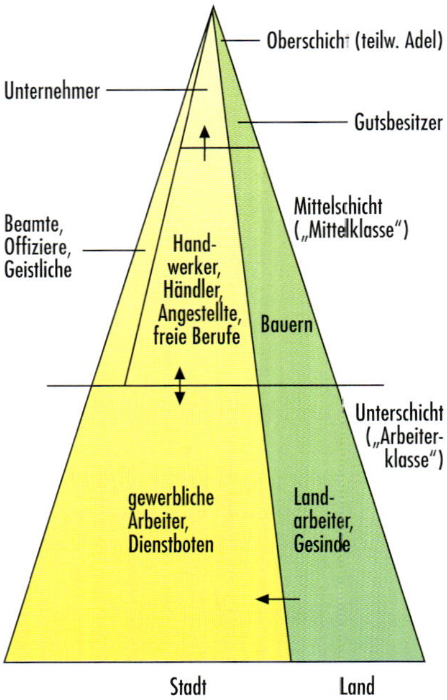

2 Soziale Schichtung im Deutschen Reich.
Die Grafik vernachlässigt eine mögliche Veränderung zwischen den Schichten. Nenne sie!

Aufbruch in die Fremde

Zwischen 1830 und 1913 wanderten mehr als sechs Millionen Deutsche meist aus wirtschaftlichen Gründen aus. Die meisten zogen in die USA, einige suchten in Ungarn, Siebenbürgen und Russland eine neue Heimat.

In den 1890er-Jahren wurde das Deutsche Reich von einem Auswanderungs- zu einem Einwanderungsland. Unternehmer warben Arbeiter aus den weniger industrialisierten Gebieten Ost- und Mitteleuropas ab. Hatte die Statistik 1871 erst 207 000 im Reich lebende Ausländer erfasst, so waren es 1910 rund 1,3 Millionen. Diese Menschen aus Polen, Russland, Slowenien und anderen Ländern arbeiteten sowohl in der Landwirtschaft als auch in der Industrie.

Vom Land in die Stadt

Mit der Industrialisierung begann eine *Land-Stadt-Wanderung*. Zwischen 1860 und 1914 zogen etwa 16 Millionen Menschen aus dem Osten in den industrialisierten Westen. Viele davon ins Ruhrgebiet. Hier wuchs die Bevölkerung zwischen 1858 und 1905 von etwa 0,5 auf 2,6 Mio. Einwohner. Diese Wanderung gilt als die größte Massenbewegung der deutschen Geschichte.

Immer mehr Städte

Ausgangspunkte für die Verstädterung waren Standorte der Textilproduktion, des Bergbaus und der Schwerindustrie. Dort entstanden die ersten Industriestädte, die weit über die alten Stadtgrenzen hinauswuchsen. Der Ausbau des Eisenbahnnetzes, neue Kanäle und Häfen förderten den Prozess.

Lebten um 1871 erst etwa 36 Prozent der Deutschen in Städten mit mehr als 2 000 Einwohnern, so stieg der Anteil in den folgenden 40 Jahren auf 60 Prozent an. Nur noch Großbritannien übertraf den deutschen Grad der Verstädterung.

Die Gesellschaft ändert sich

Die alte ständische Ordnung löste sich im Verlauf des 19. Jh. auf. Statt der Geburt entschieden Vermögen (vor allem schnell einsetzbares Kapital), Einkommen, Leistung und Bildung über das gesellschaftliche Ansehen. Auch in der Industriegesellschaft hing die Stellung der Menschen von ihrer Herkunft (Adel, Bürgertum, Bauern), vom Geschlecht, der Konfession und vom Wohnort (Stadt oder Land) ab. Doch es gab nun fließende Übergänge: Ein erfolgreicher Kaufmann konnte Großunternehmer werden und vom Landesherrn geadelt werden; ebenso konnte ein Unternehmer bei wirtschaftlichem Versagen in Armut und Elend absteigen.

Nachricht für Auswanderer.

Wir befördern jede Woche Auswanderer von frei ab Cöln über Hamburg und Bremen nach New-York, Baltimore und New-Orleans:

Die erwachsene Person Thlr. 57. — Sgr. mit 100 ℔ Gepäck frei,
Kinder von 1—10 Jahren „ 28. 15 „ „ 50 „ „ „
Säuglinge unter 1 Jahre „ 3. — „

Es ist zu bemerken, daß in den obigen Preisen die Fahrt von Cöln bis Hamburg oder Bremen einbegriffen ist.

H. J. Maaßen & Co.,
einzige General-Agentur in Cöln, Lyskirchen Nr. 5.

M 1 Zeitungsanzeige.
Werbung eines Auswanderungsbüros aus der „Siegener Zeitung" von 1849.

M 2 Alte Verdienste zählen nicht

Der in die USA ausgewanderte Westfale Hermann Kriege informiert am 30. Juli 1849 Arnold Ruge, der der äußersten Linken der Frankfurter Nationalversammlung angehört hat, über die Lebensbedingungen in New York:

Dass Du Europa satt hast […], finde ich sehr begreiflich […]. Dass Du die Zeit der Niederlage benützen willst, eine neue Wirksamkeit in der neuen Welt zu begründen, ist jedenfalls das Beste, was Du tun kannst. Auch verstehe ich Dich vollkommen, wenn Du jetzt vor allen Dingen danach strebst, Deine Familie in Sicherheit zu bringen […]. Aber […], die Sprache zum Beispiel ist gleich eine sehr bedeutende Klippe […]. So muss auch der große Mann von Europa hier in Amerika wieder ganz klein anfangen, und nur wenn wirklich noch etwas in ihm steckt, kommt er wieder in die Höhe. Das amerikanische Volk […] gibt nichts für alte Namen und Scharteken*, nur die volle frische Kraft gilt ihm etwas.**

Rolf Weber (Hrsg.), Land ohne Nachtigall. Deutsche Emigranten in Amerika 1777-1886, Berlin 1981, S. 141 f.

***Scharteken**: wertlose Bücher*
***Ruge ging nicht in die Vereinigten Staaten, sondern lebte ab 1850 in Großbritannien*

M 3 Warum suchen Menschen eine neue Heimat?

Am 10. April 1852 berichtet der Trierer Landrat an seine vorgesetzte Behörde:

Abgesehen von der allgemeinen […] Wanderungslust lassen sich als äußere Grundursachen für die Auswanderungen folgende hervorheben:
1. Die rückgängigen Vermögensverhältnisse der auswandernden Personen […].
2. Eine 2. Ursache für die Auswanderung ist in den günstigen Nachrichten zu suchen, welche von den Verwandten und Bekannten in Amerika […] hierher gelangen […].
3. […] Namentlich sind es die Gesetze zum Schutze der Forsten, der Wald- und Feldprodukte, welche dem weniger ordentlichen Landmanne über die Maßen beengend erscheinen und ihn bestimmen, dorthin zu gehen, wo Holz, Streu und Gras nach seiner Ansicht von jedem in Besitz genommen werden kann […].
4. Die Abgaben, welche für Staat, Kirche, Schule und Gemeinde zu zahlen sind […].
5. Endlich mag auch mancher unruhige Kopf mit geordneten und gesicherten Zuständen im Staat nicht ganz zufrieden sein und in der Erkenntnis, dass seine Revolutionsideen hier keinen Anklang mehr finden, sich eine andere Heimat suchen.

Wolfgang J. Helbich, „Alle Menschen sind dort gleich …" Die deutsche Amerika-Auswanderung im 19. und 20. Jahrhundert, Düsseldorf 1988, S. 85 f.

M 4 Deutsche Auswanderer

1820-1829	50 000
1830-1839	210 000
1840-1849	480 000
1850-1859	1 161 000
1861-1870	782 000
1871-1880	626 000
1881-1890	1 343 000
1891-1900	529 000
1901-1910	280 000
1911-1913	69 000

Nach: Hagen Schulze, Kleine deutsche Geschichte, München [5]2007, S. 112

→ Internettipps:
- *Deutsches Auswandererhaus Bremerhaven (www.dah-bremerhaven.de)*
- *BallinStadt. Auswandererwelt in Hamburg (www.ballinstadt.de)*
- *Informationen über Personen, die in die USA ausgewandert sind, finden sich unter www.deutsche-auswanderer-datenbank.de*

1. *Informiere dich im Internet über Hermann Kriege und stelle ihn deinen Mitschülern vor (M 2).*
2. *Bestimme und erkläre den ersten Höhepunkt der Auswanderungswellen (M 2 bis M 4).* Lerntipp
3. *Finde heraus, ob auch aus deiner Familie im 19. Jh. jemand ausgewandert ist, und berichte. Nutze dazu auch den Internettipp.*

Lerntipp

Statistiken und Diagramme

Wenn es um Bevölkerungs- und Wirtschaftsdaten oder Wahlen geht, brauchen wir Zahlen, um Verhältnisse verstehen und Veränderungen erkennen zu können. Werden sie systematisch gesammelt, sprechen wir von einer Statistik. Um statistische Daten anschaulich zu machen, fassen wir sie in Tabellen oder Diagrammen zusammen.*
Wie du eine Tabelle bearbeitest, kannst du an M 2 üben: Worüber informiert sie (Thema/Inhalt, Zeit, Raum, Messgrößen)? Vergleiche die Zahlen in den drei Spalten für jeweils eine Stadt. Welche Veränderungen siehst du? Suche nach Gründen. Dafür brauchst du weitere Informationen, siehe hier M 1 und die Darstellung auf Seite 176.
Auch Zahlen muss man kritisch betrachten: Woher kommen sie? Gibt es offensichtliche Lücken in den Datenreihen oder Einwände gegen die Auswahl der bezifferten Inhalte (z. B. Bevölkerungsdaten, deren Grundlage unterschiedliche Grenzen sind)?

** Weitere Informationen zum Thema findest du vorne im Buch.*

M 1 Bevölkerung im Deutschen Reich 1780-1900

Jahr	*in Mio.*	*Menschen pro km²*
1780	21,0	38
1800	23,0	43
1820	26,1	47
1850	35,3	64
1875	42,5	77
1900	56,0	102

Nach: Friedrich-Wilhelm Henning, Handbuch der Wirtschafts- und Sozialgeschichte Deutschlands, Bd. 2, Paderborn 1996, S. 772

M 2 Bevölkerungsdichte

Einwohner pro km²	*1810*	*1870*	*1900*
Deutsches Reich	46	76	104
Ruhrgebiet	68	202	538

Nach: Chronik Ruhrgebiet, Dortmund ^{2}1997, S. 250

M 5 Städte wachsen

Einwohnerzahl in Tausend	*1800*	*1875*	*1910*
Berlin	172	967	2071
Breslau	60	239	512
Dortmund	4	58	214
Dresden	60	197	548
Duisburg	4	37	229
Frankfurt a. M.	48	103	415
Hamburg	130	324	931
Hannover	18	107	302
Kiel	7	37	211
Leipzig	30	127	590
München	40	193	596
Nürnberg	30	91	333
Stuttgart	18	107	286

Nach: Wilhelm Treue/Karl-Heinz Manegold, Quellen zur Geschichte der industriellen Revolution, Göttingen ^{2}1979, S. 142 f. und Hubert Kiesewetter, Industrielle Revolution in Deutschland 1815-1914, Frankfurt a. M. 1989, S. 135

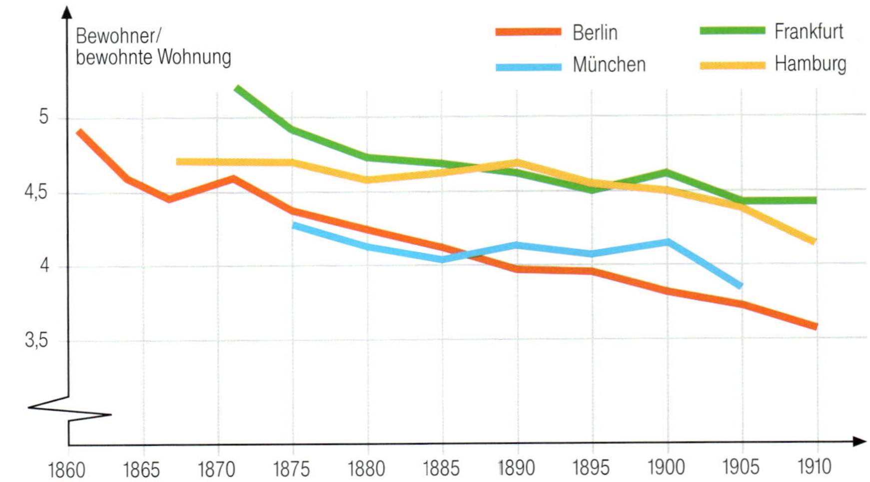

M 3 Wie viele pro Wohnung?

Nach: Hans J. Teuteberg und Clemens Wischermann, Wohnalltag in Deutschland 1850-1914, Münster 1985, S. 132

M 4 Ausgaben einer Berliner Facharbeiterfamilie um 1889.

Das Einkommen der Facharbeiterfamilie (Ehepaar und zwei Kinder) betrug 1700 Mark im Jahr. Sie wohnte zur Miete in einem Zimmer mit Küche.

Nach: Hans J. Teuteberg und Clemens Wischermann, Wohnalltag in Deutschland 1850-1914, a. a. O., S. 150.

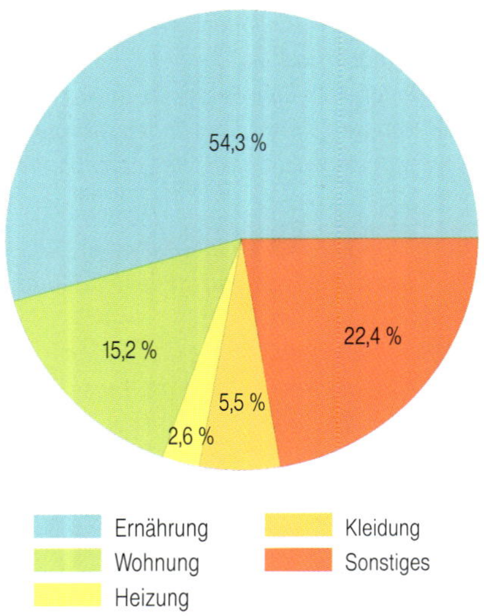

1. *Setze die Tabelle M 1 in ein Diagramm um.*
2. *Erläutere die Aussage von M 2.*
3. *Informiere dich über die Bevölkerungsentwicklung in deinem Wohnort oder in der nächsten Stadt im 19. Jahrhundert. Lege aus den gefundenen Daten eine Tabelle und ein Diagramm an.*
4. *Fasse die Aussage von M 3 und M 5 in Worte.*
5. *Um 1800 gab eine fünfköpfige Maurerfamilie in Berlin für Ernährung rund 58 %, Wohnung 14 %, Heizung 7 %, Kleidung, 6 % und für Sonstiges 15 % ihres Einkommens aus. Beschreibe die Veränderungen gegenüber 1889 (M 4). Nenne die Probleme des Vergleichs.*

Arbeiten und Leben

1 Ausbildungswerkstatt für Schlosser und Dreher bei Krupp in Essen.
Foto, um 1910.
Eine Lehrstelle bei Krupp erhielten nur Söhne von Werksangehörigen, die alle Volksschulklassen absolviert hatten.

In den Fabriken
Die Industrialisierung veränderte den Alltag. Bestimmten früher die privaten Bedürfnisse den Arbeitsrhythmus im Haus oder auf dem Hof mit, so regierte jetzt die Uhr den Ablauf in der Fabrik. Die Maschine gab das Tempo an. Vorgesetzte kontrollierten das Verhalten am Arbeitsplatz und Unternehmer zwangen Arbeiter und Arbeiterinnen mit Fabrikordnungen zu Pünktlichkeit und Disziplin.

Die Unterschichten
Gewinnstreben und Wettbewerb, aber auch das Überangebot an Arbeitskräften hielten den Lohn der Fabrikarbeiter niedrig. Kinder und Frauen mussten mitarbeiten, weil das Einkommen des Familienvaters für Ernährung, Miete und Kleidung nicht reichte. Das galt aber auch für die Landwirtschaft und das Heimgewerbe. Ungewohnt an der Fabrikarbeit war, dass Kinder und Frauen nicht mehr unter der Aufsicht des „Hausvaters" arbeiteten, sondern unter fremden Menschen.
Seit den 1840er-Jahren nahm die Kinderarbeit langsam ab. Dies lag zum einen am technischen Fortschritt, andererseits hatte die öffentliche Kritik zu gesetzlichen Einschränkungen der Kinderarbeit geführt.

Frauen zwischen Familie und Beruf
Auf Wunsch der Männer sollten sich die Frauen des Bürgertums in der Ehe um Küche, Kinderstube und Kirche kümmern. Bei der Hausarbeit unterstützten sie Dienstmädchen, Köchin oder Kinderfrau. Frauen der Handwerker und Händler hatten oft auch Dienstmädchen, doch sie mussten nebenher auch in der Werkstatt oder im Geschäft mitarbeiten. Verheiratete Frauen aus den Unterschichten alterten rascher und starben früher. Neben den Geldsorgen und schlechten Wohnverhältnissen stand die ständige Suche nach Zuerwerb als Putz-, Wasch- oder Nähhilfe.

Wohnungselend
In den schnell wachsenden Industriestädten fehlten günstige Wohnungen. Viele hausten in Behelfsbauten, feuchten Kellern oder „Mietskasernen" mit dunklen Hinterhöfen und schlechten sanitären Verhältnissen. Mehrere Familien teilten sich eine Toilette und einen Wasserhahn auf dem Flur. Spekulanten nutzten die Wohnungsnot aus und verlangten hohe Mieten. In Berlin wohnten um 1910 etwa 600 000 Menschen in Wohnungen, in denen jedes Zimmer mit fünf und mehr Personen belegt war.
Solche Wohnverhältnisse zerstörten häufig das Familienleben. Die Männer zogen das Wirtshaus dem ungemütlichen Zuhause vor.

*→**Internettipp:** Zur Urbanisierung siehe www.dhm.de/lemo/html/kaiserreich/alltagsleben/urbanisierung/*

M 1 Fabrikordnung

Die Arbeitsordnung der Firma Friedrich Krupp (Essen) von 1841:

In letzter Zeit immer mehr eingerissene Unordnungen, besonders häufiges Zuspätkommen, erfordern die strenge Handhabung des hier Folgenden:
1. Fünf Minuten nach 6 Uhr oder nach dem Glockenschlage, womit die Arbeit beginnt, wird aufgeschrieben, wer fehlt, wer später kommt, muss sich melden, weil sonst von ihm keine Notiz genommen wird.
2. Wer mehr als 5 Minuten zu spät kommt, steht sich nicht besser, als wer eine ganze Stunde zu spät kommt, und wird um $^{1}/_{4}$ Taglohn bestraft, kommt dies aber binnen 14 Tagen zweimal vor, so kostet es das zweite Mal $^{1}/_{2}$ Taglohn.
3. Ein Zuspätkommen von mehr als einer Stunde, z. B. 1 $^{1}/_{2}$ oder 2 Stunden wird angesehen, als ob es $^{1}/_{4}$ Tag wäre, und erhält $^{1}/_{2}$ Taglohn Abzug, und wenn dies binnen 14 Tagen zweimal geschieht, ein ganzes Taglohn.
4. Für $^{1}/_{2}$ Tag Ausbleiben wird ein ganzer Tag abgezogen und für 1 Tag: 2 Tage [...]
7. Eine begründete Entschuldigung entbindet von jeder der vorn erwähnten Strafen, jedoch muss diese Entschuldigung am ersten halben Tage, nachdem mit der Arbeit wieder angefangen ist, in geziemender Weise vorgebracht werden.

Jürgen Kuczynski, Die Geschichte der Lage der Arbeiter unter dem Kapitalismus, Teil I, Bd. 2, Berlin 1962, S. 196 ff.

M 3 Verwaltungsgebäude der Gussstahlfabrik Krupp in Essen. *Foto von 1861 (Ausschnitt).*

M 2 Wie lange arbeiten?

Tägliche Arbeitszeit in Handwerk und Industrie im 19. Jh.

1800-1820	10-13 Stunden
1820-1840	11-15 Stunden
1840-1860	12-16 Stunden
1860-1870	12-14 Stunden
1870-1890	11-13 Stunden
1890-1910	10-11 Stunden
1910-1914	10 Stunden

Nach: Jürgen Kocka, Arbeitsverhältnisse und Arbeiterexistenzen, Bonn 1990, S. 486

M 4 Arbeitsdisziplin

Der Unternehmer Krupp schreibt 1876:

Der Wert der Zeit ist bisher noch nie verstanden worden, und der Wert des Fleißes. Die Arbeiter kommen nicht regelmäßig an die Arbeit und legen dieselbe nieder vor der Zeit, um sich zu waschen, Pfeife anzuzünden und unter ähnlichen Vorwänden. Ich habe es oft vorgerechnet, wie viel verloren geht, wenn jeder Arbeiter 5 Minuten weniger schafft. Die Meister [...] laufen wie die großen Herren in der Werkstatt und um dieselbe herum und schwatzen und politisieren und glauben sich dazu berechtigt.

Jürgen Kocka, Arbeitsverhältnisse und Arbeiterexistenzen, a. a. O., S. 483

M 5 Kontrolluhr für Arbeiter. *Foto um 1900.*

1. *Bestimme den Zweck der Fabrikordnung (M 1).*
2. *Erkläre den Zusammenhang von Arbeitszeit und Wandel der Fabrikarbeit (M 2).*
3. *Nenne die Aufgaben des Gebäudes (M 3).*
4. *Arbeite aus M 4 heraus, wie sich die Arbeiter der Arbeitsdisziplin entzogen. Überlege, warum sie es taten.*
5. *Führt ein Streitgespräch zwischen einem Fabrikherrn und einem Arbeiter über das Für und Wider von Kontrolluhren und den Zwang zur Pünktlichkeit.* Lerntipp

Projekt

Kinderarbeit

Etappen des Kinderschutzes

Im März 1839 erscheint in Preußen die erste amtliche Verordnung „über die Beschäftigung jugendlicher Arbeiter in Fabriken“; sie legt für Jugendliche unter 16 Jahren die Höchstarbeitszeit von zehn Stunden am Tag fest und untersagt „die Annahme von Kindern unter 9 Jahren in Bergwerken, Fabriken, Pech- und Hüttenwerken zu einer regelmäßigen Beschäftigung“.

1840 legt Bayern in einem Gesetz die tägliche Arbeitszeit für Kinder vom 9. bis zum 12. Lebensjahr auf maximal zehn Stunden am Tag fest und verbietet die Einstellung von Kindern in Fabriken vor dem vollendeten 9. Lebensjahr. Preußen führt 1853 ähnliche Bestimmungen ein. In Sachsen wird die Kinderarbeit erst 1861 eingeschränkt; Württemberg und Baden haben bis 1878 keine gesetzliche Regelung.

1891 verbietet im Reich das Arbeitsschutzgesetz die Beschäftigung von Kindern unter 13 Jahren in Fabriken und legt fest, dass über 13 Jahre alte Kinder nur dann in Fabriken beschäftigt werden dürfen, wenn sie nicht mehr schulpflichtig sind.

Den größten Anteil an den außerhalb der Fabriken gewerblich beschäftigten Kindern hat auch noch um 1900 die Hausindustrie. Diese Betriebe fallen nicht unter die Bestimmungen der Gewerbeordnung. Erst 1903 wird das für Fabriken geltende Verbot der Kinderarbeit auf alle Handwerksbetriebe, das Handels- und Verkehrsgewerbe und auf die Schankwirtschaften ausgedehnt.

*→**Filmtipp:** „Oliver Twist.“*
Verfilmung des gleichnamigen Romans von Charles Dickens.
Regie: Roman Polanski, 2005.

*→**Internettipps:** Informationen über Kinderarbeit findest du unter*
- *www.zeitspurensuche.de/02/kinder0.htm*
- *www.welthungerhilfe.de/stopp_ kinderarbeit.html*
- *www.unicef.de*
- *www.tdh.de/content/themen/schwerpunkte/kinderarbeit/index.htm*

M 1 In einer Baumwollspinnerei.
Stich von 1839.

M 2 Kinderarbeit um 1815

Der Direktor des öffentlichen Unterrichts am Niederrhein, Karl Friedrich August Grashoff, berichtet 1815:

Kinder von 6 Jahren werden bereits hinter die Maschinen gestellt, um dort selbst zur Maschine zu werden. Sechs Tage lang in jeder Woche, wenn nicht ein eintretender Feiertag eine Ausnahme macht, und auch wohl bei dringender Arbeit – sieben Tage, und jeden Tag von früh morgens bis spät abends bewegt der Knabe in derselben Stellung dieselben Maschinen unaufhörlich zu demselben Geschäft. Das herrliche Geschöpf der schaffenden Meisterhand mit all seinen schönen Anlagen, gewaltigen Kräften, erfreulichen Hoffnungen erstarrt hinter den künstlichen Menschenerfindungen, ehe noch ein Keim seines edleren Seins hervorbrechen konnte [...]. Dass diese, wie die Zähne eines Rades, an ihre Stelle eingefügten Fabrikkinder keine Schule besuchen, liegt in der Natur der Sache. Wann sollen sie denn die Zeit dazu gewinnen? Und wer soll sich ihrer annehmen? Doch kann die Sache nicht bleiben wie sie ist [...].

Lotte Adolphs, Kinderarbeit im 19. Jahrhundert – Lehrerverhalten im 19. Jahrhundert – Schulrevision im 19. Jahrhundert, Duisburg 1979, S. 20

M 3 Fabrikarbeit von Kindern im Deutschen Reich

Kinder zwischen 12 und 14 Jahre

1882	14 600
1886	21 053
1890	27 485
1892	11 339
1894	4 259
1904	9 642

Annika Boentert, Kinderarbeit im Kaiserreich 1871-1914, Paderborn 2007, S. 424

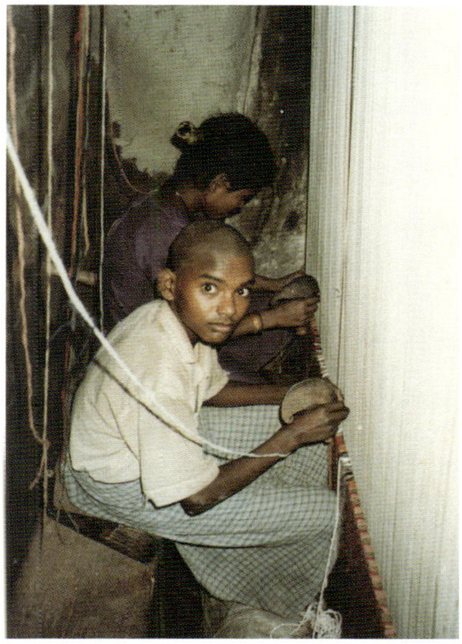

M 4 Junge und Mädchen beim Teppichknüpfen.
Foto von Stefan Strulik aus Kathmandu/Nepal, um 2000.
Nach Schätzungen der Internationalen Arbeitsorganisation (ILO) arbeiten 126 Millionen Kinder unter 15 Jahren regelmäßig mehrere Stunden. Sie arbeiten in Steinbrüchen und stickigen Fabriken oder schuften auf Plantagen. Der Besuch einer Schule bleibt für viele Kinder ein unerreichbarer Traum.

1. *Beschreibt die Entwicklung der Kinderarbeit (M 1 bis M 3).*
2. *Nennt Gründe, warum Kinderarbeit gesetzlich beschränkt werden musste.*
3. *Informiert euch über die Begrenzung der Arbeit im heute gültigen Jugendarbeitsschutzgesetz.*
4. *Kinderarbeit heute. Sucht Beispiele (siehe Internettipps) und erörtert die Aufforderung, keine Produkte zu kaufen, die von Kindern hergestellt wurden.*

Projekt

Dienstmädchen

M 1 Im Dienst.
Foto, um 1912.

M 2 „Niedere Dienste“

Der Historiker Thomas Nipperdey schreibt über das Dienstpersonal:

Schließlich gehört zu der bürgerlichen Familie etwas, was eigentlich gerade außerhalb ihrer steht [...]: das Dienstpersonal oder klassisch: das „Dienstmädchen“. Das ist in gewisser Weise nicht neu [...], aber in der neuen bürgerlichen Kernfamilie, die nicht mehr Produktions- und Repräsentationsgemeinschaft ist, sondern Konsum- und Ausbildungsgemeinschaft, ist das doch neu: das Mädchen anstelle der Magd, die Hausangestellte anstelle des Gesindes [...]. Haushaltsführung und Lebensstil und auch Kindererziehung einer breiten bis tief in die mittleren Bürgergruppen reichenden Schicht ist von dieser Tatsache bestimmt. 1871 hatten in Berlin immerhin 17,3 % der Haushalte Dienstpersonal, in Hamburg 21,6 %, in Bremen 24 %, 1882 jeder vierte Lehrerhaushalt (also einschließlich der Masse der wenig verdienenden Volksschullehrer), und in der Jahrhundertmitte hat der besser verdienende Handwerker wie Krämer Dienstmädchen [...].
Bei der bürgerlichen Familie waren die „niederen Dienste“ delegiert, die Kinder wuchsen in einer Atmosphäre des Bedientwerdens und des Anordnens und Befehlens auf.

Thomas Nipperdey, Deutsche Geschichte 1800-1866, München 1983, S. 123

M 3 „Mädchen vom Lande“

Aus einer Untersuchung über die Lage der Berliner Dienstmädchen:

Die Dienstboten bilden bei uns einen Berufsstand von 1,3 Millionen Menschen; von diesen entfällt ca. der 20. Teil auf Berlin. Als die größte Stadt in Deutschland hat sie absolut, wenn auch nicht relativ, die größte Dienstbotenhaltung [...]. Wir sahen, dass die große Masse der Dienstboten, nämlich 96 %, aus ledigen Mädchen besteht. Sie treten in jugendlichem Alter, teilweise noch als Kinder, in den Dienst ein und sind mit ca. 30 Jahren verbraucht. [...] Was die Herkunft der Mädchen anbelangt, so ergab sich, dass jährlich über 40 000 Mädchen nach Berlin kommen [...]. Die Ansprüche dieser aus kulturell wenig entwickelten Gebieten kommenden Mädchen sind gering [...]. Das Mädchen vom Lande ist heute der Typus des Berliner Dienstmädchens [...].
Von den Dienstmädchen [...] arbeitet etwa die Hälfte länger als 16 Stunden, nämlich 51,5 %, die andere kleinere Hälfte arbeitet 12-16 Stunden und nur etwa 2% weniger als 12 Stunden.
Am ungünstigsten unter allen Dienenden stehen die Mädchen für alles da. Bei ihnen beträgt der Anteil derjenigen, die länger als 16 Stunden täglich in die Tretmühle häuslicher Verrichtungen eingespannt werden 58,5 %.

Oscar Stillich, Die Lage der weiblichen Dienstboten in Berlin, Berlin/Bern 1902, S. 113 ff.

M 4 „Früh aufstehen ...“

Aus dem Arbeitsplan eines Dienstmädchens:

Sie muss um 6 Uhr früh aufstehen [...], muss Feuer machen, Heißwasser besorgen, Ess- und Herrenzimmer reinigen, erstes Frühstück kochen, die Kinder anziehen helfen und in die Schule besorgen, Schuhe und Kleider reinigen, Kinder- und Schlafzimmer säubern und in Ordnung bringen, einholen – das ist noch eine Erholung, denn im Grünkramladen, beim Schlächter und beim Kolonialwarenhändler wird meist ein wenig geschwatzt –, Gemüse und Obst putzen, Mittag bereiten, Fleisch und Speisen braten, servieren – und nach dem Essen sofort abwaschen. Nur in ganz wenigen Familien darf das Mädchen sich beim Essen ein wenig ausruhen. Gewöhnlich muss sie sofort Kaffee kochen, dann die Küche aufwischen und ordnen und nachher sofort Strümpfe stopfen, kleine Stücke waschen und plätten, einkochen oder mit den Kindern spazieren fahren [...]. Nach der Ausfahrt heißt es Abendbrot besorgen, decken, abräumen und abwaschen [...]. Und dann nur alle 14 Tage „freien Sonntag“, d. h. einen Nachmittag lang von 4 bis 10 Uhr darf sie ausgehen, darf sie Schritte machen, die nicht von anderen befohlen sind.

Hans Ostwald, Kultur- und Sittengeschichte Berlins, Berlin 1910, S. 313 f. (gestrafft)

M 5 „Er wollte mir ein Vater sein …"

Anna Mosegaard, die 1895 Dienstmädchen geworden ist, erinnert sich:

Und da sehe ich mich wieder als vierzehnjähriges verwaistes Kind auf dem Bahnhof stehen, ein Bündelchen in der Hand, das meine ganze Habe barg […]. Für 16 Taler Lohn im Jahr war ich von der Stadtbehörde meines Heimatortes an den Meistbietenden als Dienstmagd vermietet worden. Mein Dienstherr, ein stattlicher Mann in den fünfziger Jahren, reichte mir bei meiner Ankunft wohlwollend die Hand: „Na, da bist du ja! Wenn du recht fleißig und ehrlich bist, will ich dir nicht nur ein freundlicher Dienstherr, sondern ein guter Vater sein." So hatte seit Jahren niemand zu mir gesprochen. Ich hätte dem Mann die Hände küssen mögen. Er, der hochangesehene Herr, wollte mir ein Vater sein! […] Ja, das war, als ich 14 Jahre alt war. Als ich noch nicht volle 16 Lenze zählte, stand mein Dienstherr lüstern vor meiner Kammertür. Er, der mir hatte ein Vater sein wollen!

Friedrich G. Kürbisch/Richard Klucsarits (Hrsg.), Arbeiterinnen kämpfen um ihr Recht, Wuppertal ²1981, S. 97

M 6 Hängeboden.

Foto, um 1880.

M 7 „Allein in der Küche"

Anneliese Neef, die die Lebens- und Arbeitsbedingungen von Dienstboten untersucht hat, schreibt:

Ebenso wurde an der Nahrung der Dienstmädchen gespart. Sie bekamen Reste, verdünnte Suppe, Brot und Aufstrich knapp zugeteilt. Der Speiseschrank wurde misstrauisch vor ihnen verriegelt. Kochbücher der „besseren bürgerlichen Küche" führten gesonderte Rubriken mit billigen „Speisen für den Dienstboten". Lebensmittelgeschäfte preisen extra preiswerten „Dienstbotenkaffee" an – einen minderwertigen Schund aus Bruch und Abfällen […]. So berichtete Stillich*: „Das Mädchen speist allein in der Küche. Sie nimmt ihre Mahlzeiten stumm ein. Für sie existiert kein gedeckter Tisch, mitunter nicht einmal ein Stuhl zum Sitzen. In der Enquete** haben nur zwei Herrschaften besonders hervorgehoben, dass sie mit ihren Mädchen zusammen essen."

Anneliese Neef, Mühsal ein Leben lang. Zur Situation der Arbeiterfrauen um 1900, Berlin 1988, S. 48 f.

***Stillich**: *siehe M 3, Seite 182*

****Enquete**: *Untersuchung*

M 8 „Wie in einen Backofen"

Theodor Fontane lässt in seinem 1898 erstmals veröffentlichten Roman „Der Stechlin" ein Dienstmädchen Folgendes berichten:

Immer sind sie [die Hängeböden] in der Küche, mitunter dicht am Herd oder auch gerade gegenüber. Und nun steigt man auf eine Leiter und wenn man müde ist, kann man auch runterfallen. Aber meistens geht es. Und nun macht man die Tür auf und schiebt sich in das Loch hinein, ganz so wie in einen Backofen. Das is, was sie 'ne Schlafgelegenheit nennen. Und ich kann Ihnen bloß sagen: Auf einem Heuboden is es besser, auch wenn Mäuse da sind. Und am schlimmsten is es im Sommer. Draußen sind dreißig Grad und auf dem Herd war den ganzen Tag Feuer; da is es dann, als ob man auf den Rost gelegt würde. So war es, als ich nach Berlin kam. Aber ich glaube, sie dürfen jetzt so was nich mehr bauen. Polizeiverbot.

Theodor Fontane, Der Stechlin, München 1969, S. 152

M 9 Türschilder.

Foto aus Berlin, um 1900.

1. *Arbeitet heraus, wer aus welchen Gründen Dienstmädchen wurde (M 3 und M 5).*
2. *Stellt euch vor, ihr hättet eine Stellung als Dienstmädchen übernommen. Schreibt euren Eltern, wie euer Alltag aussieht. Nutzt dazu M 1 bis M 9.*
3. *Dienstmädchen schlossen sich zusammen und versuchten, gemeinsam die Arbeitsbedingungen zu verbessern. Stellt einige Verbesserungsvorschläge zusammen.*
4. *Diskutiert die Behauptung, dass durch die Dienstmädchen die Unterschichten langfristig eine bürgerliche Lebensweise übernahmen.*
5. *Erstellt ein Lernplakat über Dienstmädchen. Berücksichtigt die Lebensverhältnisse, die Wohn- und Arbeitsbedingungen, die Beziehung zu ihrer Herrschaft und wie sie sich selbst sahen.*

Wer löst die Soziale Frage?

1 Am Eingang einer Berliner Suppenküche.
Holzstich von I. G. Füllhaus, um 1860.

Soziales Elend
Im ersten Drittel des 19. Jahrhunderts löste sich die alte ständische Ordnung allmählich auf. Bauernbefreiung und Gewerbefreiheit hatten immer mehr Menschen aus ihren überkommenen Ordnungen gerissen. Das starke Bevölkerungswachstum vergrößerte die Not. Gleichzeitig begann die Industrialisierung die Lebens- und Arbeitsbedingungen vieler Menschen stark zu verändern, ohne schon genügend Arbeitsplätze und Wohnungen zu schaffen.
Zeitgenossen bezeichneten das damalige soziale Elend, das durch Missernten noch vergrößert wurde, als *Pauperismus* (lat. *pauper*: arm). Sowohl der Staat, die Gemeinden, die Kirchen, das Besitz- und Bildungsbürgertum sowie die Arbeiter selbst suchten nach Lösungen der Sozialen Frage.

Proteste nehmen zu
Mit der Not waren die Eigentumskriminalität gestiegen und neue Formen des Protests entstanden. Heimarbeiter wehrten sich gegen die industrielle Produktion. Sie zerstörten Maschinen, die sie für ihre Not verantwortlich machten, und empörten sich gegen die schlechte Bezahlung ihrer Arbeit. Besonders bekannt wurde der Aufstand der schlesischen Weber von 1844, an dem sich Tausende Männer und Frauen beteiligten. Er wurde von preußischen Soldaten niedergeschlagen. Elf Menschen, darunter eine Frau, fanden dabei den Tod.
Unter dem Druck der Öffentlichkeit begannen die Regierungen in den 1830er-Jahren große Missstände durch Verbote und Gesetze zu verändern. Darüber hinaus versuchten sie in Krisenzeiten durch Arbeitsbeschaffungsmaßnahmen im Schienen- und Straßenbau und öffentliche Suppenküchen die Not zu lindern.

Christliches Engagement
Für die Kirchen war die Soziale Frage auch ein religiöses und sittliches Problem. Sie sahen die Ursachen für die Armut in der Abkehr der Arbeiter und Unternehmer vom christlichen Glauben.
In den protestantischen Kirchen bemühte sich Pastor *Johann Hinrich Wichern* um Verbesserungen. Er gründete 1833 das „Rauhe Haus" in Hamburg. Hier wurden Waisenkinder erzogen und ausgebildet.
In der katholischen Kirche engagierte sich der frühere Schuhmacher *Adolf Kolping*, der 1845 Priester geworden war. Er gründete Gesellenvereine, die sich um wandernde Handwerker kümmerten, aber auch Freizeit- und Weiterbildungsangebote machten. Der erste Kolping-Verein entstand 1846 in Elberfeld, 1879 gab es rund 420 Vereine mit etwa 70 000 Mitgliedern.
Wilhelm Emmanuel Freiherr von Ketteler, ab 1850 Bischof von Mainz, verurteilte das unchristliche Gewinnstreben der Arbeitgeber ebenso wie die religionsfeindlichen Arbeiter. Er befürwortete Genossenschaften, billigte den Streik und förderte katholische Arbeitervereine. In einem Schreiben an alle Katholiken forderte der Papst 1891 vom Staat und den Unternehmern, die Lage der Schwächeren zu verbessern (*Enzyklika Rerum novarum: Geist der Erneuerung*).

Was tun die Unternehmer?
Auch Fabrikanten bemühten sich, die sozialen Probleme ihrer Arbeiter zu lindern. Zu ihnen gehörte Krupp in Essen. Sie schufen Unterstützungskassen für Krankheit, Invalidität, Hinterbliebene und bauten Werkswohnungen. Damit wollten sich die Unternehmer zugleich einen festen und qualifizierten Arbeiterstamm sichern und sie zu mehr Leistung anregen.
Der Physiker und Unternehmer *Ernst Abbe*, ab 1889 Inhaber der Zeiss-Werke in Jena, ging weiter: Er übertrug die Firma und Teile seines Vermögens in die Carl-Zeiss-Stiftung. Sie beteiligte die Arbeiter und Angestellten am Gewinn und bot bezahlten Urlaub.

M 1 Pauperismus und die Folgen

Der erste Politiker, der auf das Los der Arbeiter aufmerksam macht und von den Regierenden soziale Maßnahmen fordert, ist Franz Josef Ritter von Buß. Im April 1837 sagt der Professor der Rechts- und Staatswissenschaft im badischen Landtag:

Die durch den gewerblichen Aufschwung, durch die Tendenz unserer Staaten zur Übervölkerung und den Mangel an anderweitiger Unterkunft anschwellende Anzahl der Fabrikarbeiter führt wegen ihrer ökonomischen Unsicherheit zu einer wahren Massenarmut, dem sogenannten Pauperismus [...]. Eine Ersparung ist dem Arbeiter selbst bei günstigen Verhältnissen nur in geringem Maße möglich; jede längere Unterbrechung der Arbeit zwingt ihn, die öffentliche Hilfe anzusprechen [...]. Die ganze Lage des Fabrikarbeiters ist bei großem Angebote der Arbeit eine stete Quelle seiner Armut: Treten noch Gewerbestockungen hinzu, so wüten sie verheerend in den Reihen der Arbeiter [...].
Die Tendenz des Umsturzes, wahrlich in unseren Tagen nur zu sehr verbreitet, findet in den Fabrikheloten* die nahen Verbündeten, einmal weil ihre eigene unbehagliche Stellung in jeder gesellschaftlichen Veränderung ihnen eine Abhilfe vorspiegelt, ferner weil sie in dem die Fabrikherren schützenden Staat den eigenen Feind erkennen.

Ernst Schraepler (Hrsg.), Quellen zur Geschichte der sozialen Frage in Deutschland. Band 1: 1800-1870, Göttingen [3]1964, S. 66 f. und 69

* **Fabrikheloten**: *Fabriksklaven*

M 2 Forderungen Kettelers

Im Sommer 1869 hält Bischof Ketteler auf der Liebfrauenheide bei Offenbach eine Rede, die seither als das „Grundgesetz" der christlichen Arbeiterbewegung gilt; in ihr fordert er:

Die erste Forderung des Arbeiterstandes ist eine dem wahren Werte der Arbeit entsprechende Erhöhung des Arbeiterlohnes. Diese Forderung ist [...] höchst billig*; auch die Religion fordert, dass die menschliche Arbeit nicht wie eine Ware behandelt und lediglich durch An- und Abgebot abgeschätzt werde [...]. Nicht der Kampf zwischen dem Arbeitgeber und dem Arbeiter muss das Ziel sein, sondern ein rechtmäßiger Friede zwischen beiden. Die Gottlosigkeit des Kapitals, das den Arbeiter als Arbeitskraft und Maschine ausnützt, muss gebrochen werden [...]. Aber auch die Gottlosigkeit der Arbeiter muss vermieden werden. Die zweite Forderung des Arbeiterstandes ist die Verkürzung der Arbeitszeit [...]. Die dritte Forderung des Arbeiterstandes ist die Gewährung von Ruhetagen [...]. Eine vierte Forderung des Arbeiterstandes ist das Verbot der Arbeit der Kinder in den Fabriken für die Zeit, in welcher sie noch schulpflichtig sind.

Geschichte der christlich-demokratischen und christlich-sozialen Bewegungen in Deutschland. Im Auftrag der Konrad-Adenauer-Stiftung hrsg. von Günther Rüther, Bonn 1984, Teil II, S. 206

* **billig**: *hier im Sinne von „angemessen"*

M 3 Arbeiterfamilie vor ihrem Wohnhaus in der Krupp-Siedlung Alfredshof in Essen.
Foto, um 1890.
Um die Jahrhundertwende lebten rund 27 000 Menschen in Häusern, die Krupp für seine Beschäftigten hatte errichten lassen. Die Häuser standen meist auf größeren Grundstücken, die den Bewohnern auch die Möglichkeit der Gartenbestellung boten.

M 4 „Wohlfahrtseinrichtungen"

In einer Fabrik, die ihre „Wohlfahrtseinrichtungen" pflegt, erklärt 1882 ein rheinischer Unternehmer ...

[...] sei zunächst der Arbeiterwechsel ein geringerer, die Maschinen ständen weniger still, der Arbeiter sei vertrauter mit seiner Arbeit, seiner Maschine, das Ineinandergreifen der Arbeiten werde weniger gestört [...]. Ferner sei die Produktionsleistung eine erhöhte [...]. Was die Mühen und Kosten anlange, so seien dieselben minimal gegenüber dem, was bei guten Einrichtungen geleistet werde.

Gerhard A. Ritter/Klaus Tenfelde, Arbeiter im Deutschen Kaiserreich 1871 bis 1914, Bonn 1992, S. 414

1. *Ritter von Buß nennt Probleme der Arbeiter. Wo sieht er die Ursachen? Welche Folgen erwartet er für den Staat (M 1)?*
2. *Führt ein Streitgespräch zwischen einem Anhänger Kettelers (M 2) und einem Unternehmer (M 4).* Lern-tipp
3. *Erläutere die Vorteile, die „Wohlfahrtseinrichtungen" einem Unternehmer bringen (M 4).*
4. *Stelle dir vor, du bist wie Franz Josef Ritter Buß (siehe M 1) Mitglied des Landtags. Halte eine kurze Rede, in der du die sozialen Probleme an Beispielen vorstellst und Lösungsvorschläge machst.*

1 „Der Streik."
Ölgemälde (181 x 275 cm) von Robert Koehler, vor 1886.
Im Streik sahen viele Arbeiter die letzte Möglichkeit, ihre Forderungen gegenüber den Unternehmern durchzusetzen.
Beschreibe die Haltung der Männer und Frauen auf dem Bild. Welche Einstellungen werden deutlich?

Arbeiter helfen sich selbst

Interessen gemeinsam vertreten
Um ihre Lebens- und Arbeitsbedingungen zu verbessern, schlossen sich Fabrikarbeiter schon früh in Arbeiterbildungs- und Unterstützungsvereinen zusammen. Verarmte Tagelöhner und Hilfsarbeiter gehörten selten dazu.
Am Beginn der politischen Arbeiterbewegung standen kleine Gesellen- und Handwerkervereinigungen, die wegen der Vereins- und Versammlungsverbote in den deutschen Ländern nach 1830 in der Schweiz, in Frankreich, Belgien und Großbritannien aktiv waren. Erst mit der demokratischen Bewegung von 1848 entstand die *Allgemeine Deutsche Arbeiterverbrüderung*. Sie wollte ein allgemeines, gleiches Wahlrecht und bessere Arbeitsbedingungen durch direkte Verhandlungen mit den Unternehmern. Unter der Führung des Schriftsetzers *Stephan Born* schlossen sich bis 1850 etwa 170 Ortsgruppen mit rund 18 000 Mitgliedern zusammen. 1854 wurde die Arbeiterverbrüderung verboten.
Erst in den 1860er-Jahren förderten Liberale, Demokraten und Kirchenvertreter die Arbeitervereine. Nach britischem Vorbild entstanden einzelne Berufsverbände der Drucker, Zigarrenarbeiter oder der Metall-, Holz- und Bergarbeiter. Sie forderten gerechte Löhne, den Zehnstunden-Arbeitstag und Versicherungsschutz bei Krankheit, Unfall und Arbeitslosigkeit. Daraus entstanden die *Gewerkschaften*. Sie arbeiteten mit politischen Gruppen zusammen und bildeten Ende der 1860er-Jahre überregionale Verbände. Dazu gehörten die christlich-sozialen Vereine, die in den 1894 gegründeten christlichen Gewerkschaften aufgingen, und die sozialistischen Gewerkschaften, die sich nach der Sozialistenverfolgung* zu unabhängigen Gewerkschaften zusammenschlossen.

„Proletarier aller Länder ..."
Unter dem Eindruck der scheinbar ausweglosen Verhältnisse der Arbeiter veröffentlichten *Karl Marx* und *Friedrich Engels* 1848 das „Kommunistische Manifest". In ihm beschrieben sie die „Geschichte aller bisherigen Gesellschaften" als eine „Geschichte von Klassenkämpfen". Immer habe sich die Klasse der Ausgebeuteten gegen die Klasse der Ausbeuter aufgelehnt.
Einen solchen „Klassenkampf" zwischen der *Bourgeoisie*, den Eigentümern von Fabriken und Kapital, und dem Proletariat, der besitzlosen Masse der Arbeiter, sahen Marx und Engels in vollem Gang. Er müsse zu einer Revolution führen. Beide waren überzeugt, dass nach dem geschichtlich vorbestimmten Sieg des Proletariats über die Bourgeoisie ein gesellschaftlicher Zustand beginne, in dem es keine Ausbeutung mehr gebe und Frieden und Gerechtigkeit herrschten: der Kommunismus.

**Siehe Seite 195.*

Um im richtigen Moment die Macht übernehmen zu können, sollte sich die Arbeiterschaft international organisieren. 1864 schlossen sich in London Arbeiter aus 13 europäischen Staaten und den USA zur *Internationalen Arbeiter-Assoziation* (IAA) zusammen. Ihr Ziel war „die Vernichtung aller Klassenherrschaft“ und die „Emanzipation* der Arbeiterklasse durch die Arbeiterklasse selbst“.

Die Vordenker

Karl Marx wurde 1818 in Trier geboren. Er studierte Jura, Philosophie und Geschichte. 1842/43 arbeitete er als Redakteur bei der liberalen *Rheinischen Zeitung* in Köln. Als diese wegen ihrer kritischen Artikel verboten wurde, zog er 1843 nach Paris. Von dort ausgewiesen, ließ er sich 1845 in Brüssel nieder. 1848 kam er zurück nach Köln, leitete dort die *Neue Rheinische Zeitung* und nahm an der Revolution teil. Nach deren Scheitern musste er erneut ins Exil nach London. Dort verfasste er zahlreiche Schriften, in denen er den Kapitalismus untersuchte, um der Arbeiterbewegung eine wissenschaftliche Grundlage ihres Kampfes um Emanzipation zu geben (Marxismus). Mit 65 Jahren starb Karl Marx.

Friedrich Engels wurde 1820 in Barmen (heute ein Stadtteil von Wuppertal) geboren. Er stammte aus einer Industriellenfamilie. Bald lernte er Marx kennen und schrieb ebenfalls für die *Rheinische Zeitung*. Nach zwei Jahren in Großbritannien klagte er 1845 mit seinem Buch über „Die Lage der arbeitenden Klasse in England“ den Industriekapitalismus an. Im selben Jahr zog er nach Brüssel, wo Marx wohnte. Während der Revolution von 1848/49 war Engels Redakteur der *Neuen Rheinischen Zeitung*. 1849 kämpfte er in Barmen und in Baden. Nach dem Scheitern des Aufstandes floh er über die Schweiz und Italien nach England. Nach Marx' Tod beeinflusste er maßgeblich die sozialistische Arbeiterbewegung. 1895 starb Engels in London.

Die SPD entsteht

Der Journalist *Ferdinand Lassalle* sorgte dafür, dass die sozialistische Arbeiterbewegung in den 1860er-Jahren in Deutschland zu einer Partei wurde. Er wollte den Arbeitern zunächst die politische Gleichberechtigung durch das allgemeine Wahlrecht sichern. Dann sollten staatlich unterstützte Genossenschaften die Industrie zugunsten der Arbeiter verändern. Für diese Ziele gründete Lassalle 1863 in Leipzig den *Allgemeinen Deutschen Arbeiterverein* (ADAV). 1864 hatte er etwa 4 600 Mitglieder.

Die meisten politisch organisierten Arbeiter blieben aber zunächst noch den Liberalen und Demokraten verbunden. Sie hatten sich 1863 im *Vereinstag Deutscher Arbeitervereine* (VDAV) zusammengeschlossen. Ihm gehörten 1865 rund 100 Vereine mit 20 000 Mitgliedern an. Als eine Minderheit die Organisation verließ, gründete 1869 der in Köln-Deutz geborene Drechsler *August Bebel* mit dem Journalisten *Wilhelm Liebknecht* die *Sozialdemokratische Arbeiterpartei* (SDAP) in Eisenach.

Die beiden Arbeiterparteien ADAV und SDAP schlossen sich 1875 in Gotha zur *Sozialistischen Arbeiterpartei Deutschlands* zusammen, die seit 1890 *Sozialdemokratische Partei Deutschlands* (SPD) heißt. Der Vereinigungsparteitag nahm ein von Liebknecht verfasstes Programm an. Marx kritisierte die Sozialdemokratie als zu wenig klassenbewusst und kämpferisch. Die Verfolgung durch den Staat zwischen 1878 und 1890** stärkte in der SPD das Bewusstsein von der Ungerechtigkeit der Klassengesellschaft. Dadurch erhielt der radikale, marxistisch orientierte Flügel Auftrieb. Der Staat und die Anhänger der SPD standen sich unversöhnlich gegenüber.

2 „Mann der Arbeit aufgewacht ...“
Stickerei mit einem Porträt des Arbeiterführers August Bebel, 1910. Die Zeilen stammen aus dem „Bundeslied“ des Allgemeinen Deutschen Arbeitervereins. Sie wurden 1864 von Georg Herwegh gedichtet.

*Emanzipation: *in der römischen Antike die Entlassung eines Sohnes aus der väterlichen Gewalt sowie die Freilassung eines Sklaven; heute die Gleichstellung der Frau mit dem Mann*

***Lies dazu Seite 195.*

Stelle die Entstehung der Sozialdemokratie in einem Schaubild dar.

M 1 „Ein Gespenst geht um …“

Aus dem „Manifest der Kommunistischen Partei“ von 1848. Es wird erst in den 1870er-Jahren durch die Sozialdemokraten einer größeren Leserschaft zugänglich gemacht.

Ein Gespenst geht um in Europa – das Gespenst des Kommunismus […]. Unsere Epoche, die Epoche der Bourgeoisie, zeichnet sich […] dadurch aus, dass sie die Klassengegensätze vereinfacht hat. Die ganze Gesellschaft spaltet sich mehr und mehr in zwei große feindliche Lager, in zwei große, einander direkt gegenüberstehende Klassen: Bourgeoisie und Proletariat […].
Die Arbeiter beginnen damit, Koalitionen gegen die Bourgeoisie zu bilden; sie treten zusammen zur Behauptung ihres Arbeitslohnes. Sie stiften selbst dauernde Assoziationen*, um sich für die gelegentlichen Empörungen zu verproviantieren […]. [Der] erste Schritt in der Arbeiterrevolution [ist] die Erhebung des Proletariats zur herrschenden Klasse, die Erkämpfung der Demokratie […].
Das Proletariat wird seine politische Herrschaft dazu benutzen, der Bourgeoisie nach und nach alles Kapital zu entreißen […]. Es kann dies natürlich nur geschehen vermittels despotischer** Eingriffe in das Eigentumsrecht und in die bürgerlichen Produktionsverhältnisse […].
Mögen die herrschenden Klassen vor einer kommunistischen Revolution zittern. Die Proletarier haben nichts zu verlieren als ihre Ketten. Sie haben eine Welt zu gewinnen. Proletarier aller Länder, vereinigt euch!

Karl Marx, Die Frühschriften, hrsg. von S. Landshut, Stuttgart 1971, S. 525 ff.

***Assoziation**: Vereinigung*
*****despotisch**: rücksichtslos*

M 2 „Organisieren Sie sich …“

1863 fordert Ferdinand Lassalle:

Organisieren Sie sich als ein Allgemeiner Deutscher Arbeiterverein zu dem Zweck einer gesetzlichen und friedlichen, aber unermüdlichen, unablässigen Agitation* für die Einführung des allgemeinen und direkten Wahlrechts in allen deutschen Ländern. Von dem Augenblicke an, wo dieser Verein auch nur 100 000 deutsche Arbeiter umfasst, wird er bereits eine Macht sein, mit welcher jeder rechnen muss. Pflanzen Sie diesen Ruf fort in jede Werkstatt, in jedes Dorf, in jede Hütte.

Programme der deutschen Sozialdemokratie. Mit einem Vorwort von Willy Brandt, hrsg. von der Friedrich-Ebert-Stifung, Bonn 1978, S. 35

***Agitation**: Werbung für ein politisches Ziel*

M 3 Das „Eisenacher Programm“

Das in Eisenach 1869 verabschiedete Programm der „Sozialdemokratischen Arbeiterpartei“ enthält folgende Grundsätze:

1. Die heutigen politischen und sozialen Zustände sind im höchsten Grade ungerecht und daher mit der größten Energie zu bekämpfen […].
4. Die politische Freiheit ist die unentbehrlichste Vorbedingung zur ökonomischen Befreiung der arbeitenden Klassen. Die Soziale Frage ist mithin untrennbar von der politischen, ihre Lösung durch diese bedingt und nur möglich im demokratischen Staat.

Programme der deutschen Sozialdemokratie, a. a. O., S. 46

M 4 Fahne der Sozialdemokratie.

Diese um 1870 entstandene Fahne (160 x 177 cm) gilt als Traditionsfahne der deutschen Sozialdemokratie.

M 5 Untergangsvisionen

Auf dem Erfurter Parteitag der Sozialdemokratischen Partei sagt August Bebel im Oktober 1891:

Was aber im Zeitalter der Repetiergewehre und der Maximgeschütze in einer Revolution, die höchstens ein paar Hunderttausend Köpfe machten, geschehen würde, das habe ich schon neulich in Dresden ausgesprochen: Wir würden wie die Spatzen jämmerlich zusammengeschossen. (Zustimmung.) Wer heute noch angesichts der kolossalen Fortschritte nicht nur auf militärischem, sondern auch auf politischem und insbesondere auf ökonomischem Gebiet glaubt, wir Sozialdemokraten möchten mit […] Barrikadenbau zum Ziel kommen, der irrt sich gewaltig, der verkennt total die Natur der Zustände, in denen wir uns befinden. (Sehr richtig!) Genau so, wie die Grundstellung, die wir dem Staat und der Gesellschaft gegenüber einnehmen, eine total verschiedene ist von derjenigen aller früheren Klassen und Parteien, so sind wir auch in der Erringung des letzten Ziels auf ganz neue Wege und neue Mittel angewiesen, das ist meine felsenfeste Überzeugung. Ich glaube, wir haben die größte Ursache, mit dem Gang der Dinge zufrieden zu sein […]. Die bürgerliche Gesellschaft arbeitet so kräftig auf ihren eigenen Untergang los, dass wir nur den Moment abzuwarten brauchen, in dem wir die ihren Händen entfallende Gewalt aufzunehmen haben. (Zustimmung.)

Nach: Ilse Fischer/Werner Krause, August Bebel 1840-1913. Ein Großer der deutschen Arbeiterbewegung [Ausstellungskatalog], Köln 1988, S. 213 f.

1. *Marx beschreibt, wie das Proletariat stufenweise die Macht erringen wird (M 1). Zeichne diese Stufen auf und nenne das Ziel.*
2. *Erkläre, wie Lassalle die Macht der Arbeiter stärken will (M 2).*
3. *Nenne Gründe, weshalb das Bürgertum und die Regierungen in der organisierten Arbeiterbewegung eine Gefahr sahen (M 1, M 3 und M 5).*
4. *Auf welche Tradition greift das Motto der Fahne (M 4) zurück?*
5. *Erläutere, was Bebel zur Revolution sagt und was er mit „ganz neue Wege und neue Mittel“ meint (M 5).*

Die Gründung des Deutschen Kaiserreiches

„Eisen und Blut"
Nach der gescheiterten Revolution von 1848/49 versammelten sich die Anhänger der nationalliberalen Bewegung ab 1861 in der *Deutschen Fortschrittspartei*. Bereits im Gründungsjahr gewann sie die Wahlen zum Abgeordnetenhaus. Eine Zusammenarbeit mit der Regierung scheiterte an ihrer Forderung, die Wehrpflicht auf zwei Jahre zu verkürzen. Der 1861 gekrönte König *Wilhelm I.* wies die Forderung zurück, da er allein den Oberbefehl über das Heer habe. Daraufhin lehnte das Parlament den Haushalt ab. Aus der Diskussion um die Heeresreform wurde ein Machtkampf. Wilhelm I. dachte an Rücktritt, als *Otto von Bismarck* ihm versicherte, als Regierungschef werde er die Heeresreform auch ohne Zustimmung der Volksvertretung durchsetzen.
Bismarck hielt seine Zusage. Seiner Meinung nach gehörte die Zukunft nicht dem liberalen, sondern dem starken Staat. Nicht durch Reden und Mehrheitsbeschlüsse würden „die großen Fragen der Zeit" entschieden, sondern durch „Eisen und Blut" – so Bismarck 1862.

Bismarck wird aktiv
Für Bismarck war im Deutschen Bund kein Platz für zwei Großmächte. Um Preußen die Führung zu sichern, sollte Österreich zurückgedrängt werden. Als Diplomat wusste Bismarck, dass er die übrigen Großmächte berücksichtigen musste. Er suchte eine Verbindung mit Russland. Eine Möglichkeit bot sich 1863. Als sich die Polen gegen die russische Unterdrückung erhoben, vereinbarten Preußen und Russland, ihre Truppen dürften die Grenzen überschreiten, um aufständische Polen zu verfolgen.

Der Deutsch-Dänische Krieg
Die guten Beziehungen zu Russland bewährten sich 1863/64, als Dänemark das Herzogtum Schleswig in Besitz nahm. Während nationale Kräfte im Deutschen Bund eine Trennung Schleswigs und Holsteins von Dänemark forderten, verlangte Bismarck nur die Wiederherstellung des „alten Rechts": Schleswig sollte in Personalunion mit der dänischen Krone verbunden bleiben. Als der dänische König ablehnte, begann er mit Österreich und der Zustimmung der Großmächte den Krieg. Dänemark wurde besiegt und musste 1864 auf alle Rechte an Schleswig und Holstein zugunsten Preußens und Österreichs verzichten. Bismarck hatte Preußens Macht vergrößert und zugleich die nationalen Kräfte im Deutschen Bund zufriedengestellt.

Der Deutsch-Deutsche Krieg
Bismarck suchte nun einen Anlass für eine Auseinandersetzung mit Österreich, um die preußische Vormacht in Norddeutschland abzurunden. Als Österreich am 1. Juni 1866 die schleswig-holsteinischen Probleme vor den Bundestag brachte, sah Bismarck dies als Bruch der bestehenden Verträge an und ließ Holstein besetzen. Österreich protestierte und beantragte die Mobilisierung des nichtpreußischen Bundesheeres. Bayern, Württemberg, Hannover und Sachsen stimmten zu. Preußen trat aus dem Deutschen Bund aus und forderte Sachsen, Hannover und Kurhessen auf, ihm zu folgen. Als die drei Staaten ablehnten, zogen preußische Truppen ein.

→**Filmtipp:** *„Bismarck und das Deutsche Reich." ZDF-Reihe „Die Deutschen" von 2008, Folge 9 (http://diedeutschen.zdf.de/)*

1 Otto von Bismarck.
Gemälde von Jacob Becker, 1855. Bismarcks Vater entstammte märkischem Adel, seine Mutter einer bürgerlichen Beamten- und Gelehrtenfamilie. 1832 machte Otto in Berlin mit 17 Jahren Abitur. Er studierte bis 1835 in Göttingen Jura. 1838 übernahm er die Verwaltung der pommerschen Familiengüter. Seine politische Laufbahn begann Bismarck 1847 als Mitglied des Vereinigten Landtags. In der Revolution von 1848/49 trat er für die preußische Krone ein. Von 1851 bis 1859 war er Preußens Gesandter beim Bundestag in Frankfurt/Main. Als Botschafter in St. Petersburg und Paris sammelte er außenpolitische Erfahrungen. Von 1862-1871 war er preußischer Ministerpräsident und Außenminister, ab 1871 auch Reichskanzler; er behielt die Ämter bis 1890. Acht Jahre später starb Bismarck mit 84 Jahren.

Triumph bei Königgrätz

Die Bundestruppen waren der preußischen Armee nicht gewachsen. Die Entscheidung fiel am 3. Juli 1866 in der *Schlacht bei Königgrätz* (Böhmen). Sie endete für Österreich mit einer Niederlage und für Bismarck mit einem Triumph.
Um die Feindschaft zwischen Preußen und Österreich nicht noch zu vertiefen, ersparte Bismarck Österreich gegen den Willen seines Königs den Einmarsch preußischer Truppen sowie Gebietsverluste. Wien machte dafür Berlin im Frieden von Prag 1866 große Zugeständnisse: Preußen bekam Hannover, Kurhessen, Nassau und Frankfurt am Main, der Deutsche Bund wurde durch den Norddeutschen Bund ohne Österreich ersetzt.

Der Norddeutsche Bund

Der neue Bundesstaat erhielt 1867 eine Bundesverfassung. An der Spitze stand der König von Preußen. Er vertrat den Bund nach außen, ihm unterstand das Bundesheer. Der vom König ernannte Kanzler hatte den Vorsitz im Bundesrat. An der Gesetzgebung waren Bundesrat und Reichstag beteiligt. „Revolutionär" war, dass der Reichstag allgemein, gleich und direkt gewählt wurde.

Schutz und Trutz

Bismarck wollte die süddeutschen Staaten in den neuen Bund locken. Er verwies auf die erfolgreiche Wirtschaftspolitik im Deutschen Zollverein. Als Frankreich zum Ausgleich für sein neutrales Verhalten im Konflikt zwischen Preußen und Österreich Ansprüche auf Rheinhessen und die bayerische Pfalz erhob, schlossen die süddeutschen Staaten im August 1866 zunächst geheime Bündnisse mit Preußen. Sie verpflichteten sich, ihre Streitkräfte in einem Krieg dem König von Preußen zu unterstellen. Die nationalstaatliche Einigung kam zunächst nicht voran. Vor allem in Bayern und Württemberg wurde vor einer möglichen „Verpreußung" gewarnt. Bismarck ließ sich nicht beirren. Er war überzeugt, die deutsche Einigung werde stattfinden.

Die Luxemburgische Krise

In Frankreich warfen nationalistische Politiker *Napoleon III.* vor, den Machtzuwachs Preußens ermöglicht zu haben. Um die Stimmung zu beruhigen, versuchte Napoleon, das Großherzogtum Luxemburg vom König der Niederlande zu erwerben. Da Luxemburg zum Zollverein gehörte, Mitglied des Deutschen Bundes gewesen war und dort preußische Truppen stationiert waren, erbat man Preußens Zustimmung. Bismarck hatte zunächst keine Einwände. Als die geheim geführten Verhandlungen an die Öffentlichkeit gelangten und in der Presse nationale Proteste auslösten, lehnte er die französischen Wünsche demonstrativ ab. Die Krise wurde erst im Mai 1867 auf einer Konferenz der Großmächte beigelegt. Luxemburg blieb als neutraler Staat im Zollverein. Die preußischen Truppen zogen ab.

Eine Provokation?

1870 wurde der katholischen Linie des Hauses Hohenzollern, den Hohenzollern-Sigmaringern, die spanische Königskrone angeboten. Bismarck empfahl seinem König, das Angebot zu unterstützen. Darin sah Frankreich die Gefahr, durch zwei von Hohenzollern regierte Staaten „eingekreist" zu werden. Um die Krise zu entschärfen, verzichtete die Familie Hohenzollern-Sigmaringen auf den Thron. Doch Napoleon III. forderte durch seinen Botschafter in Bad Ems von Wilhelm I., er solle für das Haus Hohenzollern für immer auf den spanischen Thron verzichten. Der preußische König wies das zurück. Er informierte Bismarck und überließ es ihm, die Presse „in geeigneter Form" zu unterrichten. Der Ministerpräsident veröffentlichte am 13. Juli das Telegramm in zugespitzter Form. In dieser „Emser Depesche" erhielt der Auftritt des Botschafters einen drohenden Charakter. Die Veröffentlichung stellte die französische Regierung bloß.

2 „Gegensätze."
Holzstich aus dem „Berliner Punsch" vom 25. August 1866.
Der Zeichner hat der Karikatur folgende Zeilen hinzugefügt: „Gewandheit, Thatkraft, hoher Muth, Von starkem Einheitssinn getragen, Die brachten unter einen Hut Ein großes Volk in dreißig Tagen."
Nebenbei: Die Pickelhaube wurde 1843 für die preußische Armee eingeführt.

3 Kaiserproklamation in Versailles.
Ölgemälde von Anton von Werner, 1885. Dieses Bild entstand im Auftrag des Kaisers zum 70. Geburtstag Bismarcks. Im linken Teil des Gemäldes stehen Kaiser Wilhelm I. und der Großherzog von Baden (den Arm zur Ausrufung des Kaisers erhoben), der Kronprinz, die deutschen Fürsten und die Vertreter der Hansestädte. Vor den Stufen sind Bismarck mit weißen Uniform und Generalstabschef Helmuth von Moltke zu sehen. Bismarck trug tatsächlich eine blaue Uniform.

Der Deutsch-Französische Krieg

Kaiser Napoleon III. erklärte daraufhin Preußen am 18. Juli 1870 den Krieg. Dies stieß auf das Unverständnis der europäischen Großmächte. Sie verhielten sich neutral. Dagegen verpflichtete Preußen die Staaten des Norddeutschen Bundes und die süddeutschen Staaten zum Krieg.

Nach mehreren Schlachten besiegten die Deutschen am 2. September 1870 die französische Armee bei Sedan. 80 000 Soldaten gerieten mit Napoleon in Gefangenschaft. Seine Herrschaft war beendet.

Der Krieg zog sich weitere sechs Monate hin, da die deutsche Führung Elsass und Lothringen verlangte. Erst am 28. Januar 1871 wurde ein Waffenstillstand vereinbart, vier Monate später in Frankfurt am Main ein Friedensvertrag unterschrieben. In dem Krieg starben 150 000 Soldaten. Frankreich musste eine Kriegsentschädigung von fünf Milliarden Francs an das Deutsche Kaiserreich zahlen.

Die „Reichsgründung von oben"

Der Krieg gegen Frankreich ließ die deutsche Nationalbewegung weiter wachsen. Presse und Parlamente setzten die Fürsten und Regierungen der Einzelstaaten unter Druck, endlich einen Nationalstaat zu bilden.

Bismarck förderte und nutzte diese Stimmung. Im November 1870 stimmten Bayern, Württemberg, Baden und Hessen einem neuen Deutschen Bund zu. Die süddeutschen Regierungen unterstützten Bismarck weniger aus nationaler Begeisterung als aus politischer Berechnung: In einem Bundesstaat hofften sie, ihre Eigenständigkeit gegenüber Frankreich am besten wahren zu können.

Die Verfassung des Deutschen Reiches trat am 1. Januar 1871 in Kraft. Damit war der deutsche Nationalstaat gegründet. Mehr Aufmerksamkeit erhielt die Kaiserproklamation im Schloss Versailles am 18. Januar 1871. Sie symbolisierte die Reichsgründung von oben.

*→**Internettipp:** Den Text der Emser Depesche findest du unter www.documentarchiv.de*

M 1 Der Weg zur Reichseinigung 1866-1871.

M 2 Träume gehen in Erfüllung

Freifrau von Spitzemberg, eine Freundin der Familie Bismarck, notiert unter dem 3. März 1871 in ihr Tagebuch:

Vereint zu einem Reiche, dem größten, mächtigsten, gefürchtetsten in Europa, groß durch seine physische Macht nicht allein, größer noch durch seine Bildung und den Geist, der das Volk durchdringt! Jedes deutsche Herz hat das erhofft, keines erahnt, dass seine Träume sich in dieser Weise, so bald und so herrlich erfüllen würden. Glücklich sind wir, dass wir nicht nur den Stern deutscher Größe und Herrlichkeit aufgehen sahen, sondern dass wir noch jung genug sind, um uns unter seinen Strahlen zu wärmen, um die, so Gott will, recht reichen und segensvollen Früchte zu genießen, die aus dieser unter Blut und Tränen gesäten Saat hervorgehen. Möge Gott den Geist meines Volkes so lenken, dass seine Entwicklung eine friedliche und zivilisatorische bleibe, sein Reich ein Reich des Lichts, der Freiheit, der wahren, christlichen Gesinnung sei!

Rudolf Vierhaus (Hrsg.), Am Hof der Hohenzollern. Aus dem Tagebuch der Baronin Spitzemberg 1865-1914, München ²1979, S. 52

M 3 Wem nützt die Reichsgründung?

Der führende Sozialdemokrat August Bebel kommentiert die Reichsgründung 1874 so:

Das durch „Blut und Eisen" mühsam zusammengeschweißte „Reich" ist kein Boden für die bürgerliche Freiheit, geschweige für die soziale Gleichheit. Staaten werden mit den Mitteln erhalten, durch die sie gegründet wurden. Der Säbel stand als Geburtshelfer dem „Reich" zur Seite, der Säbel wird es ins Grab begleiten. Toren sind, die von Schöpfungen der monarchischen Gewalt die „Freiheit" erwarten, noch größere Toren sind die, welche von der auf der Klassenherrschaft und dem Säbelregiment beruhenden Staatsgewalt die Pflege wirklicher Volkswohlfahrt erwarten. Es gibt in Deutschland nur eine Klasse, der die neue Reichsschöpfung zusagte und die sie auch mit berechtigtem Jubel begrüßte – die deutsche Bourgeoisie.

Siegfried Ziegler, Das Deutsche Kaiserreich, München 1989, S. 35

M 4 Vor einer neuen Welt?

Der britische Regierungschef Benjamin Disraeli sagt am 9. Februar 1871:

Dieser Krieg bedeutet die deutsche Revolution, ein größeres politisches Ereignis als die französische des vergangenen Jahrhunderts […]. Nicht ein einziger der Grundsätze der Handhabung unserer auswärtigen Angelegenheiten, welche noch vor einem halben Jahr von allen Politikern als selbstverständliche Richtlinien anerkannt wurden, steht noch heute in Geltung. Es gibt keine überkommene Auffassung der Diplomatie, welche nicht fortgeschwemmt wäre. Wir stehen vor einer neuen Welt, neue Einflüsse sind am Werk; […] das Gleichgewicht der Macht ist völlig zerstört; und das Land, welches am meisten darunter leidet und welches die Wirkungen dieses großen Wechsels am meisten zu spüren bekommt, ist England.

Günter Schönbrunn (Bearb.), Das bürgerliche Zeitalter, München 1980, S. 376 f.

1. *Fasse die wichtigsten Schritte auf dem Weg zur Gründung des Deutschen Reiches in einer Zeitleiste zusammen.*
2. *Vergleiche die Stellungnahme der Freifrau von Spitzemberg (M 2) mit der August Bebels (M 3). Erkläre die Unterschiede.*
3. *Überlege, was Disraeli nach der Reichsgründung befürchtete (M 4). Berücksichtige dabei die auf dem Wiener Kongress hergestellte Ordnung.*

Verfassung – Wahlrecht – Parteien

Ein Nationalstaat?
Das 1871 gegründete Deutsche Kaiserreich war ein Bundesstaat. Neben „Preußen", „Bayern", „Hessen" oder „Württembergern" gab es nun erstmals „Deutsche" im staatsrechtlichen Sinne. Doch das Kaiserreich war streng genommen kein Nationalstaat: Im Osten lebten Bürger polnischer Herkunft, im Westen gab es französischsprachige Elsässer und Lothringer und im Norden Einwohner dänischer Abstammung.

Die Verfassung
Das Präsidium des Reiches stand dem König von Preußen zu. Er trug den erblichen Titel Deutscher Kaiser. Er konnte im Namen des Reiches Kriege erklären und Frieden schließen, hatte den Oberbefehl über die Streitkräfte und besaß das Recht, Bundesrat und Reichstag einzuberufen oder aufzulösen.
In der Gesetzgebung wirkten Bundesrat und Reichstag gleichberechtigt zusammen. Beide konnten Gesetze einbringen. Für ein Reichsgesetz waren Mehrheitsbeschlüsse beider Versammlungen erforderlich. Den Vorsitz im Bundesrat hatte der vom Kaiser zu ernennende Reichskanzler. Er war unabhängig vom Vertrauen der Abgeordneten des Reichstages, musste sich allerdings bei neuen Gesetzen und bei der Genehmigung des Haushalts (*Budget*) um Mehrheiten im Reichstag bemühen.

Das Wahlrecht
Das Wahlgesetz für den Deutschen Reichstag war im Vergleich zum preußischen Drei-Klassen-Wahlrecht* sehr fortschrittlich. Es wurde von der Bevölkerung aber erst allmählich angenommen. In jedem der fast 400 Wahlkreise des Reiches wurde ein Abgeordneter in allgemeiner, gleicher, direkter und geheimer Wahl gewählt. Frauen waren nicht wahlberechtigt. Es galt das *Mehrheitswahlrecht*. Erreichte im ersten Wahlgang keiner der Kandidaten mehr als 50 % der Stimmen, gab es eine Stichwahl zwischen den beiden erfolgreichsten Bewerbern.

Jahr	*1871*	*1890*
Anteile an den abgegebenen Stimmen in Prozent, Zahl der Mandate in Klammern		
Nationalliberale	30,1 (125)	16,3 (42)
Linksliberale	9,3 (47)	18,0 (76)
Konservative	23,0 (94)	19,1 (93)
Zentrum	18,6 (63)	18,6 (106)
Sozialdemokraten	3,2 (2)	19,8 (35)

1 Ergebnisse der Reichstagswahlen.
Nach: Michael Epkenhans/Andreas von Seggern, Leben im Kaiserreich. Deutschland um 1900, Stuttgart 2007, S. 30

2 „Wie der zukünftige Reichstag aussehen wird."
Karikatur aus dem „Kladderadatsch" vom 29. September 1878.

Wer wählt wen?
Die *Nationalliberalen* waren zunächst die stärkste Fraktion im Reichstag und Bismarcks sicherste Stütze. Ihre Wähler stammten aus dem Besitz- und Bildungsbürgertum. Die *Linksliberalen*, zu deren Anhängern viele Gebildete gehörten, standen der Regierungspolitik kritisch gegenüber. Sie spalteten sich in den 1880er-Jahren und verloren damit an Gewicht.
Das katholische *Zentrum* vertrat Bürger und Arbeiter. Es wurde vor allem in katholischen Gegenden gewählt. Seine Abgeordneten bildeten in den ersten Jahren eine starke Opposition gegen die protestantisch geprägte Reichspolitik. Die *Konservativen* wurden vor allem östlich der Elbe vom Adel und Militär sowie von den protestantischen Geistlichen und höheren Beamten gewählt.
Die Sozialdemokraten verstanden sich als Teil der internationalen Arbeiterbewegung. Das machte sie für Kaiser, Regierung und nationale Kräfte zu „Reichsfeinden". Zwischen 1878 und 1890 unterdrückte der Staat die Partei, wo er konnte.** Stammland der SPD war das „rote" Sachsen. Darüber hinaus hatte sie viele Anhänger im Ruhrgebiet und den anderen industriellen Ballungsräumen.

*Lies dazu Seite 157.
**Zum Kampf gegen die Sozialdemokraten siehe Seite 195.

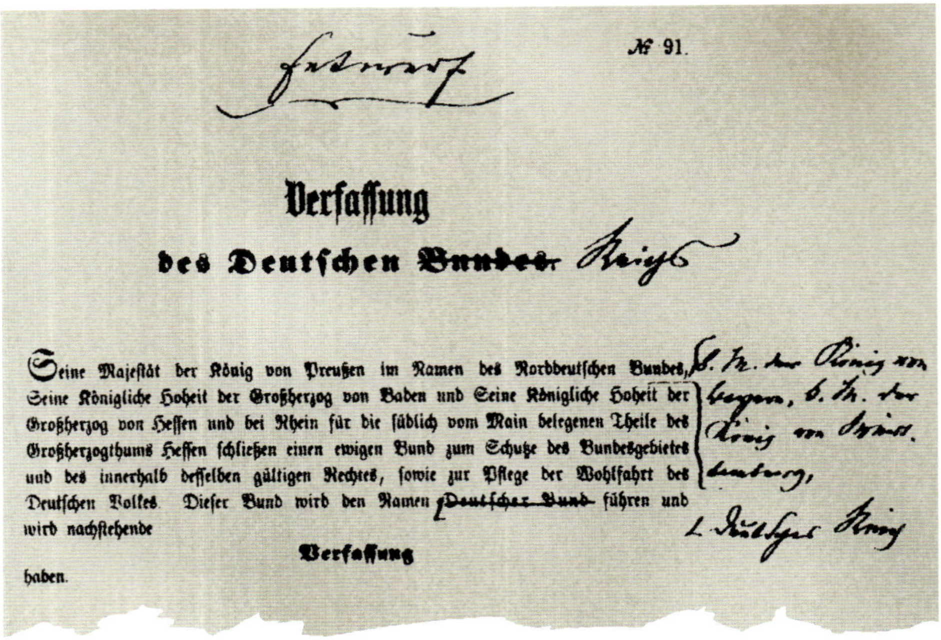

№ 91.

Verfassung

des Deutschen ~~Bundes.~~

Seine Majestät der König von Preußen im Namen des Norddeutschen Bundes, Seine Königliche Hoheit der Großherzog von Baden und Seine Königliche Hoheit der Großherzog von Hessen und bei Rhein für die südlich vom Main belegenen Theile des Großherzogthums Hessen schließen einen ewigen Bund zum Schutze des Bundesgebietes und des innerhalb desselben gültigen Rechtes, sowie zur Pflege der Wohlfahrt des Deutschen Volkes. Dieser Bund wird den Namen ~~Deutscher Bund~~ führen und wird nachstehende

Verfassung

haben.

M 1 Einleitung (Präambel) des Verfassungsentwurfs.
Auf dem Blatt ist Bismarcks Handschrift zu sehen.

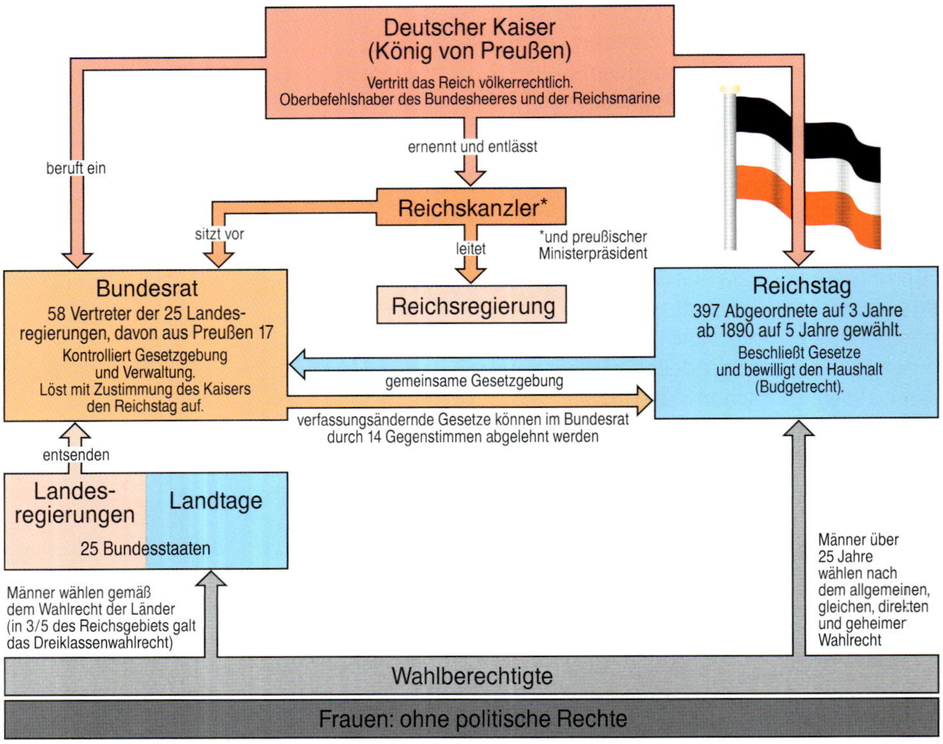

M 2 Die Reichsverfassung von 1871
Diese Verfassung blieb bis 1918 in Kraft.

M 3 Über den Reichstag

Der Historiker und nationalliberale Reichstagsabgeordnete Heinrich von Sybel urteilt 1871:

Auch wenn eine Volksvertretung, wie in Deutschland und Nordamerika, nicht die Kraft besitzt, Minister ein- und abzusetzen, so ist schon ihr Dasein und ihre Debatte, ihre Kritik des Budgets und ihre Befugnis, misslungene Gesetzesentwürfe zu vernichten, eine höchst bedeutende Schranke gegen jeden willkürlichen Absolutismus der Regierung. Diese Regierung aber in fester Hand und den Wogen der unberechenbaren Stimmungsmache im Volk entzogen zu wissen, erscheint uns [...] als unschätzbarer Segen.

Der Gutsbesitzer und konservative Reichstagsabgeordnete Elard von Oldenburg-Januschau sagt am 29. Januar 1910 im Reichstag:

Der König von Preußen und der Deutsche Kaiser muss jeden Moment imstande sein, zu einem Leutnant zu sagen: „Nehmen Sie zehn Mann und schließen Sie den Reichstag."

Michael Epkenhans/Andreas von Seggern, Leben im Kaiserreich. Deutschland um 1900, a. a. O., S. 30

1. *M 1 zeigt die Grundlage der neuen Verfassung. Nenne sie!*
2. *Untersuche das Verfassungsschema. Bestimme das Verfassungsorgan, das die größte Macht hat (M 2).* Lerntipp
3. *Preußen hat sich in der Verfassung großen Einfluss gesichert. Bestimme ihn (M 2)!*
4. *Verfasst aus der Sicht eines Liberalen oder eines Sozialdemokraten Antworten auf die Aussagen über den Reichstag (M 3).*

Kulturkampf – Reichsfeinde – Sozialpolitik

Gegen Katholiken

Bismarck hielt nicht viel vom Reichstag und von den Parteien. Das Parlament sah er als notwendiges Übel. Die nationalen, liberalen und konservativen Parteien spielte er gern gegeneinander aus, um seine Ziele durchzusetzen.
Das bekam zuerst das Zentrum zu spüren. Bismarck und die Liberalen verdächtigten dessen Politiker, die katholische Kirche und den Papst wichtiger zu nehmen als das Reich und den evangelischen Kaiser. Daher begann Bismarck den „Kulturkampf": Er verbot den Geistlichen, im Gottesdienst über Politik und Staat zu sprechen. Kein Pfarrer durfte ohne staatliche Zustimmung von der Kirche angestellt oder versetzt werden.
Wie die Liberalen wollte Bismarck Kirche und Staat trennen. Ab 1872 kamen in Preußen alle Schulen unter staatliche Aufsicht. 1875 wurde die Zivilehe eingeführt: Ehen waren nur gültig, wenn sie vor dem staatlichen Standesamt geschlossen wurden. Katholiken, die sich weigerten, die Gesetze anzuerkennen, wurden verhaftet und zu Geld- oder Gefängnisstrafen verurteilt. Doch Bismarcks Versuch, das *Zentrum* zu schwächen, scheiterte.

Gegen die Sozialdemokratie

Für Bismarck waren die Gewerkschaften und die Sozialdemokraten die gefährlichsten Feinde des Kaiserreichs. 1878 nutzte er zwei Attentate auf den Kaiser, um gegen die Arbeiterbewegung vorzugehen, obwohl eine Verbindung zwischen ihr und den Attentätern nicht nachgewiesen werden konnte. Beeinflusst von der bürgerlichen Presse, die eine Revolution fürchtete, setzte Bismarck im Oktober 1878 das „Sozialistengesetz" im Reichstag durch. Es galt bis 1890.
Sozialistische Organisationen und ihre Zeitungen wurden unterdrückt, Hunderte von Sozialdemokraten verhaftet oder ausgewiesen. Das Gesetz führte auch zur Auflösung zahlreicher christlich-sozialer und liberaler Arbeitervereine.
Trotz Verfolgung konnte Bismarck die Arbeiterbewegung nicht zerschlagen. Nicht alle Bundesstaaten hielten sich an Preußens harte Linie. Sozialdemokraten waren weiter in den Reichstag wählbar, da die Verfassung eine Persönlichkeitswahl vorsah. Außerdem genossen die SPD-Abgeordneten Schutz vor behördlicher Verfolgung wegen angeblicher Straftaten (*Immunität*).

1 Der Kampf des Riesen gegen den Zwerg.
Holzstich aus dem „Wahren Jacob" von 1890. Am 25. Januar 1890 lehnte der Reichstag mit großer Mehrheit eine weitere Verlängerung des Sozialistengesetzes ab, damit lief es am 30. September aus.

Versöhnung durch Politik?

Bismarck erkannte, dass er die sozialistischen Ideen durch Unterdrückung allein nicht beseitigen konnte. Um die Staats- und Gesellschaftsordnung des Kaiserreichs zu sichern, wollte er die Arbeiterschaft durch eine Sozialpolitik für den Staat gewinnen.
Nach dem Vorbild freiwilliger Unterstützungskassen schuf Bismarck das erste gesetzliche System sozialer Vorsorge in der Welt. 1883 verabschiedete der Reichstag das Gesetz über die Krankenversicherung, 1884 trat das Unfallversicherungsgesetz in Kraft und 1889 die Invaliden- und Altersversicherung.
Sein politisches Ziel erreichte Bismarck mit der Sozialgesetzgebung nicht. SPD und Gewerkschaften lehnten sie als unzureichend ab.

M 1 Unfall in einer Maschinenfabrik.
Holzstich (32,4 x 48 cm) von Johann Bahr, 1889.
Das Bild wurde auf einer Unfallverhütungsausstellung in Berlin gezeigt.

M 2 Wer sorgt für die Invaliden?
Über die Unfallgefahren und den fehlenden Versicherungsschutz berichtet folgender Artikel des „Boten vom Niederrhein" vom 12. Januar 1866:

Gestern wurde uns ein Schreiben eines Arbeiters überbracht, in welchem mehrere Fälle zusammengestellt sind, die beweisen, wie schlecht bis jetzt für die Invaliden der Arbeit gesorgt wird [...].
1. Ein Arbeiter, welcher in einer Fabrik eine Reihe von Jahren gearbeitet hat, ist jetzt über ein halbes Jahr krank. Dieser Mann erhält aus der städtischen Lade* kein Geld mehr, Doktor und Apotheker sind ihm von der Fabrik verweigert und seine Kameraden legen wöchentlich einen Betrag zusammen, damit er nicht vor Hunger und Elend umkommt [...].
2. In einer Fabrik befinden sich Kessel mit einer Lauge von 80 Grad Hitze, über welche ein Gangbrett geht. Ein Arbeiter, der über dieses Brett muss, gleitet aus und fällt mit einem Bein in die heiße Lauge. Er kommt ins Krankenhaus, und die Kosten, welche dadurch erwachsen, werden ihm später mit monatlich 5 Silbergroschen von seinem verdienten Lohne abgehalten [...].
Es ist in neuerer Zeit mehrfach ausgesprochen worden, dass die Fabrikanten durch ein Gesetz gezwungen werden müssten, für ihre Invaliden ausreichend zu sorgen. Andere haben gemeint, der Staat müsste dies tun.

Hartmut Pietsch, Industrialisierung und soziale Frage in Duisburg. Quellen und Materialien zur Geschichte und Entwicklung der Stadt Duisburg, Band 1, Duisburg 1982, S. 63

***Lade**: *Unterstützungskasse*

M 3 Die Sozialversicherung im Kaiserreich

Versicherungsart	*Beiträge*	*Leistungen*
Krankenversicherung 1883 für gewerbliche Arbeiter und (freiwillig ab 1892) Angehörige	2-3 % des Lohns, davon 2/3 vom Versicherten, 1/3 vom Arbeitgeber	ärztliche Behandlung und Medizin, Krankenhauskosten; nach zweitägiger Wartezeit Krankengeld (50 % des Durchschnittslohns, max. 2 Mark/Tag)
Unfallversicherung 1884 für gewerbliche Arbeiter	als Haftpflicht vom Arbeitgeber zu zahlen	Heilungskosten; bei Erwerbsunfähigkeit 2/3 des Einkommens, 20 % für Witwen
Invaliden- und Altersversicherung 1889 für gewerbliche Arbeiter und Landarbeiter (ab 1911 auch für Familienangehörige)	1% (ab 1900 1,5-3 %) des Lohns; je zur Hälfte von Arbeitnehmer und Arbeitgeber	Invalidenrente bei Erwerbsunfähigkeit; Altersrente ab dem 70. Lebensjahr und nach 30 (ab 1900: 24) Beitragsjahren

Nach: Rainer Bölling/Johann Henseler (Hrsg.), Das deutsche Kaiserreich 1871-1918, Freiburg 1986, S. 47 f.

M 4 Nebenwirkungen
Ein ehemaliges Mitglied des Vorstandes der Landesversicherungsanstalt schreibt:

Man muss zugeben, dass die Renten in der Regel die Kosten des Lebensunterhalts nicht deckten. Namentlich war das in den Städten der Fall. Dagegen zeigte sich aber auf dem Lande, wo in erheblichem Umfang Naturalwirtschaft herrschte und es an barem Gelde oft fehlte, dass die Renten im Lebensunterhalt eine große Rolle spielten. Die Alten und Invaliden, die höchstens durch kleine Handreichungen und die Aufsicht über die Kinder ihren Angehörigen noch nützlich sein konnten und deshalb für ihre Angehörigen oft eine unerwünschte Last bildeten, gewannen gewaltig an Ansehen und Liebe, wenn sie allmonatlich einen nicht unerheblichen Barbetrag in die Haushaltskasse legen konnten.

Zentralblatt für Reichsversicherung und Reichsversorgung, Nr. 19/20, Oktober 1940, S. 181

1. *Fasse zusammen, welche Folgen Krankheit und Arbeitsunfähigkeit für Arbeiter hatten (M 2 und M 4).*
2. *Überlege, warum für Krankheit, Unfall und Rente der Arbeitnehmer keine freiwillige, sondern eine gesetzliche Lösung gesucht wurde.*
3. *Die Bismarckschen Sozialgesetze wurden Ausgangspunkt für unsere Kranken-, Unfall- und Rentenversicherung. Sie sind heute in großen Schwierigkeiten. Informiere dich über die Probleme und berichte.*

Bismarcks Außenpolitik

1 **Bismarck verlässt den Reichstag.**
Ölgemälde (102 x 125 cm) von Alexander Friedrich Werner, 1892.

Frankreich isolieren

Das nach 1815 gefundene europäische Gleichgewicht geriet mit der Gründung des Deutschen Reiches 1871 in eine Krise. Der neue Staat war seinen Nachbarn wirtschaftlich und militärisch überlegen. Um ihnen die Furcht vor einem deutschen Vormachtstreben zu nehmen, erklärte Bismarck mehrfach, das Deutsche Reich gehöre zu den „saturierten" (territorial zufriedenen) Staaten.

Bismarck fürchtete, Frankreich könne versuchen, Elsass und Lothringen zurückzugewinnen, falls es einen Bundesgenossen fände. Dafür kamen Österreich-Ungarn und Russland infrage. Daher bemühte er sich um Bündnisse mit diesen Staaten. Im *Dreikaiserabkommen* von 1873 verpflichteten sich die Monarchen der drei Reiche, bei jeder Störung des Friedens miteinander zu sprechen.

Der „ehrliche Makler"

1875 erhoben sich einige Völker auf dem Balkan gegen die osmanische (türkische) Fremdherrschaft. Russland griff 1877 in den Konflikt ein, um seinen Einfluss auf diese Region auszudehnen und sich einen direkten Weg zum Mittelmeer zu verschaffen. Dagegen protestierte die britische Regierung. Sie sah ihren freien Zugang zu den Staaten im Nahen und Mittleren Osten gefährdet. Auch Österreich war gegen eine Neuordnung auf dem Balkan: Es fürchtete den Zerfall des eigenen Vielvölkerreiches in mehrere Nationalstaaten.

Da das Deutsche Reich keine Interessen auf dem Balkan besaß, lud Bismarck 1878 die europäischen Mächte zum *Berliner Kongress* ein. Als „ehrlicher Makler" verhinderte er einen Krieg zwischen den Großmächten. Die in Berlin gefundene Lösung verärgerte aber Russland, das bereits eroberte Gebiete zurückgeben musste. Zugleich war die russische Führung von Bismarck enttäuscht: Sie hatte von ihm als Dank für ihre neutrale Haltung 1866 und 1870/71 mehr Unterstützung erwartet.

Das Bündnissystem

Die gespannten deutsch-russischen Beziehungen veranlassten den Reichskanzler 1879 zu einem Bündnis mit Österreich-Ungarn. Beide Mächte verpflichteten sich, einander bei einem Angriff Russlands zu helfen. Aus diesem *Zweibund* wurde 1882 mit Italien ein *Dreibund*.

Bismarck ließ den Kontakt mit Russland trotzdem nicht abreißen. 1881 wurde das Dreikaiserabkommen von 1873 in überarbeiteter Form wieder aufgenommen. In diesem geheimen Abkommen beschlossen die Staaten, sich gegen eine angreifende vierte Macht zu schützen.

Als zwei Jahre später erneute Unruhen auf dem Balkan eine Verlängerung des Abkommens wegen des österreichisch-russischen Gegensatzes unmöglich machten, vereinbarte Bismarck 1887 mit Russland ein geheimes Abkommen, den *Rückversicherungsvertrag*. Er verpflichtete die Vertragspartner zur Nichteinmischung (*Neutralität*), falls das Deutsche Reich von Frankreich oder das Russische Reich von Österreich-Ungarn angegriffen würde. In einem Zusatzprotokoll erkannte Bismarck die russischen Interessen an einem Zugang zum Schwarzen Meer an.

1887 schlossen Italien und Großbritannien ein Mittelmeerabkommen, Österreich-Ungarn, Italien und Großbritannien den *Orientdreibund*. Die Bündnisse sollten den bestehenden Zustand (lat. *status quo*) im Mittelmeerraum stabilisieren.

Bismarcks Rücktritt

Bismarcks Bündnissystem ging von den Machtverhältnissen in Europa aus. Dies zeigte auch die von ihm nur zögernd begonnene Kolonialpolitik.* Ende des 19. Jahrhunderts änderte sich der politische Horizont. „Weltpolitik" wurde Maßstab der Außenpolitik. Dafür war Bismarck nicht mehr verantwortlich. Der 74-jährige Kanzler reichte 1890 seinen Rücktritt ein.

*Zur Kolonialpolitik siehe Seite 208 ff.

M 1 Fundament der Außenpolitik

Bismarck erläutert im März 1888 seine Außenpolitik:

Seit siegreiche Kriege zur Errichtung des Norddeutschen Bundes und […] des Deutschen Reiches geführt hätten, sei die Politik Seiner Majestät [Kaiser Wilhelms I.] vornehmlich darauf gerichtet gewesen, den Frieden zu bewahren und Koalitionen auswärtiger Mächte gegen Deutschland vorzubeugen. Eine Koalition hätte […] leicht […] Russland, Frankreich und Österreich umfassen können. Es sei deshalb geboten gewesen, eine Versöhnung mit einer der beiden bekämpften Großmächte zu suchen, und diese habe nur Österreich sein können. Diese Versöhnung sei geglückt und habe zu einem Bündnis geführt.

Michael Epkenhans/Andreas von Seggern, Leben im Kaiserreich. Deutschland um 1900, Stuttgart 2007, S. 23

M 3 „Die dreizehnte Arbeit des Herkules. Des Reichskanzlers Stellung seit 1870."

Zeichnung von Wilhelm Scholz aus dem „Kladderadatsch" vom 8. Juli 1888.
Der Herkules aus der griechischen Sagenwelt löste zwölf Aufgaben, Bismarck musste nach Ansicht des Zeichners eine zusätzliche, besonders schwere Aufgabe lösen.
Hinweis: Links im Bild steht ein französischer, rechts ein russischer Offizier.

M 2 „Working the points."

Zeichnung aus der britischen Zeitung „Punch" vom 4. Mai 1878.
Bismarck betätigt den Hebel „Diplomatie".
Im Hintergrund die Züge „Russland" und „Großbritannien".

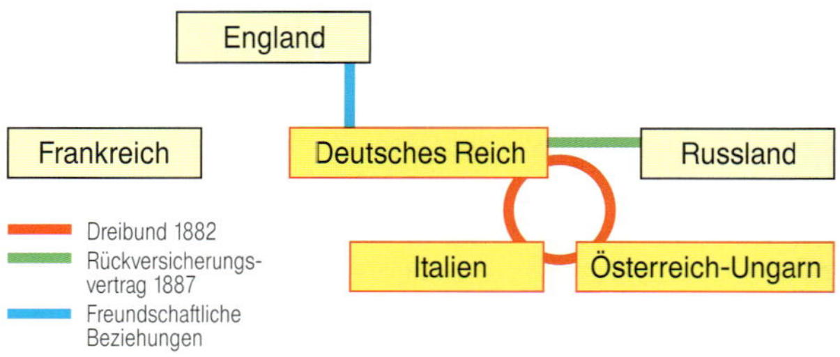

M 4 Bismarcks Bündnisse um 1887.

1. *Bestimme den Zweck der Bündnispolitik Bismarcks (M 1 und M 4).*
2. *Deute die Karikaturen (M 2 und M 3).* Lerntipp

Lerntipp

Karikaturen entschlüsseln

Was wollen Karikaturen?
Karikaturen bewerten und kommentieren Ereignisse. Sie spitzen zu und beziehen Stellung. Da sie in zeitlicher Nähe zu dem Geschehen entstehen, sind sie historische Quellen. Worüber die Zeitgenossen lachten oder sich ärgerten, was ihnen gefiel oder was sie ablehnten, erkennen wir heute selten auf Anhieb. Weil die Zeichner gerne Symbole benutzen, müssen wir die Karikaturen entschlüsseln. An einem häufig nachgeahmten Beispiel aus dem 19. Jahrhundert kannst du das hier schrittweise üben. Hier erste Hinweise:

1. *Ereignis*: Reichskanzler Otto von Bismarck scheidet 1890 aus der Regierung aus.
2. *Bildbeschreibung*: Ein älterer Mann in Seemannskleidung verlässt ein Schiff über eine Lotsenleiter. Er stützt sich an der Schiffswand ab. Ein jüngerer uniformierter Mann mit Krone steht an Deck und blickt dem alten Mann ungerührt nach.
3. *Analyse*: Lotse und Schiff sind Symbole und stehen für den Reichskanzler und das „Staatsschiff" (Deutsches Reich). Der Mann an der Reling stellt Kaiser Wilhelm II. als Kapitän dar.
4. *Deutung*: In der Regel verlässt ein Lotse ein Schiff erst, wenn es ohne Hilfe sicher fahren kann. Im Kontrast dazu steht die Bildunterschrift „Dropping the pilot.". Der britische Karikaturist ging also davon aus, dass Bismarck entlassen wurde, und er befürchtete offensichtlich, dass Deutsche Reich könne ohne seinen „Lotsen" vom Kurs abkommen.

Die Karikatur wirft damit mehrere Fragen auf, die ohne weitere Quellen oder Darstellungen nicht zu beantworten sind.

M 1 Hintergründe

Zu den Hintergründen von Bismarcks Ausscheiden aus der Regierung:

Zu den innenpolitischen Meinungsverschiedenheiten zwischen dem 31-jährigen Kaiser und dem 74-jährigen Reichskanzler über die Sozialpolitik traten 1890 andere Konflikte, die eine weitere Zusammenarbeit unmöglich machten, beispielsweise Bismarcks Festhalten an einem Erlass aus dem Jahre 1852, der den Umgang der einzelnen Minister mit der Krone unter die Kontrolle des Ministerpräsidenten stellte.
Als Wilhelm II. von Bismarck verlangte, auf diese Bestimmung zu verzichten, sah der Kanzler sich gezwungen, am 18. März 1890 sein Abschiedsgesuch einzureichen:
„... nach gewissenhafter Erwägung der Allerhöchsten Intentionen, zu deren Ausführung ich bereit sein müsste, wenn ich im Dienste bliebe, kann ich nicht anders als Ew. M. allerunterthänigst bitten, mich aus dem Amt des Reichskanzlers, des Ministerpräsidenten und des Preußischen Ministers der auswärtigen Angelegenheiten in Gnaden und mit der gesetzlichen Pension entlassen zu wollen ..."

Zwei Tage später informiert Kaiser Wilhelm das Staatsministerium wie folgt:

Nachdem Ich den Fürsten von Bismarck seinem Antrage gemäß von der Stellung als Reichskanzler, als Präsident des Staats-Ministeriums und als Minister der auswärtigen Angelegenheiten entbunden und den kommandierenden General des X. Armee-Korps, General der Infanterie von Caprivi zum Reichskanzler und zum Präsidenten des Staats-Ministeriums ernannt und mit der Leitung des Ministeriums der auswärtigen Angelegenheiten einstweilen den Staatsminister, Staatssekretär des Auswärtigen Amts, Grafen von Bismarck-Schoenhausen beauftragt habe, lasse Ich dem Staats-Ministerium Abschrift Meiner bezüglichen Erlasse vom heutigen Tage anliegend zur Kenntnißnahme zugehen.

Nach: Bismarck – Preußen, Deutschland und Europa. Ausstellungskatalog des Deutschen Historischen Museums, Berlin 1990, S. 461

M 2 „Dropping the pilot."

Lithografie (45 x 28 cm) von Sir John Tenniel aus dem in England erscheinenden „Punch" vom 29. März 1890.

1. *Prüfe, ob die Karikatur (M 2) die in M 1 angeführten Meinungsverschiedenheiten zwischen dem Reichskanzler und dem Kaiser thematisiert.*
2. *Trat Bismarck von seinen Ämtern zurück oder wurde er entlassen (M 1 und M 2)? Wie hat der Karikaturist den Sachverhalt dargestellt? Übersetze dazu die Bildunterschrift (M 2).*
3. *Der Karikaturist interpretiert die Zukunft des Deutschen Reiches ohne Bismarck. Erläutere seine Haltung.*

Die Wilhelminische Gesellschaft

1 Wilhelm II.
Foto von dem Hoffotografen Emil Bieber, um 1910.
Der deutsche Kaiser und König von Preußen in der Uniform eines Generalfeldmarschalls.

Kaiser Wilhelm und seine Zeit
Die Epoche zwischen 1890 und 1914 verdankt ihre Bezeichnung Kaiser *Wilhelm II.*, der 1888 mit 29 Jahren Kaiser wurde und zwei Jahre später Bismarcks Rücktritt durchsetzte. Er sorgte für zahlreiche innen- und außenpolitische Verwirrungen, war sprunghaft und geltungssüchtig, trat gern in prunkvoller Uniform auf und hielt kriegerische und ungeschickte Reden. Wilhelm II. berief sich auf sein Gottesgnadentum und glaubte, ein „persönliches Regiment" führen, die Reichspolitik also selbst leiten zu können.

Eine gespaltene Gesellschaft
Die gesellschaftliche Elite bildete nach wie vor der Adel. Er hatte noch immer die höchsten Ämter in Verwaltung, Diplomatie und Armee inne.
Neben dem Adel stand das Großbürgertum, die kleine Schicht der Unternehmer und Bankiers. Sie hatten mit dem wirtschaftlichen Wachstum an politischem Selbstbewusstsein gewonnen.
Durch die steigenden Anforderungen der Verwaltung sowie Industrie und Technik wuchs das Bildungsbürgertum stark an. Zum „alten" städtischen Mittelstand, den Handwerkern und Händlern, trat um 1900 ein „neuer": die Angestellten. Sie grenzten sich deutlich von den Arbeitern ab. Der soziale Aufstieg aus der Arbeiterschaft blieb schwierig. Der Sprung ins Besitz- und Bildungsbürgertum gelang selten. Der Besuch von Gymnasien und Universitäten kostete Geld und setzte ein gutes Einkommen der Eltern voraus. Darüber verfügte nur ein Bruchteil der Gesellschaft. Rund drei Viertel der Wilhelminischen Gesellschaft lebten am Rande des Existenzminimums.

2 Berliner Straßenszene.
Foto von 1914.

Der deutsche Obrigkeitsstaat
Gehorsam gegenüber der Obrigkeit prägte die Wilhelminische Gesellschaft. Soldaten hatten nach Auffassung der Bürger in drei siegreichen Kriegen 1864, 1866 und 1870/71 die nationale Einigung erst ermöglicht. Alljährlich wurde dies am *Sedantag* (2. September) gefeiert.* Dabei spielten die Kriegervereine eine große Rolle. 1888 hatten sie 200 000, 1914 bereits 2,8 Millionen Mitglieder.
Wer etwas gelten wollte, musste zumindest Reserveoffizier sein. Die Vorliebe für die Marine zeigte sich sogar in der Kinderkleidung. Matrosenanzüge wurden Mode für Jungen und Mädchen. Kritik am Militarismus war verpönt.

Hoch-Zeit der Denkmäler
Die Gründung des Deutschen Reiches wurde als Beginn einer ruhmreichen Epoche dargestellt. In zahlreichen Städten und Dörfern wurden Denkmäler aufgestellt. Manche erinnerten an die Opfer der „Einigungskriege", andere an den „Reichsgründer". Für Bismarck wurden bis 1914 etwa 700 Denkmäler errichtet. Die Standbilder, Türme, Säulen, Porträtbüsten, Gedenksteine und Brunnen spiegeln den Wunsch nach Glanz und Größe, nach Sicherheit und Beständigkeit des Reiches.
Seit den 1880er-Jahren setzten sich Vereine für den Bau großer Nationaldenkmäler ein. Zu den bedeutendsten gehört das *Niederwald-Denkmal* bei Rüdesheim am Rhein.** Es wurde nach 1883 ein „Wallfahrtsort" für Vereins- und Familienausflüge. Auf Betreiben des *Deutschen Kriegerbundes* entstanden 1896 das *Kyffhäuser-Denkmal* in Thüringen und 1913 das *Völkerschlacht-Denkmal* in Leipzig.

*Lies dazu das Projekt auf Seite 202.
**Siehe den Lerntipp auf Seite 203.

*→**Internettipps:** Über Bismarcktürme und -säulen informieren www.bismarcktuerme.de/ und http://bismarck-kult.free-25.de/; zu den Regierungsjahren Wilhelms II. siehe auch www.dhm.de/lemo/html/kaiserreich/alltagsleben/ index.html und www.nrw2000.de/wilhelm/wilhelm.htm*

*→**Filmtipps:***
– „Wilhelm und die Welt." ZDF-Reihe „Die Deutschen" von 2008, Folge 10 (http://diedeutschen.zdf.de/)
– „Der Untertan." Verfilmung des gleichnamigen Romans von Heinrich Mann. Regie: Wolfgang Staudte, 1951

M 1 „Stolz jedes Deutschen ..."

In einem 1889 veröffentlichten Artikel des Militär-Wochenblatts heißt es:

In keinem anderen Lande der Welt steht der Offiziersstand auf einer so hohen Stufe, nimmt er auf der Skala der menschlichen Gesellschaft einen so hohen Rang, eine so angesehene und geachtete Stellung ein als in Deutschland [...]. Wer den Offiziersstand zu dem seinigen macht, übernimmt damit auch die Pflichten desselben; macht die Anschauungen zu den seinen, die dem Stande innewohnen [...]. Die dem Urgedanken des Offiziersstandes entstammenden Gesinnungen sind: dynastischer Sinn, unbedingte Treue gegen die Person des Monarchen, erhöhter Patriotismus, Erhaltung des Bestehenden, Verteidigung der seinem Schutze anvertrauten Rechte seines Königs und Bekämpfung vaterlandsloser, königsfeindlicher Gesinnung etc. Die erste Pflicht, die schönste Tugend im Strahlenkranze des Offiziers, zugleich die Grundbedingung seiner Existenz, ist die Treue.

Gerhard A. Ritter (Hrsg.), Das Deutsche Kaiserreich 1871-1914. Ein historisches Lesebuch, Göttingen [5]1992, S. 92

M 2 Matrosenanzüge.

Werbung, um 1910.

M 3 Das preußische Hauptidol

In Preußen dürfen Angehörige des Bürgertums mit höherer Schulbildung statt des normalen zwei- oder dreijährigen einen einjährigen Militärdienst ableisten. Nach Teilnahme an weiteren militärischen Übungen können die „Einjährig-Freiwilligen" zu „Reserveoffizieren" aufsteigen. Diese genießen in Preußen nicht zuletzt deshalb hohes Ansehen, weil der reguläre Offiziersstand noch weitgehend dem Adel vorbehalten ist. Über die gesellschaftliche Stellung des Reserveoffiziers schreibt Theodor Fontane einem Freund am 3. Oktober 1893:

Jede Gesellschaftsklasse, jeder Hausstand hat ein bestimmtes Idol. Im Ganzen aber darf man sagen, es gibt in Preußen nur 6 Idole, und das Hauptidol, der Vitzliputzli* des preußischen Kultus, ist der Leutnant, der Reserveoffizier [...]. Hätten Sie [...] in eine bocksteife Professoren- oder vor Hochmut platzende Künstlerfamilie hineingeheiratet, so würden Sie der Leutnant- und Reserve-Offizier-Bewunderung glücklich entgangen sein, aber es hätten sich Übelstände herausgestellt, die gleich bedrücklich wären.

Theodor Fontane, Briefe in zwei Bänden, ausgew. und erl. von Gotthard Erler, Bd. 2, Berlin 1980, S. 309

***Vitzliputzli**: eine nach dem aztekischen Stammesgott Huitzilopochtli bezeichnete „Schreckgestalt"*

M 4 „Abschied."

Zeichnung von Olaf Gulbransson aus dem „Simplicissimus", 1910.
Der Untertitel lautet: „... und dann müsst ihr bedenken, als Zivilisten seid ihr hergekommen, und als Menschen geht ihr hier fort!"

M 5 Verderblicher Einfluss

Der aus einer großbürgerlichen Bremer Kaufmannsfamilie stammende Historiker und Politiker Ludwig Quidde veröffentlicht 1893 eine Schrift über den Militarismus im Deutschen Reich:

Besonders verderblich ist der Einfluss des Militarismus in dem eigentlichen Bürgertum, das seine Selbstständigkeit doch verhältnismäßig leicht bewahren könnte [...]. Für die allgemeine Entwicklung unserer Zustände kann dieser fortschreitende Verfall unseres Bürgerstandes die bedenklichsten Folgen haben; denn es bleiben dann nur die beiden hasserfüllten Gegner übrig, auf der einen Seite der Militarismus mit seinem Gefolge, auf der anderen Seite der aufstrebende vierte Stand, als der allein ungebrochene Vertreter aller, die noch Freiheit schätzen [...].
Die ganze Auffassung von Disziplin, von dem Unterordnungsverhältnis, das vom Befehlenden keine Rechenschaft fordert und dem Gehorchenden das Recht zur Kritik verweigert, diese ganze Auffassung, die für das bürgerliche und öffentliche Leben nicht zu brauchen ist, wird durch dieses Soldatenspielen in den Kriegervereinen genährt.

Ludwig Quidde, Caligula. Schriften über Militarismus und Pazifismus. Mit einer Einleitung hrsg. von Hans-Ulrich Wehler, Frankfurt a. M. 1977, S. 102 f.

1. *Untersuche die Rolle des Militärs in der Wilhelminischen Gesellschaft. Warum wurde es so geschätzt, was wurde an ihm gelobt und kritisiert (M 1 bis M 5)?*
2. *Carl Zuckmayer hat in seinem Stück „Der Hauptmann von Köpenick" und Heinrich Mann in seinem Roman „Der Untertan" das geistige Klima der Wilhelminischen Zeit dargestellt. Informiert euch über die Werke und schaut euch eine Verfilmung an.*

Sedanfeiern

M 1 Der Sieg bei Sedan wird gefeiert

Der Historiker Fritz Schellack schreibt 1988:

Schon im Frühjahr des Jahres 1871 begann in Deutschland der Gedanke an die Feier eines nationalen Festes als Dank für den Sieg über Frankreich und die Einigung durch die Gründung des Kaiserreiches an Boden zu gewinnen. [...].

Schon im August 1871 ließ die königlich-preußische Regierung eine Bekanntmachung veröffentlichen, wonach Beamten und Schulen gestattet wurde, sich an der Sedanfeier zu beteiligen [...]. Offiziösen Charakter erhielt der 2. September, als Kaiser Wilhelm I. 1873 in Berlin eine Siegesfeier veranstaltete, die mit einer Denkmalsenthüllung für die Siege von 1864, 1866 und 1870/71 [...] verbunden war. Zugleich kam in dieser Veranstaltung erstmals das militärische Gepräge zur Geltung. [...]

Schon 1872 attackierte die sozialdemokratische Presse in Eisenach und Braunschweig die dortigen Sedanfeste heftig, und in Braunschweig selbst fand ein Arbeiterfest als Gegenveranstaltung zur Sedanfeier statt. Am 19. August 1874 untersagte z. B. der Mainzer Bischof Wilhelm Emanuel Ketteler den Geistlichen seiner Diözese die Beteiligung am Sedanfest [...]. Ketteler begründete seinen Erlass mit der Tatsache, dass der Jahrestag der Schlacht von Sedan nicht ein nationales Dankfest des gesamten deutschen Volkes sei, sondern in erster Linie das Fest einer Partei, die an der Spitze gegen das Christentum und die katholische Kirche stehe. [...] Unter der Regierung Wilhelms II. begann sich der Sedantag [...] schnell in eine reine Militärfeier zu verwandeln. [...]

Bezeichnenderweise fiel der Sedantag nach 1889 immer in die Zeit der jährlichen Kaisermanöver.

Dieter Düding u. a. (Hrsg.), Öffentliche Festkultur. Politische Feste in Deutschland von der Aufklärung bis zum Ersten Weltkrieg, Reinbek 1988, S. 278, 282 und 284

M 2 Sedan-Feier in Düren.

Anzeige des Festprogramms aus dem „Dürener Anzeiger“ vom 1. September 1877. Das „Fest-Comité“ bestand aus etwa 40 Bürgern „aller Parteien und aller Confessionen“, einschließlich jüdischer Mitbürger.

M 3 Aus der Festrede

Der 46-jährige Bürgermeister Hubert Jakob Werners hält am 2. September 1877 die Festrede und sagt:

Von den Alpen bis zu seinen Meergestaden begeht Deutschland heute wiederum den 2. September als seinen nationalen Gedenk- und Festtag, und wir, die Bürger einer deutschen Stadt, in deren Nähe einst die Wiege des alten deutschen Kaisertums stand, wir feiern diesen Tag freudig mit ihm. [...]

Allgemeiner, einmütiger denn je wird der heutige Tag in unserm Vaterland begangen [...].

Der Gedanke einer christlichen Weltmonarchie, eines heiligen römischen Reiches deutscher Nation ist nicht mehr. Er ruht wie alle Ideen, nachdem sie hinfällig geworden und verblichen sind, im Grabe der Geschichte. Das neue deutsche Reich [...] steht auf anderer Grundlage: Anders sind die Ziele, die es sich selbst setzte, die es zum Schutze seines Gebietes und seines Rechtes sowie zur Pflege der Wohlfahrt des deutschen Volkes klar umschrieb: Es ist [...] eine nationale Schöpfung.

Dürener Anzeiger vom 5. September 1877 (vereinfacht)

M 4 Eine Alternative suchen

Die in Berlin erscheinende Wochenzeitung „Ethische Kultur“ veröffentlicht am 1. September 1900 folgenden Artikel:

Die Feier des Sedantages hat gewiß ihr Gutes, aber sie hat auch ihre Schattenseiten. Es thut not, daß endlich eine Zeit anbricht, in der die Völker sich die Hände reichen zu friedlicher Arbeit. Den Gegner muß es verbittern, wenn ihn der Sieger immer und immer wieder an seine Niederlage erinnert – was im Verkehre der einzelnen taktlos ist, ist es auch im Verkehre der Völker – und unserem Volke selbst wird der enge Gedankenkreis, in dem sich das Fest bewegt, mit der Zeit langweilig. Wir könnten diese Mängel vermeiden und die Schönheit des Festes erhöhen, wenn wir aus dem Sedantag einen Festtag machten, der dem Nachdenken über unser Volk, über seinen Charakter, seine Entwicklung, seine Erfolge, seine großen Männer gewidmet ist, kurz einen „deutschen Tag“ daraus machten.

An diesem Tag würden wir uns die Tugenden unserer Vorfahren, unserer großen Männer zur Nacheiferung vorhalten, würde besondere Wendepunkte in dem Auf und Nieder des Werdegangs unseres Volkes beleuchten, die einzelnen Gebiete seiner Thätigkeit betrachten und rückschauend überlegen, was ihm auf dem oder jenem Gebiet zum Siege verholfen hat.

Ethische Kultur. Wochenschrift für sozial-ethische Reformen, 8. Jg. (1900), Nr. 35, S. 1

1. *Vergleicht die Ausführungen des Historikers (M 1) mit der Rede des Bürgermeisters (M 3).*
2. *Erläutert die Aussagen des Bürgermeisters über das „neue deutsche Reich“ (M 3).*
3. *Nehmt Stellung zur dem Artikel M 4.*
4. *Ermittelt, wie die Sedanfeiern in eurem Wohn- oder Schulort gefeiert wurden. Als Quellen eignen sich zeitgenössische Presseberichte und Schulfestschriften.*

Lerntipp

Denk-mal!

Das Niederwald-Denkmal

Unmittelbar nach der Krönung Wilhelms I. zum Kaiser kam die Idee auf, auf einem Höhenzug oberhalb der Stadt Rüdesheim am Rhein ein Denkmal zu errichten. Dazu wurde ein Wettbewerb ausgeschrieben. Die Grundsteinlegung fand in Anwesenheit des Kaisers 1877 statt. Sechs Jahre später wurde es eingeweiht. Bezahlt wurde das Denkmal mit Spenden und 400 000 Goldmark aus der Staatskasse.

Das Niederwald-Denkmal steht auf einer Aussichtsplattform, die der Besucher über mehrere Terrassen erreicht. Die Front ist dem Rhein zugewandt. Am unteren Sockel sind zwei Figuren angebracht: Neptun als Vater Rhein und seine Tochter Mosel. Oberhalb ist ein Bronzerelief zu sehen, das von zwei Engeln mit Posaune und Lorbeerzweig (6,8 m) flankiert wird. Das Relief (10,7 x 2,6 m) selbst zeigt etwa 200 Personen in Lebensgröße. Dargestellt werden die deutschen Fürsten und ihre Heerführer, die sich um ihren Oberbefehlshaber und späteren Kaiser Wilhelm I. sammeln. Direkt neben Wilhelm I. ist Otto von Bismarck zu erkennen. Unter dem Relief befindet sich eine Inschrift mit dem Text des Liedes „Die Wacht am Rhein". Darüber prangt ein mit Orden geschmückter Reichsadler (2,5 m hoch). Rechts und links von ihm sind die Wappen der Bundesstaaten zu sehen.

Die Hauptinschrift des Denkmals lautet:

ZUM ANGEDENKEN
AN DIE EINMUETHIGE
SIEGREICHE ERHEBUNG
DES DEUTSCHEN VOLKES
UND AN DIE
WIEDERAUFRICHTUNG
DES DEUTSCHEN REICHES
1870 – 1871.

Darüber erhebt sich die in Bronze gegossene Germania* mit Brustpanzer und einem wallenden Gewand. Sie lehnt an einem Thron, stützt sich dabei mit der linken Hand auf ein Schwert, das mit Lorbeerlaub umwunden ist, mit der rechten Hand hebt sie eine Krone empor. Ihr Kopf ist mit einem Kranz aus Eichenlaub bedeckt.

M1 Niederwald-Denkmal.
Foto, um 1896.

***Germania**: eine Frauengestalt, die in der Kunst und Literatur des 19. Jahrhunderts die deutsche Nation verkörpert; siehe auch Seite 154.*

1. *Interpretiere das Niederwald-Denkmal. Berücksichtige folgende Untersuchungsschritte:*
   - *Beschreibe Aussehen, Größe, Erscheinungsform und Lage des Denkmals.*
   - *Kläre die verwendeten Symbole (Kranz, Adler, Krone, Schwert) und allegorischen Figuren (Germania).*
   - *Bestimme den Denkmalstyp (Standbild, Mahnmal, Sieges-, Helden- oder Nationaldenkmal).*
   - *Welche Aufgabe übernimmt die Inschrift? Informiert oder manipuliert sie?*
   - *Wer gab den Auftrag und wie wurde es finanziert?*
   - *Wann wurde das Denkmal errichtet und eingeweiht?*
   - *Welche Funktion hatte es in seiner Entstehungszeit?*
   - *Welche Wirkung sollte es erzielen?*
2. *Sucht Denkmäler aus der Zeit zwischen 1871 und 1918 in eurem Wohn- und Schulort. Fotografiert sie und haltet Entstehungszeit, Typ, Lage, Gestaltung und Inschriften in einer Dokumentation fest. Sammelt dazu Aussagen über die Wirkung des Denkmals.*

1 **Louise Otto-Peters.**
Holzstich, um 1871.
Die Schriftstellerin und Journalistin Louise Otto (ab 1858 Otto-Peters) forderte 1844 als 25-Jährige die „Teilnahme der weiblichen Welt am Staatsleben". 1849 gründete sie die erste deutsche „Frauen-Zeitung"; sie wurde 1852 eingestellt. Seit den 1860er-Jahren engagierte sich Louise Otto-Peters in der Frauenbewegung. Sie starb 1895.

Frauen melden sich zu Wort

Neues Leben – alte Haltungen

Seit Mitte des 19. Jahrhunderts mussten unverheiratete Frauen und Witwen immer häufiger selbst für ihren Lebensunterhalt sorgen. Aber es gab kaum qualifizierte Frauenberufe und zahlreiche Ausbildungsbeschränkungen. 1893 wurde in Karlsruhe das erste Mädchengymnasium als Privatschule eröffnet. Drei Jahre später durften in Berlin die ersten sechs Frauen in einer externen Prüfung ihr Abitur ablegen.
Während in Frankreich Mädchen seit 1861, in der Schweiz seit 1868 und in den skandinavischen Ländern seit den 1880er-Jahren studieren konnten, mussten die deutschen Frauen länger warten. Erst 1908 erhielten sie in Preußen das Recht auf Universitätsbildung, doch ohne Anspruch auf staatliche Prüfungen.

Die Frauenbewegung beginnt

Bereits 1848 hatte die Frauenrechtlerin *Louise Otto-Peters* die Erziehung der Frau zu selbstständiger wirtschaftlicher und geistiger Arbeit gefordert. 1865 beteiligte sie sich an der Gründung des *Allgemeinen Deutschen Frauenvereins* in Leipzig. Ziel war es, „alle der weiblichen Arbeit im Wege stehenden Hindernisse" zu beseitigen. Erst durch den 1894 gegründeten *Bund Deutscher Frauenvereine* (BDF) erhielt die Frauenbewegung größere Bedeutung. 1901 gehörten ihm 140 Vereine an. Ziel des BDF war es, die „bürgerliche" Stellung der Frauen in rechtlicher, beruflicher und damit in wirtschaftlicher Hinsicht zu verbessern. Im Mittelpunkt stand die Forderung nach besserer Ausbildung.

Getrennte Wege

Von der bürgerlichen Frauenbewegung grenzten sich die konservative und die sozialistische ab. Die *Vaterländischen Frauenvereine*, die in den 1880er-Jahren 150 000 Mitglieder zählten, wollten die traditionelle Frauenrolle erhalten. Dagegen verstand sich die sozialistische Frauenorganisation als Teil der Arbeiterbewegung. Sie forderte den Schutz der Arbeiterinnen, die Abschaffung der Kinderarbeit, gleiche Rechte und Löhne wie für Männer. An der Spitze der sozialistischen Frauenbewegung, die um 1908 rund 30 000 Mitglieder hatte, stand seit 1889 *Clara Zetkin*.

Frauen wollen wählen

Das Frauenwahlrecht wurde nicht von Anfang an von der bürgerlichen und sozialistischen Frauenbewegung gefordert. Die SPD nahm die Forderung 1891 als erste Partei in ihr Programm auf. Die liberalen und christlichen Parteien schwankten lange. Die Konservativen lehnten es ab. Erst 1918 wurde das Frauenwahlrecht in Deutschland verkündet. Zuvor war es in Finnland (1906), Norwegen (1913), Dänemark (1915) und in Sowjetrussland (1917) eingeführt worden.

2 **Anschlag.**
Mit diesem Plakat (83 x 60 cm) von Erich Maria Stadler warb die sozialistische Frauenbewegung 1914 für das Frauenwahlrecht. Der Berliner Polizeipräsident hielt die Schlagzeile für eine Beleidigung der Obrigkeit und verbot die Plakatierung.
Informiere dich, wann das Frauenwahlrecht in Großbritannien, Frankreich, Italien, Belgien und der Türkei eingeführt wurde.

M1 Helene Lange.
Fotomontage.
Im Hintergrund die erste Ausgabe der von Helene Lange herausgegebenen Zeitschrift „Die Frau" vom 1. Oktober 1893.
Helene Lange, geboren 1848, wuchs mit ihren beiden Brüdern in einer Oldenburger Kaufmannsfamilie auf. Mit 16 Jahren war sie Vollwaise und kam als „Pensionstochter" in ein schwäbisches Pfarrhaus. Dort spürte sie, dass Frauen in der Gesellschaft nicht gleichberechtigt waren. 1871 zog sie nach Berlin, legte dort eine Lehrerinnenprüfung ab und lehrte ab 1876 an einer privaten höheren Mädchenschule. Ab 1887 prägte Helene Lange die bürgerliche Frauenbewegung. 1889 führte sie in ihrer Berliner Schule „Realkurse" (mit Mathematik, Naturwissenschaften, Geschichte und Nationalökonomie) für Frauen ein. 1890 gründete sie mit zwei anderen Frauen den „Allgemeinen Deutschen Lehrerinnenverein" (ADLV), 1893 wandelte sie die Real- in Gymnasialkurse um. Von 1893 bis 1921 war Helene Lange im Vorstand des „Allgemeinen Deutschen Frauenvereins" (ADFV) und von 1894 bis 1906 auch im „Bund Deutscher Frauenvereine" tätig. Sie starb mit 82 Jahren in Berlin.

M2 Bildung um ihrer selbst willen

1887 schreibt Helene Lange:

Solange die Frau nicht um ihrer selbst willen, als Mensch und zum Menschen schlechtweg gebildet wird, solange sie [...] in Deutschland nur des Mannes wegen erzogen werden soll, solange konsequenterweise die geistig unselbstständigste Frau die beste ist [...], so lange wird es mit der deutschen Frauenbildung nicht anders werden. Das wird nun vielen Männern als kein großer Schaden erscheinen, wenn nur ihr Behagen dabei gesichert ist [...].
Nicht Männer, sondern Frauen sind in erster Stelle zur Bildung und Erziehung von Mädchen berufen; taugen die Frauen dazu noch nicht, so mache man sie tauglich.

Elke Frederiksen (Hrsg.), Die Frauenfrage in Deutschland 1865-1915. Texte und Dokumente, Stuttgart 1981, S. 212 und 222

M3 Gegen das Frauenstudium

1895 werden über 100 deutsche Professoren gefragt, was sie von einem Frauenstudium halten. Auszüge aus den Zuschriften:

Unsere Universitäten sind Männeruniversitäten und in ihrem ganzen inneren Leben dem männlichen Geiste angepasst. *Otto Gierke, Jurist*

Deutsche Wissenschaft ist Männerwerk. *Adolf Lasson, Philosoph und Psychologe*

Amazonen sind auch auf geistigem Gebiet naturwidrig. *Max Planck, Physiker*

Der Frauen höchstes Ziel muss der häusliche Herd, das Familienheim bleiben, soll anders die Weltordnung nicht verdorben werden. *Franz Reigel, Mediziner*

Dass das weibliche Geschlecht in Bezug auf geistige Produktivität durchschnittlich weniger gut veranlagt ist als das männliche, darüber kann kaum ein Zweifel bestehen. *Emmanuel Mendel, Psychiater*

Frauenstudium auf den Universitäten scheint mir ein entbehrlicher Luxus von fraglichem Wert zu sein. *Georg Busolt, Historiker*

Nach: Brigitte Löhr (Hrsg.), Frauen in der Geschichte. Grundlagen – Anregungen – Materialien für den Unterricht, Bd. 1, Tübingen 1993, S. 158 ff.

M4 Bildung und Beruf für Frauen

Helene Lange legt 1905 das Programm des „Allgemeinen Deutschen Frauenvereins" vor; darin heißt es:

I. Bildung. [...] Im Einzelnen stellt sie [die Frauenbewegung] folgende Forderungen:
a) obligatorische* Fortbildungsschulen für alle aus der Volksschule entlassenen Mädchen;
b) eine Reorganisation der höheren Mädchenschule, durch welche diese [...] den höheren Knabenschulen gleichwertig wird [...];
c) unbeschränkte Zulassung ordnungsgemäß vorgebildeter Frauen zu allen wissenschaftlichen, technischen und künstlerischen Hochschulen.
II. Berufstätigkeit. Die Frauenbewegung betrachtet für die verheiratete Frau den in der Ehe und Mutterschaft beschlossenen Pflichtenkreis als ersten und nächstliegenden Beruf [...].
In Anbetracht der großen Zahl von Frauen, die unverheiratet bleiben, und der weiteren Zahl derer, die in der Ehe keine ausreichende wirtschaftliche Versorgung finden können, ist die Berufsarbeit der Frau eine wirtschaftliche und sittliche Notwendigkeit. Die Frauenbewegung betrachtet die berufliche Frauenarbeit aber auch [...] als Kulturwert, da auch die Frau Träger hervorragender spezifischer Begabung sein kann [...]. In Bezug auf die wirtschaftliche Bewertung vertritt die Frauenbewegung den Grundsatz: Gleicher Lohn für gleiche Leistung.

Gerhard A. Ritter/Jürgen Kocka (Hrsg.), Deutsche Sozialgeschichte. Dokumente und Skizzen, Bd. 2: 1870-1914, München ³1982, S. 419 f.

* **obligatorisch**: *verpflichtend*

1. *Erörtert, ob Helene Langes Urteil über die Stellung der Frau heute noch berechtigt ist (M 2).*
2. *Gemeinsamen Unterricht für Mädchen und Jungen lehnte Helene Lange ab. Finde Gründe für diese Einschränkung und überlege, ob sie noch gelten könnten.*
3. *Verfasse Entgegnungen zu den Aussagen der Professoren (M 3).*
4. *Untersuche, welche Auffassung von der Berufstätigkeit der Frau in M 4 vertreten wird. Formuliere eine Kritik aus heutiger Sicht.*

Jüdisches Leben

1 Kölner Synagoge, Roonstraße.
Lithografie von J. Mieler, 1899 (Ausschnitt). Zwischen 1861 und 1910 wuchs die jüdische Bevölkerung Kölns von 2 622 auf 12 156. Im heutigen Köln gab es um 1933 sieben Synagogen.

→Internettipp: *Informationen zu über 2 000 deutschen und österreichischen Synagogen findest du unter www.synagogen.info*

Die deutschen Juden

Erst mit der Gründung des Reiches 1871 wurden die Juden in allen deutschen Staaten rechtlich und politisch gleichberechtigt. Zu der Zeit gab es etwa 500 000 deutsche Juden, davon lebten etwa zwei Drittel in Preußen, vor allem im Rheinland und in Westfalen. Rund 70 % wohnten und arbeiteten um 1871 auf dem Lande und in Kleinstädten. Erst mit der fortschreitenden Industrialisierung und dem Wachstum der Städte ging das Landjudentum zurück. Um 1900 lebten bereits zwei Drittel der Juden in Großstädten. Ihr Anteil an der deutschen Gesamtbevölkerung betrug 1 %.

Die traditionell hohe Bedeutung, die Juden der Bildung zumaßen, sowie das allgemeine Wirtschaftswachstum halfen ihnen sozial aufzusteigen. Um 1880 übten rund 60 % der Juden bürgerliche Berufe aus. Auf dem Lande waren viele als Viehhändler oder Metzger tätig. Rund ein Viertel aller Juden zählte zu den Armen.

Um die Jahrhundertwende leisteten jüdische Unternehmer wie der Industrielle *Emil Rathenau*, Wissenschaftler wie der Medizin-Nobelpreisträger *Paul Ehrlich*, Schriftsteller wie *Else Lasker-Schüler* und Künstler wie *Max Liebermann* bedeutende Beiträge zur Wirtschaft, Wissenschaft und Kunst in Deutschland.

Vom Vorurteil zur Ideologie

Gegen die rechtliche und politische Gleichstellung der Juden als Angehörige einer „unchristlichen" Religion bestanden Vorbehalte. Sie wuchsen mit der 1873 einsetzenden Wirtschaftskrise. Wie früher galten Juden als „Sündenböcke". Journalisten und Gelehrte diskutierten die „Judenfrage". Dabei fand der preußische Historiker *Heinrich von Treitschke* 1879 mit seiner Behauptung „Die Juden sind unser Unglück" Beifall vor allem bei Studenten.

Die religiös begründeten Vorurteile erhielten Auftrieb durch biologische Schlussfolgerungen, die man fälschlicherweise aus dem Werk des Naturforschers *Charles Darwin* zog. Danach seien Menschen wie Tiere von Natur aus ungleich und hätten einen „höheren" oder „niederen" Wert. Rassen mit „höherem" Wert – so der Sozialdarwinismus – seien berechtigt, über die mit „niederem" zu herrschen. In scheinwissenschaftlichen Abhandlungen wurde die anmaßende Vorstellung von der Überlegenheit der „nordischen Rasse", der „Arier", über alle anderen Rassen – also auch über die zu den „Semiten" gezählten Juden – verbreitet. Dieser rassistisch begründete Antisemitismus verband sich mit den anderen Vorurteilen gegenüber der jüdischen Minderheit.

Bürger „zweiter Klasse"

Judenfeindliche Vorstellungen wurden in Verbänden wie dem *Bund der Landwirte* und den national-konservativen Parteien verbreitet. Sie forderten die Rücknahme der rechtlichen und politischen Gleichstellung der Juden. In Kaiser Wilhelm II. fanden sie einen einflussreichen Sympathisanten. Vor allem Angehörige der freien Berufe, Lehrer und Militärs sowie Kleinbürger und Bauern forderten die Benachteiligung der Juden in Schule, Universität und Armee ein. Auch viele Vereine begannen, sie als Mitglieder abzulehnen. Dies machte die Juden zu Bürgern „zweiter Klasse".

Weitere Herausforderungen

In den 1880er-Jahren kam es in Osteuropa zu gewaltsamen Massenausschreitungen (*Pogromen*) gegen Juden. Sie suchten daraufhin Zuflucht in westlich gelegene Länder, so auch in Deutschland. Hier galten die Flüchtlinge bei den fest ansässigen Juden oft als „arme Pollacken".

1896 forderte der österreichische Journalist, Schriftsteller und Politiker *Theodor Herzl* die Gründung eines „Judenstaates". Die auf der Welt verstreut lebenden Juden sollten in Jerusalem (*Zion*) und Palästina eine Heimat finden. Der von Herzl gegründete politische *Zionismus* hoffte, die zum Osmanischen Reich zählenden und von Arabern bewohnten Gebiete besiedeln zu können.

→Internettipps: *Informationen zum Antisemitismus im Kaiserreich findest du unter www.dhm.de/lemo/html/kaiserreich/antisemitismus*

M 1 Eine Antwort auf Treitschke

1879 rechtfertigt der deutsche Historiker Heinrich von Treitschke den Antisemitismus öffentlich. Der jüdische Historiker Heinrich Graetz antwortet ihm im selben Jahr:

Der Genius* des deutschen Volkes möge Ihnen verzeihen, dass Sie das unüberlegte Wort ausgesprochen haben: Die Juden seien ein Unglück für das deutsche Volk. Sie stellen damit diesem Volke ein wenig schmeichelhaftes Zeugnis aus, das dieses in seiner Kernhaftigkeit mit Unwillen zurückweisen wird. Wie? 40 Millionen Deutsche sollen in Gefahr sein, von einer Handvoll Juden korrumpiert** und entsittlicht zu werden? Es ist ein Schimpf, den Sie ihnen antun, wie Sie überhaupt dieses Heldenvolk beleidigen, indem Sie ihm volles Nationalgefühl absprechen. [...] Glücklicherweise stehen die Sachen anders. Die Bewegung gegen die Juden ist keineswegs tief und groß. Zählen oder wägen Sie die judenfeindlichen Stimmen, denen Sie sich zugesellen – auch ohne Vergleich mit den judenfreundlichen – und Sie müssen finden, dass sie ebenso vereinzelt wie wenig bedeutend sind.

Walter Boehlich (Hrsg.), Der Berliner Antisemitismusstreit, Frankfurt a. M. 1988, S. 26

***Genius**: schöpferisch begabter Geist*
*****korrumpieren**: bestechen*

M 2 Alle nahmen daran teil

Die am Niederrhein erscheinende „Geldernsche Zeitung" berichtet am 6. September 1882 aus Issum:

Gestern feierten die Eheleute Moses Bouscher von hier das seltene Fest der goldenen Hochzeit [...]. Die Nachbarn der Gefeierten hatten an dem Ehrentage ihr Festgewand angelegt, die Häuser beflaggt, Triumphbogen errichtet und das Haus des Jubelpaares sowie den Eingang der Synagoge mit Girlanden, Kränzen und hübschen Sinnsprüchen verziert. Am Vorabend des Festes wurde den allseitig geachteten Jubilaren von zwei hiesigen Gesangsvereinen je ein schönes Ständchen dargebracht. Am Festtage selbst gegen 10 Uhr morgens wurden die Gefeierten in dem mit Girlanden geschmückten Wagen der Firma Mühlen und Leendertz von hier zur Synagoge geführt, woselbst unter zahlreicher Beteiligung aus den verschiedenen Konfessionen die neue Einsegnung der Jubilare stattfand.

Nach: Bernhard Keuck, Juden in Issum, Issum 1990, S. 11

M 3 Die Synagoge Rödingen.

Foto von Andreas Schiblon, LVR-Zentrum für Medien und Bildung, 2008.
Isaak Ullmann, der Sohn eines Metzgers und Vorsteher der jüdischen Gemeinde, ließ diese typische Landsynagoge 1841 auf seinem Grundstück bauen. Das kleine und schlichte Gebäude im Hinterhof zählt zu den wenigen erhaltenen Beispielen für die über 300 Betstuben und Synagogen, die im 19. Jahrhundert in der preußischen Rheinprovinz gezählt wurden; es gehört seit 1999 dem Landschaftsverband Rheinland. Dazu kamen noch ca. 160 Synagogen in der Provinz Westfalen.

M 4 Berufsstruktur der jüdischen Bevölkerung in Preußen

	1852	1882	1895
Ortsanwesende jüdische Bevölkerung	226 241	357 554	361 944
– davon Erwerbstätige	64 965	137 138	160 798
Erwerbstätige nach Wirtschaftsabteilungen (in Prozent)			
– Landwirtschaft	1,1	1,2	1,0
– Industrie und Gewerbe	19,4	20,9	20,6
– Handel und Gastwirtschaft	51,8	56,9	53,9
– Häusliche Dienste und Lohnarbeit	13,9	17,8	21,9
– Militär, öffentlicher Dienst und freie Berufe	–	–	–
– Dienende für häusliche Dienste	13,8	3,2	2,6

Nach: Avraham Barkai, Jüdische Minderheit und Industrialisierung. Demographie, Berufe und Einkommen der Juden in Westdeutschland 1850-1914, Tübingen 1988, S. 62

→ Exkursions- und Internettipps:
– Synagoge Rödingen, Gemeinde Titz im Kreis Düren (www.lvr.de/kultur/regionalgeschichte/synagoge_roedingen/)
– Jüdisches Museum Westfalen, Dorsten (www.jmw-dorsten.de)

1. *Arbeite mit M 1 bis M 4 Aspekte des jüdischen Lebens heraus. Vergleiche die Aussagen der Quellen mit dem Lehrbuchtext auf Seite 206.*
2. *Suche Zeugnisse jüdischen Lebens an deinem Wohn- oder Schulort aus dem späten 19. Jahrhundert.*

1 Kolonialreiche um 1830.

Imperialismus

Vom Kolonialismus ...

Als im 15. und 16. Jh. Portugiesen und Spanier die Weltmeere erkundeten und neue Seewege, Inseln und Kontinente entdeckten, begann die europäische Expansion. Viele Staaten gründeten in Übersee Kolonien als Handelsstützpunkte, Rohstofflieferanten und Auswandererziele.

Im 19. Jh. besaß Großbritannien überall Kolonien. Die einträglichste Kolonie des Britischen Weltreichs (*Empire*) war Indien. Frankreich bemühte sich nach den verlorenen Kriegen besonders um die Expansion nach Übersee und war um 1900 die zweitgrößte Kolonialmacht. Russland dehnte seinen Machtbereich in Zentralasien und über Sibirien bis zum Pazifik aus.

... zum Imperialismus

Der Kolonialismus wandelte sich zum Imperialismus (lat. *imperium*: Herrschaft, Reich), als die Staaten ihren Besitz in Übersee festigten und ausdehnten, um auf Kosten unterlegener Völker Machtpolitik zu betreiben. An dem „Wettlauf" um die Aufteilung der Erde beteiligten sich nicht nur europäische Staaten, sondern auch die USA und Japan.

Um 1914 ermittelte ein Wissenschaftler, dass die Erde etwa zur Hälfte von Kolonien bedeckt sei und mehr als 600 Millionen Menschen kolonialer Herrschaft unterstünden, ungefähr ein Drittel der Weltbevölkerung.

Der Imperialismus verband sich mit dem Nationalismus, der Hochschätzung des eigenen Volkes bei gleichzeitiger Abwertung fremder Nationen. So entstand ein nationaler Konkurrenzkampf um neue Gebiete und Einflussbereiche.

Motive

Missionare, Kaufleute, Forscher, Siedler, die im 18./19. Jh. außerhalb Europas tätig waren oder es werden wollten, wandten sich an ihre Regierungen mit der Bitte um Unterstützung. Wurde diese gewährt, übernahm das „Mutterland" eine Art „Schutzherrschaft". Später wurde das überseeische Gebiet häufig von den Europäern regiert und militärisch gesichert. Auch das Deutsche Reich erwarb Kolonien. Reichskanzler Bismarck hatte lange Zeit die Belastungen und Risiken sowie mögliche Konflikte mit anderen Staaten gescheut. 1884/85 gab er den Forderungen der Kaufleute nach. Die Kolonien versprachen wirtschaftliche Vorteile und sollen die Bevölkerung von innenpolitischen Problemen ablenken.

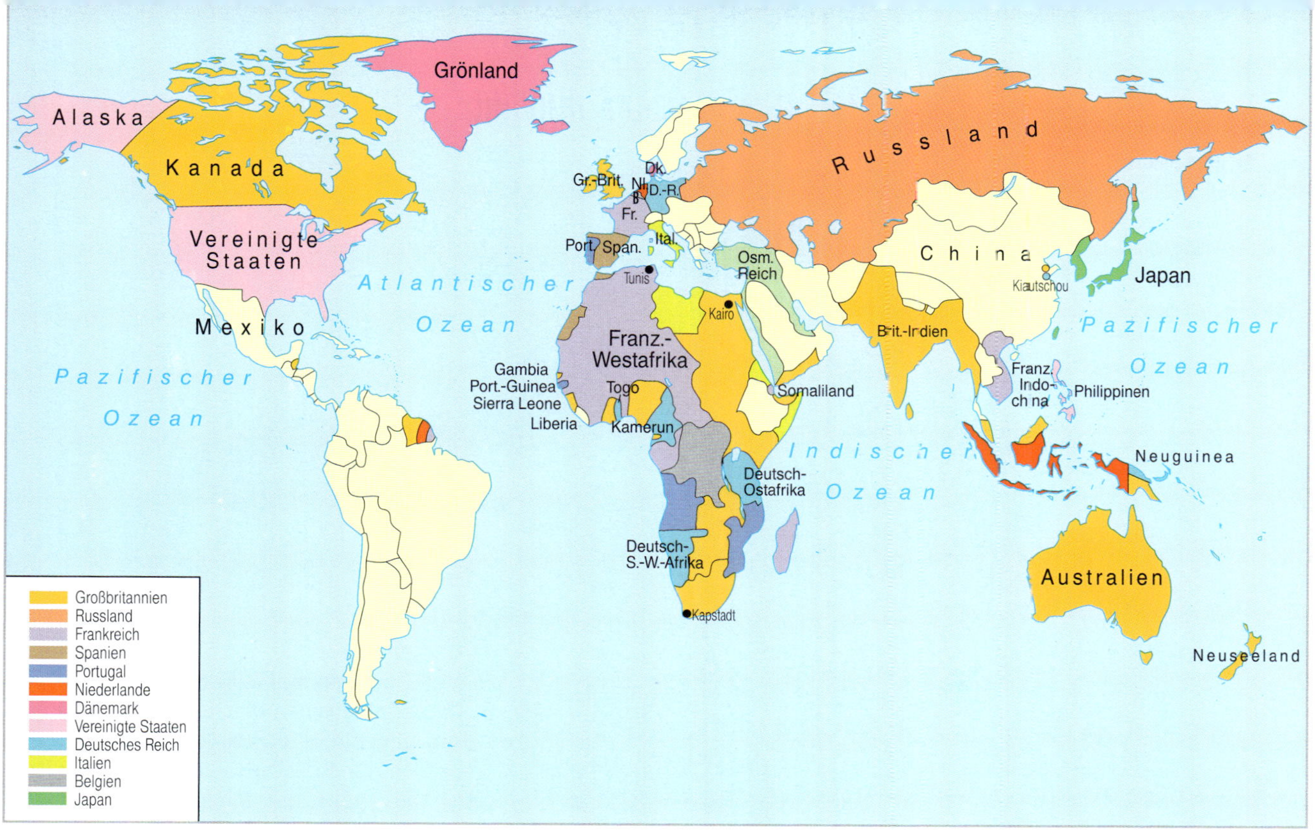

2 Kolonialreiche um 1914.

Grundlagen

Eisenbahn, Dampfschiff und Telegrafie schufen Möglichkeiten, um weit entfernte Gebiete zu erschließen und zu beherrschen. Die Industrialisierung machte die Großmächte den weniger entwickelten Gebieten wirtschaftlich und militärisch überlegen.

Trotz großer Unterschiede zwischen dem Vorgehen der Staaten hatten sie gemeinsame Motive für die imperialistische Politik:

- In Europa konnten die Industriestaaten ihre Macht nicht mehr vergrößern, ohne einen Krieg zu riskieren.
- Die Industriestaaten waren vom internationalen Wirtschaftsverlauf abhängig. Zwischen ihnen stand ein scharfer Wettbewerb um Anteile am Weltmarkt.
- Von den Kolonien erwarteten Unternehmer, Politiker und Bevölkerung billige Rohstoffe, tropische Nahrungsmittel, neue Absatzgebiete für ihre Produkte, mehr Sicherheit vor Wirtschaftskrisen und steigende Gewinne.
- Die Regierenden erhofften sich eine Beruhigung sozialer Konflikte im Lande sowie Siedlungsraum für die wachsende Bevölkerung.
- Kolonialpolitik sollte nationale Wünsche befriedigen.
- Regierungen wollten durch eine erfolgreiche Expansion ihre Macht sichern.

Immer wieder wurde die Unterwerfung fremder Völker mit der angeblichen Überlegenheit der „weißen Rasse" gerechtfertigt. Mit dieser sozialdarwinistischen Einstellung* glaubte man, den „unterentwickelten" Völkern die europäische Lebensart und den christlichen Glauben auch gegen deren Willen aufzwingen zu müssen.

** Lies zum Sozialdarwinismus nochmals die Seite 206.*

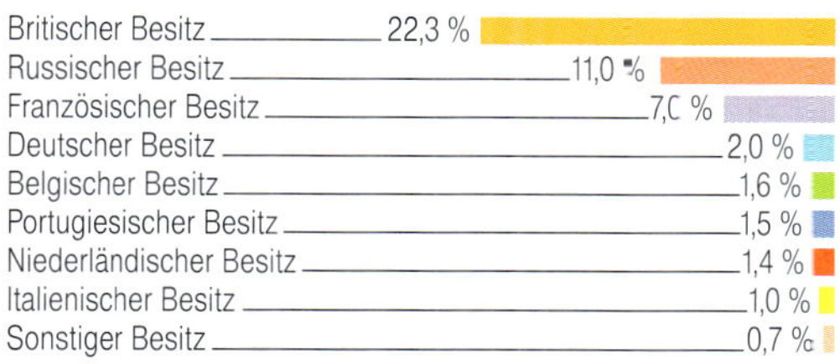

Zahlen geben den Prozentsatz des Besitzes im Vergleich zur Weltlandfläche an.

3 Aufteilung der Welt 1914.
Brockhaus – Die Weltgeschichte, Bd. 5, Leipzig/Mannheim 1999, S. 270

1. *Stelle in einer Übersicht die wichtigsten Kolonien Deutschlands, Frankreichs, Großbritanniens, Portugals und der USA zusammen.*
2. *Nenne die Staaten, die erst nach 1830 zu Kolonialmächten wurden (Abb. 1 und 2), und überlege warum.*

4 „So kolonisiert …“
Zeichnung aus dem „Simplicissimus“ von Thomas Theodor Heine, 1905 (Ausschnitt).
Nenne die Eigenschaften, die der Zeichner den Deutschen zuschreibt.

	Ziele	*Schwerpunkte der Koloniegründungen*	*Konkurrenten*
Groß-britannien	Sicherung von Seeherrschaft und Seehandel zur Bewahrung des Weltreiches (Empire); Seeweg nach Indien	Afrika („vom Kap bis Kairo“), Indien, Stützpunkte in aller Welt	Russisches Reich Deutsches Reich Frankreich
Frankreich	zusammenhängender Besitz in Übersee (auch Ausgleich für Verlust an Macht und Ansehen in Europa)	Afrika (Ost-West-Achse), Indochina	Großbritannien Deutsches Reich
Deutsches Reich	„Platz an der Sonne“; Wettlauf um Kolonien gemäß der Machtstellung in Europa; Anerkennung als Weltmacht	Afrika, China, Südseeinseln	Großbritannien Frankreich Russisches Reich USA
Russisches Reich	Ausdehnung des Kontinentalreichs nach Osten/Südosten; Zugang zu allen Weltmeeren	Zentralasien, Mittlerer und Naher Osten	Großbritannien Japan Deutsches Reich
Italien	Erneuerung des Römischen Reiches; „Verlängerung“ des Landes nach Nordafrika	Libyen, Abessinien, Somalia	Frankreich Großbritannien
Japan	Gebietsgewinne in Ostasien	Korea, China, Süd-West-Pazifik	Russisches Reich USA
USA	Ausweitung des Einflussbereichs; freier Handel	Karibik, Alaska, Mittel- und Südamerika Pazifischer Raum	Japan Deutsches Reich

5 Die wichtigsten Kolonialmächte.

Formelle und informelle Herrschaft

Die imperialistischen Mächte setzten ihre Interessen gegenüber den Kolonialvölkern unterschiedlich durch. Es gab zwei Formen der Herrschaftsausübung, die sich manchmal auch vermischten: Die formelle Herrschaft (engl. *formal empire*) hob die bestehende politische Ordnung auf und ersetzte die einheimischen Machthaber durch fremde. Die Kolonialmacht übernahm die Besteuerung, Rechtsprechung, Polizei- und Militärgewalt. So herrschten die Kolonialmächte vor allem in Afrika.
Anders sah dagegen die besonders in Asien anzutreffende informelle Herrschaft (engl. *informal empire*) aus. In diesem Fall blieb der schwächere Staat formal selbstständig. Die einheimischen Herrscher konnten ihre Stellung behalten. Bis auf wenige Ausnahmen gab es keine ausländische Kolonialverwaltung. Trotzdem wurde die Unabhängigkeit der Staaten eingeschränkt: Durch „ungleiche Verträge“, die oft das Ergebnis militärischer Drohungen waren, sicherten sich die imperialistischen Mächte Rohstoffe und Absatzmärkte. Bisweilen setzten sie in „Pachtverträgen“ an militärisch wichtigen Küsten Stützpunkte durch. Informelle Herrschaft kam auch zustande, wenn mehrere Kolonialmächte wie in China gleichzeitig Einfluss auf eine Region nahmen.

1. *Ein britischer Historiker beschrieb die Politik der Großmächte so: „Informelle Herrschaft, wo immer möglich, formelle Herrschaft, wo immer erforderlich.“ Erkläre!*
2. *Überlege, warum die Briten die informelle Herrschaft vorzogen. Bedenke ihre Vor- und Nachteile.*

M 1 Motive und Rechtfertigungen

1872 wendet sich der britische Premierminister Benjamin Disraeli gegen die Kritiker der Kolonialpolitik, die der Regierung vorwerfen, dass Großbritannien durch die Kolonien Geld verliere, sodass es besser sei, diesen die Selbstverwaltung zu gewähren; Disraeli sagt:

Kein Minister in diesem Land [wird] seine Pflicht tun, der eine Gelegenheit versäumt, so weit wie möglich unser koloniales Weltreich [...] aufzubauen [...]. Die anstehende Frage ist keinesfalls gering zu schätzen. Es geht darum, ob Sie damit zufrieden sein wollen, ein bequemes England zu sein, das nach kontinentalen Prinzipien organisiert ist [...], oder ob Sie ein großes Land sein wollen, ein Land, in dem Ihre Söhne, wenn sie aufsteigen, zu überragenden Positionen gelangen und sich nicht nur die Wertschätzung ihrer Landsleute erwerben, sondern den Respekt der ganzen Welt.

Der Brite Cecil Rhodes rechtfertigt den Erwerb von Kolonien in einer Schrift von 1877 mit folgenden Argumenten:

Ich behaupte, dass wir die erste Rasse in der Welt sind und dass es für die Menschheit umso besser ist, je größere Teile der Welt wir bewohnen [...]. Da [Gott] sich die Englisch sprechende Rasse offensichtlich zu seinem auserwählten Werkzeug geformt hat, durch welches er einen auf Gerechtigkeit, Freiheit und Frieden gegründeten Zustand der Gesellschaft hervorbringen will, muss es auch seinem Wunsch entsprechen, dass ich alles in meiner Macht Stehende tue, um jener Rasse so viel Spielraum und Macht wie möglich zu schaffen. Wenn es einen Gott gibt, denke ich, so will er daher eines gern von mir getan haben: nämlich so viel von der Karte Afrikas britisch rot zu malen wie möglich.

Der französische Ministerpräsident Jules Ferry äußert 1885 in einer Rede:

Die überlegeneren Rassen haben außerdem ein Recht gegenüber den unterlegenen Rassen, und in dieser Hinsicht sollte Frankreich sich nicht der Pflicht entziehen, die Völker zu zivilisieren, die mehr oder minder barbarisch geblieben sind.

Der Vorsitzende der französischen Kolonialpartei, Eugène Etienne, schreibt um 1895:

Die zivilisierte Welt, welche sich in eine große Fabrik verwandelt hat, die von Tag zu Tag weitere Bereiche erfasst, produziert mehr, als ihre eigenen Bewohner aufnehmen können. Diese überhitzte Maschine braucht ein Sicherheitsventil, welches wir durch die koloniale Expansion erhalten.

In einer Reichstagsrede begründet der Staatssekretär des Auswärtigen Amtes, Bernhard von Bülow, am 6. Dezember 1897 die Kolonialpolitik der Regierung in Fernost so:

Wir empfinden [...] durchaus nicht das Bedürfnis, unsere Finger in jeden Topf zu stecken. Aber allerdings sind wir der Ansicht, dass es sich nicht empfiehlt, Deutschland in zukunftsreichen Ländern von vorneherein auszuschließen vom Mitbewerb anderer Völker. (Bravo!) Die Zeiten, wo der Deutsche dem einen seiner Nachbarn die Erde überließ, dem anderen das Meer und sich selbst den Himmel reservierte [...] – diese Zeiten sind vorüber. [...]
Mit einem Worte: Wir wollen niemand in den Schatten stellen, aber wir verlangen auch unseren Platz an der Sonne. (*Bravo!*)

Nach: Wolfgang J. Mommsen (Hrsg.), Imperialismus. Seine geistigen, politischen und wirtschaftlichen Grundlagen. Ein Quellen- und Arbeitsbuch, Hamburg 1977, S. 48 f., 103 f., 130, 139, Gerhard A. Ritter (Hrsg.), Das Deutsche Kaiserreich 1871-1914, Göttingen ³1977, S. 300 f. und Ludwig Zimmermann, Der Imperialismus, Stuttgart 1971, S. 28

M 2 „Deutsche Reichs-Colonial-Uhr".
Badische Uhrenfabrik, Furtwangen, um 1900. Metall; 38,5 x 31,5 cm.

1. *Liste die Rechtfertigungen und Motive der imperialistischen Politik (M 1) in einer Tabelle auf und unterscheide dabei zwischen wirtschaftlichen, politischen, rassistischen und sonstigen Begründungen.*
2. *Erläutere die Aussagen auf den Spruchbändern der Uhr (M 2).*

„Scramble for Africa“

1 „Verachtet sei, wer Schlechtes dabei denkt.“
Französische Zeichnung von 1899.
Der Titel ist die Übersetzung des Schriftzuges. Er ist das Motto der höchsten englischen Auszeichnung, des „Hosenbandordens“, und der Wahlspruch auf dem Wappen der englischen Monarchen.
Bestimme die Aussage der Zeichnung.
Formuliere eine andere Bildunterschrift.

Ein Kontinent wird aufgeteilt

Die „Schlägerei um Afrika“, so eine zeitgenössische Bezeichnung, war Höhepunkt des europäischen Imperialismus. Bis in die 1870er-Jahre waren etwa zehn Prozent des Kontinents in europäischer Hand. Südafrika war schon seit dem 17. Jh. und Algerien seit 1830 Kolonisationsgebiet. An den Küsten gab es einzelne Niederlassungen der Portugiesen, Franzosen und Briten. Das Innere Afrikas war den Europäern Mitte des 19. Jh. fast unbekannt. Die Entdeckung von Diamanten in Südafrika 1867 und Expeditionen von Forschungsreisenden in das Kongogebiet steigerten ihr Interesse.
Die „Aufteilung“ Afrikas begann mit der Besetzung von Tunis durch die Franzosen 1881 und Ägyptens durch die Briten 1882. Der belgische König sicherte sich die Herrschaft über den Kongo und Deutschland erklärte 1884 Südwestafrika, Togo und Kamerun zu seinen „Schutzgebieten“. Die konkurrierenden Ansprüche führten zu Spannungen zwischen den Kolonialmächten.

Die Kongo-Konferenz in Berlin

Bismarck lud die Kolonialmächte Ende 1884 zur *Kongo-Konferenz* nach Berlin ein. Er wollte Streit schlichten und Regeln für den Erwerb von Kolonien absprechen. Die 14 teilnehmenden Staaten erkannten den Kongostaat als Privatbesitz des belgischen Königs an, verurteilten den Sklavenhandel der Afrikaner und vereinbarten „Spielregeln“ für die Anerkennung von Kolonialbesitz. Die Übernahme eines Gebietes sollte den anderen Mächten angekündigt werden, um mögliche Vorbehalte anmelden zu können. Die Vereinbarung beschleunigte den „Wettlauf“ um weitere Gebiete. 20 Jahre später hatten Briten, Franzosen, Portugiesen, Deutsche, Belgier und Italiener fast ganz Afrika unter sich aufgeteilt.

Neue Herren und neue Grenzen

Die Europäer erwarben „ihre“ Gebiete selten durch Eroberungskriege, sondern meist „schleichend“, indem sie mit Afrikanern „Schutzverträge“ für die Tätigkeit von Händlern, Missionaren und Unternehmern sowie den Aufbau einer Verwaltung abschlossen. Hatten sie sich erst einmal festgesetzt, blieb den Unterworfenen oft nichts anderes übrig, als mit den neuen Herren zusammenzuarbeiten.
Die Grenzen ihrer Kolonien legten die europäischen Mächte willkürlich fest. Afrikaner unterschiedlichster Herkunft, Sprache und Kultur mussten in etwa 40 Territorialstaaten zusammenleben. Etwa 10 000 Völker oder Clans verloren ihre Selbstständigkeit.

Die neuen Herren und Methoden

Die neuen Grenzen zerschnitten alte Wirtschaftsräume und zwangen die Bevölkerung, die seit Jahrhunderten mit ihren Herden von einer Wasserstelle zur nächsten gezogen war, sesshaft zu werden.
Zwar hielten sich die Kolonialmächte zugute, die Sklaverei beseitigt zu haben. Doch gleichzeitig zwangen sie die Einheimischen zum Bau von Straßen, Eisenbahnstrecken und Hafenanlagen.
Die Kolonialmächte trieben zum eigenen Nutzen die Erschließung der Kolonien voran. Sie ließen Erdnüsse, Kaffee, Kakao oder Baumwolle in großen Betrieben (*Plantagen*) anbauen. Dies brachte zwar den europäischen Besitzern Gewinn, aber die *Monokulturen** verdrängten den Anbau einheimischer Nahrungsmittel und machten viele Afrikaner erwerbslos. Die neuen Anbaumethoden zerstörten darüber hinaus langfristig die Fruchtbarkeit des Bodens und machten den Einsatz von Kunstdünger und Pflanzenschutzmitteln nötig. Diese konnten nur von den Kolonialmächten bezogen werden. Damit wurde Afrika immer stärker vom Weltmarkt abhängig.
Die Plantagen, die Bodenschätze, der Auf- und Ausbau von Eisenbahnlinien und Häfen brachten den europäischen Geldanlegern meist Gewinn. Dagegen deckten die Einnahmen wie Steuern und Zölle in der Regel nicht die Ausgaben für Verwaltung und Unterdrückung der Einheimischen, sodass Kolonien den Staaten (und damit den Steuerzahlern) Verluste brachten.

*__Monokultur__: *Bodennutzung, bei der nur eine Nutzpflanze angebaut wird*

Kulturen werden zerstört

Die Kolonialherren interessierten sich nicht für afrikanische Kulturen und Sprachen. Sie betrachteten sie als minderwertig und zerstörten sie. Der französische Historiker *Pierre Bertaux* nannte die Ziele der Europäer: „Die Missionare wollten gute schwarze Christen gewinnen, die Offiziere gute schwarze Soldaten ausbilden und die Verwaltungsbeamten wollten gute schwarze Untertanen erziehen." Zu ergänzen sind die Wünsche der Unternehmer nach billigen Rohstoffen und Arbeitskräften.

Afrikaner konnten nur aufsteigen, wenn sie die Lebensweise der Kolonialherren anerkannten und sich unterordneten. Wer die Sprache der Kolonialherren erlernte und sich einer christlichen Kirche anschloss, konnte mit Glück in die Führungsschicht gelangen, die den Europäern bei der Verwaltung half.

Die Missionare machten zwar die religiösen Überzeugungen der Afrikaner lächerlich und zerstörten sie, doch die christliche Botschaft führte auch zu Kritik an den Kolonialherren.

Die Unterdrückten wehren sich

Oft ließ der Umgang der Europäer mit den Einheimischen offene Ablehnung entstehen. Wie Kolonialmächte auf diesen Widerstand reagierten, wurde in Deutsch-Südwestafrika (Namibia) deutlich. Die herabsetzende Behandlung der Bevölkerung und der Verlust an Weideland riefen Unruhen und Proteste hervor. Morddrohungen eines deutschen Offiziers gegen *Samuel Maherero*, der die Herero regierte, führten dazu, dass sie sich im Januar 1904 erhoben. Sie töteten 123 deutsche Siedler und Soldaten, zerstörten Teile der Eisenbahnlinie und unterbrachen die Telegrafenverbindungen. Aus dem Aufstand wurde ein Krieg.

Die aus dem Deutschen Reich verstärkten Truppen (14 000 Soldaten) besiegten die Herero und Nama. Sie drängten die Flüchtenden in wasserarme Gebiete, wo vor allem die Frauen und Kinder verhungerten und verdursteten. 1907 endete der Krieg, der zum Völkermord geworden war. Von den etwa 80 000 Herero überlebten nur 15 000. Auf deutscher Seite starben 1 500 Soldaten.

Reaktionen im Reich

Der Krieg gegen die Herero und Nama sowie weitere Konflikte in Deutsch-Ostafrika (Tansania) führten zu einer politischen Krise im Deutschen Reich. Sozialdemokraten, Liberale und Zentrumspolitiker verurteilten das Vorgehen in Afrika.

Als Ende 1906 die Sozialdemokraten und das Zentrum kein Geld mehr für Südwestafrika bewilligten, kam es im Januar 1907 zu Neuwahlen. Die Mehrheit der Wähler sprach sich für die Kolonialpolitik aus.

2 Ankunft eines Priesters.
Schnitzerei eines Yoruba-Künstlers aus Westnigeria, 2. Hälfte des 19. Jh.

→ ***Internettipp:*** *Zur deutschen Kolonialpolitik zwischen 1900 und 1914 siehe www.dhm.de/lemo/html/kaiserreich/aussenpolitik/kolonien/*

→ ***Exkursionstipps:*** *Völkerkundemuseen in Werl und Wuppertal sowie das Rautenstrauch-Joest-Museum in Köln (www.museenkoeln.de)*

M 1 „Der Krieg hätte nicht zu kommen brauchen“

Auf die Frage nach den Ursachen des Aufstandes antwortet ein zum Christentum bekehrter Herero nach Beendigung der Kämpfe:

Der Krieg ist von ganz kleinen Dingen gekommen und hätte nicht zu kommen brauchen. Einmal waren es die Stuurmann* mit ihrem schrecklichen Wucher und eigenmächtigen, gewaltsamen Eintreiben [der Schulden]. [...] Wer nicht zahlen wollte oder konnte, den verfolgten und plagten sie. Dann ist es der Branntwein gewesen, der die Leute schlecht und gewissenlos gemacht hat. Wenn jemand trinkt, dann ist es ihm gleich, was er tut. Aber das schlimmste Übel ist, was viel böses Blut und Streit hervorgerufen hat, die Vergewaltigung unserer Frauen durch Weiße. Manche Männer sind totgeschossen worden wie Hunde, wenn sie sich weigerten, ihre Frauen und Töchter preiszugeben, und drohten, sie mit der Waffe in der Hand zu verteidigen. Wären solche Dinge nicht geschehen, wäre kein Krieg gekommen, aber er ist bei solchen Vergewaltigungen ausgebrochen. Er war mit einem Male da, und da war kein Halten mehr, jeder rächte sich, und es war, als sei kein Verstand mehr unter den Massen.

Horst Gründer (Hrsg.), „... da und dort ein junges Deutschland gründen“, Rassismus, Kolonien und kolonialer Gedanke vom 16. bis zum 20. Jahrhundert, München [5]2004, S. 153

***Stuurmann**: Kaufleute*

M 2 Gefangene Herero.
Foto, um 1904 (Ausschnitt).

M 3 „Jeder Herero wird erschossen“

Am 2. Oktober 1904 erlässt General von Trotha folgenden Befehl:

Das Volk der Herero muss [...] das Land verlassen. Wenn das Volk dies nicht tut, so werde ich es mit dem Groot Rohr* dazu zwingen. Innerhalb der deutschen Grenze wird jeder Herero mit oder ohne Gewehr, mit oder ohne Vieh erschossen, ich nehme keine Weiber und keine Kinder mehr auf, treibe sie zu ihrem Volke zurück oder lasse auch auf sie schießen. [...]
Ich nehme mit Bestimmtheit an, dass dieser Erlass dazu führen wird, keine männlichen Gefangenen mehr zu machen, aber nicht zu Grausamkeiten gegen Weiber und Kinder ausartet. Diese werden schon fortlaufen, wenn zweimal über sie hinweggeschossen wird.

Horst Gründer (Hrsg.), „... da und dort ein junges Deutschland gründen“, a. a. O., S. 152 f.

***Groot Rohr**: Geschütz*

M 4 Überlebende Herero.
Das Foto entstand nach der Flucht durch das wasserlose Sandfeld von Omaheke (Deutsch-Südwestafrika), um 1904 (Ausschnitt).

→ **Internettipps:** *Informationen über den Völkermord an den Herero siehe: www.gfbv.de und www.dhm.de/lemo/html/Kaiserreich/aussenpolitik/herero/index.html*

1. *Fasse die Ursachen des Aufstandes zusammen (M 1).*
2. *Erörtert in der Klasse, ob der Befehl (M 3), den der Kaiser zwei Monate später zurücknahm, den Schluss zulässt, von einem beabsichtigten Völkermord zu sprechen.*

Neue Außenpolitik

Der „neue Kurs"

Ziel der Außenpolitik unter Wilhelm II. war es, dem Deutschen Reich eine Stellung in der Welt zu sichern, die seiner wirtschaftlichen Kraft entsprach. Vor allem Unternehmer und das Bürgertum unterstützten die Reichsführung. Kaiser, Regierung und Militärs waren bereit, einen Krieg in Kauf zu nehmen, um ihre Ziele zu verwirklichen.

„Politik der freien Hand"

Am Ende des 19. Jh. hielten viele Bismarcks Bündnissystem für überholt, da es die weltpolitischen Ansprüche des Deutschen Reichs einengte. Nach Bismarcks Ausscheiden aus dem Amt hatte Wilhelm II. im März 1890 den 59-jährigen *Leo von Caprivi* zum Reichskanzler ernannt. Der Kaiser erhoffte sich wohl, sein „persönliches Regiment" mit dem außenpolitisch völlig unerfahrenen General leichter durchsetzen zu können. Die beiden verzichteten auf die Verlängerung des 1887 geschlossenen Rückversicherungsvertrages mit Russland und setzten sich für eine „Politik der freien Hand" ein.

Die neue außenpolitische Lage verunsicherte die Regierung in St. Petersburg. Wegen der deutschfeindlichen Stimmung in Russland hoffte Frankreich auf eine französisch-russische Annäherung. 1892 schlossen beide Staaten eine Militärvereinbarung ab.

Der „Umsturz" beginnt

Der ab 1894 gültige Vertrag sah eine gegenseitige Beistandspflicht im Falle eines Angriffs der Dreibundmächte Deutschland, Österreich-Ungarn und Italien vor. Er leitete den „Umsturz" des bisherigen Bündnissystems ein. Nur die Berliner Regierung und der Kaiser sahen das anders. Während Bismarck Frankreich isoliert hatte, um dem Deutschen Reich einen Zweifrontenkrieg zu ersparen, waren sie überzeugt, Großbritannien, Frankreich und das Russische Reich könnten wegen ihrer kolonialen Streitigkeiten kein dauerhaftes Bündnis zustande bringen.

1 Wilhelm II. in der Uniform eines Admirals.
Bildpostkarte von 1900. Links die kaiserliche Yacht „Hohenzollern", rechts ein neues Kriegsschiff.
Nenne die Vorstellungen, die diese Karte verbreitete. Beachte das Zitat.

2 Flottenschauspiele.
Plakat von C. Schön, 1904.
Dieser Anschlag lud zu Manöverspielen mit Schiffsmodellen in eine Schaubude am Berliner Kurfürstendamm ein. Der „Deutsche Flottenverein“ förderte das öffentliche Interesse an der Kriegsflotte und deren Ausbau. Den DFV hatte das Reichsmarineamt 1898 auf Anregung der Industrie gegründet. 1914 hatte er über eine Million Mitglieder.

Der deutsch-britische Gegensatz

Nach der französisch-russischen Übereinkunft bemühte sich das Deutsche Reich um einen Interessenausgleich mit Großbritannien. Doch diese starke Seemacht wollte kein Bündnis. Sie hielt an ihrer Politik der *splendid isolation* („glänzendes Alleinsein“) fest. Die deutsche Regierung und der Kaiser reagierten enttäuscht. Sie neideten den Briten ihren wachsenden Erfolg als Weltmacht.
In Großbritannien entstanden deutschfeindliche Gefühle. Das lag zum einen daran, dass die deutsche Industrie zum stärksten Konkurrenten auf dem Weltmarkt geworden war. Zum anderen schien die deutsche Politik keine Gelegenheit auszulassen, um den Briten „vors Schienbein zu treten“. Als einen solchen „Tritt“ empfand man in London z. B. die *Krüger-Depesche* vom 3. Januar 1896. In ihr beglückwünschte Wilhelm II. den Präsidenten der Burenrepublik Transvaal (Südafrika), *Paulus Krüger*, der sich gegen einen britischen Überfall zur Wehr gesetzt hatte. Die englische Presse reagierte mit nationalistischen Kommentaren auf die diplomatische Fehlleistung des Kaisers.

Der Rüstungswettlauf

Die regierungsnahen Zeitungen im Reich standen Großbritannien feindlich gegenüber. In dieser angespannten Lage setzte Wilhelm II. seine seit 1895 entwickelten Pläne für den Bau einer deutschen Schlachtflotte durch. In *Alfred von Tirpitz*, ab 1897 Staatssekretär des Reichsmarineamtes, hatte er dafür den richtigen Mann gefunden. Beide waren überzeugt, durch eine große Schlachtflotte das Deutsche Reich zu stärken und zugleich Großbritannien zu einem Entgegenkommen zu zwingen.
Großbritannien sah das deutsche Flottenbauprogramm als Bedrohung. Ein Wettrüsten setzte ein. Auch in Frankreich, Russland und Italien wuchsen die Militärausgaben sprunghaft.

Pazifisten melden sich

Erste Bemühungen um Rüstungsbegrenzungen, wie sie von der bürgerlich-liberalen und sozialistischen Friedensbewegung und von Pazifisten wie *Bertha von Suttner** auf der ersten Friedenskonferenz in Den Haag 1899 gefordert wurden, hatten keine Chance.

**Die österreichische Schriftstellerin Bertha von Suttner (1843-1914) fand die Unterstützung des schwedischen Industriellen Alfred Nobel (1833-96). 1905 erhielt sie selbst den von ihr angeregten Friedensnobelpreis.*

Nieder mit allen Kriegshetzern!
Krieg dem Kriege!
Für den Sozialdemokratischen Verein: J. Voigt. Für das Gewerkschaftskattell: H. Rhein.
Sonntag, 17. November 1912, vormittags 9½ Uhr:
Fünf Demonstrationsversammlungen
in folgenden Lokalen: Café Streckfuß, Waller Chaussee, Casino, Auf den Häfen, Turnhalle Bremerhavenerstraße, Gewerkschaftshaus, Schützenhof, Pappelstraße.
Tagesordnung: Krieg dem Kriege!
Redner: D. Fuhrmann, A. Henke, J. Knief, F. Peine, G. Niendorf.
Männer und Frauen! Es darf niemand in diesen Versammlungen fehlen! Der Einberufer.

3 „Krieg dem Kriege!“
Anzeige aus einer Bremer Zeitung vom November 1912.
Finde heraus, wer hinter dem Aufruf stand.

M 1 Zum Flottenbauprogramm

Der Staatssekretär des Reichsmarineamtes, Admiral Alfred von Tirpitz, schreibt am 21. Dezember 1895 dem ehemaligen Chef der Admiralität, Albrecht von Stosch:

Meiner Ansicht nach sinkt Deutschland im kommenden Jahrhundert schnell von seiner Großmachtstellung, wenn jetzt nicht energisch, ohne Zeitverlust und systematisch diese allgemeinen Seeinteressen vorwärts getrieben werden. Nicht zu geringem Grade auch deshalb, weil in der neuen großen nationalen Aufgabe und dem damit verbundenen Wirtschaftsgewinn ein starkes Palliativ* gegen gebildete und ungebildete Sozialdemokraten liegt.

Mit dem ersten Flottengesetz von 1898 beginnt die Aufrüstung der deutschen Marine. Im Januar 1900 begründet Alfred von Tirpitz eine zweite Flottenvorlage, sie beschleunigt das deutsch-britische Wettrüsten:

Unter den gegebenen Umständen gibt es nur ein Mittel, um Deutschlands Handel und Kolonien zu schützen: Deutschland muss eine Flotte von solcher Stärke haben, dass selbst für die größte Flotte ein Krieg mit ihm ein solches Risiko in sich schließen würde, dass ihre eigene Überlegenheit gefährdet wäre.

Robert von Zedlitz-Trützschler, der Hofmarschall des Kaisers, notiert im April 1909:

[...] es wäre sehr interessant, einmal die [...] Beziehungen kennenzulernen, die zwischen Flottenfanatikern und Flottenerzeugern bestehen. Die Macht der Stahlkönige wiegt schwer, und die Sorge um ihr Geschäft, der Wunsch auf Haussestimmung** an der Börse sind uns schon oft als nationale Sorge serviert worden.

Erster Text: Alfred von Tirpitz, Erinnerungen, Leipzig 1919, S. 52. Zweiter Text: Walther Hubatsch, Die Ära Tirpitz. Göttingen 1955, S. 72. Dritter Text: Robert von Zedlitz-Trützschler, Zwölf Jahre am deutschen Kaiserhof, Berlin 1924, S. 227

***Palliativ**: *Mittel, um Beschwerden zu lindern*
****Hausse**: *Steigen der Börsenkurse*

M 2 „Eine maßlose Provokation"

Am 19. November 1905 schreibt Rosa Luxemburg im „Vorwärts", der Parteizeitung der Sozialdemokraten:

Seit Wochen und Monaten herrscht in den weitesten Kreisen der proletarischen Bevölkerung Deutschlands direkter Nahrungsmangel [...]. Und in diesem Augenblick [...], wo Hunderttausende Proletarier erbarmungs- und rettungslos dem furchtbarsten Elend preisgegeben werden, wird gleichzeitig als die erste große Aktion der Regierung und der bürgerlichen Mehrheitsparteien im Reichstage [...] nicht ein Notstandsgesetz zur Rettung der Unzahl bedrohter proletarischer Existenzen [...], sondern – eine Mehrforderung von einer halben Milliarde Mark für Panzerkreuzer, Torpedodivisionen und Vermehrung der Marinemannschaften angekündigt! [...] Wenn eine [...] Aktion extra dazu angetan war [...], die Sympathien [...] auf die direkte Massenaktion* zu wenden, dann ist es sicher die neue Flottenvorlage!

Hans Fenske (Hrsg.), Unter Wilhelm II. 1890-1918, Darmstadt 1982, S. 227 f.

**Gemeint ist ein Generalstreik.*

M 3 Die britische Perspektive

Der britische Außenminister Sir Edward Grey sagt am 27. Nov. 1911 im Unterhaus:

Deutschland ist mit Recht stolz auf seine Stärke. Es baut eine große Flotte. Es ist gewiss natürlich und einleuchtend, dass das Anwachsen dieser Flotte Befürchtungen erwecken oder andere Nationen zum mindesten sehr empfänglich für Befürchtungen machen muss, die stark werdende Macht hege aggressive Pläne gegen sie. Ich glaube nicht an diese aggressiven Pläne. Ich möchte es nicht in diesem Sinn ausgelegt wissen, aber ich meine, man muss sich vergegenwärtigen, dass andere Nationen besorgt und empfindlich sein und nach irgendwelchen Anzeichen einer Aggression ausspähen werden. Alles, was wir oder die andern Nachbarn Deutschlands wünschen, ist, auf gleichem Fuß mit ihm zu leben.

G. P. Gooch/Harold Temperley (Hrsg.), Die britischen amtlichen Dokumente über den Ursprung des Weltkrieges 1898-1914, Bd. 7/2, Berlin 1932, S. 1199

M 4 „Wie sollen wir uns da die Hand geben?"

Zeichnung aus dem „Simplicissimus" von 1912.

M 5 Rüstungsausgaben

in Mio. Mark	*1902*	*1913*
Frankreich	954	1327
Russisches Reich	958	2050
Großbritannien	2002	1491
Deutsches Reich	965	2111
Österreich-Ungarn	378	721

Der Weltkrieg 1914 bis 1918. Die militärischen Operationen zu Lande, bearb. im Reichsarchiv, Bd. 16,1,1: Kriegsrüstung und Kriegswirtschaft; Anlagen zum 1. Band, Berlin 1930, S. 530

→Internettipp: *Zur deutschen Außenpolitik zwischen 1900 und 1914: www.dhm.de/lemo/html/kaiserreich/aussenpolitik/index.html*

1. *Arbeite die Motive und Hintergründe des Flottenprogramms heraus (M 1).*
2. *Was klagt Rosa Luxemburg an? Was erhofft sie (M 2)?*
3. *Ziehe politische und militärische Schlussfolgerungen aus der Rede Greys (M 3) und der Karikatur (M 4).*
4. *Wandle die Tabelle M 5 in eine Grafik um.*

Die Bündnisse ändern sich

1 Die Faschoda-Krise.
Zeichnung von 1898.
Der Zeichner verwendet ein Märchenmotiv. Im Bett liegt der Wolf Albion, so der dichterische Name für England, und wartet auf...
Ergänze die Aussage.
Vergleiche die Karikatur mit Abb. 1, Seite 212.

Eine verpasste Chance
Die Hoffnung der deutschen Regierung, Vorteile aus dem Streit der anderen Kolonialmächte ziehen zu können, schien sich 1898 zu erfüllen. In Afrika standen sich französische und britische Interessen scheinbar unversöhnlich gegenüber. Während Großbritannien versuchte, einen zusammenhängenden Kolonialbesitz „vom Kap bis Kairo", also von der Kapkolonie aus über Britisch-Ostafrika und den ägyptischen Sudan bis Ägypten, zu errichten, bemühte sich Frankreich um eine durchgehende Landbrücke zwischen Dakar (Senegal) im Nordwesten und Dschibuti (Somaliland) an der Ostküste. Im Sudan mussten sich die Ziele der beiden Kolonialmächte kreuzen. Die Krise brach aus, als die Franzosen dort militärische Stützpunkte errichteten. Im Juli 1898 trafen französische und britische Truppen bei Faschoda aufeinander. Als die Briten den sofortigen Abzug der Franzosen aus ihrem „Interessengebiet" verlangten, schien ein Krieg unvermeidbar.

In dieser Lage war die britische Regierung bereit, ihre Politik der „splendid isolation" aufzugeben. Sie bot dem Deutschen Reich Verhandlungen an. Doch Kaiser und Regierung gingen darauf nicht ein. Angesichts des Flottenbauprogramms und der Erwartung, die außenpolitischen Möglichkeiten des Deutschen Reiches könnten nur besser werden, wollten sie sich nicht binden.

Rivalen finden einen Ausgleich
Während der Kaiser, Militärs und Minister darauf beharrten, ohne Deutschland dürfe „in der Ferne [...] keine große Entscheidung mehr fallen", näherten sich Großbritannien und Frankreich an. Angesichts der zahlreichen kolonialen Probleme in Südafrika und Asien wollte die britische Regierung die Meinungsverschiedenheiten bereinigen. Erster Höhepunkt der Annäherung wurde das 1904 vereinbarte „herzliche Einvernehmen" (franz. *Entente cordiale*) der beiden Mächte. Die Entente beseitigte alle Streitpunkte. Frankreich erkannte Ägypten als britisches Einflussgebiet an und erhielt dafür freie Hand in Marokko.

Schwerer Schlag
Für die deutsche Politik war der britisch-französische Ausgleich ein schwerer Schlag. Beide Großmächte ließen sich damit kaum noch gegeneinander ausspielen. Gegen ihren Widerstand schien es für das Deutsche Reich unmöglich, seinen Kolonialbesitz zu vergrößern.
Friedrich von Holstein, ein hoher Mitarbeiter des Auswärtigen Amtes, sagte dazu: „Jetzt haben wir die Bescherung. England und Frankreich werden uns schwerlich angreifen [...], aber wir sind außerstande, irgendwelche überseeischen Erwerbungen zu machen. Ich verlange solche Erwerbungen nicht, aber eine Masse Leute schreit danach und wundert sich, dass für Deutschland nichts abfällt."

Der Dreibund und Italien

Das Bündnis Italiens mit dem Deutschen Reich und Österreich-Ungarn, der Dreibund, war brüchig geworden. Die italienische Regierung setzte eine Änderung des Vertrages durch und vereinbarte mit der französischen Regierung 1902 ein geheimes Neutralitätsabkommen. Damit hatte der Dreibund die ursprünglich gegen Frankreich gerichtete Spitze verloren.

Marokko als Prüfstein der „Entente"

Die deutsche Regierung versuchte, das britisch-französische Einvernehmen zu stören. Sie wollte Frankreich auf einen anderen politischen Kurs bringen. Die Führung des Reiches machte Marokko zum Prüfstein der „Entente cordiale". Im März 1905 besuchte der Kaiser die marokkanische Hafenstadt Tanger und gab dort eine Garantieerklärung für die Unabhängigkeit des Landes ab. Sie sollte Frankreich zeigen, dass es ohne deutsche Zustimmung in Marokko nichts durchsetzen könne.

Die dadurch ausgelöste Krise konnte erst 1906 auf einer internationalen Konferenz beigelegt werden. Marokko blieb zwar unabhängig und für den weltweiten Handel frei, doch erhielten Frankreich und Spanien die Polizeigewalt in den Häfen. Das kam einer informellen Kolonialherrschaft gleich.

Weniger das Ergebnis der Konferenz als deren Zustandekommen erwies sich für die deutsche Diplomatie als schwere Niederlage. Es hatte sich gezeigt, dass das Deutsche Reich mit seinen Ansichten fast allein stand. Nur Österreich-Ungarn hatte auf der Konferenz zu ihm gehalten.

Drei Mächte einigen sich

Während sich das deutsch-britische Verhältnis wegen des immer umfangreicheren Flottenbaus verschlechterte, wurde die deutsche Regierung 1907 ein weiteres Mal überrascht: Auch Großbritannien und Russland legten ihre kolonialen Streitigkeiten bei. Sie schlossen eine „Entente", die dem britisch-französischen Einvernehmen von 1904 ähnelte. Ihr Ziel war es, Spannungen zu beseitigen, die durch die konkurrierenden Interessen in Afghanistan, Persien und China entstanden waren.

Die deutsche Regierung sah in dieser Vereinbarung einen weiteren Versuch, das Reich „einzukreisen". In ihren Augen ergänzte die Vereinbarung die britisch-französische von 1904 sowie die französisch-russische von 1892/94 zur *Tripelentente* („Einvernehmen von drei Staaten"). Mit ihr und dem geschwächten Dreibund standen sich in Europa zwei Blöcke misstrauisch gegenüber.

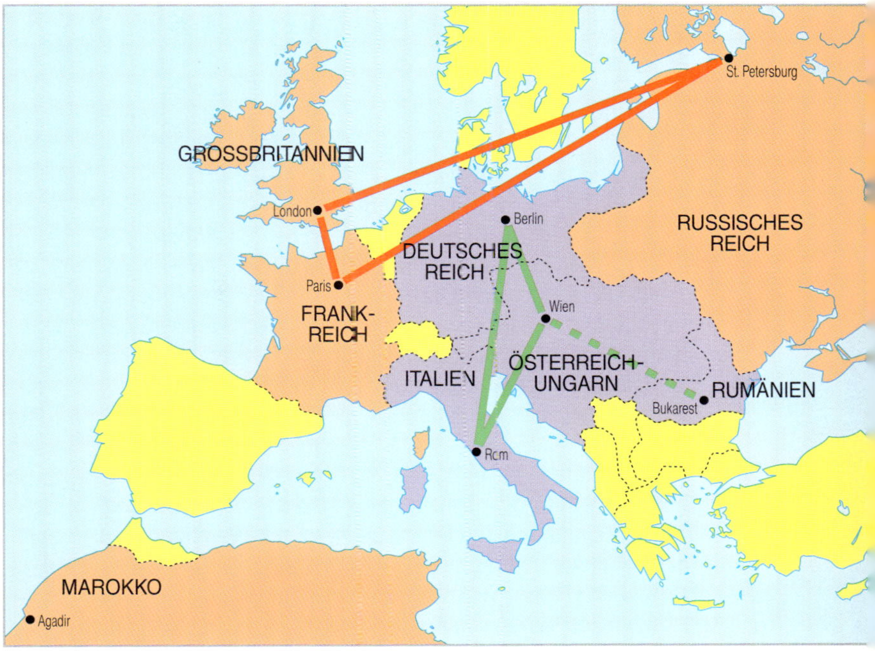

2 Die Bündnisse um 1910.

Vergleiche die außenpolitische Lage des Deutschen Reiches von 1910 mit der um 1887 (siehe M 4, Seite 198).

Der „Panthersprung"

1911 brach die zweite Marokko-Krise aus. Frankreich hatte nach Unruhen die marokkanische Hauptstadt Fes besetzt. Die deutsche Regierung erklärte, dies sei ein Bruch der Bestimmungen von 1906. Sie entsandte das Kanonenboot „Panther" in den westmarokkanischen Hafen Agadir, um dort angebliche deutsche Handelsinteressen zu schützen. Tatsächlich beanspruchte sie mit dem „Panthersprung" einen Teil Marokkos und versuchte, Frankreich zur Aufgabe seines Kolonialgebietes zu zwingen.

Doch auch diesmal stand Großbritannien an Frankreichs Seite. Das Deutsche Reich gab nach, um den Frieden zu erhalten. Es erhielt zwar zum Ausgleich für die Anerkennung der Interessen Frankreichs Teile des französischen Kongos, doch dies stellte viele deutsche Politiker und Militärs nicht zufrieden. Sie fühlten sich um einen Erfolg gebracht und setzten sich für weitere Rüstungsanstrengungen ein. Auf der anderen Seite führte das deutsche Vorgehen zu einer engeren militärischen Zusammenarbeit zwischen Frankreich und Großbritannien.

Das Deutsche Reich fühlte sich um 1910 „eingekreist". Im Ausland sprach man von einer „Auskreisung" Deutschlands. Erörtert, was für die eine oder andere Sichtweise spricht, und diskutiert, welche die Lage besser kennzeichnet.

M 1 Der „Panthersprung“ nach Agadir – ein deutsches Abenteuer

Am 1. Juli 1911 läuft das kleine, nur leicht bewaffnete deutsche Kanonenboot „Panther“ den westmarokkanischen Hafen Agadir an. Am selben Tag übergeben die deutschen Botschafter in allen Hauptstädten folgende Mitteilung an die Regierungen ihrer Gastländer:

Einige deutsche Firmen [...] haben an die Kaiserliche Regierung appelliert, das Leben ihrer Beschäftigten und ihr Eigentum zu schützen. Auf ihr Ersuchen hat die Kaiserliche Regierung beschlossen, ein Kriegsschiff zum Hafen von Agadir zu entsenden [...].

Die der Industrie nahe stehende „Rheinisch Westfälische Zeitung“ schreibt am 2. Juli 1911 dazu:

Endlich eine Tat, eine befreiende Tat [...]. Sie war dringend notwendig. Es geht um die Ehre unseres Volkes [...]. Die Franzosen [...] schicken sich an, das reiche nordwestafrikanische Land sich vollends anzueignen; über unsere wohlerworbenen Ansprüche, über unsere gerechten Interessen hinweg [...]. Hinter unserer Regierung – wenn sie durchhält! – steht geeint das ganze Volk.

Der britische Außenminister Grey reagiert am 3. Juli mit folgender Bemerkung:

Die Tatsache, dass Deutschland den Sprung gemacht hat, muss der Annahme Raum geben, dass es sich jetzt in der Lage glaubt, der Gefahr einer bewaffneten französisch-britischen Gegnerschaft zu trotzen.
Wenn sich, wie ich es für wahrscheinlich halte, erweisen sollte, dass dem so ist, so stehen wir nun einer dringenden und unmittelbaren Gefahr gegenüber, für die gerüstet zu sein von vitaler Bedeutung ist. Denn die einzige Gefahr eines englisch-deutschen Konflikts besteht in der Möglichkeit, dass Deutschland die Zuversicht hegt, erfolgreich Krieg gegen uns führen zu können.

Die deutsch-französischen Vereinbarungen über Marokko werden im Reich als schwere politische Niederlage empfunden. Während alle Parteien der Regierung den Vorwurf machen, die Interessen des Deutschen Reiches unzureichend vertreten zu haben, und von vielen Abgeordneten eine weitere Verstärkung sowohl des Heeres als auch der Flotte gefordert wird, sagt der Sozialdemokrat August Bebel in der Debatte am 9. November 1911 im Reichstag:

Die deutschen Chauvinisten* werden nicht vergessen, dass ihnen die gehoffte Beute in Marokko entgangen ist. Sie machen England, wie wir gehört haben, dafür verantwortlich. So wird man eben von allen Seiten rüsten und wieder rüsten, man wird rüsten bis zu dem Punkt, dass der eine oder andere Teil eines Tages sagt: lieber ein Ende mit Schrecken als ein Schrecken ohne Ende. (*Sehr richtig bei den Sozialdemokraten.*) [...] Dann kommt die Katastrophe. Alsdann wird in Europa der große Generalmarsch geschlagen, auf den hin 16 bis 18 Millionen Männer, die Männerblüte der verschiedenen Nationen, ausgerüstet mit den besten Mordwerkzeugen, gegeneinander als Feinde ins Feld rücken.

Erster Text: Robert K. Massie, Die Schalen des Zorns, Frankfurt a. M. 1993, S. 604. Zweiter Text: Hans Fenske (Hrsg.), Unter Wilhelm II., a.a.O. S. 303 f. Dritter Text: George P. Gooch/Harold Temperley (Hrsg.), Die Britischen Amtlichen Dokumente über den Ursprung des Weltkrieges 1898-1914, dt. Ausgabe hrsg. von H. Lutz, Bd. 7.1, Berlin 1932, S. 531. Vierter Text: Ilse Fischer/Werner Krause, August Bebel 1840-1913. Ein Großer der deutschen Arbeiterbewegung [Ausstellungskatalog], Köln 1988, S. 254

***Chauvinisten**: *Nationalisten; Kriegshetzer*

M 2 Marokko-Krise.
Zeichnung aus der August-Ausgabe der Zeitschrift „Jugend“ von 1911. Abgebildet sind der britische Handelsminister David Lloyd George (auf der Leiter) und der deutsche Staatssekretär des Äußeren Alfred von Kiderlen-Wächter. Die Bildunterschrift lautet: „Hier, Mister Lloyd George, sehen Sie meinen Biceps! Ich glaube, Sie sind in Anbetracht dessen als Arbiter Mundi nicht ganz zuständig!“*

***Arbiter Mundi**: *Schiedsrichter der Welt*

1. *Untersuche den von der deutschen Regierung benutzten Begriff „Interessen“ (M 1, erster Text): Was wurde darunter verstanden? Wer setzte sie fest?*
2. *Nicht alle deutschen Zeitungen teilten die Meinung der RWZ (M 1, zweiter Text). Schreibe einen Artikel für eine sozialdemokratische Zeitung.*
3. *Überlege, welche Forderungen hinter der Bemerkung des britischen Politikers stecken können (M 1, dritter Text).*
4. *Welche Befürchtungen hat Bebel (M 1, vierter Text)?*
5. *Bestimme die Einstellung des Zeichners zu Großbritannien (M 2).* Lerntipp

Der Balkan wird zum Pulverfass

Der „kranke Mann am Bosporus"
Das Osmanische Reich fasste viele Völker in Europa und Asien unter türkischer Herrschaft zusammen. Anfang des 19. Jh. erkämpften die Griechen ihre Freiheit. Von da an bemühten sich auch andere Völker auf dem Balkan um Unabhängigkeit. Nach Meinung der europäischen Großmächte war es um 1900 nur eine Frage der Zeit, bis das Osmanische Reich zerfallen würde. Man sprach vom „kranken Mann am Bosporus" und bemühte sich um Einfluss auf dem Balkan.
Das Deutsche Reich pflegte gute Beziehungen zum Osmanischen Reich. 1898 hatte sich der Kaiser in Damaskus zum Freund aller Muslime erklärt. Ab 1903 wurde mit deutscher Unterstützung die Bagdadbahn gebaut, die von der europäischen Türkei bis zum Persischen Golf führen sollte. Großbritannien, Frankreich und Russland beobachteten die Beziehungen zwischen dem Deutschen und dem Osmanischen Reich mit Misstrauen.
Die russische Regierung wollte die Dardanellen und den Bosporus, die Meerenge zwischen Mittelmeer und Schwarzem Meer, in ihre Hand bekommen. Mit einem außenpolitischen Erfolg wollte sie von innenpolitischen Problemen ablenken. Sie wurde von den *Panslawisten* (griech. *pan*: alle) unterstützt, die alle Slawen, also auch die Völker auf dem Balkan, unter russischer Führung vereinigen wollten.
Österreich-Ungarn war dagegen, weil es fürchtete, dass die slawische Unabhängigkeitsbewegung sich auch gegen den eigenen Vielvölkerstaat richten könnte, wo Serben, Kroaten, Slowenen, Ukrainer, Polen, Tschechen und Slowaken lebten.
Großbritannien trat für die Freiheit der Meere ein und wollte verhindern, dass Russland die Meerengen beherrschte.

1 „Die Politik der Insektenstiche. Wenn es einen da unten am Balkan juckt, kratzt sich ganz Europa."
Titelblatt der Zeitschrift „Simplicissimus" vom 9. November 1908; die Zeichnung stammt von Thomas Theodor Heine.

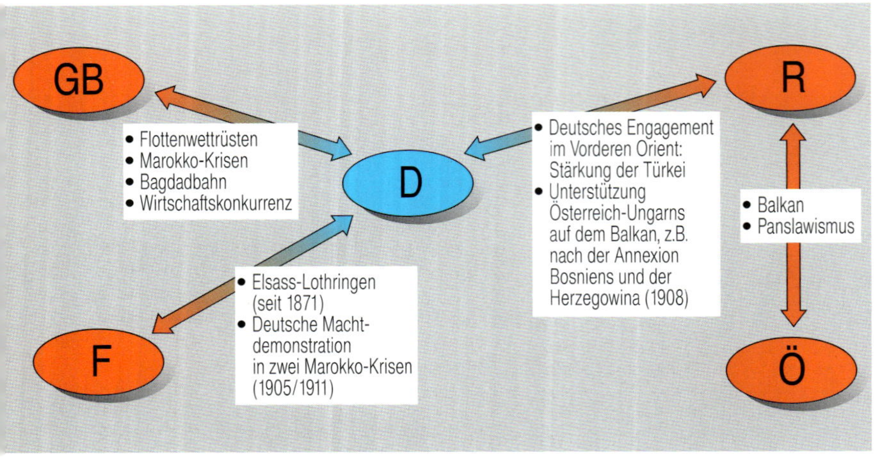

2 Die Beziehungen der europäischen Großmächte zum Deutschen Reich um 1910.

Erläutere die Beziehungen des Deutschen Reiches zu den übrigen Großmächten. Beachte dabei die Abb. 2 auf Seite 219.

Die Bosnien-Krise von 1908

Die „Jungtürkische Revolution" schwächte 1908 das Osmanische Reich. Bulgarien erklärte daraufhin seine Unabhängigkeit. Österreich-Ungarn gliederte die seit 1878 von ihm verwalteten osmanischen Provinzen Bosnien und Herzegowina ein. In der dadurch ausgelösten Bosnien-Krise bezogen die Beteiligten erstmals offen ihre Positionen, die sie auch künftig beibehielten:

- Serbien, der schlagkräftigste und ehrgeizigste der unabhängigen Balkanstaaten, protestierte gegen das österreichische Vorgehen, da es selbst Ansprüche erhob und die Einigung der Südslawen voranbringen wollte.
- Das Russische Reich stärkte Serbien im Sinne der Panslawisten zwar den Rücken, war aber militärisch noch zu schwach, um eingreifen zu können.
- Das Deutsche Reich stand auf der Seite Österreich-Ungarns, weil es seinen einzigen Bündnispartner weder schwächen noch verlieren wollte.
- Großbritannien war daran interessiert, die Krise schnell beizulegen, um den Konflikt zu begrenzen.

Keine Ruhe auf dem Balkan

Aus der verwickelten Lage auf dem Balkan zog die Regierung in Wien ihren Nutzen: Österreich-Ungarn konnte Bosnien und Herzegowina behalten. Doch damit kehrte keine Ruhe ein. Das zeigten zwei weitere Balkan-Kriege: 1912 führten Serbien, Bulgarien, Griechenland und Montenegro einen Feldzug, um die von ihren Landsleuten besiedelten Gebiete von der osmanischen Herrschaft zu befreien.

Als dies gelungen war, brach 1913 ein Krieg der Sieger um die Beute aus. Dabei bemühte sich Österreich-Ungarn, jede Vergrößerung Serbiens zu verhindern, da es in ihm seinen Hauptfeind auf dem Balkan sah.

In St. Petersburg war die Regierung bereit, Serbien weiter zu unterstützen. Das Deutsche Reich und Großbritannien drängten ihren jeweiligen Bündnispartner zur Zurückhaltung, sodass ein europäischer Krieg noch einmal vermieden werden konnte.

Gewinner des Konflikts war Serbien. Es konnte sein Staatsgebiet fast verdoppeln. Einen Zugang zur Adria erhielt es allerdings aufgrund des österreichischen Widerstands nicht. Serbien blieb ein erbitterter Gegner Österreichs. Die Nationalisten strebten weiterhin die „Befreiung aller Serben" an.

Das Pulverfass

Auf dem Balkan hatte sich ein gefährlicher Krisenherd entwickelt:

- Mit Österreich-Ungarn und dem Russischen Reich standen sich zwei Großmächte unversöhnlich gegenüber, die zu unterschiedlichen Bündnissen gehörten.
- Deutsch-russische Feindseligkeiten und der erwartete Zerfall des Osmanischen Reiches erhöhten das Risiko, dass aus einem regionalen Streit ein europäischer Krieg entstehen könnte.
- Die kleinen Balkanstaaten konnten ihre Konflikte in die Bündnisse hineintragen und die Großmächte in einen Krieg ziehen.
- Die russische Regierung setzte auf die slawischen Partner, um ihr außenpolitisches Ziel zu erreichen: die beiden Meerengen. Serbien betrieb zugleich eine feindselige Politik gegenüber Österreich-Ungarn.
- Das außenpolitisch unzufriedene Deutsche Reich konnte durch die Balkanpolitik Österreich-Ungarns in einen Krieg mit Russland verwickelt werden.
- In Paris war die Regierung bereit, das Russische Reich notfalls militärisch gegen den deutschen „Erzfeind" zu unterstützen.

M 1 Der Balkan 1913.

M 2 Serbische Ideale

Nach der Besetzung Bosniens und der Herzegowina durch Österreich-Ungarn 1908 wird in Serbien die Geheimorganisation „Schwarze Hand“ gegründet. Sie findet wahrscheinlich Unterstützung bis in hohe serbische Politikerkreise. Zu ihren Zielen und Mitteln gehören laut Satzung von 1911:

Art. 1. Diese Organisation wurde geschaffen mit dem Zweck, das nationale Ideal zu verwirklichen: die Vereinigung aller Serben [...].

Art. 4. Die Organisation, um ihre Aufgabe zu erfüllen,

a) beeinflusst zur Erreichung ihres Zieles die Regierungskreise, die verschiedenen Bevölkerungsschichten und das ganze soziale Leben des Königreichs Serbien [...];

b) organisiert eine revolutionäre Tätigkeit in allen von Serben bewohnten Gebieten.

Imanuel Geiss, Der Jugoslawienkrieg, Frankfurt a. M. 1993, S. 81 f.

M 3 Wilhelm II. und sein „Kriegsrat“

Im Dezember 1912 findet auf Einladung des Kaisers ein „Kriegsrat“ statt, zu dem er hohe Militärs, aber nicht die politische Führung des Reiches einlädt. Der Chef des Marinekabinetts, Alexander von Müller, notiert:

Seine Majestät habe sich folgendes Bild gemacht: Österreich müsse den auswärtigen Slawen (Serben) gegenüber kraftvoll auftreten, sonst verliere es die Macht über die Serben* der österreichisch-ungarischen Monarchie. Wenn Russland die Serben stütze [...] wäre der Krieg für uns unvermeidlich [...]. Die Flotte müsste sich natürlich auf den Krieg gegen England einrichten. *General v. Moltke***: „Ich halte einen Krieg für unvermeidlich und: je eher, desto besser.“ Wir sollten aber durch die Presse die Volkstümlichkeit eines Krieges gegen Russland [...] vorbereiten.

Im Mai 1913 erklärt Wilhelm II. dem Sekretär des britischen Königs:

Die Slawen sind jetzt unruhig geworden und werden Österreich angreifen wollen. Deutschland ist verpflichtet, seinem Bundesgenossen beizustehen – Russland und Frankreich werden eingreifen, und dann England [...]. Ich bin ein Mann des Friedens – aber jetzt muss ich mein Land aufrüsten, damit ich alle, die über mich herfallen, vernichten kann – und ich werde sie vernichten.

Erster Text: Erwin Hölzle (Hrsg.), Quellen zur Entstehung des Ersten Weltkrieges: Internationale Dokumente 1901-1914, Darmstadt ²1995, S. 111. Zweiter Text: John C. G. Röhl, Vorsätzlicher Krieg? Die Ziele der deutschen Politik im Juli 1914, in: Wolfgang Michalka (Hrsg.), Der Erste Weltkrieg, München 1994, S. 207

**In Österreich-Ungarn lebten damals rund 2 Millionen Serben.*

***General Helmuth von Moltke (1848-1916) war Chef des Generalstabs, der die militärischen Pläne ausarbeitete.*

M 4 Der russische Außenminister informiert

Als Ende 1913 auf Wunsch der osmanischen Regierung deutsche Militärberater in Konstantinopel (heute Istanbul) eintreffen, protestiert die russische Regierung scharf. Über die Hintergründe informiert ein Bericht des russischen Außenministers an den Zaren vom Dezember 1913:

Die Zweifel an der Dauer und Lebensfähigkeit des Osmanischen Reiches lassen für uns die historische Frage der Meerengen und der Bedeutung ihres Wertes für uns in politischer und wirtschaftlicher Beziehung wieder aufleben [...]. Die Meerengen einem mächtigen Staat zu überlassen, wäre gleichbedeutend damit, die ganze wirtschaftliche Entwicklung des südlichen Russlands diesem Staat zu unterwerfen.

Erwin Hölzle (Hrsg.), Quellen zur Entstehung des Ersten Weltkrieges, a. a. O., S. 165

1. *Bestimme Ziele und Mittel der serbischen Nationalisten (M 2).*
2. *Nenne die deutschen Vorstellungen zur Lösung der Probleme auf dem Balkan (M 3).*
3. *Überlege, in welche Richtung der russische Außenminister den Zaren beeinflussen will (M 4).*

Die Politik versagt – der Krieg beginnt

Ein Exemplar 4 Heller.
15. Jahrgang. Nr. 5204.

Illustrierte
Kronen Zeitung

Monatlich Krone 1.20
mit Zustellung ins Haus.

Wien, Dienstag, den 30. Juni 1914.

Das Standrecht in Sarajewo verhängt.

Große Demonstrationen gegen die Serben.

Das Attentat von Sarajewo. Die Ermordung des Thronfolgers und seiner Gemahlin.

1 Titelblatt der Wiener „Kronen-Zeitung" vom 30. Juni 1914.
Der Attentäter wurde unmittelbar nach der Tat gefasst.

Der Funke im Pulverfass

Am 28. Juni 1914 verbreiteten die Nachrichtenagenturen telegrafisch eine Blitzmeldung aus Sarajevo: Der österreichische Thronfolger *Franz Ferdinand* und seine Frau *Sophie* waren in der Hauptstadt Bosniens ermordet worden. Attentäter war ein 19-jähriger Serbe der terroristischen Geheimorganisation „Schwarze Hand". Ihm wurden Verbindungen zur serbischen Regierung nachgesagt.*

Die deutsche Reichsführung gab ihrem Bündnispartner Österreich am 5. Juli freie Hand für eine militärische Aktion gegen Serbien. Berlin knüpfte an seine Unterstützung keine Bedingungen. Man sprach von einem „Blankoscheck"**. Für die deutsche Position waren drei Überlegungen entscheidend:

- Die öffentliche Meinung sowie die Mehrheit im Reichstag standen aufseiten Österreich-Ungarns.
- Der einzige deutsche Bündnispartner sollte keinesfalls geschwächt werden.
- Österreich-Ungarns Aktion gegen Serbien könnte zeigen, ob Russland bereit sei, einen Krieg zu führen.

Die politische und militärische Führung des Deutschen Reiches ging bewusst das Risiko eines großen Krieges in Europa ein, „ohne es von vornherein auf einen solchen anzulegen", wie der Historiker *Wolfgang J. Mommsen* meint.

Auf dem Weg zum „großen Krieg"

Erst vier Wochen nach dem Attentat von Sarajevo, als die internationale Erregung schon abgeklungen war, legte die österreichische Regierung Serbien ein Ultimatum*** vor. Es wurde international als überzogen betrachtet, weil Österreich darin unter anderem die Beteiligung eigener Dienststellen an der Strafverfolgung der serbischen Verschwörer forderte. Das Motiv war eindeutig: Die erwartete Ablehnung der österreichisch-ungarischen Forderungen sollte nur noch einen Vorwand für den bereits beschlossenen Krieg liefern.

Obwohl die serbische Regierung weitgehende Zugeständnisse machte und lediglich eine direkte Einmischung in die inneren Verhältnisse Serbiens ablehnte, brach Wien die diplomatischen Beziehungen zu Serbien ab. Nach den damals üblichen Umgangsformen zwischen den Staaten bedeutete das Krieg. Am 28. Juli 1914 erklärte Österreich-Ungarn ihn amtlich.

Lies dazu auch M 2, Seite 223.
****Blankoscheck**: *Hier ist eine unbeschränkte Vollmacht gemeint.*
*****Ultimatum**: *Aufforderung, eine Angelegenheit bis zu einem bestimmten Termin zu lösen, meist verbunden mit der Androhung harter Maßnahmen, falls der Aufforderung nicht entsprochen wird*

2 „Neu-Geographie."
Postkarte vom März 1915. Die Karte verbreitete „Kriegsziele". Nenne sie!

Die Juli-Krise

Die Führung in Berlin ging seit Beginn der Krise von einem baldigen Konflikt mit Russland aus. Um im Kriegsfall die Unterstützung der Sozialdemokraten zu erhalten, bemühte sich die Regierung, die Verantwortung für den Krieg Russland in die Schuhe zu schieben. Die Taktik ging auf. Nachdem am 29. Juli 1914 Österreich die Kämpfe gegen Serbien begonnen hatte, wurden die russischen Truppen mobilisiert. Die deutsche Reichsspitze konnte dies als Bedrohung darstellen.

Damit weitete sich die Krise aus. Großbritannien ließ erkennen, dass es nicht neutral bleiben werde, falls das Deutsche Reich Frankreich angreift. Erst jetzt bemühten sich Kaiser Wilhelm II. und Reichskanzler *Theobald von Bethmann Hollweg* um eine politische Lösung. Doch nun engten militärische Überlegungen ihren Spielraum ein. Die deutsche Kriegsplanung ging vom sogenannten *Schlieffen-Plan** aus: Frankreich sollte, solange die russische Armee noch nicht voll einsatzfähig war, zuerst niedergeworfen werden. Danach wollte man alle Truppen gegen Russland einsetzen. Einen anderen Plan gab es nicht. Die Entente plante, bis zur Vollendung der russischen Mobilmachung abzuwarten, um an zwei Fronten gleichzeitig angreifen zu können.

Der Erste Weltkrieg beginnt

Als am 31. Juli 1914 die russische Generalmobilmachung bekannt wurde, gerieten Kaiser und Kanzler unter den Druck der Militärs. Ein weiteres Warten hätte die begonnene Mobilisierung der deutschen Truppen gefährdet. Daraufhin erklärte das Deutsche Reich am 1. August dem Russischen Reich den Krieg. Zwei Tage später folgte die Kriegserklärung an Frankreich, das inzwischen ebenfalls seine Truppen zu den Waffen gerufen hatte. Nachdem deutsche Soldaten in das neutrale Belgien einmarschiert waren, trat am 4. August auch Großbritannien in den Krieg ein.

Die Mittelmächte (Deutsches Reich und Österreich-Ungarn, denen sich das Osmanische Reich und Bulgarien anschlossen) kämpften nun gegen die „Entente" (Frankreich, Großbritannien und das Russisches Reich mit ihren Verbündeten).

„Burgfrieden" und Kriegsziele

Mit dem Krieg sollte jeder politische Streit im Innern ruhen. Der Kaiser drückte das am 4. August 1914 so aus: „Ich kenne keine Parteien mehr, Ich kenne nur Deutsche." Die bisher als „vaterlandslose Gesellen" beschimpften Sozialdemokraten nahmen den „Burgfrieden" an, stimmten im Reichstag für die Kriegskredite und stellten ihre Forderungen nach mehr Demokratie zurück.

Die Führung behauptete immer wieder, dass „Notwehr" und die „offenkundige und heimliche Feindschaft in Ost und West" das deutsche Volk zum Kriege gezwungen habe.

Unter dem Eindruck erster militärischer Erfolge besprach die Reichsführung im September 1914 die Kriegsziele. Deutschlands Zukunft sollte wirtschaftlich, politisch und militärisch dauerhaft gesichert werden. Beeinflusst von der Wirtschaft und den nationalen Verbänden wollten die politisch und militärisch Verantwortlichen Belgien besetzen und Frankreich so schwächen, „dass es als Großmacht nicht neu erstehen kann". Russland sollte „von der deutschen Grenze" abgedrängt und „seine Herrschaft über die nichtrussischen Vasallenvölker" gebrochen werden. Zudem wollte man den Kolonialbesitz auf Kosten der anderen Mächte erheblich ausweiten.

**Plan des preußischen Generalfeldmarschalls Alfred Graf von Schlieffen (1833-1912) von 1905*

M 1 Zukunftsaussichten

Der Staatssekretär des Auswärtigen Amtes, Gottlieb von Jagow, hält Ausführungen fest, die ihm der Generalstabschef Helmuth von Moltke Ende Mai/Anfang Juni 1914 in Berlin mitgeteilt hat:

Die Aussichten in die Zukunft bedrückten ihn schwer. In 2-3 Jahren würde Russland seine Rüstungen beendet haben. Die militärische Übermacht unserer Feinde wäre dann so groß, dass er nicht wüsste, wie wir ihrer Herr werden könnten. Jetzt wären wir ihnen noch einigermaßen gewachsen. Es bleibe seiner Ansicht nach nichts übrig, als einen Präventivkrieg* zu führen, um den Gegner zu schlagen, solange wir den Kampf noch einigermaßen bestehen könnten. Der Generalstabschef stellte mir demgemäß anheim, unsere Politik auf die baldige Herbeiführung eines Krieges einzustellen.

Erwin Hölzle (Hrsg.), Quellen zur Entstehung des Ersten Weltkrieges, Darmstadt [2]1995, S. 243

***präventiv**: *vorbeugend*

M 2 „Gesundung ...“?

Wenige Tage nach der Unterredung zwischen Jagow und Moltke (M 1) besprechen der Reichskanzler Bethmann Hollweg und der bayerische Gesandte in Berlin, Hugo Graf von Lerchenfeld, die Lage. Lerchenfeld berichtet nach München:

Es gebe aber Kreise im Reich, die von einem Krieg eine Gesundung der inneren Verhältnisse in Deutschland erwarten, und zwar im konservativen Sinne. Er – der Reichskanzler – denke aber, dass ganz im Gegenteil ein Weltkrieg mit seinen gar nicht zu übersehenden Folgen die Macht der Sozialdemokratie, weil sie den Frieden predigt, ganz gewaltig steigern und manche Throne stürzen könnte.

Pius Dirr (Hrsg.), Bayerische Dokumente zum Kriegsausbruch und zum Versailler Schuldspruch, München 1922, Dok. Nr. 1

Nr. 356. Abendausgabe. Erstes Blatt. Sonnabend, 1. August 1914.

Königsberger Hartungsche Zeitung.

Der Weltkrieg.

Zwölf Stunden Frist für Rußland zum Rückzug.

Eine Schicksalsfrage an Frankreich. — Mobilmachung und „Vermittlung“ gleichzeitig. — Enthüllungen der deutschen Regierung über russische „Kriegslist“. — Die kaiserliche Familie; Bethmann Hollweg; König Ludwig. — Die öffentliche Meinung. — Sozialdemokratisches. — Jaurès erschossen!

M 5 Schlagzeile.

M 3 „Ich bin bereit ...“

Wilhelm II. telegrafiert am 31. Juli 1914 an Kaiser Franz Joseph I. von Österreich:

Ich bin bereit, die Verpflichtungen unseres Bündnisses zu erfüllen und unmittelbar zum Krieg gegen Russland und Frankreich zu schreiten. In diesem schwierigen Kampf ist es von äußerster Bedeutung, dass Österreich seine Hauptstreitkräfte gegen Russland wirft und sie nicht verbraucht in einer Offensive gegen Serbien [...]. Serbien spielt nur eine untergeordnete Rolle in diesem gewaltigen Kampf und erfordert deshalb nur jene Defensivmaßnahmen*, die absolut notwendig sind.

Fritz Fischer, Hitler war kein Betriebsunfall, München 1992, S. 52

***Defensive**: *Verteidigung, Abwehr*

M 4 Gegen das Völkerrecht

Am 4. August 1914 sagt Reichskanzler Bethmann Hollweg im Reichstag:

Meine Herren, wir sind jetzt in der Notwehr; und Not kennt kein Gebot! (*Stürmischer Beifall.*) Unsere Truppen haben Luxemburg besetzt (*Bravo!*), vielleicht schon belgisches Gebiet betreten. (*Erneutes Bravo.*) Meine Herren, das widerspricht den Geboten des Völkerrechts. Die französische Regierung hat zwar in Brüssel erklärt, die Neutralität Belgiens* respektieren zu wollen, solange der Gegner sie respektiere. Wir wussten aber, dass Frankreich zum Einfall bereit stand. (*Hört, hört! rechts.*) Frankreich konnte warten, wir aber nicht! Ein französischer Einfall in unsere Flanke am unteren Rhein hätte verhängnisvoll werden können. (*Lebhafte Zustimmung.*)

So waren wir gezwungen, uns über den berechtigten Protest der luxemburgischen und der belgischen Regierung hinwegzusetzen. (*Sehr richtig!*) Das Unrecht – ich spreche offen –, das Unrecht, das wir damit tun, werden wir wiedergutzumachen suchen, sobald unser militärisches Ziel erreicht ist. (*Bravo!*) Wer so bedroht ist, wie wir, und um sein Höchstes kämpft, der darf nur daran denken, wie er sich durchhaut! (*Anhaltender, brausender Beifall und Händeklatschen im ganzen Hause und auf den Tribünen.*)

Gottfried Guggenbühl, Quellen zur Geschichte der Neuesten Zeit, erw. und neu bearb. von Hans C. Huber, Zürich [5]1978, S. 289 f.

**Österreich, Frankreich, Großbritannien, Preußen und Russland hatten in den 1830er-Jahren die dauernde Neutralität Belgiens garantiert; die Verpflichtung Preußens übernahm nach 1871 das Deutsche Reich.*

Lerntipp

Gestaltet ein Lernplakat, auf dem ihr die Ursachen und den Anlass des Ersten Weltkrieges darstellt! Mit ihm könnt ihr Wissen geordnet im Zusammenhang präsentieren und einen Vortrag veranschaulichen. Verwendet aussagekräftige Bilder in angemessener Größe. Weitere Hinweise enthält der Lerntipp hinten im Buch.

M 6 Kriegstaumel in Berlin.
Foto von Anfang August 1914.
Das Bild wurde damals in vielen Zeitungen veröffentlicht. Es zeigt den Kavalleristen Ludwig Börnstein, der sich von Fritz und Emma Schlesinger verabschiedet. Alle drei gehörten zur jüdischen Minderheit in Deutschland.

M 8 „A Berlin."
Foto von Anfang August 1914.
Abfahrt von Soldaten vom Gare de l'Est in Paris.

M 7 Stimmungsberichte

Der Historiker Thomas Raithel schreibt über den 31. Juli 1914, an dem gegen 17 Uhr in Berlin der Kriegszustand proklamiert worden ist:

Kurz vor Mitternacht bewegte sich ein größerer Zug unter Absingen patriotischer Lieder [...] von den Linden zum Reichskanzlerpalais. Bethmann Hollweg hielt von einem Balkon aus zu der „vieltausendköpfigen Menge" eine kurze Ansprache, in der er die ausdauernden Friedensbemühungen des Kaisers und den Umstand eines „aufgezwungenen" Verteidigungskrieges herausstellte. Die lauten Kundgebungen bildeten, daran besteht kein Zweifel, ein auffallendes Merkmal dieses Abends in Berlin. Einzelne Stimmungsberichte distanzierter Beobachter geben dem Bild patriotischer Begeisterung allerdings einen ernsten Hintergrund. Die „Grundstimmung" der riesigen Menschenmenge Unter den Linden sei, so der Vorwärts, „ernst und gedrückt" gewesen, daran habe auch „der Gesang der Gruppe [...], die vor dem Schlossportal festgekeilt steht", nichts geändert.

Über die Stimmung in Bordeaux am 31. Juli schreibt Raithel:

Einige Hundert bis Tausend Jugendliche zogen gegen 21.30 Uhr vor das deutsche Konsulat, sangen die „Marseillaise" und riefen „A bas l'Allemagne!" und „A Berlin!", worauf die Polizei eingriff und die Kundgebung auflöste. Im Verlauf des weiteren Abends marschierten Gruppen von Jugendlichen mit Rufen und dem Gesang der Nationalhymne durch die Straßen.
Zwei Besucher wurden in einem Musikcafé verprügelt, weil sie beim Klang der „Marseillaise" den Hut aufbehielten. Die Menge auf den Straßen aber wartete auf die Mobilmachung mit Ängstlichkeit nach einem Pressebericht, mit Ungeduld nach Darstellung des „commissaire spécial".

Thomas Raithel, Das „Wunder" der inneren Einheit. Studien zur deutschen und französischen Öffentlichkeit bei Beginn des Ersten Weltkrieges, Bonn 1996, S. 258 und 261 (vereinfacht)

M 9 „Und es ist Krieg"

Der Schriftsteller, Pazifist und Staatskritiker Erich Mühsam schreibt in sein Tagebuch:

München, Montag/Dienstag, d. 3./4. August 1914
Es ist ein Uhr nachts. Der Himmel ist klar und voll Sternen [...]. Und es ist Krieg. Alles Fürchterliche ist entfesselt. Seit einer Woche ist die Welt verwandelt. Seit drei Tagen rasen die Götter. Wie furchtbar sind diese Zeiten! Wie schrecklich nah ist uns allen der Tod!
Immer und immer hat mich der Gedanke an Krieg beschäftigt. Ich versuchte, mir ihn auszumalen mit seinen Schrecken, ich schrieb gegen ihn, weil ich seine Entsetzlichkeit zu fassen wähnte.
Jetzt ist er da. Ich sehe starke, schöne Menschen einzeln und in Trupps in Kriegsbereitschaft die Straßen durchziehen. Ich drücke Dutzenden täglich zum Abschied die Hand, ich weiß nahe Freunde und Bekannte auf der Reise ins Feld oder bereit auszuziehen [...], weiß, dass viele nicht zurückkehren werden [...].

Erich Mühsam, Tagebücher (1910-1924), hrsg. von Chris Hirte, München 1994, S. 101

1. *Viele Geschichtsdarstellungen betonen die allgemeine Kriegsbegeisterung von 1914. Bestätigen M 6 bis M 9 diese Aussage?*
2. *Sucht Presseberichte und Fotos aus eurem Wohn- oder Schulort zum Kriegsausbruch. Geht der Frage nach, wie die Bevölkerung auf den Kriegsausbruch reagierte.*

1 Die Kriegslage um 1916.

1917: Vom europäischen Krieg zum Weltkrieg

Die Pläne scheitern

Schon im September 1914 wurde der deutsche Vormarsch in Frankreich an der Marne gestoppt. Damit war der Schlieffen-Plan hinfällig. Da keiner Seite der Durchbruch gelang, erstarrte die Westfront in einem fast vierjährigen Stellungskrieg. Der zermürbende und verlustreiche Kampf um Verdun zwischen Februar und Dezember 1916 wurde zum Symbol für das grauenhafte Massensterben im Ersten Weltkrieg. Etwa 360 000 Franzosen und 335 000 Deutsche verloren auf wenigen Quadratkilometern ihr Leben.

An der Ostgrenze des Reiches gelang es der deutschen Armee, die im August 1914 in Ostpreußen einmarschierten russischen Truppen zurückzuschlagen. *Paul von Hindenburg*, der Oberbefehlshaber der 8. Armee, und sein Generalstabschef, *Erich Ludendorff*, beanspruchten den Erfolg für sich. Die Kriegspropaganda sorgte später dafür, dass ihre „Feldherrnkunst" überschätzt wurde.

Die russische Großoffensive gegen Österreich-Ungarn wurde mit deutschen Verstärkungen gestoppt. Die Mittelmächte eroberten Litauen, Kurland und Polen. Dann begann auch hier der Stellungskrieg.

Die USA greifen ein

Die Wende zum Weltkrieg brachte der Kriegseintritt der USA im April 1917. Offizieller Grund war der deutsche uneingeschränkte Unterseebootkrieg, in dessen Verlauf Handels- und Passagierschiffe auch neutraler Nationen ohne Warnung versenkt wurden. Die meisten Amerikaner fühlten sich ohnehin den Briten verbunden, deren Sprache sie teilten und deren Nachrichten sie lasen. Außerdem hatten amerikanische Banken den *Alliierten* („Verbündeten") bis zum Frühjahr 1917 Kredite für Kriegsmaterial und Nahrungsmittel über 2,3 Milliarden Dollar gewährt.

Den Ausschlag für die Kriegsbeteiligung gaben der Sturz des Zaren *Nikolaus II.* und die Ausrufung der Russischen Republik im März 1917. Die US-Regierung befürchtete den militärischen Zusammenbruch Russlands, der Deutschland im Osten entlasten und damit an der Westfront stärken würde.

Die Mittelmächte geben auf

Nach der Oktoberrevolution schied Sowjetrussland im März 1918 aus dem Krieg aus. Nun hofften die Mittelmächte wieder auf einen Sieg. Doch die Überlegenheit der Alliierten an Menschen und Material wurde dank der Amerikaner immer deutlicher.

Angesichts der militärischen Erschöpfung blieb den Mittelmächten nur die *Kapitulation*: die Anerkennung der militärischen Niederlage. Im Herbst 1918 boten zuerst die deutschen Verbündeten Österreich-Ungarn, Bulgarien, Osmanisches Reich und dann auch das Deutsche Reich den Alliierten Waffenstillstandsverhandlungen an.

→***Internettipps:*** *zu Verdun siehe www.verdun-douaumont.com/ und www.dhm.de/lemo/html/wk1/kriegsverlauf/verdun/index.html*

2 „The Navy Needs You! ..."
Plakat (70 x 48 cm) von James Montgomery Flagg, um 1917.

→***Internettipp:*** *Zur Kriegspropaganda siehe www.dhm.de/lemo/html/wk1/propaganda/index.html*

M 1 Rettungsring der „Lusitania".

M 2 Amerikas Weg in den Krieg

4. 8. 1914 Mit dem Ausbruch des Krieges beginnt Großbritannien Blockademaßnahmen gegen Deutschland; die US-Regierung erklärt, in dem Krieg neutral zu bleiben.

9. 9. 1914 Erster Friedensvermittlungsvorschlag des US-Präsidenten Wilson

4. 2. 1915 Deutschland erklärt das Seegebiet um die Britischen Inseln zum Sperrgebiet und droht, Handels- und Passagierschiffe aus feindlichen und neutralen Staaten zu versenken; die US-Regierung warnt Berlin vor dem uneingeschränkten U-Bootkrieg.

7. 5. 1915 Ein deutsches U-Boot versenkt den mit 10 Tonnen Waffen beladenen britischen Passagierdampfer „Lusitania"; 1198 Opfer, darunter 124 Amerikaner; die US-Regierung fordert Schadensersatz und Beschränkung des U-Bootkrieges auf militärische Ziele; Berlin kommt beiden Forderungen zunächst nach.

29. 2. 1916 Deutschland beginnt einen „verschärften" U-Bootkrieg gegen bewaffnete Handelsschiffe.

20. 4. 1916 US-Regierung droht mit dem Abbruch der diplomatischen Beziehungen, falls Deutschland den uneingeschränkten U-Bootkrieg fortsetzt.

4. 5. 1916 Berlin sichert Washington zu, Handelsschiffe nicht mehr ohne Warnung und Rettung der Besatzungen zu versenken.

12. 12. 1916 Friedensangebot der Mittelmächte

21. 12. 1916 Wilson richtet eine Friedensbotschaft an die Krieg führenden Mächte und an die Neutralen; er will mit ihnen über Kriegsziele und Friedensbedingungen sprechen.

26.12. 1916 Die Mittelmächte schlagen vor, eine Friedenskonferenz einzuberufen; Deutschland verweigert aber Auskünfte über seine Kriegsziele.

30.12. 1916 Die Alliierten lehnen das Friedensangebot der Mittelmächte ab.

1. 2. 1917 Deutschland nimmt den uneingeschränkten U-Bootkrieg wieder auf.

3. 2. 1917 Die USA brechen ihre diplomatischen Beziehungen zu Deutschland ab.

1. 3. 1917 Die US-Regierung veröffentlicht ein Telegramm, in dem der deutsche Außenminister Zimmermann Bedingungen für ein gegen die USA gerichtetes Bündnis zwischen dem Deutschen Reich, Mexiko und Japan nennt.

März 1917 Revolution in Russland: Abdankung des Zaren und Ausrufung der Russischen Republik

2. 4. 1917 Präsident Wilson bittet den Kongress um Zustimmung zum Kriegseintritt.

6. 4. 1917 Kriegserklärung der USA an das Deutsche Reich

M 3 „The world must be made safe for democracy"

Am 2. April 1917 tritt US-Präsident Woodrow Wilson vor beide im Kongress versammelten Häuser (Abgeordnetenhaus und Senat) und sagt:

Die Welt muss sicher gemacht werden für die Demokratie. [...] Wir haben keine selbstischen Ziele, denen wir dienen. Wir verlangen nach keiner Eroberung, keiner Herrschaft. Wir suchen keinen Schadensersatz für uns selbst, keine materielle Entschädigung für die Opfer, die wir bereitwillig bringen werden. Wir sind lediglich einer der Vorkämpfer für die Rechte der Menschheit [...]. Es ist eine fürchterliche Sache, dieses große friedfertige Volk in den Krieg zu führen, in den schrecklichsten und verheerendsten aller Kriege, in dem die Zivilisation selbst auf dem Spiele zu stehen scheint. Aber das Recht ist wertvoller als der Friede, und wir werden für die Dinge kämpfen, die wir stets unserem Herzen zunächst getragen haben – für die Demokratie, für das Recht jener, die der Autokratie* unterworfen sind, auf ein Mitspracherecht bei ihrer Regierung, für die Rechte und Freiheiten kleiner Nationen, für eine allgemeine Herrschaft des Rechts durch ein Konzert der freien Völker, das allen Nationen Frieden und Sicherheit bringen und die Welt selbst endlich frei machen wird. Solch einer Aufgabe können wir unser Leben und unser Vermögen weihen, alles, was wir sind, und alles, was wir haben, mit dem Stolz derer, die wissen, dass der Tag gekommen ist, da Amerika die Auszeichnung erfährt, sein Blut und seine Macht für die Prinzipien darzubringen, denen es seine Geburt und sein Glück und den Frieden verdankt, den es wertschätzte. Gott helfe ihm, es kann nicht anders.

Erich Angermann, Der Aufstieg der Vereinigten Staaten von Amerika. Innen- und außenpolitische Entwicklung 1914-1957, Stuttgart o. J., S. 7 f.

***Autokratie**: *unumschränkte Herrschaft eines Fürsten*

M 4 Ankunft von US-Soldaten in einem französischen Hafen.
Foto von 1917.
Zwei Millionen Amerikaner wurden zum Kampfeinsatz nach Frankreich geschickt.

Erarbeite aus M 2 und M 3, mit welchen Argumenten Wilson den Kriegseintritt der USA befürwortet.

In dem Kampfgelände von Armentières (Frankreich).
Foto vom April 1918.

Geschichte erzählt

Schrapnellwölkchen

Der Jurist, Schauspieler und Journalist Rudolf Frank (1886-1979) veröffentlicht 1931 einen „Kriegsroman für die junge Generation". Im Mittelpunkt stehen die Erlebnisse von Jan, der 14 Jahre alt ist, als der Krieg ausbricht. Das Buch wird 1933 von den Nationalsozialisten verboten und öffentlich verbrannt. 1979 wird es wieder veröffentlicht. Die folgende Szene lässt der Autor am 15. Oktober 1914 an der Ostfront stattfinden.

Auch die Geschosse, die ein Geschütz hinausschleudert ins Feld, tragen in der Sprache der Kriegsleute freundliche, verführerische Bezeichnungen, die nichts verraten von den furchtbaren Verheerungen, die sie anrichten. Wenn man zum Beispiel von Granaten hört, darf man dabei nicht an jene Granaten denken, die eine gütige Natur den Menschen spendet: die Früchte des Granatbaums mit ihren süßen Kernen. Die Kriegsgranaten sind anders: Das Geschoss, das an Jans Geburtstag den schönen Pflaumenbaum vernichtet hat mit all seinen Früchten, war eine Granate. Diese Granaten sind aus Stahl und innen mit Sprengstoff gefüllt. Sie schlagen durch Wände und Mauern, explodieren und zerreißen mit ihren Sprengstücken alles, was in ihrer Nähe ist.
Eine andere Art von Geschossen heißt „Schrapnell", nach ihrem Erfinder, einem englischen Offizier namens Shrapnel. Ihre eiserne Schale umschließt zahllose Bleistückchen und Kugeln. Sie explodieren meist schon in der Luft auf ihrer Flugbahn. Dabei entwickelt sich aus dem weißen Rauch der Explosion ein anmutiges Wölkchen, aus dem die Bleistücke und Kugeln in Massen und mit mächtigem Prall nach allen Seiten auseinanderstieben. Ein einzelnes dieser tausend Teilchen genügt, einen Menschen zu töten oder ihn, sei er auch noch so stark und gesund, für sein künftiges Leben krank und arbeitsunfähig zu machen. [...]
Der Nebel wurde dichter. Sie gingen zu dem Graben, aus dem, wie Jürgensen sagte, die Geschosse der siebenten und achten Batterie* in der vergangenen Nacht die Russen vertrieben hatten. Vertrieben? Nein, da lag ja noch alles: Gewehre, Helme, Mützen und Säbel lagen in wüstem Durcheinander vor dem Graben herum, Essgeschirre, Kleider, Stiefel, Spaten und blutgetränktes Verbandszeug. Und in dem Graben, in den sie nun blickten, und in den Löchern, die die Volltreffer ihrer Granaten gerissen hatten, großer Gott, da lag noch alles: Da lagen Menschen, braun und grau wie der Schutt und die Schollen, lagen zusammengekrümmt oder ausgestreckt in Staub, Blut und Schmutz. Menschengesichter klafften auseinander. Menschliche Rümpfe kamen wie Baumstümpfe aus dem Boden, menschliche Arme und Beine lagen wie abgehauene Äste, menschliche Hände und Finger wuchsen aus der Erde wie Pflanzen. So sah das Feld aus, in das sie gezogen waren und das sie bestellt hatten, ihr Schlacht-Feld. Das war die Saat, die aufgegangen war aus den Granatkernen ihrer Geschütze. Der ganze Graben war damit angefüllt. Es war die Vorratskammer des Todes, in die sie hineinblickten.

Rudolf Frank, Der Junge, der seinen Geburtstag vergaß. Ein Roman gegen den Krieg. Weinheim/Beltz ²2004

***Batterie**: *Einheit des Heeres*

1 **„Gassed."**
Gemälde (230 x 610 cm) von John Singer Sargent, 1918/19 (Ausschnitt). Der amerikanische Maler Sargent war 1918 an der französischen Front. Die Deutschen setzten erstmals im April 1915 Giftgas ein. Briten und Franzosen benutzten sie danach auch. Mit dem Einsatz wollte man den Gegner in den Schützengräben nicht töten, sondern kampfunfähig machen, um dessen Stellungen einnehmen zu können. Trotzdem starben Tausende daran, noch mehr Soldaten verloren ihr Augenlicht oder behielten Lungenschäden.

Die Schrecken des Krieges

„Materialschlachten" und Kriegsopfer
Die vier Kriegjahre verlangten Soldaten wie Zivilisten ungeahnte Opfer ab. Die Zahl der Kriegsteilnehmer erreichte einen bis dahin nicht gekannten Umfang: Weltweit wurden etwa 64 Millionen Soldaten mobilisiert. Im Deutschen Reich war 1917/18 jeder zweite der 16,7 Millionen Männer zwischen 15 und 60 Jahren im Kriegsdienst. Die Zahl der Toten übertraf mit acht bis zehn Millionen alle früheren Kriege.
Die Soldaten führten riesige „Materialschlachten". Neue Waffen, Kampfmethoden und Vernichtungsmittel mit verheerender Wirkung wurden eingesetzt: gepanzerte Kettenfahrzeuge, Zeppeline, Flugzeuge, Unterseeboote und Schlachtschiffe. Granaten, Minen und Giftgase sowie das Dauerfeuer der Maschinengewehre töteten, verletzten und verstümmelten Millionen.
Zahllose Soldaten trieb der Krieg in den Wahnsinn. Ganze Landstriche mit Wäldern, Seen, Feldern und Dörfern wurden verwüstet.

3 **Deutsche Flieger im Kampf gegen britische Panzer.**
Gemälde (80 x 100 cm) von Rudolf Stark, 1918.

*→ **Filmtipp:** „Im Westen nichts Neues." Literarische Verfilmung des gleichnamigen Romans von Erich Maria Remarque. Regie: Delbert Mann 1979*

2 **Schützengraben und Panzer.**
Illustration aus einem Jugendbuch von 1992. An der Westfront, zwischen der Schweiz und der Nordsee, zogen sich während des Stellungskrieges Schützengräben in einer Länge von etwa 750 km hin. Sie waren Verteidigungsanlage sowie Behausung der Soldaten und dienten der Versorgung der Front. 1915 begannen die Briten, gepanzerte Landfahrzeuge („tanks") zu entwickeln. Ein Jahr später setzten sie die ersten Panzer in Frankreich ein.

Die Kriegswirtschaft

Der Krieg wurde auch hinter den Fronten geführt. Die Alliierten blockierten die Zufuhr von Rohstoffen ins Deutsche Reich. Die bald spürbare Knappheit etwa an Edelmetallen, Kautschuk, Öl und Baumwolle versuchten die Deutschen durch Ersatzstoffe zu vermindern. Darüber hinaus zog die Regierung alle kriegswichtigen Rohstoffe ein. Glocken wurden von den Kirchtürmen geholt, Eisengitter abmontiert und eingeschmolzen.

Die Industrie wurde weitgehend auf die Produktion von Kriegsgütern umgestellt. Die deutsche Reichsleitung forderte, dass „das gesamte Volk sich in den Dienst des Vaterlandes stellt". In diesem Sinne wurde im Dezember 1916 das Gesetz über den *Vaterländischen Hilfsdienst* erlassen. Es sah eine Dienstpflicht für alle Männer von 17 bis 60 Jahren vor. Außerdem mussten etwa 900 000 Kriegsgefangene Zwangsarbeit leisten.

Der soziale Wandel

Selbstständige und Unternehmer zogen aus der Kriegswirtschaft zum Teil beträchtliche Gewinne. Der Abstand zwischen den Reichen und Armen schien immer größer zu werden. Zugleich glichen sich die Arbeiterlöhne und die Angestelltengehälter allmählich an.

Vor allem für die Frauen brachte der Krieg einen Wandel. Sie mussten überall einspringen, wo männliche Arbeitskräfte fehlten oder wo Kriegsgefangene die Lücken nicht schließen konnten. Auch wenn nicht mehr als ein Drittel der Frauen erwerbstätig wurde, bedeutete der Krieg doch für alle einen tiefen Einschnitt: Sie übernahmen die Verantwortung für ihre Familien und erfüllten Aufgaben, die bisher den Männern vorbehalten waren.

Der Hunger

Am härtesten traf die Zivilbevölkerung die Nahrungsmittelknappheit: Schon 1915 wurden Brotkarten eingeführt. Seit dem Winter 1915/16 gehörte Hunger zum Alltag, vor allem für die, die ihre Nahrungsmittel nicht selbst produzieren konnten. Im „Steckrübenwinter" 1916/17 waren viele froh, wenn sie sich mit Rüben am Leben erhalten konnten. Etwa 500 000 Menschen verhungerten während der Kriegsjahre.

Streiks und Demonstrationen

Die Geldentwertung (*Inflation*) vergrößerte Not und Unsicherheit. Sie schritt rascher voran, als die Einkommen stiegen. Der Lebensstandard sank stark. Ursachen waren die von Jahr zu Jahr steigenden Kriegskosten. Die Regierung finanzierte die Ausgaben durch eine enorme Vermehrung des Papiergelds und insgesamt neun Kriegsanleihen bei der Bevölkerung.

Der verzweifelte Durchhaltewille wurde überlagert von immer häufigeren Massenstreiks und Friedensdemonstrationen. Überall machte sich Kriegsmüdigkeit breit. Zugleich wuchs in allen Bevölkerungsschichten die Kritik am Monarchen, an der Obersten Heeresleitung und der Regierung.

4 Prothese eines Kriegsversehrten aus dem Ersten Weltkrieg.

5 Aufruf zur Kriegsanleihe.
Plakat (87 x 57 cm) von 1917.

M 1 „Das Vaterland ruft“

Im Januar 1917 veröffentlicht eine Geschäftsstelle für „Frauendienst“ im „Kasseler Volksblatt“ folgenden Artikel:

„Das Vaterland ruft“ ist das Wort, das heute an alle, die in der Heimat geblieben sind, mit lautem Klang ertönt! Der Vaterländische Frauenverein fordert deshalb alle Frauen und Mädchen [...] auf, ihre Kräfte dem Vaterlande zu widmen gegen Bezahlung oder auch unentgeltlich.

In Betracht würden kommen: landwirtschaftliche, gärtnerische und hauswirtschaftliche Tätigkeit; Kinderfürsorge; Krankenpflege und andere gemeinnützige Aufgaben; kaufmännische, mündliche und schriftliche (auch fremdsprachliche) Arbeiten; praktische Betätigung in industriellen Betrieben u. dgl. m. Jede prüfe ihre Fähigkeiten und überlege, für welche Zwecke sie sich dem Vaterlande zur Verfügung stellen kann, aber Niemand bleibe ohne zwingenden Grund abseits.

Brigitte Löhr (Hrsg.), Frauen in der Geschichte, Bd. 2: Materialien, Tübingen 1994, S. 220

M 3 Frauen reinigen Granaten.

Foto von 1917.

M 2 „Hinter der Front.“

Postkarte von 1916.

M 4 Das Vordringen der Frauenarbeit

Die Arbeiterschaft in den deutschen Industriebetrieben mit 10 und mehr Beschäftigten änderte sich folgendermaßen:

	1913 (in 1000)	1918 (in 1000)
Männer		
Erwachsene	5410	4046
unter 16	384	421
insgesamt	5794	4467
Frauen		
Erwachsene	1406	2139
unter 16	187	181
insgesamt	1593	2320

Jürgen Kocka, Klassengesellschaft im Krieg. Deutsche Sozialgeschichte 1914-1918, Göttingen ²1978, S. 12

1. *Beschreibe die veränderte Rolle der Frau während des Krieges. Stelle dir vor, was dies im Alltag einer kinderreichen Familie bedeutete (Darstellung und M 1 bis M 4).*
2. *Nenne die auf M 2 zu sehenden Arbeiten. Welche Frauenarbeit ist auf der Karte nicht zu sehen? Warum wohl?*
3. *Stelle in einer Tabelle gegenüber: Krieg an der Front – Krieg in der Heimat.*

Feldpostbriefe untersuchen

Lebenszeichen von der Front

Etwa 29 Milliarden Feldpostkarten, Briefe und Päckchen beförderte die Deutsche Feldpost portofrei oder stark verbilligt im Verlauf des Ersten Weltkrieges. Sie waren die einzige Verbindung zwischen den kämpfenden Soldaten an der Front und ihren Angehörigen oder Freunden zu Hause.

Feldpostbriefe sind neben Tagebüchern die einzigen Quellen, die uns ganz nah an den Kriegsalltag heranführen. Sie liefern ein ganz anderes Bild vom Kriegsgeschehen als die amtlichen Heeresberichte und die Kriegspropaganda. Feldpostbriefe wurden kontrolliert und bei Bedarf zensiert, zunächst von den unmittelbaren Dienstvorgesetzten; ab 1916 gab es dafür „Postüberwachungsstellen“. Gesperrt wurden Kampfdarstellungen oder offener Zweifel am militärischen Sieg.

Die Soldaten teilten sicher nicht alles mit, was sie sahen und erlebten. Sie hielten auch Informationen zurück, um ihren Angehörigen keine Sorgen zu bereiten.

→Lesetipps:

- *Thomas Flemming u. a., Grüße aus dem Schützengraben, Berlin 2004*
- *Bernd Ulrich, Die Augenzeugen. Deutsche Feldpostbriefe in Kriegs- und Nachkriegszeit 1914-1933, Essen 1997*

→CD-ROM-Tipp: *Feldpostbriefe – Lettres de poilus, Köln: DeutschlandRadio 1998*

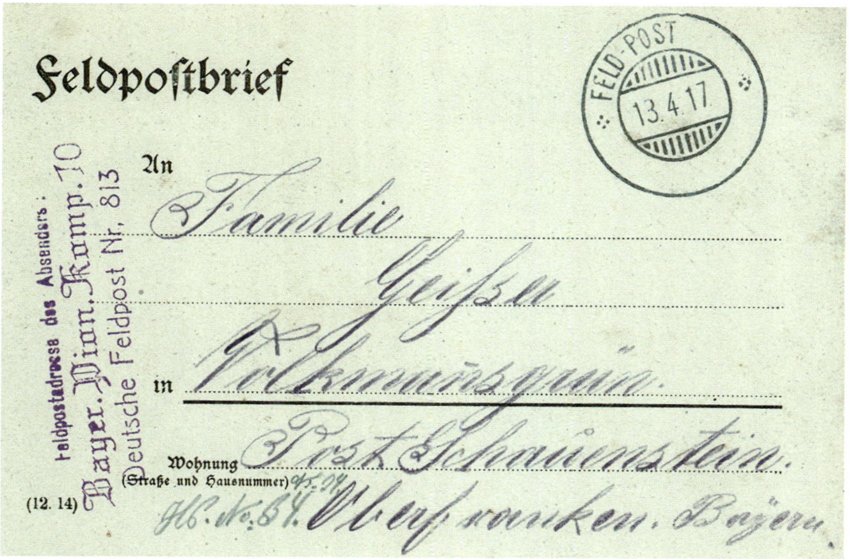

M 1 Feldpostkarte von 1917.

M 2 Letzte Briefe aus Verdun

Gaston Biron, 30 Jahre alt, schreibt am 18. April 1916 seiner Mutter aus dem Schützengraben; er wird am 8. September 1916 in Verdun verwundet und erliegt seinen Verletzungen drei Tage später.

Ohne Angst warte ich einfach nur, dass ich an die Reihe komme. Von der Vorsehung erbitte ich nur, dass mir diese Gnade gewährt wird: Lieber gleich den Tod als ein schreckliches Leiden [...]. In diesem Geisteszustand, meine liebe Mutter, trete ich der Gefahr entgegen. Ich versichere Dir, dass der Tod mir keine Angst bereitet. Selbst wenn ich in meinen Briefen zuweilen eine gewisse Mutlosigkeit durchblicken lasse, möchte ich nicht, dass man glaube, dass dies aus Angst geschieht. Wenn ich demoralisiert bin, dann, weil ich mich schrecklich langweile. Zwei Jahre Krieg, Leiden, Versagungen und vor allem Verdun haben mich umgebracht.

Heinz Pohlmann, ein 20-jähriger Student, schreibt am 25. Mai 1916 an seine Eltern, eine Woche später fällt er in Verdun.

Wenn ihr diese Nachricht von mir erhaltet, dann ist wohl herbes Leid über Euch gekommen, denn dann bin ich nicht mehr in dieser Welt. Ich kann es verstehen, aber um eins bitte ich Euch: Beklagt mich nicht. Trauert um mich, aber seid ruhig und gefasst; zeigt, dass ihr Deutsche seid, die das Leid tragen können. Deutsche Eltern, die das Wertvollste, was sie besitzen, hingeben für das Wertvollste, unser herrliches Vaterland. Denn trotz aller trüben Erfahrungen und Nachrichten glaube ich doch an eine Zukunft. Für das neue, größere, bessere Vaterland gebe ich gern mein junges Leben. Ich gehe ganz gefasst in den Kampf und zittere nicht, dem Tod ins Angesicht zu blicken, denn ich fühle mich geborgen in Gottes Hand.

Erster Text:
www.dradio.de/dlf/sendungen/feldpost/981111.html;
Zweiter Text:
Lebenszeichen. Feldpostbriefe erzählen, hrsg. vom Volksbund Deutsche Kriegsgräberfürsorge e. V., Landesverband Bayern, Pädagogische Handreichung von Christof Beitz, München 2003, S. 13

1. *Vergleiche die Briefe des deutschen und des französischen Soldaten und arbeite ihre jeweiligen Einstellungen heraus (M 2). Versuche, die Unterschiede zu erklären.*
2. *„Es kann nicht darum gehen, mit Feldpostbriefen etwas zu beweisen.“ Erläutere diese Aussage eines Historikers und nimm dazu nach der Lektüre von M 2 Stellung.*
3. *Recherchiert in Büchern oder im Netz zu Inhalten weiterer Feldpostbriefe. Stellt Texte über Frontalltag, Weltanschauung, Wünsche und Gefühle zusammen.*

Projekt

Krieg und Küche

M 1 „Durchhalten!“

Postkarte von 1915.
Bereits im Sommer 1915 waren Butter, Eier und Fleisch für die meisten Großstädter in Deutschland zu Luxusgütern geworden.
Ab Februar 1915 galt die Brotkarte, bis Ende 1916 wurden auch andere Nahrungsmittel rationiert. Oft gab es nicht einmal die Mindestmengen. Brot wurde gestreckt, Milch verdünnt. Ersatzstoffe minderer Qualität mussten verwendet werden.
In den großen Städten wurden öffentliche Kriegsküchen eingerichtet, die ein billiges Mittagessen anboten, meist einen Eintopf.
Im Winter 1915/16 waren „Lebensmittelpolonaisen“, Käuferschlangen vor den Läden, nichts Ungewöhnliches mehr. Ein Jahr später gab es fast keine Kartoffeln mehr; an ihre Stelle trat die Steckrübe. In Ziergärten wuchsen Kohlstrünke statt Rosen, auf Balkonen blühten Tomaten anstelle von Geranien. Kaninchen und Hühner wurden zu Hausgenossen, wo immer es möglich war.

M 2 „Kocht viel Kartoffeln ...“

Die Tageszeitungen geben ab Sommer 1915 regelmäßig Ratschläge:

Es ist bekannt, dass wir glücklicherweise noch reichlich Kartoffeln haben. Es ist aber jetzt die Zeit, wo sie durch Auskeimen schwinden und durch Fäulnis verderben [...]. Um nicht kostbare Nährmittel vergehen zu lassen, müssen jetzt viele Kartoffeln frisch verzehrt werden. Wenn wir zum Abendessen Kartoffeln kochen, sparen wir an Brot, also an Getreide; dieses aber ist haltbar und wird eine wertvolle Reserve für den Winter. Kocht viel Kartoffeln und ein wenig fettes Fleisch mit jungen Gemüsen (z. B. Spinat, Kohlrabi, Wirsingkohl, Möhren, Gurken) zusammen, die dadurch großen Nährwert erlangen, kocht Kartoffeln mit frischem Seefisch, Klippfisch oder Salzhering, esst Kartoffelklöße mit Fruchtbeiguss (Pfaumenmus, Rhabarber, Stachelbeeren) oder kalt in Buttermilch, bereitet Kartoffelsalat, saure Kartoffeln mit brauner Tunke, mit Senf-, Meerrettich-, Dill- oder anderen Kräutertunken.

Hannoverscher Kurier vom 15. Juni 1915

M 3 Die Stimmung leidet

Im Juni 1915 meldet der Berliner Polizeipräsident:

Wessen Lohn durch den Krieg erheblich gewachsen ist, der kann unter den gegenwärtigen Umständen die frühere Lebenshaltung fortsetzen. In allen anderen Haushaltungen aber ist man zu größeren Einschränkungen, insbesondere auf dem Gebiet des Fleischgenusses, genötigt [...]. Unter dieser Teuerung leidet die Stimmung, zumal die Dauer des Krieges nicht abzusehen ist.

Berichte des Berliner Polizeipräsidenten zur Stimmung und Lage der Bevölkerung in Berlin 1914-1918, bearb. von Ingo Materna und Hans-Joachim Schreckenbach, Weimar 1987, S. 67

M 4 Das „Gebot des Tages“

Der in Hannover erscheinende „Volkswille“ veröffentlicht am 21. Februar 1917 folgende Tipps:

Steckrüben sind das Gebot des Tages. Der Mangel an Kartoffeln und anderm Gemüse, die Knappheit an Brot und andern Teigwaren nötigen zu einem früher ungekannten Verbrauch von Steckrüben, der in den nächsten Zeiten vermutlich noch eine Steigerung erfahren wird. Nun kostet es für viele Leute Überwindung, fast täglich oder gar an manchen Tagen zweimal Steckrüben zu essen. Dieses unangenehme Gefühl kann überwunden oder gemildert werden, indem man größtmögliche Abwechslung in die Art der Herstellung der verschiedenen Steckrübengerichte bringt.

Zit. nach: Reinhard Oberschelp (Hrsg.), Stahl und Steckrüben, Hameln 1993, S. 317 f.

→ ***Internettipp:*** *Zur Lebensmittelversorgung während des Krieges siehe www.dhm.de/lemo/html/wk1/wirtschaft/versorgung/index.html*

1. *Untersucht anhand von Zeitungen, wie die Versorgung in eurem Stadtteil war.*
2. *Bildet Redaktionsteams und entwerft für eine Ratgeberseite einer Zeitung im Jahre 1917 einen Wochenplan mit Rezepten für eine tägliche Hauptmahlzeit einer vierköpfigen Familie! Hinweise zur damaligen Ernährungslage findet ihr in M 1 und M 2. Informiert euch zuvor über eine gesunde Ernährung! Stellt eure Vorschläge vor und prüft, ob sie den damaligen Möglichkeiten entsprechen.* Lerntipp

Was war wichtig ?

Daten

2. Hälfte des 18. Jh.	*In England beginnt die Industrielle Revolution.*
1. Hälfte des 19. Jh.	*Die Industrialisierung setzt in den deutschen Staaten ein.*
1848	*Das „Kommunistische Manifest" von Marx und Engels erscheint.*
1866	*Preußen nimmt Hannover, Kurhessen, Nassau und Frankfurt am Main in seinen Besitz und gründet den Norddeutschen Bund.*
1870/71	*Während des Deutsch-Französischen Krieges wird im Januar 1871 das Deutsche Kaiserreich gegründet.*
1914-1918	*Im Ersten Weltkrieg sterben acht bis zehn Millionen Menschen.*
1917	*Die USA treten in den Krieg ein; damit endet die Führungsrolle Europas auf der Welt.*

Begriffe

Antisemitismus: wörtlich „Semitenfeindschaft" (Semiten: Völker in Vorderasien und Nordafrika). Der um 1880 in Deutschland entstandene Begriff bezeichnet die in der 2. Hälfte des 19. Jh. beginnende rassisch (biologisch) begründete Judenfeindschaft (Rassenlehre, Rassismus).

Bevölkerungsexplosion: schnelles Wachstum der Bevölkerung durch hohe Geburtenraten, geringe Säuglings- und Kindersterblichkeit und längere Lebenserwartungen. Bis zur Mitte des 17. Jh. dauerte es noch 1000 Jahre, bis sich die Bevölkerungszahl verdoppelte; seit Mitte des 18. Jh. gelang dies in weniger als 200 Jahren. Gründe dafür waren weniger Kriege und Seuchen, eine bessere Ernährung, die → *Industrialisierung* und Fortschritte der Medizin.

Britisches Weltreich (engl. *British Empire*): Großbritannien war Anfang des 20. Jh. die größte Kolonialmacht der Welt und verfügte über Besitzungen auf allen Kontinenten (→ *Imperialismus*). Das britische Weltreich zerfiel mit der Entkolonialisierung nach dem Zweiten Weltkrieg und ging zum größten Teil im Commonwealth auf, einem Bund unabhängiger Staaten, die vor allem wirtschaftlich zusammenarbeiten.

Bündnissystem: Teil der Diplomatie und Außenpolitik des Reichskanzlers → *Bismarck*. Er wollte nach 1871 Frankreich isolieren und Österreich-Ungarn, Italien und Russland durch Bündnisse an das Deutsche Reich binden. Der Zerfall seines Bündnissystems nach 1890 trug zur außenpolitischen Isolierung des Deutschen Reiches vor dem → *Ersten Weltkrieg* bei.

Deutscher Zollverein: wirtschaftlicher Zusammenschluss deutscher Staaten von 1834. Er führte zu einer wirtschaftlichen Einigung ohne Österreich und bereitete den deutschen Nationalstaat vor.

Erster Weltkrieg: der im August 1914 begonnene und bis November 1918 dauernde Krieg, von dem fast alle Staaten der Erde betroffen waren. Sein Anlass war die Ermordung des österreichischen Thronfolgerehepaares in Sarajevo am 28. Juni 1914. Die Ursachen lagen in den machtpolitischen Gegensätzen, dem Rüstungswettlauf und der imperialistischen Politik (→ *Imperialismus*) der europäischen Großmächte. Der Einsatz neuer Waffen (Giftgas, Panzer, U-Boote und Flugzeuge) führte zu vielen Toten (→ *Verdun*).

Europäisches Gleichgewicht: Grundsatz in den Beziehungen der europäischen Mächte, durch das die Vorherrschaft (*Hegemonie*) eines Staates vermieden werden sollte. Die Gründung des Deutschen Reiches 1871 hatte das auf dem Wiener Kongress 1815 angestrebte Gleichgewicht der europäischen Mächte (Großbritannien, Frankreich, Russland, Österreich-Ungarn und Deutsches Reich) erstmals infrage gestellt. Mit dem → *Ersten Weltkrieg* zerbrach es.

Imperialismus (lat. *imperium*: Herrschaft): „Großreichspolitik" in allen Epochen. Im engeren Sinne die direkte oder indirekte Herrschaft wirtschaftlich-industriell entwickelter Mächte Europas, der USA und Japans über unterlegene Regionen. Das → *Britische Weltreich* verfügte Anfang des 20. Jh. über den größten Kolonialbesitz.

Industrialisierung (von lat. *industria*: Fleiß, Betriebsamkeit): die durch die → *Industrielle Revolution* ausgelöste Entwicklung. In ihrem Verlauf wurde aus einer Agrargesellschaft, in der die Mehrheit der Menschen von der Landwirtschaft lebte, eine Industriegesellschaft, in der die Mehrheit der Erwerbstätigen in der Industrie tätig war. Begleitet wurde die Industrialisierung von einer → *Bevölkerungsexplosion*, der Verstädterung (Urbanisierung) sowie der Entstehung der → *Sozialen Frage* und des modernen → *Kommunismus*.

Industrielle Revolution: die durch den Einsatz von Maschinen, neue Verkehrs- und Transportmittel und den Handel bewirkte tief greifende Veränderung der Lebens- und Arbeitswelt. Sie begann Mitte des 18. Jh. in England und erfasste die meisten europäischen Staaten sowie die USA. Die Industrielle Revolution veränderte die Gesellschaft umfassend (→ *Industrialisierung*) und bildete eine Voraussetzung für die Entstehung der → *Sozialen Frage* und des → *Kommunismus*.

Kommunismus (lat. *communis*: allgemein, allen gemeinsam): eine politische, soziale und wirtschaftliche Weltanschauung, die von einem gemeinsamen Eigentum an den Produktionsmitteln ausgeht, in der es keine Ausbeutung mehr gibt und Frieden und Gerechtigkeit herrschen; Gegenteil: Kapitalismus. Nach → *Marx* und → *Engels* ist der Kommunismus das anzustrebende Endstadium der gesellschaftlichen Entwicklung (→ *Marxismus*).

Marxismus: die von → *Marx* in Zusammenarbeit mit → *Engels* entwickelte Lehre, nach der wirtschaftliche Veränderungen (und nicht Ideen) die Gesellschaft verändern. Die Auseinandersetzungen zwischen den Klassen der Ausbeuter und der Ausgebeuteten führe im Verlauf der → *Industrialisierung* zwangsläufig zum Sieg des → *Proletariats* in Form des → *Kommunismus*.

Proletariat: die besitzlosen Massen in der industriellen Gesellschaft. → *Marx* machte aus der Bezeichnung ein Schlagwort: Für ihn ist das Proletariat der Teil der Gesellschaft, der nichts besitzt als seine Arbeitskraft. Seine Aufgabe sei es, die kapitalistische Eigentums-, Wirtschafts- und Gesellschaftsordnung zu beseitigen, um den → *Kommunismus* herbeizuführen.

Sozialdarwinismus: Bezeichnung für die Übertragung der biologischen Evolutionstheorie Charles Darwins von der natürlichen Auslese und vom Kampf ums Dasein aus den 1870er-Jahren auf die menschliche Gesellschaft. Sozialdarwinistische Vorstellungen rechtfertigten den → *Imperialismus* und den → *Antisemitismus*.

Sozialdemokratie: Teil der politisch organisierten Arbeiterbewegung, die sich seit → *Lassalle* für das allgemeine Wahlrecht einsetzte, eine gerechte Verteilung der Güter an alle anstrebte und sich seit 1890 in der „Sozialdemokratischen Partei Deutschlands“ (SPD) organisierte. Während des Deutschen Kaiserreiches wurden die Sozialdemokraten verfolgt (→ *Sozialistengesetz*).

Soziale Frage: → *Bevölkerungsexplosion*, Massenarmut und -arbeitslosigkeit sowie Wohnungsnot kennzeichneten die Zeit vor und während der → *Industriellen Revolution*. Staat, Kirche, Unternehmer und Arbeitnehmer suchten nach Lösungen für diese Herausforderungen. Die von → *Marx* und → *Engels* verkündete kommunistische Weltanschauung (→ *Kommunismus*, → *Marxismus*), die → *Sozialdemokratie* und → *Bismarcks* → *Sozialgesetzgebung* waren Reaktionen auf die Soziale Frage.

Sozialgesetzgebung: Die von → *Bismarck* zwischen 1883 und 1890 geschaffene gesetzliche Kranken-, Unfall- und Altersversicherung bildete die Grundlage der deutschen Sozialgesetzgebung. Die 1927 eingeführte Arbeitslosenversicherung und die 1995 gestartete Pflegeversicherung haben die Sozialgesetzgebung ergänzt.

Sozialistengesetz: von 1878 bis 1890 gültiges Ausnahmegesetz zur Unterdrückung der organisierten Arbeiterbewegung. Das von → *Bismarck* angeregte Gesetz verbot alle sozialdemokratischen, sozialistischen oder kommunistischen Vereine, Versammlungen und Schriften. Die Sozialdemokraten (→ *Sozialdemokratie*) konnten trotz des Gesetzes bei Wahlen immer mehr Stimmen für sich gewinnen.

Verdun: Dieser Kriegsschauplatz in Frankreich symbolisiert heute den Stellungskrieg und die Materialschlachten des → *Ersten Weltkrieges*. Beim Kampf um Verdun zwischen Februar und Dezember 1916 starben etwa 700 000 Franzosen und Deutsche.

Namen

Bismarck, Otto Fürst von (1815-1898): Jurist, Gutsherr und Politiker, von 1862 bis 1890 preußischer Ministerpräsident und Außenminister; Gründer des Deutschen Kaiserreiches, von 1871 bis 1890 auch Reichskanzler. Sein → *Bündnissystem* zielte auf das → *europäische Gleichgewicht*. Innenpolitisch bekämpfte er den Katholizismus (Kulturkampf) und die Arbeiterbewegung (→ *Sozialistengesetz*). Mit seiner → *Sozialgesetzgebung* reagierte er auf die Herausforderungen der Zeit.

Engels, Friedrich (1820-1895): Kaufmann, Philosoph und sozialistischer Politiker aus Barmen, Freund und Mitarbeiter von → *Marx*.

Lassalle, Ferdinand (1825-1864): Sohn eines jüdischen Kaufmanns aus Breslau; Philosoph, Journalist und Politiker. 1863 gründete er den Allgemeinen Deutschen Arbeiterverein, aus dem 1890 die Sozialdemokratische Arbeiterpartei hervorging (→ *Sozialdemokratie*).

Marx, Karl (1818-1883): protestantisch getaufter Jude aus Trier; Journalist, Philosoph und Begründer des → *Marxismus*.

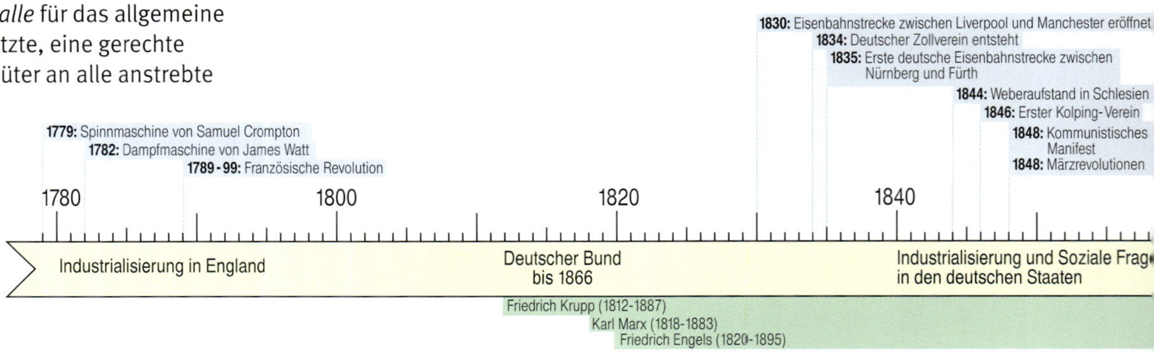

Zusammenfassung

Die von England ausgehende → *Industrielle Revolution* veränderte die Arbeits- und Lebensbedingungen tief greifend. In den deutschen Staaten begann sie um 1840 zunächst nur in wenigen Regionen. Mit dem → *Deutschen Zollverein* entstand ab 1834 ein einheitlicher Wirtschaftsraum. Der Eisenbahnbau trieb die → *Industrialisierung* voran. Nach der Gründung des Deutschen Kaiserreiches wuchs die Wirtschaft weiter. An dem Aufschwung änderte die „Große Depression" ab 1873 nichts. Neben die Eisen- und Stahlproduktion traten die Chemie- und Elektroindustrie. Fortschritte in der Hygiene und Medizin ließen die Lebenserwartung steigen und die Bevölkerung stark anwachsen (→ *Bevölkerungsexplosion*).
Auf der Suche nach Arbeit und Brot zogen Millionen Menschen quer durch Deutschland in die Industrieregionen. Darüber hinaus wanderten im 19. Jh. sechs Millionen Deutsche aus wirtschaftlichen, sozialen und politischen Gründen meist nach Amerika aus.
Feste Zeiten und Schichtarbeit in den Fabriken änderten den Lebensrhythmus. In der Regel war das Einkommen so niedrig, dass Frauen und Kinder mitarbeiten mussten.
Proteste und Aufstände gegen das Elend der Unterschichten machten auf die → *Soziale Frage* aufmerksam. Zunächst versuchten die Kirchen und einige Unternehmer, die negativen Folgen der Industrialisierung zu mildern. Die Regierenden halfen erst, als sie erkannt hatten, dass ohne sozialen Frieden die Staatsordnung gefährdet war. Die Arbeiter organisierten sich in Vereinigungen, um für ihre Interessen in Betrieb und im Staat zu streiten. Ihre Hauptwaffe war der Streik.
→ *Marx* und → *Engels* verfassten 1848 das „Kommunistische Manifest". Darin sagten sie die gesetzmäßige Ablösung des Kapitalismus durch den → *Kommunismus* nach einer Revolution des → *Proletariats* voraus (→ *Marxismus*).
Die von → *Lassalle* mitbegründete → *Sozialdemokratie* bemühte sich ebenfalls um die Lösung der Sozialen Frage und um die politische Gleichberechtigung aller Staatsbürger.
Im Deutschen Kaiserreich vertrat Reichskanzler → *Bismarck* Preußens Interessen. Im „Kulturkampf" unterdrückte er den Einfluss der katholischen Kirche auf die Politik. Dabei war er ähnlich erfolglos wie bei seinem Bemühen, durch das → *Sozialistengesetz* die Arbeiterbewegung auszuschalten. Mit seiner → *Sozialgesetzgebung* schaffte er es nicht, die Arbeiter an das Kaiserreich zu binden.
Bismarcks Außenpolitik zielte darauf, das mit der Reichsgründung infrage gestellte → *europäische Gleichgewicht* durch ein → *Bündnissystem* wiederherzustellen.
Dabei schloss er Verträge mit Österreich-Ungarn, Italien und Russland, um Frankreich zu isolieren. Unter Kaiser Wilhelm II. gewann seit den 1890er-Jahren das Militär mehr Einfluss auf die Außenpolitik.
Im Kaiserreich setzten sich immer mehr Frauen für Bildung und ihr Wahlrecht ein. Obwohl die jüdische Bevölkerung rechtlich gleichgestellt war, war sie nicht überall integriert. Zur religiösen Judenfeindschaft kam ein rassisch (biologisch) begründeter → *Antisemitismus*.
Im letzten Viertel des 19. Jh. wetteiferten die Großmächte um Kolonien in Afrika und Asien, vor allem aus wirtschaftlichen und militärischen Gründen. An der Spitze der Kolonialmächte stand das → *Britische Weltreich*. Gerechtfertigt wurde der → *Imperialismus* auch mit der vermeintlichen Überlegenheit der weißen Rasse (→ *Sozialdarwinismus*).
Unter Wilhelm II. strebte das Reich eine Weltmachtstellung an. Da Großbritannien, Frankreich und Russland sich dadurch bedroht fühlten, legten sie ihre Kolonialstreitigkeiten bei und sicherten sich Hilfe für den Fall eines deutschen Angriffs zu. Dem Reich blieb von den Großmächten allein Österreich-Ungarn als Bündnispartner.
Zum Hauptkonfliktgebiet zwischen den Großmächten wurde der Balkan. Dort waren Österreich-Ungarn und Serbien direkte Gegner, da beide Gebiete des Osmanischen Reiches beanspruchten. Die Lage verschärfte sich, als Russland Serbien und das Deutsche Reich Österreich-Ungarn unterstützte. Die Ermordung des österreichischen Thronfolgerpaares in Sarajevo lieferte 1914 den Anlass für den → *Ersten Weltkrieg*. Er begann zwischen den Mittelmächten (Deutsches Reich und Österreich-Ungarn) und der Entente (Frankreich, Großbritannien, Russland), nachdem deutsche Soldaten in das neutrale Belgien einmarschiert waren. Es kam zu einem Stellungskrieg mit neuen Waffen (Giftgas, Panzer, U-Boote und Flugzeuge). Der Kampf um → *Verdun* 1916 wurde zum Symbol des Massensterbens. Als die USA 1917 in den Krieg eintraten, wendete sich das Blatt gegen die Mittelmächte.

→ *Lesetipps: Buchempfehlungen zu den Themen findest du auf Seite 247.*

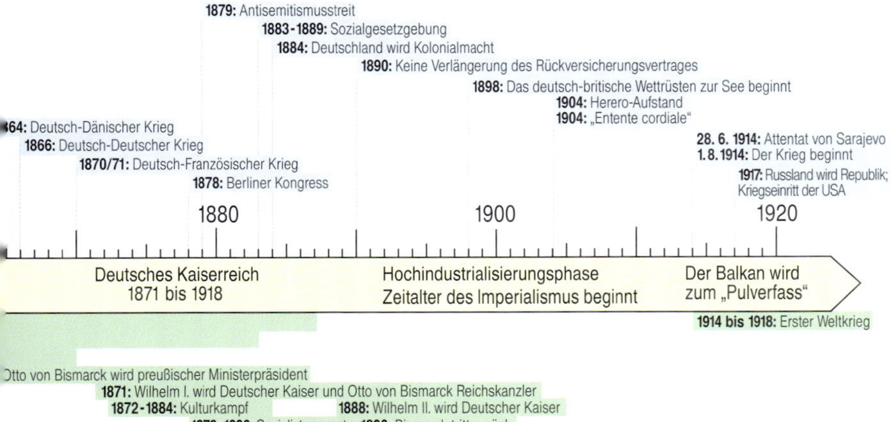

Wo steht was?

*Auf den mit einem * gekennzeichneten Seiten findest du Erklärungen der Begriffe.*

Wer steht wo?

Lesetipps

Themenübergreifende Bände

Günther Bentele, Augenblicke der Geschichte – Die Neuzeit.
München: cbj 2007
Erzählungen aus der politischen, wirtschaftlichen und kulturellen Geschichte der Neuzeit.

Ingke Brodersen und Rüdiger Dammann, Zerrissene Herzen. Die Geschichte der Juden in Deutschland.
Frankfurt a. M.: Fischer 2007
Illustriertes Sachbuch.

Jacques LeGoff, Die Geschichte Europas.
Frankfurt a. M.: Campus ^{6}2007
Ein Historiker erzählt die Geschichte Europas.

Manfred Mai (Hrsg.), Lesebuch zur deutschen Geschichte.
Weinheim: Beltz ^{3}2007
Sammlung von Jugendbuchauszügen.

Manfred Mai (Hrsg.), Lesebuch zur Weltgeschichte.
München: Hanser 2005
Sammlung von Quellentexten.

Nikolaus Piper, Geschichte der Wirtschaft.
Weinheim: Beltz 2005
Der Autor erzählt vom ersten Tauschhandel in der Jungsteinzeit bis zur Globalisierung unserer Tage.

Wilhelm von Sternburg, Die Geschichte der Deutschen.
Frankfurt a. M.: Campus 2005
Ein Historiker und Journalist erzählt und erklärt wichtige Wendepunkte unserer Geschichte.

Arnulf Zitelmann, Die Weltreligionen.
Frankfurt a. M.: Campus ^{2}2008
Jugendsachbuch über die Grundlagen der großen Weltrelgionen und ihre Stifter.

Peter Zolling, Deutsche Geschichte von 1871 bis zur Gegenwart. Wie Deutschland wurde, was es ist.
München: dtv 2007
Der Autor deutet die deutsche Gegenwart aus unserer Vergangenheit.

Was wussten die Menschen im Mittelalter voneinander

Renée Holler, Das Geschenk des Kublai Khan.
Bindlach: Loewe 2007
Ein Ratekrimi um Marco Polo.

Roland Mueller, Die abenteuerliche Reise des Marco Polo.
München: cbj 2007
Erzählung auf der Grundlage des Reiseberichts von Marco Polo.

Neue Horizonte und neue Welten

Ingeborg Bayer, Jacobäas Traum.
Würzburg: Arena 2004
Historischer Roman aus der Frühzeit der Reformation.

Günther Bentele, Der Feuerbaum.
München: cbj 2003
Historischer Roman, der die Reformationszeit und den Bauernkrieg darstellt.

Günther Bentele, Wolfsjahre.
Hamburg: Carlsen 2007
Ein 13-Jähriger sucht seinen Bruder und erlebt die Folgen des 30-jährigen Krieges.

Peter Gissy, 1492 – Das geheime Manuskript.
München: cbj 2007
Roman, der eine Entdeckungsreise mit einem Mordfall verknüpft.

Albrecht Gralle, Der Gürtel des Leonardo.
Zürich: Bajazzo 2003
Roman, der über den Maler und Erfinder Leonardo da Vinci und über das Leben der Menschen in der Renaissance informiert.

Manfred Mai, Nichts als die Freiheit! Der deutsche Bauernkrieg.
München: dtv 2004
Sachbuch über Vorgeschichte, Verlauf und Folgen des Bauernkrieges.

Antony Mason, Die Renaissance.
Nürnberg: Tessloff 2007
Illustriertes Jugendsachbuch.

Inge Ott, Verrat. Feinde und Freunde um Wallenstein.
Stuttgart: Freies Geistesleben 1993
Ein Junge wird hineingezogen in die Wirren des 30-jährigen Krieges und beobachtet die hinterlistigen Verwicklungen um Wallenstein.

Harald Parigger, Die Hexe von Zeil.
München: dtv 2002
Schicksal eines Mädchens zur Zeit der großen Hexenverfolgungen.

Dietlof Reiche, Der Bleisiegelfälscher.
Weinheim: Beltz ^{6}2006
Roman über die Sorgen und Nöte der Nördlinger Handwerker im Jahre 1613.

Dietlof Reiche, Die Hexenakte.
München: dtv 2009
Roman über ein grausames Verbrechen am Ende des 16. Jh.

Tilman Röhrig, In 300 Jahren vielleicht.
Würzburg: Arena ^{9}1999
Das Elend des 30-jährigen Krieges wird in diesem Roman verdeutlicht.

Rainer M. Schröder, Das Geheimnis des Kartenmachers.
Würzburg: Arena 2006
Hat es vor Kolumbus schon Karten gegeben, die das Land jenseits des Atlantiks aufzeigen? Der um 1490 in Augsburg spielende Roman geht dieser Frage nach.

Rainer M. Schröder, Das Geheimnis der weißen Mönche.
Würzburg: Arena 2008
Ein 17-Jähriger lernt Inquisition und Hexenverbrennung kennen.

Rainer M. Schröder, Das Kloster der Ketzer.
München: cbt 2008
Ein Abenteuerroman über Macht und Moral zur Zeit der Reformation und der Verbreitung des Buchdrucks.

Simone van der Vlugt, Nina und das Amulett aus den Flammen.
München: cbj 2002
Die 13-jährige Nina flieht aus Würzburg vor den Hexenjägern.

Christa Maria Zimmermann, Das Gold des Columbus.
München: cbj 2006
Erzählung über den Entdecker.

Neue Herrschaftsformen in Europa

Klaus Kordon, 1848. Die Geschichte von Jette und Frieder.
Weinheim: Beltz 2007
Ein Roman über die Hungerrevolte von 1847 und die Revolution von 1848 aus der Sicht der kleinen Leute Berlins.

Inge Ott, Freiheit!! Sechs Freunde in den Wirren der Französischen Revolution.
Stuttgart: Freies Geistesleben 1996
Sechs junge Leute brechen im Sommer 1789 aus ihrem heimatlichen Dorf auf, um sich an den revolutionären Ereignissen zu beteiligen.

Anne Pietri, Die Spionin des Sonnenkönigs.
Berlin: Berliner Taschenbuchverlag 2007
Abenteuergeschichte zur Zeit Ludwigs XIV.

Alois Prinz, Die Lebensgeschichte des Georg Forster.
Frankfurt a. M.: Insel 2008
Jugendsachbuch über den Naturforscher und Demokraten Georg Forster.

Dietlof Reiche, Der verlorene Frühling.
Weinheim: Beltz 2002
Roman über die Revolution von 1848.

Karla Schneider, Die abenteuerliche Geschichte der Filomena Findeisen.
Weinheim: Beltz 2008
Roman, der vor dem Hintergrund der Befreiungskriege um 1813 in Dresden spielt.

Hans-Ulrich Thamer, Die Französische Revolution. Freiheit – Gleichheit – Brüderlichkeit.
Hildesheim: Gerstenberg 2007
Illustriertes Jugendsachbuch.

Von der Industrialisierung bis zum Ersten Weltkrieg

Simon Adams, Der Erste Weltkrieg.
Hildesheim: Gerstenberg 2007
Illustriertes Jugendsachbuch.

Gabriele Beyerlein, Bülowstraße 80a.
Stuttgart: Thienemann 2007
Eine junge Adlige setzt sich mit den sozialen und gesellschaftlichen Verhältnissen in Berlin um 1890 auseinander.

Willi Fährmann, Es geschah im Nachbarhaus. Geschichte eines Verdachts.
Würzburg: Arena 2008 (Sonderausgabe)
In einer kleinen Stadt wird Ende des 19. Jh. durch Hass und Vorurteile eine jüdische Familie um ihre Lebensgrundlage gebracht.

Rudolf Frank, Der Junge, der seinen Geburtstag vergaß.
Weinheim: Beltz 2001
Roman über die Gräuel des Ersten Weltkrieges.

Karin Gündisch, Das Paradies liegt in Amerika.
Weinheim: Beltz ^{5}2007
Eine Auswanderergeschichte.

Thomas Jeier, Emmas Weg in die Freiheit.
Wien: Ueberreuter 2006
Die 16-jährige Emma flieht um 1909 vor der Not in Deutschland und wird Näherin in New York. Sie beginnt, sich gegen die schlechten Arbeits- und Lebensbedingungen zu wehren.

Edlef Köppen, Heeresbericht.
München: Ullstein 2005
Der Roman von 1930 prangert die Gräuel des Ersten Weltkrieges an.

Klaus Kordon, Fünf Finger hat die Hand.
Weinheim: Beltz & Gelberg 2006
Ein Roman, der zeigt, wie der Deutsch-Französische Krieg von 1870/71 das Leben des 19-jährigen Gymnasiasten August Jacobi verändert.

Othmar Franz Lang, Hungerweg.
München: dtv 1993
Erzählung über das Schicksal Tiroler Kinder im 19. Jh., die auf dem Markt in Ravensburg als billige Arbeitskräfte verkauft wurden.

Iain Lawrence, Der Herr der Nussknacker.
München: cbj 2008
Erzählung zum Ersten Weltkrieg.

Waldtraut Lewin, Luise, Hinterhof Nord. Ein Haus in Berlin 1890.
Ravensburg: Ravensburger ^{5}2007
Roman über die Tochter einer Waschfrau und den Sohn eines vermögenden Juden, die in einem Haus leben.

Inge Meyer-Dietrich, Plascha oder Von kleinen Leuten und großen Träumen.
Weinheim: Beltz 2003
Roman, der in den Jahren 1914-19 spielt und von einer Familie erzählt, die aus Polen ins Ruhrgebiet kommt.

Livi Michael, Die flüsternde Straße.
Hamburg: Carlsen 2008
Geschichte, die in England auf dem Höhepunkt der Industriellen Revolution spielt.

Simone van der Vlugt, Emma – Die Zeit des schwarzen Schnees.
München: Bertelsmann 2004
Ein Roman über den Alltag einer Arbeiterfamilie und deren Überlebenskampf um die Mitte des 19. Jahrhunderts.

Bildnachweis

Akademie der Wissenschaft und Literatur, Mainz – S. 37; Archiv der Gutehoffnungshütte, Oberhausen – S. 234; Archiv der sozialen Demokratie der Friedrich-Ebert-Stiftung, Bonn – S. 188, 204; Archiv für Kunst und Geschichte, Berlin – S. 20, 48, 51, 56, 59, 65, 84, 105, 108, 110, 137, 145, 146, 149, 221, 228; Artothek, Weilheim – S. 50; Bayerische Staatsbibliothek, München – S. 210; Margit Becker, Meinersen – S. 235, 236; Bibliothèque Nationale de France, Paris – S. 31 (2), 44, 93, 131, 132; G. Binding, Darmstadt – S. 43 (3); Bodleian Library, Oxford – S. 27; Bridgeman Giraudon, Berlin – S. 90, 114; British Library, London – S. 18, 95; British Museum, London – S. 100; Bundesarchiv, Koblenz – S. 128; Cesa, Cölbe – S. 42; CM2. Histoire la France au fil du temps de 1789 à nos jours, 1985, S. 77 – S. 227; Demag, Duisburg – S. 168; Deutsches Historisches Museum, Berlin – S. 106, 157, 170, 186, 196, 200, 230/231; Deutsches Museum - Handschriftensammlung, München – S. 167; Deutsches Museum, München – S. 165; DIZ, Süddeutscher Verlag - Bilderdienst, München – S. 60, 183; dpa Picture-Alliance, Frankfurt – S. 84, 187, 200; Elektrotechnisches Museum der Hastra, Hannover – S. 175; Erbengemeinschaft Gallus, Berlin – S. 197; Fürstin Ann-Marie von Bismarck – S. 189; Gartenlaube 49/1871 – S. 204; George Museum, London – S. 166; Germanisches Nationalmuseum, Nürnberg – S. 67; Gutenberg-Museum, Mainz – S. 57; Hauptstaatsarchiv, Düsseldorf – S. 177; Herzog-Anton-Ulrich-Museum, Braunschweig – S. 53; Hessisches Landesmuseum, Darmstadt – S. 144; Historisches Archiv Krupp, Essen – S. 162/163, 172 (2), 173 (3), 179, 180, 185; Historisches Museum der Pfalz, Speyer – S. 148; Historisches Museum der Stadt Frankfurt, Frankfurt/M. – S. 154; Historisches Museum, Neu-Ruppin – S. 152; Imperial War Museum, London – S. 229, 232 (2); Institut für Zeitungsforschung, Dortmund – S. 234; Interfoto, München – S. 13, 88/89; Gallimard Jeunesse, Paris – S. 232; L. Kähler, Hamburg – S. 182; Aleppo Khaldoun, Fansa – S. 21; Kloster Ebstorf, Lüneburg – S. 26/27; Kölnisches Stadtmuseum, Köln – S. 206; Kunsthalle, Hamburg – S. 122; Kunst-Museum im Ehrenhof, Düsseldorf – S. 81, 153; Kunstmuseum, Winterthur – S. 77; Library of Congreß, Washington D.C. – S. 113; Linden-Museum, Stuttgart – S. 9; Hans Ludwig, Berlin - von gestern, S. 91 – S. 184; François Martin, Genf – S. 77; Mikado, Lübeck – S. 37; Mittelrheinisches Landesmuseum, Mainz – S. 129; Claudius Müller (Hrsg), Dschingis Khan und seine Erben. Das Weltreich der Mongolen, München 2005, S. 335f. – S. 32; Musée Carnavalet, Paris – S. 92, 114, 117, 119, 120, 123, 124 (2), 125; Musée National de Versailles et des Trianons, Château de Versailles, Paris – S. 94, 130; Musée National du Louvre, Paris – S. 14, 97, 147; Musée of Art et d'Histoire, Genf – S. 77; Museo del Ort, Santale de Bogota – S. 63; Museo del Prado, Madrid – S. 138; Museum der Stadt Regensburg, Regensburg – S. 66; Museum für Islamische Kunst, Berlin – S. 11; National Gallery of Art, Washington – S. 47; Nationalgalerie, Berlin – S. 58, 139; Neue Filmproduktion NFP GmbH, Rolf von der Heyd, Leipzig – S. 73; Palazzo Pubblico, Siena – S. 34/35; Preußischer Kulturbesitz - Antikensammlung, Berlin – S. 10; Preußischer Kulturbesitz, Berlin – S. 47, 62, 78, 92, 103, 136, 140/141, 150, 175, 183, 191, 193, 198 (2), 216; Putzger, Historischer Weltatlas, 3. Auflage © Cornelsen Verlag, Berlin 2001, S. 69 – S. 39; Real Biblioteca des Escorial, Madrid – S. 23; Rainer Reitze, Münster – S. 98; Rheinisches Bildarchiv, Köln – S. 41; Rheinisches Industriemuseum, Oberhausen – S. 233 (2); Salomon-Ludwig-Steinheim-Institut (Ursula Liebstädter, Jerusalem), Duisburg – S. 227; Scala, Antella – S. 49; Andreas Schiblon, LVR Zentrum für Medien und Bildung, Düsseldorf – S. 207; Schiller-Nationalmuseum, Marbach – S. 102; Schloss Augustusburg, Brühl – S. 99; Gerd Semmer (Hrsg.), Ca ira 50 Chansons, Chants, Couplets und Vaudevilles aus der Französischen Revolution 1789-1795, 1962, S. 60 – S. 122; Siemens AG, München – S. 180; St. Servatius, Siegburg – S. 6/7; Staatliche Graphische Sammlung, München 106 (2), 107; Staatliche Kunstsammlung, Dessau – S. 142; Staatsgalerie, Stuttgart – S. 69; Stadtarchiv, Dortmund – S. 40 (2); Stadtarchiv, Düren – S. 202; Stadtarchiv, Hamburg – S. 54; Stadtarchiv, Karlsruhe – S. 133; Stadtverwaltung, Trier – S. 37; Wilhelm Stöckle, Filderstadt – S. 215, 225; Stefani Strulik – S. 181; The Associated Press GmbH, Frankfurt – S. 17; Ullstein-Bild, Berlin – S. 176, 214 (2), 229; Universitätsbibliothek, München – S. 217; Universitätsbibliothek, Wien – S. 224; Universitätsbibliothek, Würzburg – S. 102; Verkehrsmuseum, Nürnberg – S. 171; Verwaltung der Staatlichen Schlösser und Gärten, Schloß Charlottenburg, Berlin – S. 109; Wallraf-Richartz-Museum, Köln – S. 41; Wehrgeschichtliches Museum, Rastatt – S. 211; Arnold Wolff, Köln – S. 42; Württembergisches Landesmuseum, Stuttgart – S. 201; Yale University Art Gallery, New Haven – S. 112; Michael Yamashita, Die Drachenflotte des Admirals Zeng He, Frederking & Thaler Verlag, München 2006, S. 49 – S. 29; Zentralbibliothek, Zürich – S. 203; Gudrun Ziegler/Alexandre Hogh (Hrsg), Die Mongolen. Im Reich des Dschingis Khan, Darmstadt 2005, S. 99 – S. 30.

Es ist uns nicht in allen Fällen gelungen, die Inhaber der Bildrechte ausfindig zu machen. Der Verlag zahlt gegen Nachweis der Rechte die für den Abdruck gesetzlich geschuldete Vergütung.

Fit fürs Net

Recherchieren will gelernt sein
Das Schulbuch kann zu einzelnen Themen immer nur ganz wenige beispielhafte Bild- und Textquellen abdrucken. Die Arbeit mit dem Internet kann Lücken schließen helfen.
Die Fülle von Informationen, die das Internet bietet, ist aber zugleich sein Problem. Wenn du keine speziellen Adressen hast, bist du auf Suchmaschinen wie www.google.de angewiesen. Es kommt darauf an, mit wenigen gut ausgewählten Stichwörtern das Thema, über das du Informationen haben möchtest, eng einzukreisen, um nicht eine unübersehbar große Menge an Treffern zu bekommen, mit denen du wenig anfangen kannst. Wenn du beispielsweise etwas über die Industrialisierung Nordrhein-Westfalens erfahren möchtest, solltest du beide Begriffe in die Suchmaschine eingeben und mit (+) bzw. (and) verbinden; interessiert dich eine bestimmte Firma, solltest du den Namen hinzufügen (Beispiel: *Industrialisierung+ NRW*).

Mit Web-Sites kritisch umgehen
Gelangst du auf eine Homepage, solltest du dir folgende Fragen stellen, um die
Zuverlässigkeit der Web-Site zu testen:

1. Welche Informationen kann ich von ihr erwarten?
2. Wer sind die Autoren, wer hat die Seite ins Netz gestellt? Kann ich mich an die Verfasser wenden, wenn ich Fragen habe (*E-Mail-Adresse*)?
3. Wie aktuell sind die Informationen (letztes *Update*)?
4. Sind die Informationen schnell oder umständlich zu finden?
5. Ist nachgewiesen, woher die Materialien stammen?
6. Gibt es Verknüpfungen (*Links*) zu anderen Web-Sites, die sich mit dem Thema beschäftigen, sodass ich nicht erst wieder zurück zur Eingabe in die Suchmaschine gehen muss?

Internet-Seiten als Arbeitsgrundlage nachweisen
So, wie du Bücher und Aufsätze angeben musst, die du für ein Referat verwendet hast, gehören auch die benutzten Web-Sites in die Literaturangaben. Der Leser soll wissen, woher deine Informationen stammen, damit er sie nachprüfen kann. Dies sieht dann z. B. so aus:
http://www.dhm.de/lemo/html/ wk1/ kriegsverlauf/steckrue/
Diese Adressen sind übrigens ganz leicht anzugeben, weil sie immer am Ende einer ausgedruckten Seite erscheinen. Das gleiche Verfahren ist bei Zitaten aus Quellen oder beim Herunterladen (*Download*) von Grafiken und Bildern anzuwenden.

Ein Beispiel für die Arbeit im Internet findest du auf Seite 105.

Internettipps stehen an vielen Stellen des Buches. Beachte, dass sich die Angaben im World Wide Web häufig ändern!

Filme untersuchen

Filme sind historische Quellen. Worüber sie Auskunft geben, hängt von der Fragestellung des Betrachters ab. Alle Filmgattungen (Spiel-, Dokumentar-, Historien- und Unterrichtsfilme, aber auch Mischformen aus Spiel- und Dokumentarfilmen) bieten zum einen Einblicke in die dargestellte Zeit und zum anderen Hinweise aus der Zeit, in der sie produziert wurden. Gleichzeitig drücken sie auch die Vorstellungen der Filmemacher aus. Sie interpretieren mit ihren künstlerischen Mitteln die Themen und Personen. Für die Untersuchungen eines Filmes mit historischen Aussagen ist nicht nur wichtig, ob die dargestellte Geschichte richtig rekonstruiert worden ist. Entscheidend für die Filmanalyse ist die Frage: Was wird mit welcher Wirkung gezeigt? Anhaltspunkte für eine Filmanalyse sind:

Bildinhalt: Was ist zu sehen?
- *Aussagen über Ausstattung und Dekoration*: karg, üppig, der Zeit entsprechend?
- *Personen*: Wirken die Schauspieler sympathisch oder unsympathisch? Wie kommt dieser Eindruck zustande?
- *Umgebung*: Aussagen über die Orte der Handlung

Bildgestaltung: Wie ist es gemacht?
- *Einstellung der Kamera*: Werden Nah- oder Großaufnahmen, Detail- oder Panoramabilder bevorzugt?
- *Kameraperspektiven*: Wird eine normale Sicht oder werden Unter- oder Aufsichten bevorzugt?
- *Kamerabewegungen*: Ist die Kameraführung hektisch oder ruhig?
- *Bildaufbau*: Wie ist das Verhältnis von Bildvordergrund, -mitte und -hintergrund?
- *Szenengestaltung*: Wie häufig sind Überblendungen oder Szenenwechsel?
- *Rhythmus*: Wie lange dauern Einstellungen?
- *Tricks / Effekte*: Womit werden besondere Wirkungen erzeugt?
- *Ton / Sprache*: Hören und sehen wir, wie die Darsteller miteinander sprechen (*On-Ton*), oder werden nur die Reaktionen auf die Worte gezeigt (*Off-Ton*)? Übernimmt eine Stimme die Aufgabe eines Erzählers? Ist die Tonquelle im Bild sichtbar? Beeinflusst die Filmmusik unsere Gefühle? Baut sie Spannung auf?

Zum Umgang mit Filmen siehe auch das Projekt „Legenden um Luther" auf Seite 73.

Fachliteratur finden und nachweisen

Wenn du ein Thema gründlich erarbeiten und darüber ein Referat halten sollst, benötigst du Fachliteratur. In der Bibliothek sind Bücher alphabetisch in einem Verfasser- und in einem Sachkatalog aufgelistet. Auf einer Karteikarte oder einem Bildschirm erhältst du Angaben über Verfasser, Erscheinungsort und -jahr sowie die Signatur: eine Folge von Zahlen und Buchstaben, mit denen das Werk in der Bibliothek eingetragen und leicht auffindbar ist.
Hast du zu deinem Thema mehr Bücher, als du auswerten kannst, musst du einige auswählen. Prüfe anhand des Inhaltsverzeichnisses, der Einführung und/oder der Zusammenfassungen, ob das Buch für dich ergiebig sein könnte. Benutze im Zweifel das neueste.
Hast du ein Buch für dein Referat verwendet, nennst du es am Schluss deines Textes. So weist du nach, woher du dein Wissen hast. Also schreibe dir genau auf, welche Bücher du gelesen hast. Aussagen, die du wörtlich oder indirekt zitierst, belegst du mit Seitenangaben. So kann jeder deine Aussagen im Zusammenhang nachlesen und überprüfen. *Achtung*: Auch Informationen aus dem Internet musst du nachweisen!
Und so sieht eine korrekte *Literaturangabe* aus:

Vorname und Name des Autors — Titel

Hans-Joachim Braun, Die 101 wichtigsten Erfindungen der Weltgeschichte, München ²2007

Verlagsort — Angabe der Auflage — Jahr der Veröffentlichung

Ein Beitrag in einem *Sammelband* wird so nachgewiesen:

Vorname und Name des Autors — Titel — Vornamen und Namen der Herausgeber des Sammelbandes

Manfred Gailus, Die Straße, in: Christof Dipper und Ulrich Speck (Hrsg.), 1848. Revolution in Deutschland, Frankfurt am Main und Leipzig 1998, S. 155-169

Titel des Sammelbandes — Verlagsorte — Jahr der Veröffentlichung — Seitenangaben

Manchmal findest du neue Erkenntnisse in einem *Zeitschriften- oder Zeitungsaufsatz*; dann zitierst du so:

Vorname und Name des Verfassers — Aufsatztitel

Stig Förster, Die Juli-Krise 1914: Wochen der Entscheidung, in: Damals. Das Magazin für Geschichte und Kultur, 36. Jg. (2004), H. 5, S. 14-19

Name der Zeitschrift — Jahrgang — Heft — Seitenangaben

Zusatz*: Zitierst du mehrere Werke, kannst du die Angaben alphabetisch nach den Nachnamen der Verfasser oder der Herausgeber ordnen.*

Experten befragen

Um ein Thema zu erweitern oder zu vertiefen, könnt ihr einen Experten befragen, also jemanden, der sich in seinem Wissensgebiet besonders gut auskennt. Für das Fach Geschichte sind das Mitarbeiter von Museen und Universitäten oder Archivare. Auch Angehörige bestimmter Berufe oder Orden sind Fachleute in ihrem Bereich.
Bevor ihr einen von ihnen zu euch in die Klasse einladet, müsst ihr Fragen sammeln, aufschreiben und bündeln. Einer von euch übernimmt die Gesprächsleitung, ein anderer könnte wesentliche Aussagen protokollieren. So entsteht eine Zusammenfassung zu einem Thema, die es bisher vielleicht noch nicht gab.

Protokollieren

Wozu?
Protokolle fassen die Ergebnisse von Gesprächen, Treffen oder Unterrichtsstunden sachlich, knapp und geordnet zusammen, um darauf aufbauend weiterarbeiten zu können.
Protokolle verkürzen Wiederholungen, helfen bei der Vorbereitung von Prüfungen und ermöglichen es denen, die gefehlt haben, schnell den Anschluss zu finden.

Wie wird's gemacht?
Als Protokollant vermerkst du Datum, Thema und die behandelten Einzelfragen. Schreibe in Stichwörtern nur Wesentliches auf. Achte auf Zusammenhänge. Thema und Argumente sind meist wichtiger als Einzelheiten und Beispiele.
Möglichst bald solltest du deine Mitschrift ordnen und einen zusammenfassenden Text in berichtender Sprache schreiben. Achte darauf, kurz, themenbezogen, logisch und schwerpunktmäßig zu formulieren.

Perspektiven wechseln

Wie kannst du mit Darstellungen umgehen, die voneinander abweichen oder sich sogar widersprechen?
Zunächst musst du überhaupt erkennen, dass ein Geschehen aus einer bestimmten Perspektive (Sicht) beschrieben wird. Achte dazu auf die Sprache, besonders auf wertende Substantive, Verben und Adjektive.
Prüfe beim Vergleich von Texten, was der eine erwähnt, der andere aber vielleicht weglässt.
Ermittle, wie der Text aufgebaut ist und wo der jeweilige Schwerpunkt liegt. Frage nach den Gründen.

Siehe dazu auch den Lerntipp auf Seite 64 f.

Meinungen vergleichen

Nur über wenige Ereignisse, Entwicklungen und Persönlichkeiten der Geschichte gibt es einheitliche Urteile. Zeitzeugen und Historiker sind häufig unterschiedlicher Meinung über ein Geschehen oder den Charakter eines Menschen.
Das liegt einmal daran, dass alle historischen Entwicklungen vielfältig und vielschichtig sind, ebenso die handelnden Personen.
Zum anderen hängt jedes Urteil von der Einstellung ab, mit der jemand an eine Sache herangeht: Wir alle urteilen nämlich von unserem jeweiligen Standpunkt aus. Er gründet sich auf unsere bisherigen Erfahrungen und wird von unseren Interessen beeinflusst. Wir legen also unterschiedliche Maßstäbe an. Einigen von uns sind bestimmte Werte und Ziele wichtig, anderen nicht. Manchmal wandeln sich die Auffassungen im Laufe der Zeit. All das beeinflusst eine Meinung über ein Geschehen oder eine Person.
Achte bei einem Vergleich mehrerer Texte zuerst auf die inhaltlichen Gemeinsamkeiten, dann auf die Unterschiede. Suche nach Gründen für voneinander abweichende Urteile.

Geschichte erzählen

Wer über Ereignisse sachkundig und in einem sinnvollen Zusammenhang anschaulich, lebendig und spannend berichtet, der erzählt Geschichte. Dabei stehen einzelne Daten und Fakten nicht nebeneinander, sondern sie werden mit dem Denken, Fühlen und Handeln von Menschen verknüpft. Deutlich werden dabei positive und negative Entwicklungen – beispielsweise die Folgen von Entdeckungen und Erfindungen oder die Leistungen, das Scheitern und das Leiden von Menschen.
So kannst du beispielsweise die Lebensgeschichte einer bekannten Person nacherzählen oder aus einer anderen Sicht als bisher schildern. Du kannst auch Fakten und Fantasie zusammenführen, indem du erzählst, wie der Alltag eines unbekannten Menschen mit einem bestimmten Beruf an einem von dir ausgewählten Ort oder Land zur Zeit der Industrialisierung ausgesehen haben könnte.

Siehe die Erzählungen auf den Seiten 7, 35, 89, 141, 163 und 231.

Jugendbücher beurteilen

Jugendromane können Geschichten erzählen, historische Quellen sind sie nicht. Meist haben sie eine Hauptfigur, deren Gedanken und Gefühle die damalige Zeit veranschaulichen sollen. Aus ihrer Sicht werden dir vergangene Ereignisse vorgestellt und erklärt.
Wichtig für historische Jugendbücher ist, dass die Verfasser die Personen und Handlungen glaubwürdig darstellen. Die erfundenen Geschichten sollten so dargestellt sein, dass sie unser gesichertes Wissen über die Vergangenheit berücksichtigen.

Diagramme deuten

Formen von Diagrammen
Wir unterscheiden drei wichtige Formen von Diagrammen: Das Kreisdiagramm zeigt Anteile an einer Gesamtmenge in Prozenten und gibt den Zustand zu einer bestimmten Zeit an. Wollen wir Veränderungen erkennen, benötigen wir für jeden Zeitpunkt, den wir mit einem anderen vergleichen wollen, ein weiteres Kreisdiagramm.

Das Linien- oder Kurvendiagramm
Um längere Entwicklungen zu zeigen, brauchen wir Daten in regelmäßigen Zeitabständen. Wir tragen die Messgrößen (y-Achse) und Zeiten (x-Achse) in ein Koordinatensystem ein und verbinden die Zahlenwerte zu einer Kurve. Wir können auch mehrere Kurven in einem Diagramm abbilden, um sie miteinander zu vergleichen.

Säulen- oder Balkendiagramm
Wenn Zahlen nur in unregelmäßigen Jahresabständen vorliegen, empfiehlt sich das Säulen- oder Balkendiagramm: Wir wandeln die Zahlenwerte in entsprechend große Säulen oder Balken um.

Diagramme beschreiben und deuten
Zunächst solltest du das Diagramm beschreiben. Dabei helfen dir folgende Fragen:

1. Wie und worüber informiert das Diagramm?
2. Welche Entwicklung ist zu erkennen (hohe und niedrige Werte beachten, Trends, Zusammenhänge)?

Wenn du die Diagramme beschrieben hast, kannst du versuchen, sie auszuwerten, deine Beschreibungen zu erklären und Schlussfolgerungen aus ihnen zu ziehen. Dazu benötigst du weitere Informationen. So lassen sich Gründe für die in den Diagrammen bezifferten Zustände und Entwicklungen benennen und Zusammenhänge verdeutlichen.

Hinweise zum Umgang mit Statistiken und Diagrammen findest du auf Seite 178.

Kunstwerke verstehen

Kunstwerke wie Bilder und Statuen, aber auch Bauwerke wie Kirchen, Schlösser oder Rathäuser können geschichtliche Quellen sein. Denn die Wahl eines Themas und die Art der Gestaltung sind nicht nur Ausdruck individueller künstlerischer Vorstellungen, sie enthalten immer auch Hinweise auf die Zeit (Epoche), in der ein Kunst- oder Bauwerk entstand.
Antworten auf folgende Fragen helfen, sie zu verstehen:

1. Welche Informationen gibt uns der Titel oder der Name des Kunst- bzw. Bauwerkes?
2. Werden Personen dargestellt? Wenn ja: Wer sind sie? Wie stehen sie zueinander?
3. Welche Gegenstände sind zu erkennen? Haben sie eine bestimmte Bedeutung?
4. Welche Materialien und Farben wurden wofür verwendet?
5. Ist das Kunstwerk auffallend groß oder klein?
6. Wofür wurden welche Farben oder Materialien verwendet?

Versuche, das Kunstwerk mit Ereignissen seiner Entstehungszeit zu verknüpfen. Überlege, welche Wirkung der Künstler erzielen wollte.

1. Wer war der Künstler?
2. Hatte er einen Auftrag?
3. Aus welchem Anlass entstand das Kunstwerk? Für welchen Zweck?
4. Wo wurde es gezeigt?
5. Berücksichtige deine Kenntnisse aus dem Kunstunterricht oder informiere dich über Kennzeichen der künstlerischen Epoche, aus der das Kunstwerk stammt.

Oft wirst du nicht auf alle Fragen Antworten finden können. Aber auch einzelne Hinweise tragen zum besseren Verständnis dieser Quellen bei.

Zum „Herrscherbild" siehe Seite 94.

Denkmäler untersuchen

Denkmäler erinnern nicht nur an eine Person oder ein Ereignis. Sie berichten uns auch etwas über die Vorstellungen der Menschen, die sie geplant, entworfen und bezahlt haben. Daher lohnt es sich, ihre Entstehungszeit und -geschichte (Planung, Auftraggeber und Finanzierung), ihren Typ (Standbild, Mahnmal, Sieges-, Helden- oder Nationaldenkmal), ihre Gestaltung (Material, Form, Symbole, Figuren, Inschriften), Lage und Wirkung zu untersuchen.

Siehe dazu auch das Beispiel auf Seite 203.

Karten auswerten

Geschichtskarten behandeln in der Regel ein besonderes Thema und beziehen sich dabei auf eine bestimmte Zeit und einen ausgewählten Raum (z. B. ein Land).
Mögliche Leitfragen:

1. Worüber informiert die Karte? Was zeigt sie nicht?
2. Auf welche Zeit(en) und Region(en) bezieht sie sich? Zeigt sie einen Zustand oder eine Entwicklung?
3. Welche Bedeutung haben die Zeichen der Legende (Zeichenerklärung)?
4. Welche Bodenschätze, Güter o. ä. waren wann wo in welchem Umfang vorhanden?

Wenn du alle Informationen verknüpft und im Zusammenhang betrachtet hast, kannst du das Ergebnis aufschreiben oder vortragen.

Siehe auch den Lerntipp auf Seite 26.

Karikaturen kommentieren

Karikaturen sind gezeichnete Kommentare, beispielsweise zu Ereignissen oder Entscheidungen von Politikern. Anders als Journalisten melden sich Karikaturisten in einer Zeitung nicht mit einem längeren Text, sondern mit einer Skizze zu Wort. Oft setzen sie eine erläuternde Zeile unter ihre Karikatur oder sie legen einer Figur eine Äußerung in den Mund. Karikaturen vereinfachen oder verzerren die Wirklichkeit, um etwas hervorzuheben. Sie zeigen Schwächen von Personen, bemängeln Zustände und Entwicklungen in übertriebener Form.
Um Karikaturen als historische Quelle auswerten zu können, solltest du zunächst beschreiben, wer oder was auf welche Weise dargestellt ist. Kläre dann, in welchem politischen Zusammenhang die Zeichnung entstanden ist und woher sie kommt. Was will der Zeichner ausdrücken? Welche Darstellungsmittel wendet er an? Lässt sich sein politischer Standort bestimmen? Überlege, welche Wirkung die Karikatur erzielt haben könnte.

Anregungen dazu findest du auch auf den Seiten 72 und 199.

Schaubilder erklären

In einem Schaubild lässt sich beispielsweise übersichtlich darstellen, wie ein Staat oder eine Gesellschaft aufgebaut waren. Es kann gut Zusammenhänge und Beziehungen zwischen Teilen eines Ganzen darstellen.
Beispiel Verfassung: Sie legt fest, wer regiert, also die Macht im Staat hat, wer die Gesetze beschließt, welche Rechte und Pflichten die Bürger haben.

Hinweise zur Arbeit mit Verfassungsschemata findest du auf Seite 121.